创新异地办学模式
促进教育融合发展

——敦煌中学承办异地高中教育之纪实

杨亚雄　陈肃宏◎著

CHUANGXIN YIDI BANXUE MOSHI
CUJIN JIAOYU RONGHE FAZHAN
DUNHUANG ZHONGXUE CHENGBAN YIDI GAOZHONG JIAOYU ZHI JISHI

经济日报出版社
THE ECONOMIC DAILY PRESS

图书在版编目（ＣＩＰ）数据

创新异地办学模式　促进教育融合发展 ：敦煌中学
承办异地高中教育之纪实 / 杨亚雄，陈肃宏著. -- 北京：
经济日报出版社，2021. 11
　　ISBN 978-7-5196-0981-8

　　Ⅰ．①创… Ⅱ．①杨… ②陈… Ⅲ．①高中—教学研
究—敦煌 Ⅳ．①G632.0

中国版本图书馆 CIP 数据核字(2021)第 235470 号

创新异地办学模式　促进教育融合发展——敦煌中学承办异地高中教育之纪实

作　　者	杨亚雄　陈肃宏
责任编辑	张　莹
助理编辑	丁叶欣
责任校对	王　心　朱　微
出版发行	经济日报出版社
地　　址	北京市西城区白纸坊东街2号A座综合楼710(邮政编码:100054)
电　　话	010-63567684（总编室）
	010-63584556（财经编辑部）
	010-63567687（企业与企业家史编辑部）
	010-63567683（经济与管理学术编辑部）
	010-63538621 63567692（发行部）
网　　址	www.edpbook.com.cn
E - mail	edpbook@126.com
经　　销	全国新华书店
印　　刷	四川科德彩色数码科技有限公司
开　　本	787×1092毫米　1/16
印　　张	21
字　　数	313千字
版　　次	2021年12月第1版
印　　次	2021年12月第1次印刷
书　　号	ISBN 978-7-5196-0981-8
定　　价	78.00元

前　言

　　一次偶然的机会，笔者进入了敦煌、肃北、阿克塞三县市唯一的一所高中——敦煌中学，惊奇、欣喜地发现了敦煌中学开展的三县市民族教育工作以及取得的成绩。作为一名具有民族学学科背景的思想政治教育工作者，我对此进行了较为详细的调研并感慨良多。

　　改革开放以来，国家为推动少数民族教育事业发展，出台和落实了一系列利好政策措施，使少数民族教育事业取得了跨越式发展。早在 1985 年，内地 19 个省市就针对西藏学生创办了初中预备班、初中班、高中班和各类大专、中专班等。再以新疆为例，2000 年起，国家在北京、上海等 12 个经济发达省市的 13 所中学陆续开设了新疆高中班（简称"内高班"）；2003 年起，新疆维吾尔自治区人民政府参照内地新疆班的形式在乌鲁木齐、石河子等新疆 8 个城市陆续开办了区内初中班，主要招收农牧区乡（镇）、村小学或贫困、边境县城市小学的优秀应届毕业生；2007年，全区开办了区内高中班；2014 年，新疆内高班最后一次扩招，内高办班城市达到 45 个，学校增加到 93 所，人数达到 9880 人。内地高中班和区内高中班教育教学成效显著。

　　笔者多年来致力于边疆民族问题研究，尤其关注西北边境地区经济社会发展，近年来又转向西北地区铸牢中华民族共同体意识之研究。2011 至 2014 年，笔者曾在新疆大学工作，期间，受自治区党委组织部派遣，到南疆阿图什市松他克乡开展服务基层工作。在此期间，我积累了大量的关于边境民族的田野调查资料，并以此为基础发表了《维吾尔族跨国布料生意困境研究——以新疆阿图什市 DXLK 村跨国商人为例》《新疆阿图什市"香港巴扎"兴衰及其原因分析》等学术论文，目前正在主持开展国家社科基金课题《陆路口岸在西北边境地区深度融入"一带一路"建设中的作用研究》（18CMZ032）的研究。2019 年，笔者定期或不定期地对甘肃省唯一边境县——肃北蒙古族自治县的"一带一路"建设情况做了跟踪调查，同时对该县的人文教育状况做了普查。在调查中发现，该县没有设立普通高中，高中阶段的学生需要到百公里之外的敦煌市去上学，因此，在后续的调查中，敦煌中学走入了我的视野。敦煌中学是敦煌、阿克塞哈萨克族自治县和肃北蒙古族自治县三个县（市）唯一的高中学校，承担着阿克塞和肃北两县少数民族学生普通高中教育的重任。经过多年的民族教育实践，该校已经形成了优良的教育教学传统，成为全省在非民族地区开展民族教育的一朵奇葩。

　　名列全国第一批对外开放旅游城市的敦煌早已蜚声海内外，每年都吸引着无数游客前来，但鲜为人知的是，当地唯一一所普通高中——敦煌中学，早在2007年就开始承担邻近两个民族县——阿克塞哈萨克族自治县和肃北蒙古族自治县的高中阶段异地办学任务。截至2020年10月，敦煌中学一共接受肃北、阿克塞两个民族县学生1931人，其中肃北学生942人、阿克塞学生989人。异地办高中的成效是非常显著的，2016年、2017年、2018年、2019年、2020年连续五年两县高考升学率达到100％，少数民族学生升学率也达到了100％，高考质量大幅度提高，为两个少数民族县的人民交上了比较满意的答卷，受到社会各界的广泛好评。

　　在调研过程中，笔者真切感受到了当地政府对民族教育工作的支持和高度重视，也深为敦煌中学在异地办民族高中过程中充满人文关怀的管理模式、科学而精细的管理制度，以及一个个充满温情的民族团结故事所感动。无论是阅读敦煌中学教学班主任、任课教师、生活老师撰写的教育手记，还是阅读参与管理的民族县生活教师、毕业后的民族学生撰写的一篇篇心得，不难发现，三个县市的师生们每一行文字都饱含着对生活在这样一座校园里的感恩。这不仅仅是他们对自己教学和学习生活的真实记录，更是一首首民族团结的颂歌，成为当前该校铸牢中华民族共同体意识的真实写照。所有伟大都来自于平凡，正像时代楷模敦煌研究院群体一样，敦煌中学的教师们也在用"择一事、终一生"的工匠精神精心培育着教育和民族团结之花，用奉献和担当精神将中华优秀传统文化播撒在每一个学生心间，将"向上向善、包容厚德"的校训以及"感恩、沟通、敬畏、创新"的校园文化精神播撒在每一个少数民族学生心扉里。在我心中，他们也是这项工作的时代楷模。

　　本书是由笔者在敦煌、阿克塞、肃北等地实地调研后的成果和相关资料结集而成。其中杨亚雄撰写近20万字，并负责整体设计、统筹分析、审稿等工作，陈肃宏撰写20万余字，并负责资料收集等。本书部分调研报告已及时地提交给相关部门，并受到高度重视或已被采纳。笔者更希望本书出版后能对国内其他地区少数民族教育的发展有所启迪。最后，需要说明的是，在这本教育纪实中，在征得相关人员同意后，笔者将收集到的第一手资料一一收录，包括少数民族学生撰写的回忆性文章等，仅对其中明显的文字错误加以修正，尽量保持其原貌，希望能尽可能地供读者了解敦煌中学异地办高中的最为真实的情况。

CONTENTS | 目　录

上　篇

下　篇

上　篇

SHANGPIAN

第一章

异地入学读高中　团结花开鸣山下

本章主要对阿克塞、肃北两个民族县教育工作发展做了回顾，并对两个民族县在敦煌异地办高中的缘起做了调查，试图通过调查分析，对酒泉市促进民族教育工作的有益尝试做出分析，为促进民族团结发展提供参考。

1.1 概　述

习近平总书记在全国民族团结进步表彰大会讲话中曾强调：要促进各民族像石榴籽一样紧紧拥抱在一起，推动中华民族走向包容性更强、凝聚力更大的命运共同体，共建美好家园，共创美好未来。

民族团结是发展进步的基石。中国自古就是一个统一的多民族国家，一部中华民族史，就是一部各民族不断团结凝聚、共同奋进的历史。几千年来，各民族共同开发了祖国的锦绣河山、广袤疆域，共同创造了悠久的中国历史、灿烂的中华文化。新中国成立 70 年来，特别是改革开放以来，少数民族的面貌、民族地区的面貌、民族关系的面貌、中华民族的面貌都发生了翻天覆地的历史性巨变，形成了各民族共同团结奋斗、共同繁荣发展的局面。历史昭示我们：没有各民族团结奋斗，就没有国家安全、稳定、发展；没有国家安全、稳定、发展，也就没有各民族共同繁荣发展。

党和国家历来重视少数民族地区教育工作，民族地区教育发生了天翻地覆的变化，取得了令人瞩目的成绩。相比中东部发达地区，地处甘肃省最西边的两个民族自治县——肃北、阿克塞的整体教育发展指标还相对落后，教育发展仍然存在一些现实问题，与当地人民对优质教育的期待还有一定差距。即使相对邻近县市来说，也还存在基础设施条件相对薄弱、教师队伍结构性短缺及整体水平不高、普通高中教育资源短缺、教育教学质量与许多地区相比存在差距等问题。

自 2007 年起，根据《酒泉市人民政府关于肃北县阿克塞县高中教育适当集中在敦煌市举办的会议纪要》精神，肃北、阿克塞两个民族县高中教育整体"平移"到敦煌异地举办，敦煌中学本着"平等、团结、互助、和谐"的宗旨，按照"精心管理、耐心教育、细心照顾、热心关注"的思路，每年都接收肃北蒙古族自治县和阿克塞哈萨克族自治县的普通高中学生，民族教育工作取得显著成效，两个民族县高考升学率逐年提升，民族学生大学录取率大幅度提高。

2010 年，异地办高中第一年高考，民族县高考升学率达到 80% 以上；2013 年，原敦煌三中高中部并入新建搬迁的敦煌中学，是年高考，二本以上升学率肃北县高达 49.21%、阿克塞县高达 47.88%；2014 年、2015 年，两县高考升学率都达到 90% 以上；2016 年、2017 年、2018 年、2019 年、2020 年连续五年两县高考升学率达到 100%，少数民族学生升学率也达到了 100%，高考质量大幅度提高，为民族县人民交上了比较满意的答卷，受到社会各界的广泛好评。

2013 年，敦煌中学先后被中共甘肃省委宣传部、中共甘肃省委统战部、甘肃省民族事务委员会评为"甘肃省民族团结进步创建活动"示范单位；被中共酒泉市委、酒泉市人民政府评为"全市民族团结进步宣传月项目帮扶工作"先进集体；2018 年 3 月，敦煌中学被酒泉市委宣传部、中共酒泉市委统战部、酒泉市民族事务委员会评为"全市民族团结进步示范学校"。

2014 年 9 月，校长曹新被中华人民共和国国务院授予"全国民族团结进步模范个人"荣誉称号；2017 年、2018 年、2019 年、2020 年教师节上，敦煌中学四次被中共阿克塞县委、阿克塞人民政府授予"支持普通高中异地办学先进单位"荣誉称号，张克忠等 24 名老师被授予"支持高中异地办学优秀教师"荣誉称号；2018 年、2020 年教师节，中共肃北县委、县人民政府授予陈肃宏等 8 位老师优秀教师称号。

十四年来，敦煌中学坚定地执行了各级政府关于民族教育工作的各项政策，做到"留得住，站得稳，学得好"，全面提升了民族教育工作的质量，为社会培养了 1471 名合格的高中毕业生，其中考入大学有 1336 人，部分学生考入"985""211"名校，为民族县社会各项事业发展奠定了人才基础，有力地促进了民族大团结局面的繁荣。

异地办高中举措有力解决了肃北、阿克塞两个民族县普通高中教育发展短板问题，为发展民族教育事业做出了有益尝试。

1.2　敦煌市及敦煌中学基本情况

1.2.1　敦煌市概况

敦煌市位于河西走廊最西端，甘、青、新三省（区）交汇处，东经 92°13′至 95°30′，北纬 39°40′至 41°40′。全市总面积 3.12 万平方公里，其中绿洲面积 1400 平方公里，仅占总面积的 4.5%。

敦煌的历史古老而久远。"敦煌"一词最早见于《史记·大宛列传》，东汉应劭解释"敦，大也；煌，盛也"，取盛大辉煌之意。历史上的敦煌曾是中西交通的枢纽要道，丝绸之路上的咽喉锁钥，对外交往上的国际都会，经营西域的军事重镇，在中华历史的长卷上书写了光辉的篇章。

西汉武帝元鼎六年（公元前 111 年）设置敦煌郡。西汉末年，王莽篡汉，改敦煌郡为敦德郡，东汉时复名敦煌郡。这一时期，敦煌经济快速发展，同时战略地位提高，中央主管西域事务的护西域副校尉驻敦煌，这里成为统辖西域的军政中心。三国时仍置敦煌郡，属曹魏政权管辖。西晋承袭不变。东晋时期，晋室南迁，敦煌脱离中原管辖，进入十六国历史时期。前凉时，敦煌、晋昌、高昌三郡和西域都护、戊己校尉、玉门大护军三营合设沙州。公元 400 年（东晋隆安四年），李暠在敦煌郡称"凉公"，建西凉国，年号"建初"，初定都敦煌，405年迁都酒泉。北魏初（439年）置敦煌镇，至晚在延昌年间（512—515年）置瓜州，敦煌均为治所。汉魏之际，中原多有战乱，大量人口西迁河西陇右，敦煌相对较为安定，经济和商业日渐繁荣，一度成为五凉的文化中心。莫高窟的营建历史也在这一时期开始，公元366年（前凉太清四年、前秦建元二年），僧人乐僔西游至敦煌，开始了莫高窟的营建。隋初废郡置瓜州，大业三年（607年）复置敦煌郡，同时罢鸣沙县复名敦煌县。唐武德五年（622年）更名为西沙州，贞观七年（633年）再改为沙州，此时的敦煌进入历史兴盛时期。唐建中二年（781年）前后陷于吐蕃。大中二年（848年）沙州人张议潮率众起义，推翻吐蕃贵族统治，建立归义军政权，使河西地区重归唐王朝，至宋景祐三年（1036年）西夏占领止，敦煌历史上称归义军时期。宋景祐中敦煌为西夏占领，统治敦煌达191年。元灭西夏后，于至元十四年（1277年）复设沙州。1280年升为沙州路总管府，隶属甘肃行中书省。明永乐三年（1405年）改为沙州卫，后增设罕东左卫。嘉靖七年（1528年）明朝政府关闭嘉峪关，从此瓜州、沙州旷无建置200年，敦煌日见衰落。到清雍正元年（1723年）设沙州所，旋升为沙州卫。雍正四年（1726年），从甘肃56州县移民2400多户到沙州屯垦。乾隆二十五年（1760年）改为敦煌县，直到1949年9月28日敦煌解放。同年10月7日成立敦煌县人民政府，属酒泉地区管辖。1987年9月28日经国务院批准，撤销敦煌县，设立敦煌市。敦煌市隶属酒泉市，现辖9镇，总人口20万人，城市化率达68.45%。总人口中汉族占绝大多数，回、蒙、藏、维吾尔、苗、满、土、哈萨克、东乡、裕固等27个少数民族仅占总人口的2.2%。沙州镇为市委、市政府所在地，是全市政治、经济、文化的中心。城西7公里处的七里镇是一座新型的石油城，现为青海石油管理局机关所在地和青海油田后勤生活基地。

敦煌境内东有三危山，南有鸣沙山，西面是沙漠，与塔克拉玛干相连，北面是戈壁，与天山余脉相接。全市总面积3.12万平方公里，其中绿洲面积1400平方公里，仅占总面积的4.5%。平均海拔1139米，年平均降水量42.2毫米，蒸发量2505毫米，年平均气温9.9℃，最高气温41.7℃，最低气温－30.5℃。年平均无霜期152天，属典型的暖温带干旱性气候。敦煌绿洲由党河滋补，发源于祁连山的党河，全长390公里，流域面积1.68万平方公里，年径流量3.02亿立方米，是敦煌人民的母亲河。境内除党河外，地面水还有西水沟、东水沟、南湖泉水区，年径流量0.62亿立方米。

敦煌境内现存各类文物景点265处，有3处世界文化遗产，分别是莫高窟、玉门关遗址、悬泉置遗址；全国重点文物保护单位4处，分别是莫高窟、玉门关遗址、悬泉置遗址、敦煌境内长城；省级文物保护单位12处；市级文物保护单位1处；县级文物保护单位47处。特别是被称为"文化瑰宝"的莫高窟，在国内外享有盛誉，1987年，被联合国教科文组织列入世界文化遗产名录。2020年，全市接待游客

658.44 万人次，旅游总收入 80.3 亿元。其中，接待国内游客 657.68 万人次，入境游客 0.76 万人次。

全市现有各类文化产业经营单位 287 家，经营范围涉及文化旅游、音像影视、网络文化、演艺娱乐、艺术培训等文化产业体系，形成玉器、工艺骆驼、木刻画等 12 类 3000 多个品种文化旅游特色商品。全市共有非物质文化遗产保护项目 11 个，其中国家级 1 个（敦煌曲子戏），省级 3 个（敦煌民歌、敦煌彩塑、敦煌剪纸），市级 8 个。

1.2.2 敦煌市教育基本情况

【概况】2020 年，敦煌市共有各级各类学校 54 所，其中幼儿园 29 所、小学 12 所、初中 2 所、九年制学校 8 所、特教学校 1 所、普通高中 1 所、普通中专 1 所。在校学生 23272 人，其中幼儿园 5019 人、小学 8699 人、初中 4819 人、特教学校 18 人、普通高中 3343 人、普通中专 1374 人。教职工 2106 人，其中普通高中 307 人、普通中专 79 人、初中 500 人、小学 595 人、幼儿园 595 人，机关事业 30 人。

【学前教育】投资 718 万元，维修改造第二幼儿园、第三幼儿园和郭家堡中心幼儿园 3 所，挂牌敦煌市第二幼儿园、敦煌市第三幼儿园 2 所，城市公办 3 所幼儿园分别是敦煌市幼儿园、敦煌市第二幼儿园、敦煌市第三幼儿园，都设立为法人单位。郭家堡中心幼儿园是乡镇幼儿园，与城市幼儿园平行并列。全市幼儿公办园入园率达到 50.9%，敦煌市幼儿园被甘肃省教育厅评为省级示范性幼儿园。制定印发《敦煌市普惠性民办幼儿园认定扶持管理办法》，普惠性幼儿园 11 所，覆盖率达到 87%，新审批美糖幼儿园，学前三年幼儿毛入园率达到 99.18%。

【义务教育】严格落实"划片招生、就近入学"政策，合理划定城市学校招生范围，从小学到初中全部实行阳光招生、阳光分班，进城务工人员随迁子女与我市户籍学生享受同等待遇。实施七里镇中学教学楼维修改造、南街小学、西关小学教学楼门窗更换、敦煌二中和南街小学书法教室改造等土建项目，以及课桌椅、医务室设备、会议桌椅等设备购置项目，不断改善学校办学条件。

【特殊教育】敦煌市第一幼儿园设立幼儿特殊教育，全市适龄教育的残疾儿童共有 87 名。对这些残疾儿童进行就学能力评估，对 5 名有就学能力的重度残疾儿童进行每周至少 2 次上门送教；18 名有就读能力的残疾儿童在幼儿园特教班就读；64 名有就学能力的残疾儿童随正常班就读。残疾儿童少年入学率达到 100%。

【高中教育】制定"消除普通高中大班额专项规划"，消除超大班额 2 个，消除大班额 43 个。培养教学名师团队和青年骨干力量，打造高中名师工作室 5 个，定期研讨分析教育质量，酒泉市高中学校联盟第一次活动在敦煌中学举行，共同谋划酒泉教育质量提升策略。高中招生 1065 人。高中阶段毛入学率 97.3%。参加高考

1468 人，二批次以上上线 942 人；本专科共录取 1311 人，录取率 89.3%。

【中等职业教育】通过共建实训基地、订单培养等多种形式在企业开辟实训课堂，与敦煌华夏国际大酒店、南京月尚夜上海餐饮管理有限公司等企业合作办学，校企双方联合招生，共同培养服务类专业学生。创新校企合作模式，由原来的"2+1"模式向"订单式培养"模式、"校企合作、工学交替"① 等人才培养模式转变。继续与武山县职业中等专业学校开展合作办学，2020 招收 70 人。开展普通高中与中职学校融通教育合作，183 名学生考入大学，其中 15 人考上了本科院校。依托敦煌艺术旅游中等专业学校，组织开展电焊、电工等各类职业培训工作和社区教育活动 70 余次，3543 人次。

【成人教育】组织开展自学考试，新报名考生 88 人；电视大学学习人数 1728 人，毕业 517 人。

【民办教育】民办幼儿园 14 所，在园幼儿 2510 人，教职工 311 名。民办非学历教育机构 98 个，教职工 295 人。新审批设立民办幼儿园 1 个，培训机构 8 个，制定《敦煌市校外培训机构管理办法》，开展疫情防控、规范办学行为、利用不公平格式条款侵害消费者权益违法行为督查检查共 5 次，促进民办教育健康发展。

【教师队伍】建立完善师德管理机制，把师德表现作为职称评聘、评先树优的重要依据，开展 4 次有偿补课、教辅资料订阅等专项督查。按照人岗相适、专业相近的原则，采取教师自愿申请、学校选派、教育局统筹的程序在城乡选调教师 175 名，化解市域内教师资源配置矛盾。引进高端人才 29 名，通过购买政府服务方式，招聘幼儿教师 29 名，组织和参加各级各类线上线下培训 60 项，其中国家级培训 41 人次、省级培训 1520 余人次、市级培训 2040 余人次、县级培训 7525 余人次；培养陇原名师 1 名，省级骨干教师 3 名，酒泉市学科带头人 13 名、骨干教师 19 名、农村骨干教师 11 名。不断提高教师待遇，制定《关于进一步加强全市教师队伍管理的意见》等 5 个文件，落实农村教师每月平均 400 元生活补贴，评聘中级职称 40 名，副高级职称 66 名，正高级职称 15 名。

【教研教改】推进片区化、集团化办学，创建优质资源共享平台，召开高中教育教学评价经验分享和义务教育质量分析研讨会，构筑联片教研格局，10 个教研联盟涵盖 4 个学段，开展以"城乡联动多举措，以强带弱提品质"主题联片教研活动 52 次，编印联片教研活动专辑《研思》。举办学科课堂教学技能大赛，100 余名教师参加比赛，成功申报省级课题 71 项、市级课题 30 项。江苏"南菁"名师寇永升语文教学酒泉工作室、过家福数学教学酒泉工作室研修活动在敦煌中学举行，33 人入选

---

① "2+1" 模式：在校学习两年，然后实习一年。

订单式培养：根据企业的需要开设专业、招收学生，学生毕业后去企业就业。

校企合作、工学交替：企业与学校签定协议，学校培养学生技能技术，在企业需要用人的旺季，在校学生可去定岗实习。学生毕业后，可以选择到企业就业。

"江苏南菁名师酒泉工作室"。

【办学条件】投资 1315 万元,实施敦煌市第三幼儿园、郭家堡中心幼儿园维修改造、七里镇中学教学楼维修改造等 10 个土建项目;投资 190 万元,实施敦煌二中、三危中学等 20 所学校课桌椅、医务室设备、会议桌椅等设备购置项目。校舍总建筑面积 213676 平方米,生均建筑面积小学 8.76 平方米、初中 12.18 平方米、普通高中 14.13 平方米、职业中学 23.38 平方米。投资 382.6 万元,建成 27 间智慧教室,覆盖学生 1200 人,购置学生用软件 1200 套,网络资源 1200 套,配备教师教学终端 54 台,为 27 间教室配备了包括触摸一体机、无线 AP、充电柜等在内的智慧教室成套设备。敦煌市教育局获得"智慧课堂示范单位"荣誉称号,敦煌市被教育部确定为"基于教学改革、融合信息技术的新型教与学模式"实验区。生机比中小学 2.8∶1、普通高中 27∶1、中专 6∶1。

【校园文化建设】落实中小学体育、艺术课程标准,推进体育、美育和劳动教育,开展"阳光体育一小时",学生可以选择广播体操、韵律操、花式跳绳等活动。"我为祖国点赞"合唱音乐会暨甘肃省第二届学生合唱艺术节云展演活动在敦煌大剧院举办,来自全省各市州与省内高校的 23 支学校代表队进行现场展演和云展演。中央精神文明建设指导委员会授予敦煌中学"全国文明校园"荣誉称号,甘肃省精神文明建设指导委员会办公室授予南街小学"甘肃省文明校园"荣誉称号,西关小学、吕家堡中学、孟家桥中学在甘肃省中小学校大课间竞赛活动中荣获二等奖,甘肃省教育科学研究院授予东街小学甘肃省"群文阅读"示范单位荣誉称号,七里镇中学被教育部评为"全国青少年校园排球体育传统特色学校"。

【家校共育】与上海不输家庭教育研究院合作,举办"落地家长学校"9 所,组织首期中小学、幼儿园家庭教育讲师培训班和"家校共育"唤醒讲座,指导家长更新家庭教育观念,引起广大家长的共鸣。甘肃省妇联、甘肃省教育厅授予敦煌市第三中学"甘肃省家庭教育创新实践基地"。

【校园安全】构建人防、物防、技防"三防一体"的校园安全防范体系,开展消防、防邪、禁毒等宣讲 100 余场次;继续购买学校保安社会服务项目,32 所公办学校(含幼儿园)配备专职保安人员 63 名;通过公开招标,购买甘肃省金鹏校车服务集团有限公司校车服务,15 辆标准校车、38 条运输线路,为 13 所学校 929 名学生提供优质的校车服务。开展扫黑除恶专项斗争,防治校园欺凌、预防青少年违法犯罪宣传教育活动 50 场次,完成全市各类特殊儿童摸底造册。开展针对校园欺凌、问题学生排查、扫黄打非、金融诈骗及校车道路安全等问题的部门联合检查 10 次。

【教育管理】扎实推进"八步走"行政效能改革,梳理机关股室权责职能,调整 3 个股室负责人,制定工作岗位清单和干部积分制管理办法,完成 3 个年度中期任务。深化教育体制机制改革和"县管校聘"管理体制改革,每年由教育局根据学校学生数和班级数对各学校重新核定编制数和岗位数,报市委编办和人社局审核,打破教师交流轮岗的管理体制障碍。完成市幼儿园和板桥小学的法人分设、人员调配等工作，挂牌成立敦煌市第二幼儿园、第三幼儿园和敦煌市第五小学。原属于乡镇党委管理的 8 个农村学校党组织全部划归教育工委统一管理，教育工委管理的党支部达到 29 个，党员 1140 名。启动实施覆盖学校、教师、学生、社会四个层面评价体系建设，完成试点学校章程建设。

【敦煌学院】西北师范大学敦煌学院，成立于 2014 年 6 月，是经甘肃省教育厅批准、由西北师范大学和敦煌市人民政府共同创办、实施全日制本科、硕士研究生学历教育的普通高校校属学院。敦煌学院依托西北师范大学的优质学科资源和敦煌文化资源，开展具有敦煌文化特色的高等教育教学。学院设立敦煌美术系（中国画、油画、动画）、舞蹈艺术系、旅游管理与公共教学系，招收敦煌学、敦煌美术硕士研究生，现有驻校教师 30 人。西北师范大学敦煌学院招生 59 人，毕业 106 人，在校大学生 353 人。

1.2.3　敦煌中学发展概况

敦煌中学是国家历史文化名城——敦煌市——唯一的一所普通高级中学，创建于 1943 年，1958 年设立高中部，2004 年被评定为甘肃省省级示范性高中，2012 年 8 月，学校由县城东郊搬迁至鸣沙山脚下新校区。2020 年被评定为"全国文明校园"。学校还承担着周边肃北蒙古族自治县和阿克塞哈萨克自治县普通高中阶段异地办学任务。

学校地处敦月路中段，南邻风景秀丽的国家 5A 级风景名胜区——鸣沙山月牙泉景区，东望世界文化遗产莫高窟。学校占地 369 亩，建筑风格独特，功能布局完善，文化特色浓郁。

学校现有教职工 307 人，其中硕士学历 50 人，正高级教师 2 人，高级教师 80 人，陇原名师 1 人，甘肃省特级教师 2 人，甘肃省学科带头人 3 人，甘肃省骨干教师 6 人，省级青年教学能手 7 人，酒泉市学科带头人 5 人，酒泉市骨干教师 5 人，敦煌市学科带头人 38 人，敦煌市骨干教师 18 人，苏步青数学教育奖获得者 1 人。现有教学班 76 个，学生 4000 余名。

学校实行分部教学、独立管理、统一评比，营造了两个教学部相互竞争的氛围。学校秉承"向上向善、包容厚德"的校训，传播"感恩、沟通、敬畏、创新"的校园文化精神，立足底蕴深厚的敦煌文化，强调"简简单单生活，快快乐乐工作"和"以快乐之心感悟世界，以感恩之心回馈人生"的精神，营造蓬勃向上充满朝气的育人环境，为师生搭建起幸福工作、快乐学习的平台，学校教研教学、学生活动等富有特色，教育教学成果卓著。

2007 年 8 月，根据《酒泉市人民政府关于肃北县阿克塞县高中教育适当集中在敦煌市举办的会议纪要》的通知，落实利用敦煌优质教育资源来帮助带动少数民族地区的教育发展——"异地办高中"教育新思路，开拓创新地完成了"异地办高中"的办学模式，学校开始接收肃北蒙古族自治县和阿克塞哈萨克族自治县的普通高中学生。为加强管理，学校成立了民族地区学生管理联络办公室，由富有民族县教育工作经验的陈肃宏专人负责对每个学生跟踪管理培养。

自 2012 年以来，学校紧紧围绕"点上再突破，面上再提高"的高考奋斗目标，紧抓教育教学工作，教育教学改革稳步推进，高考质量逐年提升，先后有 20 名同学名列甘肃省高考百名榜，有 20 名同学先后被清华北大录取。2020 年，敦煌中学高考成绩 600 分以上达到 24 人（本地 23 人，临夏考生马哈支热回原籍参加高考也达到了 600 分以上），文理科进入全省前 100 名 2 人，前 500 名达 9 人（理科 4 人，文科 5 人）。高三 17 班崔婧以 641 分名列全省文科第 77 名（酒泉市文科第 2 名）；实验班詹雯静 668 分，名列全省理科 97 名（酒泉市理科第 2 名）。在敦煌中学就读三年（高三 17 班）的民族考生马哈支热回临夏回族自治州参加高考后以 601 分获得和政县文科第一名。詹文静、赵童两位同学被北京大学录取，裴可欢被清华大学录取，56 名同学被 985 大学录取（其中，敦煌籍 48 人，肃北、阿克塞及外县市 8 人），71 名同学被 211 大学录取，另外还有 328 名同学被本科一批院校录取，该年度全酒泉市仅有的 3 名被清华、北大录取的学生，都出自敦煌中学。

敦煌中学先后被教育部命名为"首届全国校园文化建设先进单位""中国师德建设示范单位"、全国首批中小学心理健康教育特色学校、国家级"健康促进学校"，先后获得"全国百名体育传统项目学校""全国群众体育活动先进集体"等称号。2015 年，敦煌中学被国家机关事务管理局、国家发改委、财政部授予"节约型公共机构示范单位"称号；先后获得甘肃省教育系统先进集体（2008、2017）、"甘肃省职工职业道德建设先进单位""省级语言文字规范化示范校""酒泉市精神文明单位""酒泉市教育系统先进单位""酒泉市文明校园""全国文明校园"等荣誉。

1.3　民族县教育工作发展情况

1.3.1　民族县教育发展概况

在古丝绸之路必经之地，有一个非常重要的地方，那就是敦煌。汉武帝时期，为了解除北方匈奴的威胁，西汉朝廷横扫河西走廊，把它纳入汉朝中央管辖的范围。为了管理这些地方，西汉朝廷设置了武威、张掖、酒泉、敦煌等河西四郡，其中，最西端的便是敦煌郡。千百年来，敦煌这颗丝路明珠成为东西方商贸、文化交流交汇的地方。敦煌郡的周围，自古以来就生活着各个民族的先民，他们世世代代繁衍于此。古敦煌郡的辖境，在疏勒河、党河流域，包括现在的肃北县、阿克塞县、瓜州县、玉门市等地的区域，是一个较大范围的区域，敦煌作为郡址所在地，其政治、经济、军事、文化等方面，对周围地区的影响极大。

肃北蒙古族自治县教育概况：肃北县是甘肃省唯一的蒙古族边境自治县，总面积 66748 平方公里，辖 4 个乡镇 26 个行政村、3 个社区，2020 年户籍人口 1.54 万人。目前肃北县有各级各类学校 5 所，其中：蒙汉双语教学十二年一贯制学校 1 所（肃北县蒙古族学校），汉语授课完全中学 1 所（肃北中学），汉语授课完全小学 1 所（县城小学），蒙汉双语混编完全小学 1 所（马鬃山镇小学），幼儿园 1 所。全县学生 1526 人，其中：民族生 651 人，占学生总数的 43%，接受"双语"授课学生 257 人，占学生总数的 17%，接受"双语"教育的幼儿 155 人，占全县幼儿总数的 45%。教职工 211 人，其中：民族专任教师 92 人，占教职工 44%，教师正高、副高级、中级职称分别达到 0.9%、22%、47%。学前教育毛入园率 99.13%；义务教育阶段小学、初中入学率 100%、辍学率 0、九年巩固率 100%；高中阶段教育毛入学率 99.38%。1984 年实现普及初等义务教育，1988 年基本扫除青壮年文盲，1997 年基本普及九年义务教育，2010 年率先实现学前教育、义务教育、高中教育（含中职教育）的十五年免费教育，2011 年"两基"工作高标准通过国家检查验收，2015 年义务教育基本均衡通过国家评估认定。

阿克塞哈萨克族自治县教育概况：2020 年，阿克塞县有学校 4 所。其中，中小学各 1 所、幼儿园 2 所，全县中小学、幼儿园全部集中在县城办学。在校学生 1932 人，其中：中学 724 人（含敦煌中学异地就读学生 286 人），小学 743 人，幼儿园 465 人；少数民族学生 827 人，占在校生总数的 42.8%。有教职工 226 人，其中：专任教师 161 人、专任教师中中学 54 人，小学 61 人，幼儿园 46 人。有少数民族专任教师 46 人，占专任教师总数的 28.6%。

现代以来，敦煌的教育发展，相对于周边的肃北、阿克塞、瓜州地区，有较大的优势，也影响着周边各县。

1.3.2　肃北县教育发展情况

1.3.2.1　肃北蒙古族自治县概况

肃北蒙古族自治县（以下简称"肃北县"）隶属于甘肃省酒泉市，位于甘肃省西北部，河西走廊西端南北两侧，是边境县，也是甘肃省国土面积最大的少数民族自治县。全县总面积 66748 平方公里，分南山和北山两个不相连的区域，中间隔着敦煌、瓜州、玉门三县市。南部在祁连山北麓、河西走廊西端南侧，是县人民政府所在地；北部在河西走廊最西端北侧是马鬃山区。2019 年末，县辖 2 镇 2 乡，全县户籍人口 12228 人，有汉族、蒙古族等 9 个民族，其中蒙古族 4660 人，占 38.11%。经国务院批准于 1992 年开设的马鬃山边贸口岸，现处于关闭状态。肃北县历史悠久，地域辽阔，资源富集，是极具开发潜力的一片热土。自 2011 年，肃北县连续 3 届荣获"中国西部最具投资潜力百县"称号。2014 年肃北县荣获"全国民族团进步模范集体"荣誉称号。

肃北县是一个以蒙古族为主体的少数民族自治县，地域辽阔，是甘肃省重要的畜牧业基地。全县共有天然草场 4676 万亩，其中可利用草场 4189 万亩，占草原面积的 89.5%。主要饲养的家畜有绒山羊、高山细毛羊、牦牛、马、骆驼等，各类牲畜 25 万多头（只）。年产绒毛近 50 万公斤，肉类 125 万公斤，畜产品以骆驼绒、山羊绒享有盛名。肃北蒙古族自治县经济以畜牧业为主，兼有少量的种植业。

历史上，肃北县境在先秦时期就有游牧民族活动；西汉时并入中原王朝版图，属敦煌郡；后战事不断，归属屡易，地方政权、游牧民族势力范围犬牙交错，中央政权控制力较弱；清代起属甘肃省；民国二十五年（1936 年）在马鬃山设立肃北设置局。1950 年 7 月解放，1955 年肃北蒙古族自治县成立，址所在南部党河流域南山地区党城湾镇。

肃北县南北自然环境差异极大：南山地区南部祁连山区平均海拔 3500 米以上，山麓为沙砾戈壁倾斜高平原区；北山地区为中低山和残丘地貌，戈壁广布。

肃北县有天然草场 4676 万亩，主要饲养绒山羊、牦牛、骆驼等牲畜，另有少量耕地；煤炭、黄金、铁矿及有色金属资源丰富，近年来，肃北县充分依托资源优势，快速发展地方工业，扩大开放，外引内联，走借助外力求发展的路子，加大招商引资力度兴办企业，形成了以黄金、铁矿、原煤、水电为四大支柱的地方工业体系。

肃北县人均 GDP、人均财政收入等指标在全省、全市位居前列，其中人均 GDP 在全国 120 个少数民族自治县中名列第一，被国家统计局国情研究所评为"西部最具投资潜力百强县"第 31 名，位列甘肃入选县市第一位。

1.3.2.2　教育发展基本情况

1951 年 4 月，时任肃北自治区副主席的杜格尔自捐蒙古包 1 顶、聘请 1 名蒙古族牧民为教员，在驻牧地瓜州布隆吉办起寄宿制蒙古包小学 1 所，招收 10 余名牧民子弟入学；截至当年年底，自治县有蒙古包小学 2 所，教师 2 人，学生近 40 人。

1952 年，驻牧在敦煌一带（五乡）的牧民在敦煌张家墩湾成立小学，于 1953 年迁移到党城湾，与六乡合办寄宿制初级小学，以土窑洞为校舍，有教师 4 人，学生 60 余人。自治县政府开始选送优秀贫苦子弟到西北民族学院小学部接收教育。

1954 年，国家拨款 2 万元，在党城湾修建砖土木结构的校舍，搬迁窑洞小学，成立党城湾初级小学。

1956 年，党城湾初小（后为"肃北小学"）扩建为全日制完全小学。

1957 年，10 名师范毕业生被分配到肃北小学任教，全县教师人数增至 15 人，当年学生总数 192 人，其中少数民族学生 148 人。

1958 年，各乡政府机关相继定居，修建土木结构的校舍，牧区开始定居办学。同年，党城湾小学已有高小毕业生，在没有初中学校的情况下，将高小毕业的汉族生选送到敦煌中学就读初中。

1959 年，大批移民迁入，在校学生大幅增加，到 1960 年，学生总数达 880 余人，少数民族学生 420 多人。这一时期，学校贯彻小学工作条例四十条，加强学生思想政治教育，同时开展勤工俭学活动，组织师生发展养殖、开荒种地、植树造林。

三年经济困难时期，学校出现大规模辍学现象，学生人数锐减，约至原来总数的一半。

1962 年，新建成立马鬃山镇寄宿制完全小学。1964 年以后，随着经济的逐渐好转，学校数量和学生数都量有所增加。同年，在党城湾小学附设肃北县的初中，学制实行二年制。

1966 年，经甘肃省教育厅批准，于当年 8 月 1 日成立"肃北蒙古族自治县中学"（即肃北县中学，后改名继抗中学），同时，撤销党城湾小学附设初中班。当年县中学设初中教学班 3 个，学生 54 人，教职工 4 人；学制实行三年制。由于"文化大革命"波及各个学校，学校先后停课闹革命，以参加社会活动和生产劳动为主要任务，学校招生工作改秋季始业为春季始业。

1969 年，党城湾小学的部分教师被调离或下放到基层任教。工人、贫下中农进驻学校，成立了工人、贫下中农管理学校的组织，各公社公办学校下放到生产队，教师也被分配到各生产队，划片定点实施马背巡回教学。这种教学效果可想而知，校舍被占用，教学图书资料、教学仪器大量流失，入学率降低。

1970 年，肃北县中学开设高中班，全校学生 121 人，教职工 10 人；实行初中、高中"二二"分段制，中学修业时间为 4 年。

1973 年，贯彻《全国教育工作会议纪要》，以普及五年制小学为纪要工作重点，实行多种形式办学。这一时期，学校教育"以学为主，兼学别样"，学工、学农时间过多，教学秩序混乱，加之办学条件简陋，教学质量下降。

1974 年，肃北县中学有 4 个教学班，初中班 2 个，有学生 143 人；高中班 2 个，学生 104 人；教职工 19 人。

1975 年，石包城公社学校、马鬃山公社学校、党城公社学校附设初中班。

1976 年，开始调整学校布局，为提高教育教学质量和学校管理，先后裁撤合并了许多所生产队办蒙古包小学和马背小学。

1977 年，全县共有中学教学班 16 个，初中班 11 个，高中班 5 个；在校学生 479 人，其中初中生 327 人，高中生 152 人。这一年，国家恢复高考制度，自治县蒙、汉应届往届高中毕业生参加全国统一考试。

1978 年后，整顿恢复教育行政管理和学校管理制度，重新制定和建立学校各项规章制度。教育部统一规定，中学修业年限为 5 年，按初中三年、高中二年分段。同年 9 月，调整学校布局，撤销各公社小学内的附设初中班。

1980 年，成立了肃北蒙古族自治县蒙文中学（后改名民族中学、蒙古族中学），将继抗中学（肃北蒙古族自治县中学）高、初中蒙文班①划入，设初中班 3 个，学生 77 人；高中班 2 个，学生 12 人。

1983 年，肃北蒙古族自治县制定《普及初等教育规划》，根据人口居住高度分散、牧民逐水草流动放牧的特点，确定了"集中为主、公办为主、全日制为主、寄宿制为主"的办学方针，一些分散的、生源少的教学点撤并，初中全部集中到了县城。

1986 年 9 月，成立了蒙古族小学，为六年制全日制（寄宿制）小学，设教学班 5 个，在校学生 189 人，教职工 22 人，后更名为民族小学。

1986 年，肃北蒙古族自治县两所中学（肃北县中学、肃北蒙古族县蒙文中学）共有教学班 22 个，其中汉文班 15 个，初中班 9 个，高中班 6 个，全在肃北县中学；蒙文班 7 个，在蒙文中学。在校学生 809 人，其中汉族学生 550 人，少数民族学生 259 人。

1999 年，根据国家教育部关于集中办学的思想和全区牧区工作会议精神，撤并了鱼儿红乡、盐池湾乡小学。

2004 年 2 月，撤销肃北蒙古族自治县蒙文中学、蒙古族小学，成立了肃北蒙古族自治县蒙古族学校，实行 12 年一贯制学制，当年在校学生 271 人，教职工 60 人。

2005 年，按照调整学校布局精神撤并了党城乡两所小学和一个教学点。

2007 年 8 月起，肃北蒙古族自治县汉语授课的初中毕业生全部安排到敦煌、酒泉异地就读高中。自治县对异地就读的高中学生和升入中等职业学校的学生实行资助和生活费补助。当年，在敦煌、酒泉就读学生 192 人，中职生 30 人，每生每年补助 3431.5 元；内蒙古就读 6 人，每生每年补助 6356 元。

2009 年，撤销了石包城乡小学，分流了教师和学生，进一步促进城乡义务教育均衡发展。

1.3.2.3　师资队伍建设情况

1951 年，建立蒙古包流动初级小学，聘请粗识蒙文的蒙古族牧民卡格德尔为教员。

---

① 蒙文班是在肃北蒙古族自治县开始办学时就存在的，从党城湾初小到肃北县中学都设有蒙文班，直到"文化大革命"期间，各学校都停办蒙文班；"文化大革命"结束后又恢复了蒙文班。

1953 年，酒泉师范学校毕业生蔡生亮被分配到党城湾小学任教，是第一位汉族教师。此后，上级陆续派来蒙、汉文教师。

1959 年，教职工增加到 16 人，其中少数民族教师 10 人。教师学历合格率提高到 75%。

1964 年，小学附设初中班后，增加初中教师 2 人，教职工发展到 33 人，中小学教师学历合格率分别达到 100% 和 80.6%。

1966 年，成立肃北蒙古族自治县中学，中学教师 4 人，教师学历合格率保持在 100%。小学教师增加到 34 人，教师学历合格率 82.3%。

1966 年到 1970 年间，陆续从回乡初、高中毕业生中聘用民办教师 19 人，小学教师增加到 50 人。此后几年之间，队办牧读小学、马背小学继续发展。

1970 年，中学有教职工 10 人，教师学历合格率保持在 100%。

1976 年，全县小学教师增加到 87 人，其中，民办和临时代课教师 30 人，教师学历合格率下降到 39%。

1980 年，全县 20 名民办教师转为公办教师。年底，通过毕业生分配、民转公录用和从外部门调整，增加教职工 35 人，全县教职工增加到 138 人，其中中学教职工 57 人，学历合格率 43%；小学教职工 81 人，学历合格率 66.6%。

1984 年，为解决中学汉文部分学科教师缺额问题，采取招聘办法，教职工增加到 68 人。教师学历合格率提高到 52.5%。

1989 年，各级小学学前班教师紧缺，音体美教学处于薄弱环节，通过内蒙古有关学校、兰州幼师、玉门教师进修学校，实行学生自费代培，培养了一批学前教育教师。

1999 年，全县中小学教师 268 人。中学教师学历合格率 75.4%，小学教师合格率 91.6%。

2002 年，中学教师学历合格率 82.7%，小学教师合格率 99.5%。

2003—2005 年，随着教育资源的整合，教师队伍逐步向精干、高素质发展。

2010 年底，全县在岗教职工 260 人，其中，专任教师 225 人，学历达标率 100%。

1.3.2.4　边境口岸的教育发展情况

河西走廊上有南北两座山系，南边的是祁连山，北边的是黑山，也叫"马鬃山"，因为山峦起伏，落差平均，远远看去，形似马鬃而得名。马鬃山镇隶属于甘肃省肃北蒙古族自治县，是甘肃省唯一的边境管理区，也是甘肃省肃北蒙古族自治县管辖的一块"飞地"。马鬃山镇地处甘肃省最北端，是甘肃省唯一的边防重镇，北与蒙古国的戈壁阿尔泰省接壤，东西分别与内蒙古自治区、新疆维吾尔自治区为邻；地处荒漠戈壁，镇区总面积为 31630 平方千米，平均海拔 2100 米，年平均降雨量

150 毫米。下辖五个村委会，以畜牧业为主，是全国土地面积最大的镇之一。

全镇常住人口不到 2 千人，2020 年 11 月底，全镇总户数 318 户，人口 656 人（其中：城镇户 110 户，165 人；牧业户 208 户，491 人）。边境管理区 2.6 万平方公里，人口以蒙古族、回族为主；这里地广人稀，G7 高速横贯全境，远离城市；辖区内蕴藏着丰富的矿产资源，已发现的各类矿床 128 处，有金、银、铜、铁、钨、锰、镁、重晶石等。主要企业有博伦、亚峰、南金山、北东、吐鲁等矿业企业。主要景点有中蒙边境国门、恐龙地质公园、黑喇嘛城堡等。年流动人口达 8 万余人。

马鬃山镇政府所在地叫公波泉，也称"公婆泉"，意为两泉相挨，大为公，小为婆。中国地图曾标过"公婆泉"，而如今标为"马鬃山"；不过，进出马鬃山镇的公交车仍标为"酒泉——公波泉"。小镇用水靠公婆泉，照明靠风光互补发电机组。镇东北、西南角，各有一片风光互补发电机组。

1992 年 9 月，经国务院批准，开通了马鬃山边境对外贸易口岸，成为省、市、县对外贸易的窗口。

一、建校时间

马鬃山镇小学始建于 1962 年，校址设在吐鲁，为全日制寄宿制初级小学。建校初，学校一无所有。当时公社有三个大队，即乌兰布楞格、平头山、明水，各大队抽调几个劳力，由教师铁克勤负责，挖了几个窑洞，打了土坯修了小食堂。经动员，全公社一共来了 17 名学生，分三个班上课，初具初小规模，铁克勤既是老师又是炊事员，条件十分艰苦。

二、历史变迁

"十年动乱"期间，1968 年学校分散 5 处，一处设在公婆泉，由公社管理，四处设在各大队，由各大队管理，师资分散，财力物力分散，各学校无固定教室，只有一顶帐篷，1、2 名教师，随牧民四季草场的流动而流动，是"马背小学"。

1974 年扩建为全日制寄宿制完全小学。设教学班 5 个，在校生 82 人，其中少数民族学生 60 人；教职工 8 人，少数民族教师 4 人。

1975 年，附设初中班，教学班 14 个，在校学生 131 人，其中少数民族学生 80 人；小学班 12 个，学生 104 人；初中班 2 个，学生 27 人；教职工 16 人（初中教师 4 人，小学教师 12 人）。

1978 年党的十一届三中全会以后，为了更好地贯彻党的教育方针，集中人力、财力、物力办好教育，经上级决定，撤销四个大队学校，合并到公社管理的学校中，并附设初中班，学生实行寄宿制，实行蒙汉双语授课。1979 年以后，学生上初中就得到县城的肃北县中学就读，寄宿于学校内。

1992 年，响应教育优先发展的政策，由上级拨款，学校搬到现址，修建了 4 栋教室 12 间，一栋办公室 6 间，会议室 1 间，一栋宿舍 5 间，学校具有了一定现代化规模。

1999 年，全面推行素质教育，实行学生毕业成绩等级制评定和"九科"考核办法。

2002 年，设教学班 9 个，其中汉文班 4 个，蒙文班 5 个；在校学生 39 人，少数民族学生 36 人；教职工 21 人，少数民族教师 15 人。

2004 年，肃北县投资 150 多万元，集教学、办公、活动为一体的国门小学教学楼及附属工程竣工。2005 年投入使用。此时，投入资金尚有缺口 50 万元。

2005 年，教学楼投入使用。

2007 年，乡镇匹配资金 15 万元，金川集团有限公司慷慨捐资 35 万元，合计 50 万元，填补了缺口。为表达对捐资者的崇敬之情，学校命名为"金川希望小学"。

2009 年，当地发生 4.8 级微地震，教学楼裂缝严重，又由于该地的几场大雨，地基下陷加大了裂缝，教学楼成为 D 级危房。

2010 年，设教学班 7 个，在校生 22 人（其中学前班 8 人），教职工 21 人，专任教师 18 人。

2012 年，经教育局争取匹配资金 200 多万元新建幼儿园教学楼、争取匹配资金 300 多万元新建小学教学楼，2014 年 3 月投入使用。一栋具有蒙古族特色 3 层教学楼拔地而起，先进的教学设施设备也一并搬进了新教室。

学校坚持以学生发展为本的办学思想，坚持科研兴教、创新强校的办学思路，坚持依法治校，以德治校的管理思路，在教育教学活动中坚持学生是"认识的主体、学习的主体、实践的主体和自我完善发展的主体"的理念，确定了"有理想、会学习、勤创新、讲文明、善健美、具特长"的学生发展目标，不断解放思想，创新教育教学方式，立足科学发展，促进校园和谐，努力办人民满意的教育。

随着生活水平不断提高，越来越多的牧民逐渐改变了传统的生产生活方式，告别草原，举家搬迁到肃北县城或者酒泉市。

牧区人口的减少直接导致学生数量锐减，学校后来仅有一个班，10 多名学生。到 2016 年，最后的学生毕业之后，国门学校没有招到新的学生。教师们也逐步地调回肃北县城工作，最后只有 2 位老师在值守学校。学校改为爱国主义教育基地。每年来这里的参观团队，都要在这里进行爱国主义教育活动。

随着时代的进步发展，马鬃山镇地区的经济、文化、生活水平不断提高，当地人们的思想观念也逐渐改变，他们对子女的教育也十分关注。虽然学校还在，但家长们不会忽略孩子们的义务教育阶段，学生们分别在肃北县城和酒泉市肃州区选择就读质量水平更高的学校，高中学生绝大部分选择在敦煌中学就读，享受民族县的优惠政策和敦煌中学的优质教育资源，更有利于孩子们健康成长。先后有很多肃北县马鬃山镇籍学生就读于敦煌中学，如孟根高娃、扎西草、乌尔力格、阿荣其其格、那亚力、西佳丽、满都玛、莫西亚丽、陶都恒、国庆等等，他们在敦煌中学积极向上，团结同学，很快就融入了紧张的学习生活，和同学们一起享受着学习生活的快乐，分担着学习生活中的苦涩。这些学生通过自己三年的刻苦努力，既结交了许多汉族同学、朋友，又都迈向了自己心仪的大学。孟根高娃考取了兰州民族学院，扎西草考取了甘肃警察职业学院，乌尔力格考取了呼和浩特民族学院，阿荣其其格考取了内蒙古农业大学，那亚力考取了呼和浩特民族学院，西佳丽考取了内蒙古财经大学，满都玛考取了河北司法警官职业学院，莫西亚丽考取了内蒙古经贸外语职业学院，陶都恒考取了浙江横店影视职业学院，国庆考取了大连汽车职业技术学院，桑吉卓玛考取了浙江邮电职业技术学院，珊穆潮考取了呼和浩特民族学院，哈丽雅考取了天津大学仁爱学院，才仁拉姆考取了青岛恒星科技学院，维丽斯考取了兰州理工大学技术工程学院，邬尔彩娜考取了喀什大学等等，在此就不一一列举了。这些蒙古族学生，他们的父母都工作、生活在马鬃山，看守着国门，建设着边境，都希望自己的孩子受到良好的教育，希望他们在敦煌中学生活好，学习好，养成良好的习惯，真正成为高素质的人才，成为祖国边疆的守卫者、建设者和接班人。有些学生已经毕业，回到了家乡，继承父母的意愿，肩负起神圣的使命，为守卫祖国的边疆，为促进当地经济发展，为推进民族团结进步，为铸牢中华民族共同体意识积极做出自己的贡献。

1.3.3　阿克塞县教育情况

1.3.3.1　阿克塞哈萨克族自治县概况

阿克塞哈萨克族自治县（简称阿克塞县）隶属于甘肃省酒泉市，东接肃北蒙古族自治县，北靠敦煌市，西与新疆维吾尔自治区隔戈壁相望，南依塞什腾山与青海省为邻。地处甘肃、青海、新疆三省（区）交汇处，敦格铁路、柳格高速、甘青藏公路穿越南北。是甘肃省唯一以哈萨克族为主体的少数民族自治县。

总面积 3.34 万平方公里，约占全省总面积的 8.56%，其中耕地占 0.01%，天然草场占 29.56%，林地占 0.09%，荒地沙漠占 68.22%，城镇占 1.56%，河流、湖泊占 0.56%。境内山大沟深，地形复杂。全县地形狭长，东西长 425 公里，南北宽 125 公里。东南高而西北低，海拔 1500 米至 5798 米，平均海拔 3200 米左右，阿尔金山、党河南山与塞什腾山之间（苏干湖盆地）广布戈壁沙漠，高原盆地——苏干湖地表平坦，海拔 2800~3000 米。境内祁连山西向余脉与阿尔金山东向余脉连成一片，纵贯全境。阿尔金山、党河南山、塞什腾山、土尔根达板山、野牛脊山等 5 条山脉呈西北——东南走向环绕全县。这些高山崇岭，其雪线以上终年积雪，现代冰川遍布。境内草原广阔，戈壁浩瀚，崇山连绵，畜产丰富，可以称得上是个"聚宝盆"。阿克塞草原由海子、前山、哈尔腾等三大草场组成，属高山荒漠半荒漠草原。可利用草场面积 1.18 万多平方公里，约占全县总面积的 35%。

原阿克塞哈萨克族自治县位于海拔 2800 米的博罗转井沟，1953 年，敦煌县以南的海子为中心地区成立了阿克塞哈萨克族自治区筹备委员会，1954 年 4 月 26 日成立阿克塞哈萨克族自治区，1955 年改名为阿克塞哈萨克族自治县。

从 1954 年直到 20 世纪 90 年代初的 40 多年间，牧民的生活条件依然艰苦，吃水难、行路难、看病难、上学难等关系群众切身利益的问题并没有得到解决。1998 年，县城由博罗转井镇迁至红柳湾镇。

阿克塞县辖 2 乡（阿克旗乡、阿勒腾乡）1 镇（红柳湾镇），共 14 个行政村。阿克塞县生活着哈萨克、汉、回、蒙、维吾尔、撒拉、藏族等 12 个民族。全县常住人口 1.06 万人，其中哈萨克族 3165 人，占全县总人口的 36.8%。全县总面积 3.1 万平方公里，平均海拔 3200 米。

阿克塞县境内矿产资源比较丰富，有金、铜、铁、石棉、水晶、蛇纹岩、云母、芒硝等金属、非金属矿藏 40 多种。特别是石棉储量最大，约 4500 万吨以上，年产量 20 万吨左右，占中国石棉产销量的一半左右。

阿克塞县境内主要河流有大、小哈尔腾河、安南坝河等 3 条内流河，流域总面积 8560 多平方公里，年径流量 4.52 亿立方米。

阿克塞县旅游资源丰富，境内有哈尔腾国际狩猎场、大小苏干湖候鸟自然保护区和安南坝野骆驼国家级自然保护区。

1.3.3.2 阿克塞县教育基本情况

1937—1939 年，游牧于甘肃省境内的哈萨克族部落富户，在疏勒河、鱼儿红等地筹办家庭学堂 3 个，主人请来家庭教师为自己的孩子讲学，附近的牧户如果想让自己的孩子念书，征得主人同意后，也可以一起上学，学堂不定期，不分班级，学生的学习内容以诵读民间传说、诗歌等为主。

1953 年，在筹备建立阿克塞哈萨克族自治区时，以当时的部落聚集点为主，筹建起 7 所帐篷小学，在有文化知识的牧民中选拔老师。牧民搬到哪里放牧，学校就搬到哪里，流动帐篷小学是阿克塞初等教育的起始。

1954 年，阿克塞哈萨克族自治县成立后，将原来的 7 所帐篷小学合并为 4 所，以当时的乡为单位，一乡一所。

1955 年，全县有 5 所小学，在原有的 4 乡 4 所基础上，县城增加了一所固定小学。

1958 年，适龄儿童基本都上了学，学生人数明显增加。

1959 年，在县城建立了 6 年制完全小学，内设初中班 1 个，招收哈萨克族小学毕业生 38 人，次年，该班学生全部转入西北民族学院预科班。

1960 年，大批外来移民落户安南坝，适龄儿童剧增，在安南坝设立小学 1 所，内设初中班 1 个。

1963 年，在原来的帐篷小学基础上，逐步办起 4 所固定的寄宿制小学，由国家投资修建教室、宿舍、食堂及购置教学设备。

1964 年，县城小学附设初中班 1 个，次年增加到 2 个。"文化大革命"期间，一度实行"马背教学"，学校解散，教师骑马流动上课。

1966 年 7 月，阿克塞县中学正式成立，只设初中班 1 个。

1968 年，逐步恢复 4 个乡的寄宿小学和全日制小学。

1970 年，从武威、敦煌迁来农户，落户于多坝沟，建立多坝沟小学。

1971 年底，县中学筹备建立高中部。

1981 年 9 月，阿克塞县中学分为两所完全中学（简称民中、县中）。

1984 年，全县共有 6 所小学，适龄儿童全部入学，全县实现了初等教育基本普及。高中班增加到 5 个。

1988 年，部分牧民进城居住，学生随之到县城上学，全县 5 个乡，除和平乡和多坝沟乡小学外，其余学生全部进城上学。

1991 年，阿克塞哈萨克族自治县民族学校分设民族中学和民族小学两所独立的完全中、小学。

1998 年，根据县城搬迁统一规划，县委、县政府决定将原民族中学和县中学合并为"阿克塞哈萨克族自治县中学"，将原民族小学和城关小学①合并为"阿克塞哈萨克族自治县小学"。

1996—1998 年，自治县在自筹资金基础上多次向中央、省、地争取资金，在新县城红柳湾镇建成了县中学、县小学、幼儿园，校园内的各种配套设施齐全。合并后的阿克塞哈萨克族自治县中学，内设高中班 6 个，初中班 15 个，其中民族班 8 个，在校学生 607 人，少数民族学生 329 人。

2002 年，县中学共有 22 个班级，其中民族班 8 个，在校生 660 名，少数民族学生 197 人。高中班 7 个，学生 189 人；初中班 15 个，学生 471 人；教职工 78 人，教师 65 人。

为了提高阿克塞县高中教育教学质量，2002 年 9 月，在县委、县政府的大力支持下，县中学高中部与兰州市 33 中达成对口帮扶协议，第一批 9 名兰州市 33 中教师赴阿克塞县中学对口支教，阿克塞县中学也派出 4 名教师赴兰州市 33 中培训学习。

2007 年，按照酒泉市教育局统一布局调整，阿克塞县高中教育异地办学，统一到敦煌、酒泉两地进行。

21 世纪以来，阿克塞县深化教育体制改革，强化基础教育，加快普及九年制义务教育，尤其是在国家教育政策扶持下，办学条件得到不断改善，教育教学质量逐

---

①城关小学即县城小学，于 1956 年成立，六年制完全小学。

年提高，率先在甘肃省实现了义务教育向学前教育和普通高中教育延伸的十五年免费教育。

2012年，县幼儿园被甘肃省教育厅命名为"省级示范性幼儿园"。

2013年，"三类语言文字"城市工作顺利通过国家验收；同年，义务教育跨入国家均衡发展县行列。

2014年，有幼儿园及中、小学各1所，在校学生1745人，教职工210人，九年义务教育完成率100%，高考录取率达90.8%。

1.3.3.3　教师队伍情况

1953年，在初办帐篷学校时，自治区在有知识的牧民中选拔出7名"牧人教师"，为帐篷学校上课。1954年，县人委给每个帐篷学校配备师范学校毕业生1名；后为了解决教师短缺的问题，从本地区选拔一些有培养前途的青年牧民去西北民族学院学习、培训，毕业后回县任教；1956年、1957年先后从新疆维吾尔自治区分配4名哈文教师。

1958年，全县有小学教师8人；1960年，大批汉族教师赴阿克塞任教，教师队伍不断壮大。1966年，县城关小学附设初中班时，上级分配2名大专毕业生，至此，全县共有教师20人：初中教师5人，小学教师15人，其中少数民族教师8人。"文化大革命"期间，学校受到冲击，教师被贬为"臭老九"，严重影响了学校的正常秩序。1979年后，经过调整、充实，教师人数有所增加，先后将15名民办教师转为公办教师；后用定向招生的方式在阿克塞县招生5名学生，毕业后回到阿克塞县任教。

1983年，本着招聘外面的教师作为应急措施、巩固现有的教师作为基础、培养民族的教师作为方向、争取分配的教师作为补充的原则，先后从各地招聘教师25人，一定程度上解决了教师短缺的问题。

到1988年底，全县共有教师134人，其中少数民族教师62人，中小学专职教师学历合格率达到70%。

1992年，从外地招聘教师23人，基本解决师资短缺的问题。

1999年，全县将16名代课教师聘为地方聘用教师。到2002年底，全县教职工182人，专任教师139人，少数民族教师35人。小学、初中、高中各学校专任教师学历达标率100%、92.3%、42.9%。

第二章
三地融合促发展　民族团结谱新篇

本章主要运用马克思主义理论对阿克塞、肃北两个民族县异地办高中的必然性进行分析。

2.1 肃北、阿克塞两县高中异地办学的背景

2.1.1 肃北蒙古族自治县异地办学背景

尽管肃北县地域辽阔，但总人口仅有一万余人，其中蒙古族占 38.11%。人口基数较少，处于受教育阶段的学龄人口数也较少，肃北县中学阶段在校学生在 1990 年前后达到了最高峰，1990 年有在校学生 954 名，其后适龄学生逐步减少，至 2006 年，减少到 613 人，2007 年虽增加至 670 人，但增幅不大。

随着经济社会发展，肃北县农牧民生活水平不断提高，纷纷走出牧农村，到县城购房定居，出现了第二次从散居地到县城的大迁移。这也造成了适龄儿童、少年逐渐从原来就读"马背上的学校"到定居地固定就读的变迁。

多年来，肃北县针对基层学校办学规模小等实际情况，克服重重困难，对学校布局进行优化调整。1999 年，将距离县城较远的盐池湾小学、鱼儿红小学撤并为肃北县蒙古族小学。2004 年，将原蒙古族中学和蒙古族小学合并，成立了十二年一贯制蒙古族学校，建成了学生公寓楼，让所有牧区学生集中生活、学习，从根本上解决了农牧民子女上学难题。

2009 年后，先后撤并了石包城、党城、东山、青山道等地的 5 所乡村小学。肃北县进一步加大对教育事业发展的支持力度。2012 年，出台了《关于进一步加快全县教育事业发展的意见》，为满足群众对教育的需求提供了政策和资金方面的保障，逐步形成了具有自治县特色的"全员覆盖、全程受助、全体受益"学生资助体系，实现了"不让一个孩子因家庭贫困而失学"的目标。2013 年秋季，肃北县中学、县城小学建成新教学楼并完成搬迁。2017 年，蒙古族学校完成整体搬迁。目前，肃北县形成了"四校一园"的格局，学校布局更趋合理。全县除马鬃山小学保留外，其他学生全部集中到县城学校就读，在加快区域教育均衡发展、实现教育公平方面取得了进一步突破。

但在 2007 年前后，肃北县高中学段学生数量始终在 300 人左右。其中有很大一部分家长，为了追求更加优质的教育，将孩子送到敦煌、酒泉、兰州等地异地就读。

2.1.2 阿克塞哈萨克族自治县异地办学背景分析

阿克塞哈萨克族自治县常住人口不足万人，其学龄人口数相对更少。加之随着经济社会发展，县城由原博罗转井镇迁至更适宜生存发展的红柳湾镇，马背上的民

族也改变了原来的生产生活方式，逐渐从在不同草场之间迁徙的游牧生活转变为定居生活，对孩子的教育观念也随之有了很大转变，对优质教育资源的渴盼成为主流。

更重要的原因还在于，阿克塞县原县城位于博罗转井镇，该镇处于海拔 2800 米的山坡上，气候寒冷，地下水水质不良，长期饮用易患病，不利于该地区的长远发展，当地哈萨克族多年来一直聚居在这里，过着住毡房、烧牛粪的游牧生活。1998 年 9 月，通过各级党委、政府的积极努力，在自然条件较为理想的红柳湾镇选址新建，整体搬迁了阿克塞县城。在此聚居多年的哈萨克族人民的生产生活方式彻底改变，城市定居生活替代了赶牛羊、逐水草的游牧生活，开车放牧，甚至远程放牧替代了整个家庭顶寒风、战霜雪在各个牧场之间奔波的马背上的生活；富有民族特色、水电暖完备的高标准住宅替代了为便于迁徙而易于支撑和拆卸的毡房，教育资源优质的寄宿制学校替代了马背上的学校……

2.2　异地办高中的缘起

2007 年，经过多次调研和研究讨论，酒泉市人民政府放宽眼界，决定将敦煌、阿克塞、肃北三县市高中教育作为一个区域整体，在区域层面，补齐短板、优化三县市教育资源配置，形成良好运转的区域教育协同发展机制，为区域教育质量提升提供基本保障。为此，专门召开了"肃北县、阿克塞县高中教育适当集中在敦煌市举办"专题会议，形成了《酒泉市人民政府关于肃北县、阿克塞县高中教育适当集中在敦煌市举办的会议纪要》，根据该会议精神，肃北蒙古族自治县、阿克塞哈萨克族自治县高中教育采取在敦煌异地办学的方式进行，即肃北、阿克塞两县不再设置高中，两县学生高中学籍仍保留在原籍，可自愿选择到敦煌、酒泉的优质中学寄宿就读，与当地汉族学生混合编班就读（即不开设专门的独立民族班）。

对此，甘肃省酒泉市人大常委会主任塞力克在回忆自己任酒泉市政府党组成员时，"针对自治县现有高中教育教学水平不高，教育质量差的问题，提出了把民族县的高中教育全部集中到教育质量好的邻近县市异地办学，县上只保留学生学籍，不再开办高中的思路。但实施过程中却遇到了较大阻力，一些干部认为，经过几代人努力自治县才办起来的高中教育现在又停办了，感情上难以接受。也有些民族干部认为，把孩子送到外地的汉族学校上学，会影响到民族语言和传统文化的继承。"

"为此，我带领相关部门到自治县，对领导干部子女就学情况进行了摸底，结果是全县 75％ 的副科级以上干部子女在外地就学，县级领导的子女全部都在外地就读初中和高中。我在自治县相关干部会议上公布这些统计数据，对有些干部不顾民族县长远发展的需要，只注重眼前利益的错误思想进行了批评、教育和引导，通过深入细致工作，最终统一了干部群众的思想认识。2007 年秋季开学起，肃北、阿克塞两个民族自治县的高中学生全部到敦煌、酒泉的优质中学，与当地汉族学生混合编班就读，学生学习成绩得到了较大的提高。"①

2.3　异地办学的重要因素

2.3.1　异地办学的政策保障

酒泉市人民政府办公室
关于肃北县阿克塞县高中教育适当集中在敦煌市举办的会议纪要
酒政办纪发〔2007〕8 号

为了切实提高肃北县、阿克塞县高中教育质量、从根本上解决民族自治县学生接受优质高中教育不均衡的问题，为民族自治县未来发展培养更多的优秀人才，根据市委、市政府《关于进一步加快少数民族和民族地区经济社会发展的意见》精神，2007 年 6 月 24 日，市政府塞力克副市长在敦煌市召集酒泉市教育局、肃北县、阿克塞县政府主要领导和敦煌市政府分管领导、敦煌市教育局、敦煌市一中、敦煌三中负责人，就肃北县、阿克塞县高中教育适当集中在敦煌市举办的有关问题进行了协商。2007 年 7 月 18 日，塞力克副市长在酒泉市召集市教育局、市发改委、市财政局、市民委和敦煌市、肃北县、阿克塞县政府负责人，再次就肃北县、阿克塞县高中教育适当集中在敦煌市举办的具体措施、保障办法等问题进行了研究确定，现将会议议定事项纪要如下：

一、肃北县、阿克塞县普通高中建制保持不变，教育教学工作正常进行，两县的初中毕业生可自愿选择到敦煌市或在自治县就读高中。

二、从 2007 年 9 月秋季开学时起，肃北县、阿克塞县初中毕业学生自愿到敦煌市一中、三中就读高中，实行混合编班、住宿、统一管理。

三、肃北、阿克塞两县在敦煌就读的高中学生的学籍仍然分别建立在肃北县、阿克塞县中学，年报、会考成绩统计等数据计入学生学籍所在学校。

四、敦煌市一中和三中各增加 5 名教师，新增教师的工资分别由肃北、阿克塞两县按照敦煌市同类高中教师的供给标准承担，每年 9 月份由两县政府拨付到敦煌市教育局，公开招录新增教师时，优先从肃北、阿克塞现有高中教师中考试录用。

---

① 《甘肃省酒泉市副市长塞力克：团结奋斗依靠各民族，繁荣发展为了各民族》，中国共产党新闻网，http：//cpc. people. com. cn/GB/165240/166030/169651/169653/10304725. html

五、敦煌市一中和三中因此而增加的公用经费，按照酒泉市政府核定的敦煌市学生公用经费标准计算，由肃北、阿克塞两县政府按实际到敦煌市就读高中的学生人数，在每年 9 月 10 日前由两县政府拨付到敦煌市一中和三中。

六、肃北、阿克塞县政府为本县在酒泉中学、敦煌市一中和三中就读高中的学生承担全部学费和两个假期的交通费，并按在本县就读的同等学生待遇给予生活费补助。以上几项费用，两县政府在每年 9 月 10 日前，按核定的学生人数拨付到所在学校。

七、肃北、阿克塞两县各选派 2 名后勤管理人员，协助敦煌市一中和三中加强学生管理工作，其工资供给关系不变。

八、为解决敦煌市两所学校教室紧张的问题，由酒泉市和肃北县、阿克塞县、敦煌市共同出资，为敦煌市一中和三中各建一栋教学楼，酒泉市安排 60 万元，肃北县、阿克塞县、敦煌市各安排 100 万元，市教育局从省上争取 100 万元。

九、敦煌市政府和教育主管部门要认真落实酒泉市政府关于民族教育发展改革的重大决策，运用好各项民族教育发展政策，充分尊重民族习惯，为民族地区学生创造良好的学习、住宿、就餐、生活环境。

十、酒泉市人民政府从 2007 年开始，每年从民族事业费中给敦煌一中和三中各补助 10 万元，2007 年的补助用于住宿、餐厅设施购置费，从 2008 年开始，用于补助教育支出。

参加会议的还有：市教育局局长郝德生、市民委主任胡晓华、市发改委副主任王柏元、市财政局副局长杨森、敦煌市政府市长孙玉龙、敦煌市政府副市长张晓军、敦煌市教育局张新生、肃北县政府县长曼曼、肃北县政府副县长他宏山、阿克塞县人大主任哈泰、阿克塞县政府县长浩升、敦煌一中校长曹新、敦煌三中校长李磊。

二〇〇七年七月十八日

主题词：教育民族纪要

抄送：委办公室、市人大办公室、市政协办公室、市教育局、市发改委、市财政局、市民委、敦煌市政府、肃北县政府、阿克塞县政府、敦煌中学、敦煌三中

酒泉市人民政府办公室　　　　　　　　　　　2007 年 7 月 19 日印

校对：胡志勇打印：蔺会萍　　　　　　　　　　共印 30 份

2.3.2　异地办学的主要推力

团结奋斗依靠各民族　繁荣发展为了各民族

甘肃省酒泉市副市长　塞力克

来源于：中国共产党新闻＞＞全国民族团结进步模范事迹巡回报告＞＞先进事迹，2009 年 11 月

　　我是一个哈萨克，名叫塞力克。1959 年 12 月，出生在甘肃省阿克塞哈萨克族自治县的一个牧民家庭。我的童年时期是在草原马背上度过的，马背练就了哈萨克人特有的坚毅、勇敢、执着、不畏艰险、迎难而上的性格，马背也培养了我对草原、对家乡的深厚感情。在党的民族政策的照耀下，我从马背学校一步步进入大学课堂，参加工作从基层干部逐步走上领导岗位，先后担任阿克塞县人民法院院长、副县长、县委副书记、县长，酒泉市人民政府副市长。亲身经历了阿克塞哈萨克从游牧生活，到城市定居；从住毡房，到小康住宅；从帐篷流动小学，到网上远程教育；从马背传书，到移动通讯；从听收音机，到看上电视；从背水、烧牛粪，到用上自来水、天然气的翻天覆地的变化。是中国共产党给了我们今天富裕、幸福的生活，共产党好，党的民族政策好是发自我们少数民族的内心的肺腑之言。

　　如果说放牧民族实现定居已是一种进步的话，那么一次性实现城镇化定居无疑是一次飞跃了。我的家乡阿克塞县目前已经实现了全部牧民的城镇化定居，这得益于县城搬迁工程。阿克塞原县城位于海拔 2800 米的博罗转井镇，气候高寒，水质很差、生活条件极为艰苦，人心思迁。在各级党委、政府的积极努力下，国务院批准将阿克塞县城迁至自然条件较为理想的红柳湾镇。在我担任阿克塞县县长期间，正是新县城搬迁的关键时期，最大的困难是资金短缺，作为县长，筹集资金是头等大事。面对全县人民的期待，我和政府一班人，组织动员全县各部门向上争取资金。我本人则把全部精力用在资金、项目的争取工作上，无暇顾及家事。凭着我们领导班子的精诚团结，各族干部的不懈努力和全县人民的大力支持，总体规划五年完成的新县城搬迁，仅用三年时间就基本建成，原计划投资 1.3 亿元的县城搬迁工程实际完成投资超过 3.1 亿。县城搬迁目标的实现，为阿克塞各项事业的发展打开了新的局面。结合县城搬迁，我们还完成了一批重点财源建设项目，先后建成了工业开发区及中国西部石棉交易市场。到 2002 年底，在我任期届满的五年中，阿克塞县累计完成社会固定资产投资 4.19 亿元，年均增长 40%，是 1954 年建县到 1997 年 43 年来累计总投资的 4.27 倍。成为全国县域经济基本竞争力提升速度最快的 20 个县市之一，也是全省唯一跨入"百强县市"行列的县份，名列第 79 位。

　　阿克塞县是一个多民族的少数民族自治县，加强和巩固民族团结事关全县改革、

发展、稳定。为了巩固和加强各族干部群众的团结，形成相互关心、相互支持、共同创业的工作环境，我特别重视对民族干部的教育，引导他们信任汉族干部，支持汉族干部，依靠汉族干部。在一次全县干部大会上，我曾有针对性地讲过这样一段话：阿克塞县 3000 多哈萨克，把全县最优秀的哈萨克都集中起来，设计修建一栋楼房，我们能办到吗？把全县最优秀的哈萨克集中起来，设计制造一辆最简单的自行车，我们能办到吗？我们现在建起了一座新县城，汉族干部、汉族职工发挥了最主要的作用。汉族干部到我们阿克塞县来，是组织派来帮助和支持我们工作的，他们在这里付出心血、献出了青春、做出了牺牲，我们要感谢他们。怎么感谢？就是要团结他们，爱护他们，关心他们，支持他们。作为县长，每次有外地干部调来，我都亲自为他们协调解决工作和生活中的难题，主动把他们领到少数民族家中做客，让他们熟悉当地民族风俗。通过长期的教育和引导，团结一心干事业的正气日益浓厚，平等、团结、互助、和谐的民族关系在阿克塞县不断加强。2005 年，在国务院第四次民族团结进步表彰大会上，阿克塞县被授予全国团结进步模范集体称号。

2002 年 10 月，我当选酒泉市人民政府副市长，分管社会发展工作，其中包括民族宗教工作。酒泉市是一个多民族地区，除了阿克塞县还有肃北蒙古族自治县和 7 个民族乡。民族团结问题，少数民族和民族地区的发展问题在全市都是一件大事。解决民族问题的关键在于解决民族地区的发展问题。基于这样的认识，2002 年底到 2003 年，我用了半年多的时间，深入到自治县、民族乡和省外发达民族地区调研、考察、学习，把情况搞清楚，问题找准确以后，我感到，加快民族地区的发展，首先要依靠政策推动。为此，我向市委、市政府主要领导建议，召开一次全市民族工作会议，出台一个政策性的文件。这一想法得到了市委、市政府的肯定和支持，并将这项工作交由我来负责。我组织有关部门反复研究，主持起草了《中共酒泉市委、酒泉市人民政府关于加快少数民族和民族地区经济社会发展的意见》。2004 年 12 月，全市民族工作会议召开，《意见》正式出台，制定了 32 项扶持政策。扶持政策规定，从 2005 年起，市财政每年安排少数民族发展资金 1 万元，民族教育专项资金 30 万元，民族工作事业费 10 万元，民族乡发展补助资金 35 万元。随后，2005 年召开的中央民族工作会、2006 年甘肃省民族工作会议，相继出台了扶持少数民族和民族地区加快发展的政策，中央、省、市三级扶持政策的贯彻落实，为推动酒泉少数民族和民族地区经济社会发展发挥了十分重要的作用。

酒泉市是国家生态移民农业建设和甘肃省大型水利工程移民安置的重点地区。自 20 世纪 80 年代以来，已累计接收安置贫困地区移民 15.45 万人，占全市农村总人口的 25%，其中少数民族移民 4.5 万人，占全市少数民族人口的 73.7%。酒泉市形成明显的城市、农村、移民区三元结构；民族县人口少，国土面积大，经济发展快，收入水平高，城乡一体化进展迅速，但社会事业发展缓慢；民族乡人口多，区域面积小，经济发展慢，收入水平低，脱贫致富任务艰巨，且社会事业发展严重滞后。这一特征，决定了帮助扶持民族乡加快发展是我市民族工作的重中之重。为了找到一个帮助民族乡加快发展的抓手和切入点，我认为只有组织和动员全社会的力量，才能最大限度发挥帮扶工作的效能。因此，我们充分利用民族团结进步宣传月这个载体，把民族团结进步宣传月和对民族乡的帮扶活动有机结合起来，市委、市政府组织市直部门、单位和驻酒部队、企业，每年集中帮扶一个民族乡，通过召开项目帮扶现场会，以项目、资金、物资、技术培训等方式帮助民族乡解决发展中的困难和问题。从2004年开始，六年累计帮扶项目196项，项目资金5126万元，有力地推动了民族乡经济社会各项事业的发展，有效地改善了民族乡群众生产生活条件，显现出了良好的政治、经济和社会效益。这项工作得到了甘肃省委、省政府的充分肯定，2009年5月，全省民族团结进步宣传月活动现场会在酒泉召开，现场观摩了酒泉市委、市政府在玉门市独山子东乡族乡开展的民族团结进步宣传月项目帮扶活动，实地调研考察了玉门小金湾东乡族乡建乡10年来移民乡翻天覆地的发展变化，对酒泉民族工作取得的成就给予了极高的评价，并在全省推广酒泉开展项目帮扶的做法和经验。

作为一名少数民族领导干部，应该时常把少数民族群众冷暖装在心里，工作中我常被基层干部工作精神感动，也为群众的困难忧心。2007年4月的一天，我在瓜州县七墩回族东乡族移民乡调研时，正赶上大风扬沙天气，漫天尘土，风沙吹的人睁不开眼，喘不过气。乡村干部全部下到农户家，帮助移民加固被风沙吹破的门窗，保护新栽植的树苗。随行工作人员再三劝阻，但看到这种情形，我还是徒步走村入户，看望少数民族移民群众，鼓励基层干部。我对乡上的负责同志说："这里的群众很苦，生活艰难。你们乡党委书记就叫'苦书记'，乡长叫'难乡长'，要把群众的苦和难时刻挂在心上。"当看到民族学校设施简陋，没有计算机教室和文体活动器材，学生们在尘土飞扬的操场上玩耍的情景时，我的心情很沉重，当即决定从全市少数民族发展资金中安排20万元，为民族学校建起了计算机教室，并协调相关部门解决学校运动场地改造和体育器械配备问题。

我心里装着少数民族群众，民族群众心里也把我当亲人。玉门市独山子东乡族乡是新成立的移民乡，60岁的哈萨克族老人哈西是从东乡县移居到独山子乡的移民。2009年7月，哈西老妈妈在她儿子马方修（东乡族）的陪同下，专程从100多公里外的独山子乡来酒泉看望我。哈西老人说，塞力克市长，你经常到我们移民乡去，帮助我们办了很多事情，乡邻们都非常感激你。大家托我专程来看看你，转达我们的谢意，也请你再去独山子乡时，一定要到我家来做客。

肃北县马鬃山镇与蒙古国相邻，是甘肃省唯一的边境地区。每当马鬃山举办那达慕大会时，当地的群众都会给我发来邀请，虽然马鬃山远在500公里外，我都会尽量安排时间专程去参加，与蒙古族骑手、摔跤手及当地驻军、驻警共同唱歌联欢。期间我总要抽出时间到牧户家中做客，向蒙古族老人敬献哈达，和他们聊家常。当地军警和牧民群众激动地说："塞市长把我们当兄弟和朋友一样对待，塞市长就是我们的亲人。"民族地区的发展必须是经济、政治、文化及各项社会事业的全面、协调、可持续发展。在经济发展的同时，更要抓好社会事业的发展，在这方面，我突出抓了三件事。

一是抓民族教育改革。我认为，民族地区发展教育是关键。给一个人提供很多物质帮助，其实并不能从根本上改变他的命运和生活，教育公平才是一个人在现实社会立身、发展的起点和基础，正如温家宝总理说的："最大的公平就是教育公平。"基于这样的认识，从酒泉市民族教育的实际出发，结合全市教育布局结构调整，我提出对自治县、民族乡教育进行改革。针对自治县现有高中教育教学水平不高，教育质量差的问题，我提出了把民族县的高中教育全部集中到教育质量好的邻近县市异地办学，县上只保留学生学籍，不再开办高中的思路。但实施过程中却遇到了较大阻力，通过三年来的不懈努力和强力推进，目前，我市民族教育改革已取得了初步成效，两个民族自治县义务教育已全部集中到县城寄宿办学，高中教育异地办学，学生从学前班到高中毕业的各种费用全部由政府承担。民族乡高中、初中学生全部集中到城区寄宿制学校，享受与原住居民子女平等的教育机会和教育资源。此外，我们还建立了城乡学校结对帮扶机制，为两个民族县选派中学副校长，每年下派70名教师到民族县、乡支教，同时从民族县、乡学校选派等量教师到市上实岗培训，时间均为一年。特殊的政策为民族地区培养人才和可持续发展夯实了基础。

二是抓民族地区医疗卫生条件的改善。卫生问题事关千家万户，是最根本的民生问题之一。为解决边远牧区牧民看病难的问题，我与相关部门共同研究，组织实施了康保工程，为每户牧民免费发放了便携式小药箱，配发了二十余种常用药品和急救药具，并定期更新补充，受到了牧民欢迎。针对自治县和民族乡医院专业技术人员缺乏，医疗水平不高的问题，从2008年开始，市上每年选派60名优秀医务人员到自治县、民族乡支援医疗卫生工作，同时从民族县、乡医院派医务人员到市县大医院进行实岗培训，民族地区医院技术力量得到加强，医疗水平不断提高。2009年，我向省卫生厅领导多次汇报工作，积极争取，又为我市每个民族乡各配备120急救车一台及车载医疗设备，免费为民族乡群众进行传染病治疗和计划免疫，使少数民族群众"看病难、看病贵"的问题得到了缓解。

三是抓民族文化传承。为弘扬少数民族文化，在我当选副市长之初，就提出要把定期举办少数民族文艺会演和民族运动会作为民族团结进步创建活动的两个重要载体，以制度的形式固定下来。市上每五年举办一次全市少数民族新创剧目暨文艺会演。酒泉市是甘肃省唯一定期举办民族传统体育运动会的市州，每五年举办一次全市少数民族传统体育运动会，至2008年已成功举办了六届。通过积极地做工作，民族运动会从最初只有两个民族自治县参加发展为全市七个县（市、区）全部组队参加，并成功申办了2010年全省第七届少数民族运动会。

作为一名党培养教育多年的少数民族干部，我深刻地感受到，近几十年特别是改革开放以来，是民族地区各项事业发展最快，各族群众受惠最多，民族团结最好的历史时期。我们少数民族干部就是要大力宣传党和国家的民族政策，大力宣传"三个离不开"思想，维护民族团结和政治稳定，歌唱共产党好、社会主义好、祖国大家庭好、民族区域自治制度好、民族团结好。

2.4　敦煌市对民族县的影响

2.4.1　互联沟通的共同体

敦煌、肃北、阿克塞三个县市，都处在甘肃省最西端，地处甘、青、新三省（区）交汇处，是丝绸之路旅游黄金带和连接欧亚大陆桥战略通道上的重要节点城市，但随着生活水平的提高，这种差异正在不断被消除。同时，从历史发展来看，阿克塞、肃北两县原本就是1949年后从敦煌境内析出的民族县，三县市本就是一个整体（实质上，邻近的瓜州县也属于这个整体）；就地理距离来说，肃北县（县城所在地）距离敦煌市111公里，阿克塞县（县城所在地）距离敦煌市也仅有78公里，其直线距离还要小于这个数字。就交通来说，三县市之间都有较高等级的公路连接，敦格铁路也联通三县市，交通条件十分便利。因此，在两个民族县高中教育异地办学政策施行后，肃北、阿克塞两个民族县的学生大多选择在邻近的敦煌市敦煌中学就读。在区域共同发展的过程中，三个县市已逐渐形成为一个完整的、稳固的命运共同体。2020年8月，甘肃省政府出台了《甘肃省人民政府办公厅关于支持大敦煌文化旅游经济圈建设的若干意见》（甘政办发〔2020〕78号），这一意见的提出，是这个命运共同体进一步发展有利契机。而同时，也正是在异地办学、教育融合发展的基础上，进一步促进了旅游经济的融合发展。

敦煌的经济、文化也一直影响着肃北县和阿克塞县。相对于肃北县、阿克塞县的人口，敦煌的人口多达18万，算个大城市了，有众多的人口资源和优势。经济上，敦煌的总量也比较大，门类众多，熟练掌握技术的人才多。特别是旅游资源很丰富，参与的人员多，是敦煌的一大优势，也是敦煌的一大支柱产业，敦煌近年来，政府部门规划的敦煌大旅游圈，就包含肃北县和阿克塞县的旅游项目，带动促进三县市共同发展。教育上，由于人口优势，培养出的优秀人才也多，他们学成归乡，服务于家乡人民，更有大学毕业就直接到肃北县、阿克塞县参加工作，服务当地百姓。

2.4.2 辐射作用

对于同处于西部地区的敦煌、阿克塞、肃北三县市来说，不仅存在着地域上的阻隔，也存在着发展层次、文化传统等方面的巨大差异。敦煌市相对来说较为发达一些，但由于生产力发展水平的限制，很大程度上也制约了当地经济和各个方面的发展。随着生产方式、交往等诸多因素的日益完善，人们已不再局限于一个乡村镇或县域之内，而是将目光放到了更为辽远的地域。随着时代发展，肃北、阿克塞两个民族县也已经发生了天翻地覆的变化。

随着社会经济的发展，交通条件的改善，人们的生产、社会和交往活动范围日益扩大，各县市之间的联系愈加紧密。人们在再生产的过程中结成的包括生产、分配、交换和消费等诸多关系在内的生产关系体系已经不再局限于其小村落或小城镇，或者一个民族自治县县域范围之内，而是扩大到更广阔的世界。直观的体现之一就是肃北、阿克塞两个民族县都有人在邻近的敦煌，甚至更远的酒泉等县市购房居住或置业，让孩子就读，许多阿克塞或肃北两个民族自治县的原住民的孩子也已经通过接受优质高中教育进入了大城市大学就读或工作。敦煌、肃北、阿克塞三县市之间的联系愈加紧密，无论是两个民族自治县的哈萨克族、蒙古族，还是敦煌市的汉族原住民，都已经不分彼此、水乳交融地生活在同一片天空下了。

第三章
同心共筑中国梦　民族教育结硕果

　　诗人泰戈尔说过："花的事业是甜蜜的，果的事业是珍贵的，让我们做叶的事业吧，因为叶总是谦逊的垂着她的绿荫的。"教育事业就是叶的事业，每一名教师就是一片绿叶，默默地耕耘，付出汗水和勤劳，孕育着祖国的花朵。看着孩子们快乐地成长和获得的成功，我们心中荡漾着说不出的喜悦。但我们还要继续努力，只有通过不断反思、探索、创新，才能更好地培养下一代，更好地再创辉煌。

3.1　民族县异地办民族高中的成效

甘肃省酒泉市敦煌中学是国家历史文化名城——敦煌市——唯一的一所普通高级中学，学校创建于 1943 年，1958 年秋，开办高中班，2004 年 12 月，经省教育厅评估、验收，命名为"甘肃省省级示范性高中"，2012 年 8 月，该校由县城东郊搬迁至鸣沙山脚下新校区。2007 年秋季学期起，该校除承担敦煌市普通高中教育任务外，还开始承担着肃北蒙古族自治县和阿克塞哈萨克自治县两个民族自治县普通高中阶段教育异地办学任务。2020 年 11 月，该校被授予"全国文明校园称号"。

阿克塞、肃北两个民族县高中"平移"到敦煌异地办学后，敦煌市委市政府全面贯彻民族教育工作方针，落实民族团结进步各项政策，健全协调联系、沟通对接、保障入学、互促共进等机制，努力改善民族教育办学条件，在逐步满足敦煌市民对优质高中教育需求的同时，也为肃北、阿克塞两个民族县高中教育提供了更加优越的办学条件和环境。同时，敦煌市不断加强教育教学管理，持续提升民族教育服务水平，使民族县高中学生与当地汉族学生完全融合，享受同等教育环境。

敦煌中学坚定地执行了民族教育工作政策，采取多种措施提升软硬件保障力度，做到民族县学生异地就读"留得住，站得稳，学得好"，使两个民族自治县高中教育工作质量得到了稳步提升，为两个民族县社会各项事业发展培养了一大批优秀人才，奠定了促进民族事业繁荣发展的坚实基础。该校自 2007 年承担肃北、阿克塞两个民族县异地办民族县高中教育任务以来，取得的成果是非常显著的。两个民族县高中学生与当地汉族及其他各民族学生共同享受着敦煌市优质教育资源，两个民族县也从政策上、资金上对敦煌中学民族教育工作给予全力支持，三县市高中教育协同发展，民族县高考升学率取得了大幅度提升。

同时，自 2007 年高中异地办学后，两个民族县不断健全完善高中生补助增长机制，提高异地高中生补助标准，如肃北县 2012 年秋季起始，对到敦煌、酒泉就学的高中及中职生补助由原来的 3431 元提高到 4500 元，对到内蒙古就读的高中生由6644 元提高到 7500 元。[①] 阿克塞县对户籍在阿克塞县、经教育行政部门录取的在敦煌中学和敦煌三中就读高中的学生承担全部学费、杂费、课本费、住宿费和两个假期的往返交通费，并给予每生每天 4 元的生活补助费，各项补助每生每年合计3300—3400 元。2008 年秋季起，阿克塞县扩大了补助政策的覆盖范围，对计划内录入酒泉中学的阿克塞籍高中学生实行同样的补助政策，使该县享受免费加补助政策的高中学生覆盖率达到 100%。

---

①肃北蒙古族自治县县志编纂委员会. 肃北蒙古族自治县志［M］. 兰州：甘肃人民出版社，2014.

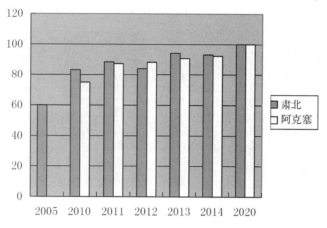

图 3-1　肃北、阿克塞异地办学高考录取率示意图

　　民族县高中异地办学的成效，通过高考成绩直观地显现了出来，从 2010 年起，两县高考成绩呈稳步提升态势，且比异地办学前有了大幅提高。2010 年起，肃北县每年的高考录取率分别为 83.3%、88.4%、84%、94.3%、93.2%、100%，阿克塞县的数据为 75%、87.3%、88.3%、90.8%、92.3%、100%①。

　　截至 2020 年 9 月，敦煌中学共接受肃北、阿克塞两个民族县学生 1931 人，其中肃北学生 942 人，阿克塞学生 989 人，有少数民族学生 392 人，包括蒙古族、哈萨克族、藏族、土族、维吾尔族、回族、满族、裕固族、东乡族、锡伯族等。为肃北、阿克塞 2 个民族县培养合格高中毕业生 1477 名，考入大学 1336 名，其中一本院校录取 170 人（肃北 74 人，阿克塞 96 人），二本院校录取 431（肃北 225 人，阿克塞 206 人）。民族县高考升学率连续 5 年达到 100%，少数民族学生升学率 100%。2020 年高考中，民族县考生 600 分以上 1 人（阿克塞考生）；考入"985"院校 4 人（阿克塞 3 人、肃北 1 人），考入"211"院校 7 人（阿克塞 4 人、肃北 3 人）；一本院校录取 36 人（阿克塞 23 人、肃北 13 人），二本 51 人（阿克塞 33 人、肃北 18 人），其余均被三本及高职院校录取。据 2020 年 9 月底统计，目前在敦煌中学在校就读的阿克塞、肃北两民族县学生共有 454 人，其中肃北县 168 人，阿克塞县 286 人。民族县高中教育在敦煌异地举办取得了明显成效，为民族县人民交上了一份合格满意的答卷，受到社会各界广泛好评。

　　2013 年，该校先后被中共甘肃省委宣传部、中共甘肃省委统战部、甘肃省民族事务委员会评为"甘肃省民族团结进步创建活动"示范单位；被中共酒泉市委、酒泉市人民政府评为"全市民族团结进步宣传月项目帮扶工作"先进集体；2018 年，

---

　　①此两组数据由肃北县、阿克塞县教育局提供，民族县的"异地办学"是指学生在敦煌中学和酒泉中学两地进行学习。此两组数据是民族县教育局把两所学校中人数合在一起算的，而后文中的表 4-1 的数据是以在敦煌中学就读的民族县的学生算的。

被中共酒泉市委、酒泉市人民政府评为全市民族团结进步示范学校。

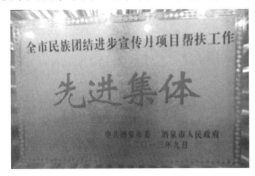

3.2　来自媒体的声音

3.2.1　资源共享推动民族教育发展

《酒泉日报》（2008 年 11 月 13 日）

为了从根本上解决民族县与农业县（市）高中教育发展不均衡的问题，切实提高肃北、阿克塞县高中教育质量，市委、市政府在通盘考虑两个民族县与敦煌市的地理位置、经济社会和教育发展现状的基础上，决定从 2007 年开始，肃北、阿克塞两县的高中教育逐步由敦煌举办。肃北、阿克塞高中班依托敦煌办学模式是民族事务领域内的新事物、新范型，通过一年的办学，在全市内外引起了反响，发挥了很好的社会综合效应，民族高中教育在敦煌的举办取得了阶段性成果。

提高了成绩

肃北、阿克塞县高中班在敦煌办学模式，弥补了少数民族县教育资源稀缺、教育综合环境差的不足，是认真贯彻国家民族教育政策的具体体现，是推动区域内教育均衡发展的有利措施。2007 年以来，肃北、阿克塞两县的高中教育逐步由敦煌举办。2007 年秋季，两个民族县首批共 106 名高一新生到敦煌一中和敦煌三中入学。今年 9 月，两县共有 153 名学生到敦煌就读。据了解，这些学生来到新的环境学习，学风有了很大的转变，肃北县青山道村的李毓政是敦煌一中理科高二班的学生，学习勤奋刻苦，品学兼优，通过一年多的努力由刚进校的年级 130 名跃升到年级 57 名；阿克塞县哈萨克族姑娘马媛媛是敦煌一中高二奥赛班的学生，她能歌善舞，组织能力强，在民族学生中学习成绩突出。今年 9 月入学的新生，适应能力强，经过一个月的学习，在第一次月考试中，南亚雄、高倩、李斌、崔雅楠等同学成绩都特别突出。两民族县的学生在敦煌读高中，综合素质提高了，眼界开阔了，学习进步了，大部分学生的学习成绩都有所提高，个别学生成绩甚至跃升到班级前 20 名。

促进了团结

一年来，从敦煌市政府、各部门到学校和教师，把办好民族教育，培养民族人才，作为义不容辞的一分责任、一种义务，努力为民族学生的学习和生活提供最优质的服务，营造最优良的环境，坚决杜绝排外思想，将民族县学生与本地学生一样对待、一样关心、一样爱护，与本市学生一视同仁。近两年来，根据民族县学生的就学人数，共为敦煌一中和敦煌三中增加配备教师 16 名，满足了教育教学工作需要。一年来，教职工坚持"爱、严、细"的工作作风，将民族县的学生视为自己的儿女，生活上关心，开设了专门的清真餐厅，安排了专门的生活辅导老师；教学上精心，安排成绩优秀的学生与民族县学生"结对子"，进行"一对一"帮助。敦煌一中高二班的民族县学生马媛媛、何晓娥与敦煌学生杨晓梅、胡丹结对子学习，互帮互学，效果很好。民族县高中在敦煌办学模式就像一条团结的纽带，将敦煌老师和民族县学生的感情，将敦煌人民和民族县各族人民的感情，将各族人民对祖国的感情连为一体。

改善办学条件

为了保证民族县学生在敦煌长期就读，敦煌市全力支持，优质服务，改善了办学条件。敦煌一中、三中进行初步改扩建，改造修建了体育场，改扩建原有餐厅，修建清真食堂，增添了基础设施，改造了校园环境。敦煌中学投资 1300 多万元新建了一栋 4700 平方米的宿舍和一栋 5400 平方米的综合实验楼。办学条件的改善，为民族县学生在敦煌长期就读创造了一个安全、良好、优美的学习生活环境。在推进民族教育异地举办工作中，酒泉市政府专门出台文件，专门制定优惠政策，专门召开会议，酒泉市确定了从民族教育专项资金中，每年为敦煌一中和敦煌三中各补助 10 万元，酒泉市财政安排 60 万元，酒泉市教育局争取 100 万元，肃北、阿克塞和敦煌三县市各安排 100 万元，用于敦煌市两所高中学校修建校舍，为顺利推进此项工作提供了有力保障。同时，酒泉市政府主管教育的副市长，多次召集和带领酒泉市相关部门领导落实有关事宜，深入肃北、阿克塞两县宣传政策，解答疑难，现场解决实际困难和问题，使上级出台的各项政策要求得到了落实。

肃北、阿克塞两民族县高中在敦煌办学模式，把党的关怀、敦煌人民的温暖和爱心送到民族县千家万户。在敦煌办民族县高中班成了"展现民族团结的窗口""民族文化交流的窗口""培养民族人才的基地"。对提高民族县少数民族学生的素质有着深远的意义。

（巴依娜）

3.2.2 民族团结一家亲，携手共圆中国梦

——敦煌中学深入学习习近平总书记关于民族团结的重要论述

多年来，敦煌中学对做好民族县异地办学工作始终高度重视，党委书记、校长曹新每年多次主持政治理论学习时，都专题学习习近平总书记有关民族团结工作的重要论述，同时，结合全国民族团结示范校创建工作，组织全体教职工学习《学校民族团结教育指导纲要（试行）》（2008）。每学期开学集中整训都要着重强调，要继续做好肃北、阿克塞两个民族兄弟县异地办高中工作，为促进民族大团结工作做出更大的贡献。

党的十八大以来，习近平总书记站在实现中华民族伟大复兴的战略高度，围绕统一多民族国家的民族团结问题发表了一系列重要讲话，深刻回答了民族团结在新的历史条件下面临的一系列重大理论和现实问题，提出了新时代加强民族团结的新理念和新思路，内涵丰富、思想深邃，为引领全国各族人民做好民族团结工作提供了根本遵循。

坚持中国共产党的领导是维护民族团结的根本保证。习近平总书记强调，中国共产党的领导是民族工作成功的根本保证，也是各民族大团结的根本保证。只要我们牢牢坚持中国共产党的领导，就没有任何人、任何政治势力可以挑拨我们的民族关系，我们的民族团结统一在政治上就有了充分保障。中国共产党的领导是中国特色社会主义最本质的特征，是中国特色社会主义制度的最大优势。坚持党对民族团结进步事业的领导，是由中国特色社会主义的本质属性决定的。民族团结是全国各族人民的生命线，关乎国家长治久安、社会和谐稳定、人民幸福安康。中国共产党历来重视民族团结，在革命、建设和改革的各个时期，始终能够根据我国国情和民族关系领域出现的新情况，与时俱进地完善民族工作指导思想和政策体系，带领全国各族人民走出一条中国特色民族团结之路。新时代民族团结面临一系列新情况、新问题和新挑战，亟待妥善处理应对。为此，必须坚定不移坚持党的领导，把党的领导贯彻落实到加强民族团结的全过程和各方面，确保民族团结进步事业始终沿着正确轨道向前推进。要加强干部队伍建设，培养使用"明辨大是大非的立场特别清醒、维护民族团结的行动特别坚定、热爱各族群众的感情特别真诚"的好干部。要把加强民族地区基层党组织建设同民族团结进步创建统筹起来，使之成为富裕一方、团结一方、安定一方的坚强战斗堡垒。

3.2.3 同心共筑中国梦 民族团结谱新篇

——敦煌中学民族学生载歌载舞为高考助力加油

每年高考前夕，敦煌中学都会举办了一场特别的高三考前冲刺动员会，肃北、

阿克塞两个民族县学生载歌载舞，为即将参加高考的学子助力加油。

同饮党河水，共唱团结曲。敦煌、肃北、阿克塞三县市同饮着一条党河水，异地办高中以来，两个民族县在敦煌中学就读的学子们通过三年努力也取得了骄人的成绩。正如习近平总书记所说的：各民族像石榴籽一样紧紧抱在一起。三个县市民族兄弟姐妹一起努力铸就着民族团结的辉煌篇章。

阿克塞、肃北两县民族学生通过舞蹈、乐器弹奏、独唱合唱等形式为2020高考助力加油，冬不拉、马头琴……民族乐器优美的曲调为高三学子在紧张的考前复习阶段带来优美的艺术享受；特色鲜明的民族服装、异彩纷呈的民族舞蹈、美妙动听的歌声更使处于考前的高三学生得到一个压力缓解的机会，让刚刚走出五模考场的高三学生精神振奋。

3.2.4　推进民族团结进步教育
铸牢中华民族共同体意识
——敦煌中学开展民族团结进步月宣传系列活动

为了深入开展民族团结进步宣传教育活动，不断巩固和发展平等、团结、互助、和谐的社会主义民族关系，进一步营造各民族团结友爱、共同进步的氛围，展示民族团结进步教育示范校建设方面成果，每年5月，敦煌中学都会开展一系列民族团结进步月宣传活动。

一是在校园内通过宣传栏、展板、校园LED屏广泛开展宣传活动，提高学生民族团结意识；二是组织开展以"中华民族一家亲　同心共筑中国梦"为主题的民族学生艺术展演活动，展现民族教育丰硕成果；三是通过主题班会等形式加强民族团结进步教育。

每年系列宣传活动开展后，广大师生反响热烈，大家纷纷表示，要加强民族团结进步的宣传贯彻，增强法治意识，要像习近平总书记说的一样：各民族像石榴籽一样紧紧抱在一起，围绕"中华民族一家亲、同心共筑中国梦"总目标，把维护民族团结作为行动自觉，铸牢中华民族共同体意识，书写好各民族手足相亲、守望相助新篇章。

上篇　第三章　同心共筑中国梦　民族教育结硕果

3.2.5　异地办学结硕果　民族教育谱新篇
——塞力克在敦煌中学调研异地办学民族教育工作

2019 年 9 月 2 日下午，酒泉市人大常委会党组书记、主任塞力克带领市人大及相关部门领导在敦煌中学就异地办学情况进行调研。敦煌市人大常委会党组书记、主任梁建明、敦煌市政府副市长牛艳红、敦煌市人大常委会党组成员任斌等敦煌市领导陪同调研。

塞力克在敦煌中学对民族学生住宿、餐厅等处进行实地查看，并与敦煌中学教师进行了座谈。

在召开的座谈会上，塞力克听取了敦煌中学党委书记、校长曹新就民族教育工作的相关情况汇报，详细了解了敦煌中学在异地办民族教育方面采取的各项措施。

塞力克在座谈会上强调，"敦煌中学自 2007 年承担肃北、阿克塞两个民族县异地办学任务以来，经历了十二年坎坎坷坷、不辞辛苦、成果显著、功不可没的历程，我都亲眼见证了。"敦煌中学异地办学民族教育的经验值得好好总结推广，也证明了酒泉市委市政府关于异地办学政策的正确，当然，这也离不开敦煌市委市政府领导以及各级部门的大力支持。习近平总书记在 2014 年中央民族工作会议上的讲话，强调要加强各民族交往、交流、交融，尊重差异、包容多样，让各民族在中华民族大家庭中手足相亲、守望相助，也指明了民族教育的方向，这也正是敦煌中学正在实践的道路。敦煌中学 12 年来异地办学的效果是非常显著的。肃北、阿克塞两个民族县的学生与敦煌的学生在一个学校里共同学习、共同生活，共同成长，是促进民族大融合、打造民族共同体、推进民族团结的生动体现。"在异地办学过程中，敦煌中学的老师身上体现了令人敬佩的精神力量，对民族学生给予了无私的关爱，使两个民族县高中生接收到了高质量的高中教育，并使高考升学率大幅度提高，我代表市委市政府、代表人大、代表两个民族县的广大民族群众向你们致敬。"

塞力克对敦煌中学异地办民族教育的成果给予高度肯定，特别指出 12 年来敦煌中学异地办民族教育领导好、工作好、经验好、制度好、效果好。同时，塞力克还对敦煌中学异地办民族教育、促进民族团结工作提出了意见建议。

座谈会上，酒泉市政府教育督导团正县级督学唐珉年、阿克塞县政府副县长朱晓伟、肃北县教育局局长娜尔斯等领导作了表态发言。

第四章

融合发展促进步　团结花开护新苗

在科学上没有平坦的大道，只有不畏艰险沿着陡峭山路攀登的人，才有希望达到光辉的顶点。

——马克思

自从肃北蒙古族自治县和阿克塞哈萨克族自治县高中异地办学以来，这项惠及两县百姓的重大民生工程，受到来自各方面的高度关注和大力支持，上至甘肃省教育厅、酒泉市委市政府市教育局，中到敦煌市委市政府教育局、两个民族县委县人民政府县教育局，下至敦煌中学，各级领导的深切关怀和广大教师的辛勤工作，为民族县教育事业发展提高，做出了积极贡献，被民族县的广大百姓交口称赞。酒泉市人大常委会主任塞力克、敦煌中学党委书记校长曹新、敦煌中学民族教育联络办公室陈肃宏老师以及许许多多的默默奉献的敦煌中学的老师们……

4.1　异地办民族高中的经验和做法

4.1.1　敦煌中学异地办高中的做法

敦煌市敦煌中学自 2007 年以来，不断加大针对民族学生的投入力度，加强基础设施建设，改善办学条件。该校还就做好民族县学生就读工作制订了一系列制度，采取了一系列举措做好这一工作。例如，为了解决少数民族学生的就餐问题，专门新建民族餐厅，并通过敦煌市民族宗教事务所聘请专职厨师，为民族学生提供适应民族特点的营养膳食；为了方便学生的生活，还修建了浴室、洗衣房、水果店、超市等。民族学生在该校就读，受到了如同家乡一般的关爱。

该校成立有专门的民族地区学生管理联络办公室，由专人负责，与学校德育体系齐抓共管、相互协作形成管理网络。并加强与肃北、阿克塞两县的生活管理老师的协作，共同配合管理民族县学生。民族教育联络办公室每周召开一次生活老师联席会议，及时发现问题，及时解决；每月召开一次学生大会，总结一个月学生的表现情况和分析学生学习成绩，及时予以指导；每学期召开一次学生家长会，通报学生在校的情况，并培训家长如何加强家校联系，提高家长认识。

为了维护民族团结，促进民族融合发展，该校树立了"向上、向善"的治校理念。引领师生——精神向上，学习向上，工作向上，生活向上；倡导师生——与人为善，与己为善，处世为善。这种共同的精神文化和信仰追求让不同民族学生都以一种向心力和凝聚力共同为一个目标努力，让民族县学生也能够完全融入异地办学学校。

在对民族学生的教育过程中，该校非常注重学生的成长过程。教育和引导全体学生志存高远，苦学成才；节俭朴素，吃苦耐劳；宽厚待人，严以律己；教育学生"以快乐之心感悟人生，以感恩之心回馈人生"；引导学生积极弘扬和传承优秀传统文化。让学生在学习中学会做人，学会做事，学会生存，让他们德智体美劳诸方面得到全面发展和提升。

为了搞好民族教育工作，学校组织专人对中国儒家文化教育中关于民族教育特色的内容进行发掘整理，编印了有关这方面内容的材料三本，让民族团结教育教材进课堂，让民族教育有章可循，更有效地开展民族教育工作。

该校还积极搭建民族、民风、民俗的展示平台，营造保护民族文化的良好氛围。为了丰富民族学生的课余生活，积极为他们搭建展示各民族民风、民俗特征的平台，将民族服饰、民族音乐穿插在平时的课余大家乐等活动中，把民族团结教育有机地渗透到教育教学的各个环节中，为引导师生保护民族文化做出积极努力。同时，还花大力气做好民族县帮教工作，该校定期组织老师到肃北县中学和阿克塞县中学进行帮教活动，两县中学的领导和老师学生也到敦煌中学来参观交流，进行师生座谈联欢等，探讨如何为民族地区培养更多合格人才的问题等。

为了避免民族学生产生差别对待的心理，在该校就读的两个民族自治县学生，没有单独设立民族班，而是与当地汉族及各民族学生混合编班，融合就读。民族县学生入学分班、分宿舍时，在尊重其民族习惯和本人意愿的基础上，并不区分民族与生源地，与当地学生一视同仁地分配班级和宿舍。

在日常教育教学工作中，该校要求教师在平时的教育教学工作中，对民族县学生一视同仁，不分区域，所有学生都只有一个身份——敦煌中学学生。同时，在生活上加以关心，由专职民族县教师负责管理其生活，以消除学生异地就读产生的心理差距。为了保障学生在每周末能够安全返回到民族县居住地，该校与两县客运公司及敦煌客运公司加强联系，每周末专车接送，由民族县委派的生活老师专门负责组织管理民族县学生，同时，对学生强化安全教育，确保每个学生安全回家。

由于两县民族学生初中毕业后全部升入高中，学生的水平参差不齐，为了解决其学习困难问题，学校采取了"一帮一"结对子模式，在教学中针对民族县学生学习差异实施因材施教，分层次教学，对每个民族县学生，专门安排一个老师和一个学生进行帮教，让远离父母的民族县学生能尽快适应环境，适应老师和集体生活，能够及时得到帮助和安慰，不再孤独。

团委、学生会、班集体特别关注对民族县学生干部的培养，许多肃北、阿克塞籍学生在这些组织中担任着职务，培养其管理能力，进而更好地团结一致，共同提高。

该校关工委、工青妇、民主党派也注重民族县学生的发展，通过定期召开座谈会、谈心谈话，征求民族县生活教师和民族学生意见，帮助解决具体的问题。

对于该校对民族县学生的关爱，肃北、阿克塞两县县委政府也通过调研，进行全面了解，采取积极有效的措施支持敦煌异地举办民族县高中教育。例如，两县每年都筹措划拨敦煌中学异地办学资金，并在汉族春节等重大节庆，派出专人慰问该校教师。这些举措的实施，也有力地促进了该校教师的积极性。

该校整体建筑风格以汉唐风格为主，体现着浓郁的传统儒家文化的风格，但同时，该校还特别注意民族文化的融合，例如，在校园鲜明位置都设有宣传民族文化的宣传栏、景观小品，以生动的形式展示着不同民族的文化。

尽管酒泉地区实施的阿克塞、肃北两个民族县高中教育"平移"到敦煌办学的实践是成功的。但随着经济的发展和社会的不断进步，人民群众对于优质教育的需求不断提升，对教育发展提出了更高、更为严格的要求，对学校办学水平、教师队伍素质、教育教学质量都提出了更高的要求，如何进一步统筹教育资源，促进民族教育更好、更快发展，也是亟需解决的现实问题。

4.1.2　敦煌中学异地办高中的几点经验

截至 2020 年 10 月，敦煌中学一共接受肃北、阿克塞两个民族县学生 1931 人，其中肃北学生 942 人，阿克塞学生 989 人，有少数民族学生 392 人，包括蒙古族、哈萨克族、藏族、土族、维吾尔族、回族、满族、裕固族、东乡族、锡伯族等。目前，在校人数 454 人，肃北县 168 人，阿克塞县 286 人，有少数民族学生 96 人。

敦煌中学对民族县学生采取"融入式"管理方式，把民族县学生按一定比例分配到各个层次的班级，公寓楼住宿也按各班为单位，便于管理。班级管理一视同仁，不分区域，公平对待。教学部、政教处、教务处、年级组、公寓楼形成管理网络，科学化、精细化地加强对民族县学生的管理，"一对一"帮扶措施的推行。对违纪的同学，老师不厌其烦地做思想工作，及时与家长联系沟通，理解，包容，不放弃任何一个犯错误的学生。举办心理讲座，对学生进行心理疏导。团委、学生会、班集体特别关注对民族县学生干部的培养。关工委、工青妇、民主党派注重民族县学生的发展，召开座谈会，征求意见，帮助解决具体问题。一系列管理方式的落实，全力促进了民族县学生素质全面提高。

2010 年是异地办高中以来第一年高考，民族县高考升学率达到 80％以上；2013 年，敦煌中学和敦煌三中合并后的第一年高考，二本以上升学率，肃北县高达 49.21％。阿克塞县高达 47.88％；2014 年、2015 年，高考升学率都达到 90％以上；2016 年、2017 年、2018、2019、2020 年连续五年高考升学率达到 100％，少数民族学生升学率也达到了 100％，高考质量大幅度提高，为民族县人民交上了比较满意的答卷，受到社会各界的广泛好评。民族县学生在完成高等教育任务后，大部分回到了自己的家乡，积极参与建设家乡，施展才能，全身心地投入到家乡的各项社会事业之中。他们或为人民老师，或为公安干警，或为公务员，或为工人，或自己创业等等，在各条战线上，奉献着自己的热情和力量，施展才能，为民族县的经济发展、社会进步做出了应有的贡献。

2013 年，敦煌中学先后被中共甘肃省委宣传部、中共甘肃省委统战部、甘肃省民族事务委员会评为"甘肃省民族团结进步创建活动"示范单位；被中共酒泉市委、酒泉市人民政府评为"全市民族团结进步宣传月项目帮扶工作"先进集体；2018 年 3 月，敦煌中学被酒泉市委宣传部、中共酒泉市委统战部、酒泉市民族事务委员会评为"全市民族团结进步示范学校"。

2014 年 9 月，曹新校长被中华人民共和国国务院授予"全国民族团结进步模范个人"荣誉称号；2017 年、2018 年、2019 年、2020 年教师节上，敦煌中学四次被中共阿克塞县委、阿克塞人民政府授予"支持普通高中异地办学先进单位"荣誉称号，张克忠等 24 名老师被授予"支持高中异地办学优秀教师"荣誉称号；2018 年、2020 年教师节，中共肃北县委、县人民政府授予陈肃宏等 8 位老师优秀教师称号。

截至 2020 年，敦煌中学坚定地执行了各级政府关于民族教育工作的各项政策，做到"留得住，站得稳，学得好"，全面提升了民族教育工作的质量，为社会培养了 1471 名合格的高中毕业生，考入大学有 1336 人，其中 53 名学生考入"985"名校（23 人，肃北县 5 人、阿克塞县 18 人）、"211"（30 人，肃北县 17 人、阿克塞县 13 人）名校，一本大学 171 人（肃北县 72 人、阿克塞县 99 人），二本以上 616 人（肃北县 308 人、阿克塞县 308 人），专科以上 1316 人（肃北县 686 人、阿克塞县 630 人），为民族县社会各项事业发展奠定了人才基础，有力地促进了民族团结进步局面的繁荣。

4.2　异地办学的启示

敦煌中学 14 年民族教育的发展之路，是一条艰辛之路，也是一条欢乐之路，更是一条民族团结进步之路。敦煌中学全体老师付出了巨大的努力：他们付出了关心，收获了温暖；付出了爱心，收获了微笑；付出了关爱，收获了感激；付出了辛苦，收获了成绩；付出了汗水，收获了成长；付出了泪水，收获了感恩；付出了耐心，收获了回报；付出了心血，收获了成才。

异地兴办民族教育，有力促进了教育资源的有效整合，教学条件有了明显改善，教育质量得到显著提高，带动了区域教育工作水平的整体提升，促进了区域民族团结进一步的巩固和增强。

启示一：异地办学的成功推进，得益于省市县各级党委政府对民族教育政策的全面贯彻落实。在兴办民族教育的过程中，始终贯彻落实了国家民族教育政策及省、市各级政府相关政策。特别是酒泉市委、市政府专门制定了一系列针对异地办学的具体政策措施，省、市领导多次召集酒泉市和敦煌、肃北、阿克塞县政府领导，研究落实有关事宜，并多次深入三地的家庭、学校，听取学生、家长、学校的意见建议，现场解决问题，为顺利推进此项工作提供了有力支撑和保障。敦煌市也对民族教育实行了政策上优先支持、经费上优先安排、人员上优先解决、项目上优先落实的"四个优先"，在资金投入、师资配备、项目建设等方面实行倾斜，切实保障了异地办学的顺利实施。

启示二：异地办学的成功推进，得益于充分发挥了敦煌在区域民族团结中的独特优势与历史使命。敦煌不仅在地理位置上居于相对中心的位置，而且历史上在东西方文明及各民族的交融汇聚过程中逐步积淀了深厚的文化底蕴，同时，作为中国最早对外开放的城市之一，经济文化事业特别是教育事业发展步伐快于周边县市。在异地办学中，敦煌把发挥这一优势作为自己在区域发展中必须肩负的使命来落实，充分发挥了敦煌在本区域教育教学水平相对较高，教育基础设施也较为完善的优势，积极承办两个民族县的高中教育，促进了此项工作顺利开展。

启示三：异地办学的成功推进，得益于大胆创新、先行先试的创新精神。面对异地兴办民族教育，无成熟经验可借鉴、无先进典型做参考的挑战，敦煌坚持作为教育体制机制创新的试验区，在实践中积极探索，大胆创新，先行先试。

首先是打破思想束缚，全面落实民族教育政策，全市上下群策群力、同心同德，为异地办学打牢了坚实的思想基础。

其次是打破行政区划界限，以带动区域共同繁荣发展为己任，与各县市通力配合、协调统一，为异地办学提供了有力保障。

第三是打破行业界限，牢固树立"一盘棋"的思想，各行各业齐抓共管、鼎力支持，为异地办学营造了良好的环境。

第四是打破工作常规，特别是高中招生方面，对到敦煌中学就读的民族县高中学生，不设门槛、不定限额、不划分数线、不收借读费，来多少收多少，自开办民族教育至今，没有拒收一个学生。

启示四：异地办学的成功推进，得益于民族团结的浓厚氛围。在异地办学中，始终坚持以满足融合推动民族教育工作，对民族县学生在生活上多多关怀，在学习上多多关心，对凡是涉及民族县学生的事项，优先考虑、优先解决。在学校食宿用房非常紧缺而又来不及新建校舍的情况下,百余名本地师生主动搬出,腾出校舍,优先保证民族县学生进校入住。学校安排专人负责民族县学生的生活管理,对民族县学生在饮食、住宿等方面提出的问题及时予以解决。在民族县学生遭遇困难的时候,老师和学生及时关心和帮助,对民族县学生在敦煌中学的学习和生活给予全程照顾。通过举办文艺联欢等活动,促进民族学生和汉族学生交朋友、增进友谊,让来敦煌的民族县学生感受家的温暖。通过民族教育异地办学,民族团结也得了进一步的巩固和加强,老师与家长、学生之间,学生与学生之间,家长与家长之间,都结下了深厚的友谊。

启示五:异地办学的成功推进,得益于区域经济融合发展的基础支撑。在异地办学之前,敦煌市就是肃北和阿克塞两县群众购物旅游的主要场所,肃北和阿克塞县也是敦煌市民休闲度假的首选场地。敦煌市场70%以上的牛羊肉来自肃北和阿克塞县,两县市场95%的瓜果蔬菜来自敦煌。三县市的经济文化交流,为异地办学提供了良好的合作基础。教育工作的一体化也同时促进了区域社会发展的一体化,实施异地办学后,通过交易合作,三县市经济文化交流进一步加快。据工商、文化、旅游等部门统计,近三年来,到敦煌从事文化演艺和经贸活动的民族县人员,以年均25%①的速度增长;敦煌到肃北、阿克塞县旅游观光的人数迅速增加,三县市已经逐渐形成一个区域经济文化发展的共同体。

启示六:异地办学的成功推进,得益于人民群众对高质量教育的追求和思想观念的改变。异地办学前,酒泉中学是群众心目中教育质量最好的学校,为了能让自己的孩子到酒泉中学或外地读书,家长们费尽周折,最后一届学生中有近一半去外地就学。留在本地读书的孩子享受不到高质量的教育,群众很有意见。异地办学后,满足了全部群众的愿望要求。

第一是重新认识敦煌中学。敦煌中学有悠久的历史,自1943年建校以来,形成了良好的教风学风,教师们教书育人,勤恳研学,保持着较高的教育教学质量,对周边县市的群众有很强的吸引力。

第二是为了支持孩子在敦煌中学上学,民族县的许多家长在敦煌买房。以前大部分的家长在酒泉买房,但因为离家远,不方便看管孩子;现在卖掉酒泉的房子,回到了敦煌购房。毕竟,民族县距离敦煌很近,很方便出行,看管孩子。

第三是培养孩子的方式方法的改变。现在的孩子都是独生子女,家长很重视孩子的综合素质的培养,画画、唱歌、舞蹈、弹琴、少儿英语等,全方面发展,有些家长有空闲时间,守在孩子跟前才最放心,陪孩子一起成长。

第四是为孩子方便享受高质量教育而转学。以前不管路途遥远,只为孩子有高质量学校可上;如今,在敦煌就能享受到同样高质量的学校,何必舍近而求远呢?

---

①此数据来源于2011年5月在敦煌举行的全省牧区教育改革座谈会敦煌市教育局的汇报材料。

已经选择了在酒泉或是其他遥远地方上学的学生，也想办法再转回敦煌上学。

4.3　促成异地办学的因素

上级领导的高度重视关心。站在发展民族县的经济高度看，要发展就必须培养更多的建设性人才，培养人才才是硬道理。鉴于民族县教育的薄弱，酒泉市副市长塞力克更是殚精竭虑，四处奔走，借鉴国家为西藏、新疆培养人才的模式，依托酒泉市有限的优质教育资源，进行充分调配，把酒泉市的两个民族县的高中教育用"异地办学"方式，办到了酒泉和敦煌，敦煌承担了80％的学生就读任务。面对众多的办学困难，塞力克副市长积极协调肃北蒙古族自治县、阿克塞哈萨克族自治县和敦煌市，多次到三地调研、开会，克服种种困难，做了大量卓有成效的工作，最终，形成了有利于民族县教育高质量发展的政策，并很快落实到位。2007年秋季，高一学生正式到敦煌中学、敦煌三中就读。这些年，从国家民委到省、市、县民委，从甘肃省教育厅到酒泉市教育局、敦煌市教育局、两个民族县教育局，领导们高度重视这项利国利民的关系到民族县千家万户的民生工程，时常到敦煌中学来调研，看望民族县的学生，及时帮助解决问题。

各级政府的协力配合支持。由于要接受肃北县、阿克塞县的高中学生就读，原来敦煌中学、敦煌三中现有的师资力量、教学设备、校舍、场地、餐厅等就不足以容纳接收更多的学生。解决这些问题需要大量的资金和各项政策支持。敦煌市政府协调土地支持，肃北县和阿克塞县政府调配资金做保障，上级相关部门积极向国家民委、省民委、省教育厅申请建设资金。民族县教育局积极选派生活管理老师，参与到对民族县学生的管理中。在各级政府的倾力支持下，敦煌中学、敦煌三中的校园面积扩大了，学生公寓楼增加了，师资力量强大了，教学设施完备了，餐厅改观了，校园的一切越变越美丽了，校园文化氛围越加浓郁了。两个民族县的学生在新的学习生活环境中，轻松愉快，努力学习。

主办学校的积极有效的管理措施。敦煌中学作为学生教育的主办地，面对重重困难，毫不退缩。党委书记、校长曹新带领敦煌中学全体教师，团结一心，齐心协力，担负起民族县高中"异地办学"的重任。根据两个民族县学生的实际情况，敦煌中学采取"融入"式管理模式，在分班、分宿舍、分文理科上，充分照顾到民族县的学生，使民族县学生享受到一视同仁中的优惠照顾；教学部、政教处、教务处、年级组、公寓楼形成的管理网络，科学化、精细化地加强对民族县学生的管理；"一对一"精准帮扶措施的推行；老师们对学生的极端负责，极大的心血付出，浓厚学习风气的培育，积极向上向善氛围的营造，这一切，都让民族县的学生树立坚定的信念，那就是考大学，考上大学，努力成才，回报家人、回报母校、回报社会，成为祖国合格的建设者和接班人。

民族县家长的倾力配合。每个孩子的父母，都渴望自己的孩子长大有出息，要改变一个家庭的状况，就要从孩子的教育抓起。民族县的家长们，更是希望自己的孩子能享受到优质的教育资源。民族县的学生们在敦煌中学受教育的时候，家长倾尽全力给孩子提供方便，除了享受在学校的正常开支外，为了方便学生往返回家，购置了私家车；为了方便学生上下学，甚至在敦煌购买住房；为了方便学生弥补学业不足，到处托人找老师补课等等。总之，为了自己的孩子有出息，家长们想尽办法，举家之力，倾力配合学校、老师，促成孩子健康成长。

在各级政府和领导的关怀支持下，通过敦煌中学全体师生的共同努力，敦煌中学的民族教育工作蒸蒸日上，每年的高考升学率不断攀升，越来越多的民族县学生考上了大学，成了家乡各项事业的建设者和接班人。

附件1

敦煌中学推动民族团结进步受表彰奖励目录

集体荣誉

1. 甘肃省民族团结进步创建活动示范单位（省委宣传部、省委统战部、省民委2013年5月）

2. 全市民族团结进步宣传月项目帮扶工作先进集体（酒泉市委、市人民政府2013年9月）

3. 全市民族团结进步示范学校（酒泉市委宣传部、市委统战部、市民宗委2018年2月）

4. 支持异地办学先进单位（阿克塞县委、县人民政府2017年9月）

5. 支持异地办学先进单位（阿克塞县委、县人民政府2018年9月）

6. 支持异地办学先进单位（阿克塞县委、县人民政府2019年9月）

7. 支持异地办学先进单位（阿克塞县委、县人民政府2020年9月）

个人荣誉

全国民族团结进步模范个人曹新（中华人民共和国国务院2014年9月）

全省民族团结进步示范家庭陈肃宏家庭（省委宣传部、省委统战部、省民委2017年7月）

全市民族团结进步模范个人曹新（中共酒泉市委、酒泉市人民政府2012年2月）

全市民族团结进步示范家庭曹新家庭（酒泉市委宣传部、市委统战部、市民委

2018 年 4 月）

　　支持异地办学优秀教师陈肃宏（阿克塞县委、县人民政府 2017 年 9 月）

　　支持异地办学优秀教师祁海赟（阿克塞县委、县人民政府 2017 年 9 月）

　　支持异地办学优秀教师贾春（阿克塞县委、县人民政府 2017 年 9 月）

　　支持异地办学优秀教师彭永宁（阿克塞县委、县人民政府 2017 年 9 月）

　　支持异地办学优秀教师张鼎峰（阿克塞县委、县人民政府 2017 年 9 月）

　　支持异地办学优秀教师王永新（阿克塞县委、县人民政府 2017 年 9 月）

　　支持异地办学优秀教师李洁（阿克塞县委、县人民政府 2018 年 9 月）

　　支持异地办学优秀教师黄建军（阿克塞县委、县人民政府 2018 年 9 月）

　　支持异地办学优秀教师班世福（阿克塞县委、县人民政府 2018 年 9 月）

　　支持异地办学优秀教师杨贵贤（阿克塞县委、县人民政府 2018 年 9 月）

　　支持异地办学优秀教师侯金玲（阿克塞县委、县人民政府 2018 年 9 月）

　　支持异地办学优秀教师刘安军（阿克塞县委、县人民政府 2018 年 9 月）

　　支持高中异地办学优秀教师殷彩霞（肃北县委、县人民政府 2018 年 9 月）

　　支持高中异地办学优秀教师王晓荷（肃北县委、县人民政府 2018 年 9 月）

　　支持高中异地办学先进教育工作者李正基（肃北县委、县人民政府 2018 年 9 月）

　　支持异地办学优秀教师夏惠（阿克塞县委、县人民政府 2019 年 9 月）

　　支持异地办学优秀教师陈肃宏（阿克塞县委、县人民政府 2019 年 9 月）

　　支持异地办学优秀教师路文柱（阿克塞县委、县人民政府 2019 年 9 月）

　　支持异地办学优秀教师马永峰（阿克塞县委、县人民政府 2019 年 9 月）

　　支持异地办学优秀教师张自娟（阿克塞县委、县人民政府 2019 年 9 月）

　　支持异地办学优秀教师石慧敏（阿克塞县委、县人民政府 2019 年 9 月）

　　支持异地办学优秀教师张克忠（阿克塞县委、县人民政府 2020 年 9 月）

　　支持异地办学优秀教师李洁（阿克塞县委、县人民政府 2020 年 9 月）

　　支持异地办学优秀教师班世福（阿克塞县委、县人民政府 2020 年 9 月）

　　支持异地办学优秀教师肖中（阿克塞县委、县人民政府 2020 年 9 月）

　　支持异地办学优秀教师龚雪凤（阿克塞县委、县人民政府 2020 年 9 月）

　　支持异地办学优秀教师毛红丽（阿克塞县委、县人民政府 2020 年 9 月）

　　支持高中异地办学优秀教师陈肃宏（肃北县委、县人民政府 2020 年 9 月）

　　支持高中异地办学优秀教师杨卫国（肃北县委、县人民政府 2020 年 9 月）

　　支持高中异地办学先进教育工作者黄建军（肃北县委、县人民政府 2020 年 9 月）

　　支持高中异地办学先进教育工作者安旺生（肃北县委、县人民政府 2020 年 9 月）

支持高中异地办学先进教育工作者李晓红（肃北县委、县人民政府 2020 年 9 月）

民族县优秀生活老师庞春（敦煌中学 2016 年 9 月）

民族县优秀生活老师广布才登（敦煌中学 2016 年 9 月）

民族县优秀生活老师陶红英（敦煌中学 2016 年 9 月）

民族县优秀生活老师陆艳萍（敦煌中学 2017 年 9 月）

民族县优秀生活老师王向晖（敦煌中学 2017 年 9 月）

民族县优秀生活老师赵兴娟（敦煌中学 2017 年 9 月）

民族县优秀生活老师王力（敦煌中学 2018 年 9 月）

民族县优秀生活老师娜孜古丽（敦煌中学 2018 年 9 月）

民族县优秀生活老师哈斯巴特尔（敦煌中学 2018 年 9 月）

民族县优秀生活老师刘国梅（敦煌中学 2018 年 9 月）

民族县优秀生活老师广布才登（敦煌中学 2019 年 9 月）

民族县优秀生活老师乌林琪琪格（敦煌中学 2019 年 9 月）

民族县优秀生活老师贾丽娟（敦煌中学 2019 年 9 月）

民族县优秀生活老师彭朝霞（敦煌中学 2019 年 9 月）

民族县优秀生活老师叶祥福（敦煌中学 2020 年 9 月）

民族县优秀生活老师赵海霞（敦煌中学 2020 年 9 月）

民族县优秀生活老师叶尔肯（敦煌中学 2020 年 9 月）

民族县优秀生活老师阿依古丽（敦煌中学 2020 年 9 月）

附件 2

异地办学民族县学生高考录取情况统计

表 4-1　2010—2020 年敦煌中学肃北、阿克塞县学生高考情况表

时间	县市	参考人数	重点	本科	专科以上	升学率
2010 年	肃北县	66	4	15	53	80.30%
	阿克塞县	22	0	7	19	86.36%
2011 年	肃北县	83	2	24	70	84.34%
	阿克塞县	50	2	19	44	88.00%
2012 年	肃北县	61	4	24	55	90.16%
	阿克塞县	53	2	16	48	90.57%
2013 年	肃北县	63	12	19	56	88.89%
	阿克塞县	71	10	24	63	88.73%
2014 年	肃北县	66	4	26	62	93.94%
	阿克塞县	65	3	29	61	93.85%
2015 年	肃北县	90	7	26	81	90.00%
	阿克塞县	72	5	12	68	94.44%
2016 年	肃北县	52	4	17	52	100.00%
	阿克塞县	62	9	13	62	100.00%
2017 年	肃北县	66	4	23	66	100.00%
	阿克塞县	45	11	12	45	100.00%
2018 年	肃北县	66	13	9	66	100.00%
	阿克塞县	59	14	20	59	100.00%
2019 年	肃北县	60	5	35	60	100.00%
	阿克塞县	65	20	24	65	100.00%
2020 年	肃北县	65	13	18	65	100.00%
	阿克塞县	96	23	33	96	100.00%

第五章

抓好常规促发展　完善制度保安全

"没有规矩不成方圆"，学校教育管理是制度化、系列化的。除了正常的高级中学的常规管理制度外，针对民族县生活老师的工作性质和学生的不同特点，敦煌中学又特别制定了《敦煌中学影响民族团结不稳定因素排查预警机制》《周末空当时间管理制度》《民族县生活老师工作和轮休管理制度》《民族县学生"一对一"帮扶制度》《民族县学生突发事件应急预案》《民族县学生就读敦煌中学分班分科方案》《民族县学生防止打架应急预案》《民族县生活老师工作职责》《敦煌中学落实关于因肃北疫情学生不能返回的应急方案》等。这一系列制度的执行，对民族县学生的规范管理、适应新环境、提高各方面能力起到了很好的规范作用。

5.1　肃北县、阿克塞县派驻敦煌中学生活管理
老师工作职责

(2019 年 8 月修订稿)

为加强民族县派驻的生活管理老师（简称生活老师）的管理。生活老师到敦煌中学报到之后，主管校长召集会议，学习相关制度，明确自己的职责和任务，对管理老师的工作做具体的安排和要求。民族教育联络办公室每周召开一次联席会议。学校领导不定期召开生活管理老师会议。每隔一周，生活管理老师参加一次学校的安全例会。每一个学期结束后，生活管理老师写出书面总结一份。一年工作结束后，学校对老师的全年工作作出鉴定，提交生活管理老师所在县教育局和学校。具体职责如下：

一、生活老师必须按时报到上班，尽快熟悉每一个肃北、阿克塞学生的情况，包括所在班级、班主任、宿舍、宿管人员、家长、联系方式，登记造册备案。

二、负责学生安全工作。建立学生安全制度，有计划、有步骤地消除安全隐患，有效防止学生安全事故的发生。

三、肃北、阿克塞籍学生不得擅自在校外住宿，因特殊情况，确需长期在校外住宿的，应本人写出书面申请，家长签字同意，报肃北县或阿克塞县教育局批准同意，班主任同意，家长陪护监管，方可在外住宿。

四、教育学生必须遵守敦煌中学的各项规章制度，平时外出，学生必须同时向班主任和生活管理老师请假，办好相关手续方可离校。

五、做好学生的稳定工作。利用闲暇时间做好肃北、阿克塞学生的思想工作，多沟通、多交流，及时掌握学生的思想行为动态，发现不安定因素，及早消除在萌芽状态。多与学生谈心，稳定学生情绪，安心读书，完成学业。

六、每周二下午 3：00，在岗生活老师按时参加教学部组织的公寓楼管理人员会议，并参加民族教育联络办组织的安全例会；每学期至少召开两次肃北、阿克塞学生会议，召开一次家长会，通报学生学习、生活情况。

七、做好与敦煌中学的沟通、协调工作，服从敦煌中学的安排。生活老师要积极参与学生公寓楼管理工作，按时上岗，检查肃北、阿克塞学生就位、就寝情况。如有突发问题，及时向值班领导汇报，通知学生家长和陈肃宏老师，协调解决好问题，并做好工作记录。

八、做好与家长的沟通交流工作。平时与学生家长多联系，遇到问题多沟通，协同家长做好学生思想工作。

九、学生出现重大违纪事故，按照有关法律、学校规定处理，并及时向肃北县、

阿克塞县教育局汇报。

十、教育学生互相尊重、互相团结，与敦煌学生融为一体。

十一、每个周末，本周上班的生活老师组织学生安全回家。负责收车费、登记、订票、检查客车安检单、组织清点学生上车、发票、填写乘车记录等环节，认真负责，及时上交乘车记录单。

十二、生活老师按照敦煌中学民族教育管理联络办公室安排的作息时间表执行，如有特殊情况需要调换，上报陈肃宏老师备案，办理交接手续，不得出现空岗现象。如需要请假三天以上，请到各部主管校长、政教主任处签字，假条留陈肃宏老师处备案。

十三、生活老师按时填写工作记录，学年结束后，上交陈肃宏老师。

十四、生活老师必须严格遵守以上规定要求，若有违反，发生问题或安全事故，将依规依法追责。

附：

肃北、阿克塞生活老师安全管理责任书

一、成立民族县学生安全管理领导小组。

组长：曹 新　　副组长：一部 刘亚明　　二部 张克忠

成 员：牛积伟　陈肃宏　各年级组长　各班班主任

负责人：陈肃宏

肃北县生活老师：广布才登　哈斯巴特尔　刘玉霞　刘国梅

　　　　　　　　旭　霞　乌琳其其格

阿克塞县生活老师：王国文　王 力　娜孜古丽

二、负责学生安全工作。建立学生安全管理制度，有计划、有步骤地消除安全隐患，有效防止学生安全事故的发生。

三、肃北、阿克塞籍学生不得擅自在校外住宿。因特殊情况，确需长期在校外住宿的，本人写出书面申请，家长签字同意，报肃北县或阿克塞县教育局批准同意，班主任同意，家长陪护监管，方可在外住宿。

四、每个周末，本周上班的生活老师组织学生安全回家。

1. 每周四收车费并做好登记。

2. 周五早上订票，下午客车到西校门，生活老师检查出车安检单并拍照上传陈肃宏老师。

3. 组织清点学生上车、发票（人手一张），填写乘车记录等，认真负责，及时上交乘车记录单。

4. 监督学生人手一票，乘车不得超员。

5. 每次各县至少有一名生活老师跟车。

6. 有临时上车回家的学生，如果车上有空位，可以补票上车；如果无空位，生活老师联系买有座位保险的出租车。

7. 当天因再无返回肃北、阿克塞的客运车辆，无法回家的学生，报告陈肃宏老师，联系公寓楼管理老师，留住学校公寓楼，第二天再乘车回家。

五、学生必须遵守敦煌中学的各项规章制度，平时因病或有事，学生必须先和家长沟通，家长同意，并和班主任、生活管理老师联系，办好请假手续方可离校。

六、如有突发问题，生活老师及时向学校值班领导汇报，并通知学生家长和陈肃宏老师，协调解决处理好问题，并做好工作记录。

七、学生如果出现重大违纪事故，生活老师协同班主任、政教处，联系学生家长，按照有关法律、学校规定处理，并及时向肃北县、阿克塞县教育局汇报。

八、生活老师必须严格遵守以上规定要求，若有违反，发生问题或安全事故，将依规依法追责。

分部主管校长（签字）：　　　　　　　分部政教主任：

负责人（签字）：　　　　　　　　　　生活老师（签字）：

年　月　日　　　　　　　　　　年　月　日

5.2　肃北、阿克塞学生就读敦煌中学分班分科方案

2007年6月，根据《酒泉市人民政府办公室会议纪要》的通知要求，利用敦煌优质的教育资源来帮助带动少数民族地区的教育发展，落实"异地办高中"这一教育新思路，敦煌中学积极筹备，当年8月，民族县学生开始入学。为了真正体现公平、公正对待民族县学生，特制订民族县学生分班方案。

分班。高一年级分班，根据民族县学生的中考成绩，再加一定的分数，和敦煌学生一起，按成绩"S"形分班，这样，民族县学生可以分到不同层次的班级，奥班、重点班、平行班都有。再者，根据民族县学生总数和敦煌学生总数的比例，每年1：10左右，按比例分配到每个班，一般情况下，每个班都有民族县学生6—8人，这样，民族县学生能很好地融入班级。

高二年级文理科分班。由于民族县学生初中的理科基础相对薄弱，高二文理分科时，大部分学生选择上文科，而学校的文科老师数量相对少一些，文科班的数量也相应少一些。进文科班要根据学生的高一四次成绩和排名，难免一部分学生进不

了文科班。所以，对民族县学生有专门的照顾政策：根据民族县学生的意愿，自己先写申请，由学生、家长、民族县生活老师签名，保证优先解决民族县的学生进文科班。

特别说明，如果当年录取的高一新生，分数特别高的学生较多，可以考虑适当提高比例进入奥班。

5.3 民族县学生"一对一"帮扶制度

肃北蒙古族自治县和阿克塞哈萨克族自治县的高一新生，初次来到敦煌中学，面对陌生的环境、陌生的师生，熟悉的初中同学都被分到不同的班级中，有苦闷无处诉说，无人倾听；有学习生活问题不敢询问老师同学，他们的生活、学习一时陷入迷茫无助的状态。经过和民族县学生座谈、了解、调查，他们普遍反映，由于民族县学生的学习基础相对薄弱，行为习惯相对不稳定，对学习的要求不高，怕吃苦。针对这些表现，学校采取了"一帮一结对子"教育模式。在教学中老师们放低教学起点，降低难度，不赶教学进度，从最基本的知识讲起，力争让每一个同学跟上，不要掉队；要求每个老师充分了解每个肃北、阿克塞学生的情况，根据他们的习惯、特点、性格等，组织师生与肃北、阿克塞学生结成"一对一"帮扶对子，即一个民族县学生和所在班级的一位任课教师、一位敦煌本地学生结成帮扶对子，在学习生活方面做好耐心细致的帮扶工作。学习上手把手地教，及时帮助复习巩固，扎扎实实地夯实基础；生活上多帮助，遇上困难多主动关心，遇到问题多帮助解决，碰到困惑多安抚慰藉。在每次考试后，结对老师要专门和帮扶同学谈话、沟通，帮助学生查找问题根源，分析成绩原因，找到解决问题的方法，帮助树立学习信心。要求被帮扶民族县学生每周和老师交流一次，和敦煌本地同学成为好朋友、好帮手，既解决学习上的问题，心中的困惑，又使民族县学生在敦煌中学的生活学习不再困扰，能够开心快乐。这一制度的贯彻落实，很快让民族县学生融入敦煌中学的正常的学习生活中，步入正轨，为今后的成人成才打下坚实的基础。

5.4 民族县学生周末空当时间管理制度

一周紧张的学习生活之后，敦煌本地的学生都高高兴兴回家了，民族县学生因为回家路途遥远，交通不便，只好守候在学校，周末成为学生管控的空档时间。如果管理不好，他们的空闲时间就会受到网络等不良因素的影响。为了加强这一时段管理，特别制定此项制度，确保在空档时间的学习、生活有序顺利进行。

一、周六晚上安排自习，按照每个年级各部分别集中到 4 个教室，由民族县生活老师值班管理。

二、第一个自习进行学习，完成各科作业；第二个自习组织学生看电影，调节学生文化生活，学校民族教育联络办公室老师进行检查。

三、周日早上，应家长和同学们的要求，安排了四节课：英语、数学、化学（或物理）和体育，分别安排各科任课老师进行个别辅导。

四、周日下午给学生放假，让学生上街购买生活用品，搞好个人卫生或休息。

五、有病或有事，向值班生活老师请假。

六、家长如来学校探望学生，请联系生活老师。

5.5　敦煌中学落实关于因肃北疫情学生不能返回的应急方案

2017 年 12 月中旬，肃北蒙古族自治县发生鼠疫疫情，敦煌市人民政府接到肃北县人民政府的相关通知后，敦煌市教育局立即发出《关于暂停前往肃北县开展学习考察等各类公务活动的紧急通知》，敦煌中学根据指示，针对在校肃北县学生的实际情况，制定本应急方案：

1. 明确规定肃北县学生这个周末不准返回肃北县，待疫情解除后，按正常教育教学管理秩序进行相关安排。

2. 本周末肃北学生在校学习生活正常进行。

3. 工作安排表：

表 5-1　肃北县生活管理老师疫情应急临时排班表

时间	班级	自习值班
周五（15 日）晚自习	高二一部肃北班	哈斯巴特尔
	高二二部肃北班	刘玉霞
周六（16 日）早自习	高二一部肃北班	哈斯巴特尔
	高二二部肃北班	刘玉霞
周六（16 日）下午自习	高二一部肃北班	哈斯巴特尔
	高二二部肃北班	刘玉霞
	高三一部肃北班	广布才登　旭霞
	高三二部肃北班	刘国梅　乌琳

时间	班级	自习值班
周六（16日）晚自习	高二一部肃北班	哈斯巴特尔
	高二二部肃北班	刘玉霞
	高三一部肃北班	广布才登　旭霞
	高三二部肃北班	刘国梅　乌琳
周日（17日）早自习	高二一部肃北班	哈斯巴特尔
	高二二部肃北班	刘玉霞
	高三一部肃北班	广布才登　旭霞
	高三二部肃北班	刘国梅　乌琳
周日（17日）下午自习	高二一部肃北班	哈斯巴特尔
	高二二部肃北班	刘玉霞

学生集中上自习地点：教学二部听课教室。

肃北生活老师认真组织学生，按时点名，坚守工作岗位；学生返回公寓楼后，清查人数，按时就寝。

周六、日餐厅正常给肃北县学生提供饭菜。

5.6　民族县学生防止打架应急预案

为了加强对校园安全活动的管理，防止打架斗殴、故意伤害他人等意外事故的发生，根据上级有关文件要求，结合本校实际，制定本工作预案。

一、指导思想

切实深入开展安全教育活动，杜绝重大不安全事故的发生，确保教学秩序和校园的稳定和安全。

二、工作目标和原则

教育为先、预防为主，管理落实、人人有责，及时控制。

三、组织机构及职责

领导小组

组长：张克忠；副组长：刘亚明

成员：牛积伟、王学礼、王其伟、马中华、各年级组长、各班主任、公寓楼管理老师、民族县生活老师

职责：全面负责校园打架斗殴故意伤害他人事件的处理工作，安全工作的宣传教育，依法履行安全职责，做好督查工作。

协调工作组组长：陈肃宏

成员：广布才登、哈斯巴特尔、王力、赵花庆、李淑芬、乌琳琪琪格、旭霞、贾丽娟、彭朝霞、娜孜古丽

职责：负责打架斗殴事件的双方协调工作，负责与领导小组汇报、联系工作，做好对突发事件处理过程的记录工作。

校警队

总指挥：卢明；副总指挥：闫红岩

第1小组：

组长：闫红岩

组员：张文杰、李玲、段菊红、秦旭龙、张东霞

职责：确保校门口不被外来人员侵入校园。

第2小组：

组长：陈阳军

组员：赵建勇、陈爱珍、杨金花、贾永花、何彩玲

职责：确保办公场地不被破坏和办公秩序的稳定，随时听从总指挥的调配，协同各分队应急处置突发事件。

四、预防控制措施

领导小组成员在突发事故前要做好以下工作：

1. 加强领导，健全组织，强化工作职责，制定应急预案和落实各项措施，完善工作机制和应急保障系统。

2. 政教处做好分工到专人的预案的发放、登记、修改和重新修订等工作，定期组织教职工学习应急预案的内容；加强对教师师德规范教育，增强校园生活管理的责任意识和法制意识。

3. 政教处通过各种形式，加强对学生法纪教育、安全教育，增强学生的自我保护意识，严格落实宿舍值班制度；教务处落实教师上课制度和课外辅导常规，确保教师坚守教育教学岗位。

4. 后勤部门平时要确保校车在校，司机值班；医务室要常备一定的应急医疗物资，并确保每天有一名医生值班。

5. 健全与校园生活相关的各项规章制度，学生集体性活动要有班主任或教师带班，贯彻谁审批谁负责和谁组织谁负责的原则。

6. 值日行政人员应履行值日工作职责，坚守学校岗位，有事外出必须告知同日值班行政人员，或专请其他行政人员代理履行值日工作职责。

7. 领导小组分配专人印制全校教师通讯录；年级组印制本年级班主任通讯录；定期核对电话号码，所有小组成员、年级组长、班主任、值班人员要确保24小时内电话畅通。年级组要收集各班学生家长通讯录，并送交电子文档到政教处电脑储存，

同时交一份复印件到学生宿舍。班主任要在身边常备家长通讯录，以便校园学生群殴事故发生时及时联络和处理。

五、应急响应过程

（一）启用应急预案的情况

1. 校内学生打群架，或与校外社会闲杂人员勾结危害学生。

2. 发生流血伤害事件以上。

（二）接警与通知

事故发生时，在场人员（包括行政工作人员、教师、职工、临工、学生等）必须立即将所发生的事故情况报告校长或领导小组成员并拨打110，明确报告事故发生的详细情况和位置。校长必须掌握的情况有：事故发生的时间与地点、种类、程度、危害；在基本掌握事故情况后，首先通知政教主任和值日行政人员，然后通知各工作组组长立即启动应急预案。值日行政人员和政教人员必须立即赶赴现场组织抢救。

校长和领导小组还要将事故有关情况上报市教育局和医疗机构，通报应该包括以下信息：通报人的姓名和电话号码；事故发生的时间与地点、种类、程度、危害；伤亡学生所属学校名称；已采取和准备采取的应急行动与措施。

（三）应急抢救与现场保护

1. 在场人员（包括行政、教师、职员工、临工、学生）应首先检查学生受伤情况，并根据先重后轻的原则，立即对受伤学生进行应急救护处置。同时，立即联系校长，校长接到报警后，马上通知主管安全的副校长和值日行政人员赶赴现场，主管安全的副校长在赶赴现场的同时通知抢救组成员迅速赶到现场。校医到达后，马上接替在场行政人员、教师对受伤学生进行救护处置，尽快确认伤者中哪些需要送医院救治。如需送医院救治，应由校医确定送到哪一所医院，抢救小组组长马上通知本校司机或拨打"120"急救电话将学生送往医院救治；受伤人员较多时，由组长通知本校教师动用私人轿车运送学生。在急救车到达前，校医负责受伤学生救护处置。组长通知学校门卫要确保急救车进校后有人引导。急救车到达后，组长应立刻向急救人员报告情况，派班主任和校医随车参与救治和护理。

2. 班主任及时通知受伤学生的家长相关事故的情况和学生被送往的医院地址，请家长或派车接送家长到医院。

3. 政教主任组织年级组长和在场行政人员组织事发现场人员调查事件发生的过程，用分隔调查形式，不诱导，实事求是地做好书面记录，被调查人员要签名。严格保护事故现场，因抢救伤员、防止事故扩大等原因需要移动现场物件时，必须做好标记、进行现场拍照，详细记录和绘制事故现场图，并妥善地保存现场重要的痕迹、物证等。

（四）联络、教育

1. 接到校长（领导小组组长）通知启动预案后，在 24 小时内写出书面报告。报告内容包括：发生事故的时间、地点；事故的简要经过、伤亡人数；事故原因、性质的初步判断；事故现场抢救处理的情况和已采取的措施；需要有关部门和单位协助事故抢救和处理的有关事宜；事故报告部门、部门负责人和报告人。报告经校长审查同意后送交教育局。属校方责任保险的事故还要及时报知保险公司。之后还要随时将事故应急处理情况报告上级主管部门。

2. 领导小组所有成员应按分工分别做好教师和学生的善后教育工作，稳定师生情绪。要求各类人员绝对不能以个人名义向外扩散事故消息，以免引起不必要的混乱；对情绪反应较大者安排心理教师进行安慰和疏导；如有新闻媒体要求采访，必须经过校长或上级部门同意，由工作小组统一对外发布消息。未经同意，任何部门和个人不得接受采访，以避免报道失实。

3. 校长办公室参与事故调查处理工作，负责写出并向上级有关部门提交书面报告。

（五）家长接待和后勤支援

1. 组长根据校长通知启动本组工作。

2. 看望、援助、救助伤亡学生家庭。如有个别家长来访，政教主任和副主任负责安排并配合相关工作；年级组长、班主任做好家长的思想工作和接待工作；根据学生事故处理条例的有关条款规定，总务主任协助做好处理伤亡学生的善后工作，安排住院学生的家长的食宿等事宜。

3. 要依法调解、安抚，掌握合法、合理、合情的原则，不要信口开河，随心所欲。一般不留尾巴，不搞分段解决。学校在无力调解本校学生意外伤害事故处理中的某些问题时，应立即报请上级部门介入调解，依法妥善解决问题。

4. 事故处理结尾阶段，由政教处负责起草《协议书》。《协议书》要写清协议双方的身份；校园学生群殴事故的简要经过，包括事发时间、地点以及学校、当事人三方达成的补偿协议条款；三方签名等内容。医务室负责整理病历卡复印件、医药费发票原件和复印件，配合政教处办理上报保险公司理赔工作。

5. 主管安全的副校长组织保安人员严格核查外来人员身份，不准非当事人家长和无关人员进入校园，教学副校长组织教务处人员在教学楼值班，确保正常教学工作的开展，主管安全的副校长组织相关人员严格控制外来人员进入办公楼闹事，以确保校园的治安秩序和教育教学工作的稳定。根据教育部《学生伤害事故的处理办法》中有关条款的规定，在事故处理过程中，受伤害学生的监护人、亲属或其他有关人员，在事故处理过程中无理取闹，扰乱学校正常教育教学秩序，或者侵犯学校、学校教师或者其他工作人员的权益的，应当报告公安机关依法处理。

（六）事故调查

1. 配合上级有关部门进行事故处理及调查工作。调查事故原因，整理事故记录，形成书面报告。

2. 及时向市教育局报告事故处理结果。对违反本预案、不履行应急救援工作职责、发布假消息、不服从应急救援指挥的有关人员，调查属实后进行处分。

3. 总结经验教训，查找相关的制度、政策、设施中存在的问题，适时整改，进一步制定防范校园学生群殴事故的措施。

六、工作要求

1. 加强教育，抓好预防、宣传工作。定时召开专题校会、班会，教育学生不带各种利器到校；利用致家长一封信形式，号召家长配合学校教育孩子不参与打架斗殴事件；利用校园广播、宣传栏、黑板报等载体，对学生进行宣传教育。加强学生的法制、安全和心理健康教育，逐步培养学生遵纪守法的良好行为。

2. 发现学生打架斗殴、故意伤害他人的情况，不及时制止和汇报的，由于不负责任造成重大损失的教师将依法承担相应责任。

敦煌中学政教处
敦煌中学民族教育办公室
2008 年 10 月

5.7　民族县学生突发疾病应急预案

学校人群聚集，流动性大，接触面广，是传染病的易发场所。青少年由于其免疫功能尚不完善，抵御各种传染病的能力较弱，是多种传染病的好发年龄，一旦发生，极易传播和流行，并可扩大到家庭和社会。因此必须高度重视传染病的预防和控制。为有力地保障民族县师生在校身体健康和生命安全，促进学校发展，维护学校稳定，将常见传染病预防控制工作依法纳入科学、规范、有序的轨道，形成工作常规。根据《中华人民共和国传染病防治法》《学校卫生工作条例》等法律法规及相关文件精神的要求，特制订预防控制措施及应急预案，确保一旦发现疫情，及时采取坚决措施，控制传染病，阻断传播途径，坚决防止疫情传播及蔓延。

一、健全领导机构，加强统一领导

1. 成立常见传染病防控领导小组

组长：邹志新

副组长：祁玉红、牛积伟、王其伟

成员：各年级组长及班主任、公寓楼管理老师、民族县生活老师、校门警卫

2. 协调工作组

组长：陈肃宏

成员：广布才登、哈斯巴特尔、王力、赵花庆、李淑芬、乌琳琪琪格、旭霞、贾丽娟、彭朝霞、娜孜古丽

3. 职责

（1）负责领导、协调、组织全校常见传染病预防控制工作，提供必要的预防经费和物资保障。

（2）负责常见传染病防控工作的组织开展、检查督促、资料收集与归档等工作。

二、遵循预防为主，狠抓措施落实

1. 做好常见传染病防治宣传工作，增强师生卫生防疫意识和自我保护能力。

（1）通过多种形式对学生进行预防传染病知识的宣传教育，出好宣传专刊。

（2）利用健康教育课，开展好以预防常见传染病为重点的健康知识教育。

2. 印发《中华人民共和国传染病防治法》《突发公共卫生事件应急条例》等有关法律法规，供全校教职工传阅学习，增强教职工法律意识和责任感。

3. 开展"三管四灭"（管污水、管粪便、管垃圾处理、灭蝇、灭蚊、灭鼠、灭蟑螂）为中心的爱国卫生运动，搞好环境卫生，在卫生防疫部门的指导下做好环境消毒工作。

4. 加强饮食、饮水卫生管理，严防食物中毒和传染病发生。按照《食品卫生法》《学校食堂与学生集体用餐管理规定》等有关法规要求，切实加强学校食堂和小卖部管理，严格购物登记、试尝留样、餐具消毒、从业人员健康体检制度，做好检查落实。

5. 有计划地做好师生健康体检和常见传染病的预防接种工作。

6. 教育学生养成良好的个人卫生习惯，不与传染病人接触，生病及时就医；教育学生坚持锻炼，增强对疾病的抵抗能力。

7. 积极争取相关部门的支持，共同做好学校周边不符合食品卫生要求的饮食摊点的整治，消除引发学校传染病的隐患。

8. 加强门卫管理，切断外来传染病源。

9. 做好预防常见病的必要药品等物资储备。

三、坚持晨检制度，畅通报告渠道

1. 班主任要按照要求，坚持对学生每日晨检，把预防常见传染病工作真正落到实处。对因病请假在家的学生要通过电话等方式询问病情；在校生病的学生要及时送医务室诊治，对需送县级医院进一步诊治的学生要及时通知家长陪同前往（对暂时无法通知家长的学生由班主任陪同前往），发现传染病患者及时报告学校传染病预防办公室。

2. 医务室要坚持对饮食从业人员每日晨检，发现传染病患者，立即停止上岗，

并及时报告学校传染病预防办公室。

3. 教职工生病被诊断为传染病或疑似传染病，要及时主动报告学校传染病预防办公室。

4. 医务室要坚持就诊登记制度，健全常见传染病监控信息表册，做到发现疫情能快速、准确地向学校领导小组报告。

5. 学校传染病预防办公室接到疫情报告后，立即报告学校领导小组。

6. 民族县每年都有鼠疫发生，及时通报疫情，为学校防疫做准备。

四、应急处理预案

一旦学校发现传染性疾病后所采取的一些措施：

1. 学生或教职工一旦出现非典、风疹、流脑、麻疹、流感等传染性疾病，应及时就医并向学校请假，不得带病上学、上班。经医院诊断排除传染病后才能回校上课、上班；从疫区来的学生必须出具疫区卫生部门的健康合格证明，在学校医务室测量体温并登记，经校医与班主任沟通，同意之后，方可进入教室上课。

2. 学生或教职工在校内出现传染病，及时组建处理病情的领导小组，在领导小组成员的统一安排下，要求传染病患者立即戴防护口罩、手套，到学校隔离室休息，并由学校安全管理人员或卫生保健老师立即通知传染病医院，需转医院治疗的立即转传染病医院。学生出现传染病症状的，班主任立即通知其家长，由家长陪同去医院；家长不能到校的，由班主任老师护送去医院（护送人员都要穿好防护服，戴口罩、手套）。如果是本校教职工出现传染病，也要求戴防护口罩、手套，由医生初步检查后，是传染病的，立即转市传染病医院，并通知其家属；家属不能到校的，由工会组长护送去医院（护送人员都要穿好防护服，戴口罩、手套）。

3. 在校内发现感染传染病的学生或教职工，学校应急小组领导应立即亲临现场指挥，在第一时间内利用学校隔离室进行隔离观察，并由学校安全管理人员或卫生保健老师马上打"120"电话，送定点传染病医院诊治。

4. 学校对传染病病人所在班级教室或办公室及所涉及的公共场所进行消毒，对与传染病人密切接触的学生、教职工进行隔离观察。防止疫情扩散，迅速切断传染源和传播途径。

5. 传染病人在医院接受治疗时，禁止任何同学、同事前往探望。

6. 学校师生员工中发现传染病人，立即上报。

7. 如感染烈性传染病，请示学校、县教育局和其他政府部门，决定是否实行全校停课，并采取一切有效措施，迅速控制传染源，切断传染途径，保护易感人群，具体做到：

①封锁疫点。立即封锁患者所在班级或所在办公室，暂停学校一切活动。停止校内人员相互往来和与外界往来，等待卫生部门和市教育局的处理意见。如校领导已隔离，由中层干部等组成临时班子，负责处理日常工作。待疫情解除后，校领导

班子开始工作。

②疫点消毒。对学校所有场所进行彻底消毒。此项消毒可请防疫站操作，消毒结束后进行通风换气。

③疫情调查。学校密切配合疾控中心进行流行病学调查，对传染病人到过的场所、接触过的人员，以及患者的家庭成员、邻居、同事、同学进行随访，并采取必要的隔离观察措施。

8. 学校领导发现传染病人后，迅速向全体师生公布病情感染源及其采取的防护措施，让广大师生了解情况，安定人心，维护学校稳定，树立战胜传染病的信念。

9. 民族县学生如发生急性病，班主任、公寓楼管理人员、生活老师应立即报告学校值班领导和陈肃宏老师，并通知学生家长，生活老师和班主任第一时间送生病学生到校医务室或市医院就诊，并把学生病情和就医情况及时向家长和学校值班领导通报，待学生安全后，经大夫和家长、班主任沟通，再决定学生能否继续在校上课。

五、学校常见传染病预防办公室及值班人员

学校常见传染病预防办公室设在学校医务室

值班人员：祁玉红（校医）

办公室电话：13993722069

5.8　敦煌中学影响民族团结不稳定因素排查预警机制

学校是一个人数众多的地方，特别是敦煌中学接收肃北蒙古族自治县和阿克塞哈萨克族自治县的高中学生，有 10 多个少数民族，在日常的学习生活中，免不了会出现一些小误会、小矛盾等等，影响民族团结。学校因此制定了影响民族团结不稳定因素排查预警机制。建设这项系统工程，必须加强领导，创新机制，坚持"统一领导、协调有力、职责明确、运作规范、工作高效"原则，师生动手，齐抓共管，具体做好如下工作：

一、健全创建安全文明校园长效机制，全面提高安全文明创建水平

主要是加强全校师生安全教育，进一步完善重点部位的治安防范，积极开展"无刑事案件""无治安案件""无治安灾害事故"的三无活动。

二、健全影响民族团结不稳定因素排查预警机制，及时化解各类不稳定因素

第一是加强民族学生与其他学生之间矛盾纠纷排查工作力度。

第二是建立矛盾纠纷信息员制度，随时掌握学生的思想动态。

第三是部门负责制度，按照"谁主管，谁负责"的原则，坚持"双向排查"，主动化解影响民族团结不稳定因素，切实做到发现得早、化解得了、控制得住、处理得好。

第四是例会制度。定期召开影响民族团结不稳定因素排查预警工作会议和协调会议，了解掌握工作情况，分析研究面临的形势和存在的问题，安排部署下一阶段的工作。

第五是报告制度。对排查出的问题实行定期报告，对重大矛盾纠纷和不稳定因素及时报告，对调处情况进行专门报告，对排查后没有发生问题的实行"零报告"制度。

第六是预警制度。坚持"预防为主、教育疏导、依法处理、防止激化"的原则，对影响民族团结不稳定因素及时调处，一时解决不了的实行监控，防止事态扩大。

第七是督查制度。负责影响民族团结不稳定因素排查预警工作的督促检查，对重大矛盾纠纷和不稳定因素实行分级挂牌督办，限期解决。

三、以预防为重点，提高创建意识

开展民族团结进步示范学校创建活动是一项复杂的系统工程，我们要结合实际，认真搞好内部防范工作，着力提高全校师生的安全防范意识，以办公室等目标为防范重点，切实搞好安全防范工作。

第六章
民族教育工作手记

    在调研过程中，杨亚雄先生收集到了大量工作在一线的管理员、教师及学生的手记，这些第一手资料对于做好民族教育（异地办学）及思想政治教育工作有着很好的借鉴作用。

6.1　民族教育办公室管理员手记

6.1.1　我与民族教育之缘

我叫陈肃宏，籍贯甘肃省临洮县，1967 年 7 月出生于甘肃省肃北蒙古族自治县，小学、初中、高中都是在肃北县就读的。1985 年第一次在肃北县参加高考，落榜后，又到敦煌中学复读一年；1986 年又一次冲击高考，考入合作民族师范专科学校汉语言文学专业学习；1989 年 7 月大专毕业后，分配到敦煌市三危中学从事初中语文教育工作；1992 年 8 月，因工作需要调入敦煌中学，在敦煌中学初中部任教三年；1995 年开始担任敦煌中学高中部语文教学工作，从教 32 年，班主任工作经历 18 年。

缘　起

2007 年 5、6 月间，酒泉市委市政府派工作组深入肃北蒙古族自治县和阿克塞哈萨克族自治县，在充分调研的基础上，出台了《关于进一步加快少数民族和民族地区经济社会发展的意见》和《关于肃北县阿克塞县高中教育适当集中在敦煌市举办的会议纪要》等文件，做出酒泉市教育布局调整的决定，要充分利用敦煌市的优质教育资源，帮助民族地区提高教育发展质量，决定把肃北蒙古族自治县和阿克塞哈萨克族自治县的高中部采取"异地办学"的方式，调整到敦煌中学和敦煌三中。

2007 年 7 月，酒泉市副市长塞力克、酒泉市教育局长郝德生、副局长闫廷吉与

敦煌市主管教育的副市长张晓军、敦煌市教育局局长张新生，以及肃北县副县长冬梅、肃北县教育局局长陈肃勇、阿克塞县副县长鲍尔剑、阿克塞县教育局局长雪莲多次会面磋商，确定民族县高中异地办学的各项政策，与敦煌中学校长曹新、敦煌三中校长李磊协商具体落实措施。当年 8 月，

两县高一新生正式就读敦煌中学和敦煌三中。

我在敦煌中学从教 28 年，担任班主任工作 15 年，多次获得"模范班主任""优秀教师""异地办学优秀教师"的称号。为了做好这项工作，敦煌中学专门成立了民族教育联络办公室。在选拔合适的老师时，这种机缘降临到我的头上。由于我出生

在肃北蒙古族自治县，高中之前的受教育过程在肃北县，上大学又就读于合作民族师专，这些都与民族地区有关系，我在民族地区的学习生活经历，成了担任这项工作的优势条件，再加上在敦煌中学多年的历练，积累了丰富的工作经验，因而学校行政会经过商议研究后，决定选派我担任敦煌中学民族教育联络办公室的工作。

第一关

  民族县高一新生开学报到如期举行，民族县学生在家长陪伴下，携带着行李，大包小包，一切生活用品一应俱全。学生们的脸上流露出既高兴欢欣，又陌生困惑的神情，小心翼翼地跟着家长排队。我的任务是验证肃北、阿克塞县学生的户口本和身份证，一边登记、一边和熟识的肃北朋友同学打着招呼，回答着肃北、阿克塞家长的询问。按照政策要求，肃北、阿克塞初三学生自愿选择上敦煌中学和敦煌三中，所以家长对这两所学校的了解，基本决定了孩子上哪所学校。我是肃北县出生并长大的，肃北县百姓对我相对了解一些，所以这一届肃北县学生选择上敦煌中学的多一些，总共43人；唐华老师是阿克塞县长大、考学、工作的，又从阿克塞县中学调到敦煌三中当老师，阿克塞县百姓对唐华老师熟悉一些，阿克塞县学生选择上敦煌三中的多一些，总共28人。这样2007年高一新生，敦煌中学肃北县学生是43人，阿克塞县学生9人；敦煌三中肃北县学生23人，阿克塞县学生28人。这些学生十五六岁，长这么大，还是第一次离开父母，第一次离开熟悉的家乡，第一次出门在外求学，面对敦煌中学这样的陌生环境，既兴奋喜悦，又充满着神秘之感。

  按照学校的有关规定，敦煌中学教务处给每个民族县的高一新生在中考成绩中再加上50分，把他们和敦煌本地学生放一起排名，按名次依"S"形排列，分配到各个不同层次的班级中，对个别成绩优异的同学还做了调整，照顾到我们的奥赛班。

  为了便于班级管理，学校按班级分配宿舍，一般情况下，每个宿舍7人－8人，都是同一个班级的学生，便于快速融入集体，统一管理，和谐相处，团结友爱，民族融合，增强凝聚力。有肃北、阿克塞学生提出宿舍人员太多或太吵，影响了休息，为了照顾这些学生，学校曾经提供特殊宿舍，住4人左右。

  民族县学生最担心的是在外地学习生活，怕被人歧视、欺负。为了消除民族县学生的这种担心，营造一种正确的舆论氛围，曹校长在不同的会议上，要求全体教职工，特别是班主任和任课老师统一认识，统一口径，一视同仁．不再分敦煌、肃北、阿克塞的学生，都统一称敦煌中学的学生，以消除学生之间的隔阂矛盾。公平、公正地对待每个学生，让民族学生尽快融入新的学习生活环境。如有问题，对事不对人，避免矛盾激化，消除肃北、阿克塞学生异地求学、寄人篱下的敏感心理。

  敦煌中学第一课：军训。高一新生到校后，都要进行军训，为期一周。初秋后的敦煌，气温35度左右，俗称秋老虎，天气依旧炎热，空气干燥，吸入肺部，火辣辣的，一咳嗽，干疼干疼的。学校操场上，高一年级新生，12个班，每班近70人，

庞大的队伍排列在操场上，煞是威风，民族县学生是没有见过如此多的学生的。同学们站在没有绿荫的操场上，头顶烈日，脚踏"火盆"，一遍遍的单调动作，重复的口令，不到五分钟，汗水哗啦啦地流下来，满脸是汗水流过的痕迹，衣领布满汗渍，时间一长，白中泛黄。休息期间，这些同学们直奔阴凉处，各个拿着水瓶，仰头狂饮。在敦煌中学的第一课，就是如此的不舒服。

肃北、阿克塞距离敦煌不过百儿八十公里，但两地的天气差距太大。肃北县城，海拔2100多米；阿克塞县城，海拔1700多米；敦煌市平均海拔1100米左右，四周高，是个小盆地。敦煌市夏季酷暑炎热，冬季寒冷，相比肃北和阿克塞的天气，差距很大。同学们大白天坐着不动都出汗，晚上睡在床铺上也出汗，只能多喝水才感觉好一些。有些同学在大太阳下晕倒过，不曾叫苦；皮肤黢黑了，不曾喊累，一周的军训下来，身板更挺直，面貌更精神，更练就了顽强拼搏的坚强意志，为长久在敦煌中学扎根苦学打下了坚实基础。

住宿安排。由于离家遥远，肃北县距离敦煌市110公里，阿克塞县距离敦煌市80公里，民族县学生无法像敦煌本地城里的学生，放学就回家了。敦煌农村的同学和民族县的同学住在学校，同一班级的学生，我们基本上都安排在同一宿舍，以便于班主任和公寓楼生活班主任管理。

民族县同学过了军训关，就开始了正常的学习生活。每天和同班同学一起早操、早点、上课、休息、嬉戏说笑，年轻人总是很容易沟通，一两周的时间，同一宿舍的同学很快就相识了。

由于民族县学生是第一次离开父母来敦煌求学，生活上自理能力较差，吃饭、睡觉、洗衣、花钱等方面的问题层出不穷。缺少了父母的帮助，班主任老师、生活管理老师要求学生自立并及时给予指导，干什么都要亲力亲为，很多事情都是第一次处理。注意天气变化而知道加减衣服、盖被子，学会了叠床铺；学会了打开水，烫过一两次后，知道了小心；周日整理个人卫生，学会了洗衣服，几次洗不干净，有污点还在；学会了按时起床，同宿舍的同学多次催促，如果迟到班主任要批评的；学会花钱怎样才节俭，学校的餐厅、小卖部专门安装了刷卡系统，限制了过度消费刷卡；尊重父母和老师的劳动成果，不向父母和老师提过分的要求。经过生活管理老师的努力，同学们逐渐养成了生活自理的习惯。经一事，长一智，在点点滴滴中，不经意，自己慢慢地学会了独立。

不可忽视的小问题

　　一个月后，民族县的同学们对敦煌中学的新鲜感、神秘感消失了，各种问题渐渐暴露出来了：有的同学上课逐渐听不懂了，尤其是数理化和英语，作业无法独立完成。问同学，又不熟悉，别人也忙，顾不上；问老师，很害怕，怕被笑话、批评，难为情，导致作业交不上了；心里有事或有问题，旁边没有熟人朋友了，即使有以前的民族县的老朋友，但他们又在别的班级，很不方便，不知道向谁倾诉了；感觉到困难越来越多，自己独立无法解决，孤独苦闷，刚来时兴奋喜悦一扫而光。

　　面对民族县同学出现的这些问题和情况，我向校长曹新做了汇报。曹校长指示我，要专门召开民族县学生座谈会，充分了解学生所反映的情况，然后向学校汇报。于是，我和肃北县生活老师武生花、阿克塞县生活老师杨春梅，利用晚饭后的时间，组织肃北、阿克塞学生在会议室座谈，详细询问同学们来到敦煌中学后的生活、学习情况。同学们七嘴八舌的，谈论了他们来到敦煌中学的事情和感受，比较集中的意见：一是气候问题，天气太热，忍受不住；二是餐厅饭菜肉少、荤菜少，对于经常在家喜欢吃肉的学生来说，确实有困难；三是由于基础薄弱，有些课程上课听不懂，课后不及时问，作业难以独立完成；四是部分同学学习习惯不好，上课只听课，偷懒不爱动手，不记笔记，课后又不及时复习，学习效率不高。曹新校长及时召集有关部门的领导和教职

员工，做了以下改正措施：餐厅尽可能多的增加饭菜品种，增多肉类菜品，保证同学们吃饱吃好，对提前预订肉类菜品，可以保障供应，满足同学们的要求；对于部分同学的学习习惯问题，曹校长要求老师们要注意降低教学难度，适当放慢教学进度，课后多关注民族县的学生，多和他们谈话交心、多鼓励，做好辅导工作，帮助解决同学们的问题；对民族县的同学，要采取帮扶的措施，帮他们尽快适应学校的环境和生活；天气炎热，要有一个适应的过程，10月份左右，天气会转凉的，慢慢

就会好的。

　　为了帮助民族县学生尽快适应在敦煌中学的学习生活，学校采取了"一对一"帮扶结对子措施。教学中放低起点，降低难度，不赶教学进度，从最基本的知识讲起，力争让每一个同学跟上，不要掉队；要求每个老师充分了解每个民族县学生的情况，包括他们的习惯、特点、性格等。每个民族县的新生选择所在班的一名老师、一名敦煌本地本班的学生，结成帮扶对子。这样，当民族县学生有困难时，可以找结对的老师或者学生，可以找民族县派驻的生活老师，也可以找我这个民族教育联络办公室老师，甚至直接找曹校长，这方面，我们对民族县学生有明确的规定要求，即每周至少找一次帮扶老师，找三次帮扶本地学生。当然，帮扶老师和本地学生也要主动找民族县学生谈心聊天，做好耐心细致的帮助工作，手把手地教，及时帮助复习巩固，扎扎实实地夯实基础，在学习上互相帮助提高，生活上嘘寒温暖，关心关爱。这些措施的制定和实施，有效地帮助了民族县学生在敦煌中学学习生活，慢慢稳定了同学们的情绪。

　　随着同学们的生活渐渐步入正轨，越来越多的家长们反映，每周孩子们在校刚刚进入学习佳境，周末一回家，什么也不做，睡懒觉，懒散；该返校时，又产生恋家的情绪；频繁回家，把主业学习的任务又不重视了。本来在学习上就和敦煌本地的学生有差距，学习习惯缺乏稳定性，基础又有欠缺，这样一来，差距更大了，这和异地办学的初衷又相违背。于是，学校行政会商议，出台《民族县学生周末空当时间管理制度》，决定肃北县、阿克塞县的学生一个月（四周）回家一次，其余的周末都在学校进行基础知识补习、完成作业，专门安排任课老师辅导，帮助民族县学生夯实基础，提高成绩。

　　每到周六，一天的学习结束之后，我和民族县派来的生活老师陪伴民族县的同学们上晚自习，在规定的教室里集中，生活老师组织学生，清点人数，做好值班记录；同学们也能静下心来完成作业。本来，在封闭的校园里，同学们的学习生活紧张而单调，为了丰富同学们的生活，在第二个晚自习上，我准备好了笔记本电脑，下载了好看的大片、综艺节目，组织同学们观看，放松心情，在欢快轻松的氛围中，同学们度过了一个晚自习。大家回到宿舍后，我又和公寓楼管理员、民族县生活老师清点人数，待同学们都安睡了之后，我才回家休息。第二天（星期天）早上八点，同学们吃过早点，又回到了教室，早已安排好的数理化和英语老师，依次进入教室，辅导同学们的作业，有问题就讲，没有问题就安心写作业。早上最后有一节课是体育课，我和民族县生活老师组织学生开展体育活动，打篮球、踢足球、玩羽毛球，也有女同学跳舞、唱歌等等，民族县的同学们普遍体育、文艺爱好多，运动场上男同学生龙活虎的样子，精神倍增；女同学歌声优美、舞姿曼妙，尽显民族县同学的特长和优势，一扫往日学校里的沉闷、单调的氛围，显示出青春的活力和可爱。中午放学后，有些家长就来学校探望自己的孩子，一起去街上改善伙食，孩子们向家长诉说着自己的心里话，其乐融融。下午，同学们自由活动，主要是个人卫生大扫除，或者在宿舍里睡懒觉，一周来的忙碌，暂时得到了安歇。

这样，民族县同学们在校的时间长了，用在学习上的精力更多了，不知不觉中，同学们对敦煌中学不再陌生，渐渐进入学习、生活的正常轨道。

小插曲

一切都在平稳中行进着，然而，生活也有小波澜、小插曲。2007 年的冬至那一天，正好是星期六，民族县的同学们结束晚自习之后，陆续回宿舍休息了。我和阿克塞县的生活老师杨春梅查完宿舍，清点人数，发现少了一位女生，李某某。她平时也还守纪律，有事也向老师请假，今天是怎么了？没有这样平白无故的消失啊？我当时心里一紧张：不好了，赶紧找人。我给学生的班主任打电话，询问学生的情况；杨老师赶忙和家长联系，然后我们又把阿克塞的同学召集在一起，了解情况。有学生反映说，李某某爱上网，平时学校管理严，她利用手机上网，今晚是不是溜出学校上网吧了。我和杨老师安顿好了学生，就去大街上。天上下着雪，脚踩着厚厚的大雪，发出"嘎吱嘎吱"的声音，仿佛催促着我们：赶紧找，赶紧找！我的心里那个急啊。

一家网吧里没有找到，再转到下一家，里面的学生面孔确实不少，就是没有我们要找的李某某。心里想着，下一家可能会有的，怀揣着希望又去了下一家，一直找到半夜二点多，大街上一片白茫茫，慵懒的街灯下，只有我和杨老师，拖着疲惫的身体，一步一个脚印，走向学校。

第二天早上，我组织好民族县学生上课，有辅导老师看管学生之后，我和杨老师又去找这个李某某。杨老师提供了一个线索，说李某某的一个同学在敦煌旅游中专上学，正好李某某的班主任也反映了这个线索，我和杨老师一起去旅游中专寻找。在旅游中专老师的帮助下，我们来到学生宿舍，看到了仍在熟睡中的李某某，还好，学生毫发无损，我悬着的心终于落了地。杨老师叫起了李某某，非常生气，一顿猛批，说得李某某羞愧地低下了头。

这时，李某某同学的妈妈也赶到了敦煌，我们当着学生妈妈的面，把孩子安全交给了家长，并把这一切情况告诉家长。我请杨老师、李某某和家长在一起吃了顿饺子，给孩子暖暖身子，让她认真反省自己，好好改错。事后，在班主任和其他老师、家长的共同教育下，李某某认识到了自己的错误，表示要安心学习，不再给老师和父母添麻烦。

在平常的学习生活中，我和生活老师就像是民族县学生的大家长、监护人，即操心同学们的学习成绩，又要关心他们的诸多方面的生活，今天那个同学生病了，按时吃药了吗，明天那个同学家长打电话带东西要去车站取；今天那个同学和人家拌嘴了闹矛盾了，明天那个同学丢东西了；今天那个同学不小心绊倒磕破了手脚，明天那个同学胃疼不吃饭等等，不一而足。

个　案

2008年5月份的一天，肃北籍的一个张姓学生，混在放学的同学中跑出了校外，结果到了晚自习点名的时候，发现他没有回到学校。听到肃北籍生活老师武生花的反映后，我心里想，孩子是不是有啥事情了，来不及向老师打招呼，可能不是啥大事情。我安排武老师和学生家长联系一下，问一下情况，我也向学生的班主任问一下，应该不会出现大问题。家长给武老师回电话，说孩子没有回家。我又和武老师调取了学校监控，发现张姓学生带着小行李箱，若无其事地出了校门。到了晚上九点多，还是没有该同学的任何消息。我心想，不好，学生是不是离校出走了。

按常理，学生离校后，如果不回家肯定会是在网吧玩游戏，于是，我和肃北生活老师武生花、阿克塞生活老师杨春梅一起去网吧寻找。这些年当班主任，经常不定期在年级组长的带领下，上街查处学生进网吧，对敦煌市大大小小的网吧还挺熟悉的。在学校周围，一家又一家的网吧里查找，向网吧老板述说着学生的特征，得到的答案模棱两可，一直找到半夜一点多，附近的网吧找遍了，没有任何结果。家长又来电话说，亲戚家也没有学生的消息，班主任也回应没有学生一点消息，人困马乏，我们只好回去休息。

第二天早上，武老师和杨老师又去了昨天查找过的网吧，来个回马枪，因为学生为了躲避老师的巡查，常常也会玩躲猫猫的把戏，可是遍查回来，仍无丝毫的消息，于是，我向学校曹校长汇报了此事，曹校长指示我们想尽一切办法，先找到学生再说。第三天，同样如此查找之后，还是没有音讯，武老师向公安局报了案，在公安局挂了张姓同学朋友的QQ进行网络追踪。大概花了三周时间才定位了孩子的所在位置。在这段时间，我和生活老师、学生的班主任被不讲理的家长误解、找不到学生自身内心的焦急，那种煎熬只有经历过了才刻骨铭心。后来孩子主动联系了家长，通过家长我们才得知，孩子因为基础差，跟不上学习，不愿意上学，回家怕家长打，来了个不辞而别。先后跑到西安、北京去打工，都不愿意回家，家长只能遂了孩子的心愿，辍了学。我们也为此感到惋惜和遗憾

这件事情，对我们老师的触动很大，老师们普遍认识到对民族县学生的了解，

一定要加强，平时格外关心学生，多和学生谈心沟通，及时发现事情的苗头，预防可能发生的事情，或及时跟进工作，持续关注学生，才能在教书育人的工作处于主动地位。

关注民族县学生心理健康

敦煌中学是酒泉市乃至全省中学里最早关注学生心理发展教育的学校之一。2008年4月，曹新校长把刚从大学毕业分配到乡里中学教学的郑晓玲老师调入敦煌中学，因为郑老师在大学是学心理学的，敦煌中学建立了酒泉市学校中第一个心理咨询室，并在教育教学中开设了心理健康教育课程。民族县学生远离家乡，在陌生的环境中学习生活，面对压力，有个别性格内向的学生不免也产生了一些心理阴影。

有一个肃北县的高一女生，在一次周末的晚自习中，找到我说，她不想上学了，想回家。我就问她为什么，她说，家在肃北县农村，姊妹三个，她是老大，还有一个妹妹和弟弟，分别在上初中、小学，家里条件不太好，经济负担挺重的。她在敦煌中学学习、生活，好长时间了，还不适应。平时话语不多，朋友几乎没有，有什么心事也不知道向谁说。来敦煌中学之前，父母也再三告诫她，

要听老师的话，不要和同学闹矛盾，好好学习。但现在白天许多课程上课听不懂，作业没法完成，老师要批评的，很害怕。尽管自己也想用心学习，但思绪乱乱的，总是分心，想自己家里的事情，想妹妹弟弟的事情，胡思乱想，乱七八糟的。要么，有时感觉大脑一片空白，什么都没有想，呆坐着。晚上回到宿舍，有时明明很累了，就是睡不着觉，第二天大脑昏昏沉沉的，老师讲什么又不知道了。她感觉这个状况，愧对父母，愧对自己，还是不想上学了。

听了她的讲述，我心里不是滋味，我的这个肃北小老乡，正是求学的最佳年龄，又赶上异地办学的大好时机，中途辍学，岂不可惜啊。

我说，你小小的年纪，正是上学的时候，不上学去干什么。她说，在自己家干

农活，再到社会上打工。我就劝导她，现在最重要的不是为父母分担忧愁，而是上学求知，将来考学改变自己的命运。肃北县政府花费这么大的代价，对学生实行"两免一补"的好政策，在敦煌中学"异地办学"，创造这么好的学习机会，我们要好好珍惜才对啊。现在，你学习生活中出现了点小问题，我们要认真面对，解决问题，改变你的这种状况。我又问到结对子帮扶的老师和同学是谁，她告诉了我，我问她是否主动求助了老师和学生，她摇摇头说不敢。一个胆小内向的小女生需要我们的主动鼓励和帮助啊。我自愿做了她的帮扶老师，并告诉了她的班主任和周末辅导老师这些情况，我们一起做好这个女同学的工作，多关注她，帮她渡过难关。

私底下，我又嘱咐教心理学的郑老师抽空和这个女同学聊聊，在我和老师们的帮助下，她的话也渐渐多起来了，也能和同班同学们交流起来了，笑容渐渐也露出来了。

正常的学习生活

随着时间的推移，来敦煌中学就读的民族县学生越来越多。在敦煌中学，民族县的同学们普遍感到学校纪律要求严格，学习生活节奏紧张而有序，老师们教学水平高超，对同学们认真负责。学校各个部门各司其职，强化管理，科学规范，有健全完善的制度机制，精细化的工作流程，这一切体现在学校工作的各个方面。

2008年9月，新的高一学生报到，出现了强烈的倾向偏好的情况。

肃北蒙古族自治县新生68人，阿克塞哈萨克族自治县新生40人，出乎我们的意料。后来，我和熟悉的肃北县朋友聊天得知，由于敦煌中学要求严格，管理细致；老师们工作扎实，把学生抓得紧，抓得严，不歧视民族县学生，公平公正，对学习有困难的学生很关心，且有耐心；学生们提高了学习信心，交到了很好的朋友，开阔了眼界，生活能力和素质都有了普遍的提高。家长们很放心，认为敦煌中学办得好，让孩子在敦煌中学学习，将来一定能考上大学。民族县学生和家长的大力支持，增强了我们办好敦煌中学民族教育的信心。

可是，到高二年级，文理要分科，又出现了新问题。大部分学生，由于在初中阶段，理科课程相对简单时，数理化成绩还算可以；到了高中，随着课程增多，难度加大，原本不太扎实的理科基础，承受不了了。尽管我们对民族县学生采取了补课、辅导等补救措施，但同学们还是要面对理科惨淡的现实，只好选择学文科。也有一些学生拿不定主意，回家和父母商量，听父母的意见。等到分到了自己所选的文理科班后，有个别同学又后悔了，让父母千方百计托人转文理科，甚至有家长直接找本县县级领导、教育局出面协调转科转班，造成稍稍的不稳定。

为了解决这个问题，照顾民族县学生和家长，曹新校长立刻召集我和民族县生活老师，重新征求学生上文理科的意见，确定名单，提交学校教导处进行分班，极大地满足了他们的心愿。由此，也制定了照顾民族县学生的分文理科的制度。高一期末分科前半个月，由学校教导处发给各班分科意向申请表，学生带回家并征求父母意见，学生和家长共同签名；肃北县学生、阿克塞县学生的申请表上还要本县生活老师确认签名，这样，民族县学生只要提出书面申请并确认，保证优先能分到文科班。由于学校师资和班额人数有限，敦煌本地学生每

年有一部分上不了文科班。部分家长对此也有意见，但是为了优先解决民族县学生的需求问题，学校在这一点没有办法完全公平，也希望能够理解和谅解。

敦煌中学对民族县学生严格的要求、精心的管理、细心的照顾、耐心的教育、热心的关注，从方方面面落实到学生身上。随着民族县学生在敦煌中学学习生活的持续稳定，绝大部分同学渐渐适应了在敦煌中学的环境。同学们生活上彼此关照，情同兄弟姐妹：宿舍里，同学们互相尊重个人的习惯，互相理解，体谅他人；餐厅里，每个同学都能讲秩序，排好队，文明就餐。学习上赶帮比超，堪比良师益友；体育场，生龙活虎，汗流浃背，不论输赢，开心就好；课堂上，沉思静悟，潜心钻研，讨论激烈，学会才高。在敦煌中学的大家庭里，民族县同学品味着人生求学路上的各种滋味——酸甜苦辣麻。

每到周末，热闹喧哗的校园归于宁静，本地的学生都各回各家了。偌大的校园里，只留下少许的民族县学生，显得多么孤独寂寞啊。家远又不方便回去，外出又不允许，必须按学校要求在学校里上自习。在每个班级里，两个民族县学生少则一二个，多则五六个，彼此很快就熟悉了。因为周末，即使不是同一个班级的学生，生活老师把他们组织在一个教室里，共同学习，专心致志，个别讨论，偶尔闲聊，寂寥无语，卖呆耍酷，原本一颗颗奔涌着青春活力的心，先暂放在胸腔内、留在教室里。时间好像凝固了一样，听不到滴答滴答的声音。生活老师的眼睛从每个学生的脸上扫过，捕捉着不安分的因子；个别同学的眼神划过老师，好似耗子见了猫，低下了头："这个晚自习怎么这么长啊！"

我巡查了一遍，点完名，还不错，生活老师和学生都在，比较安稳，我放心了。我叫了几个学生，让他们随我去办公室，顺便聊聊。

李毓政同学是肃北县的学生，被分到重点班，是我所带班的语文课代表。平时学习认真，努力钻研，对班级工作认真负责，与班上同学和睦相处，团结融洽，很受班主任老师的信任，也是我的课代表，我也很喜欢他。我询问了他一些学习生活

方面的事儿，他说很快就适应了，听课、作业基本没有问题，就是英语，老师课堂上整个教学过程全是用英语，很震撼，征服了同学们，同学们对老师很敬佩，赞叹不已。还有一位叫何晓娥，也是肃北县的学生，家在农村，姊妹三个，她和她的妹妹何晓琴是双胞胎，同上高一，不过，她选择到敦煌中学，她妹妹选择到敦煌三中，姊妹二人都是品学兼优的孩子，她也被分到重点班。她说，重点班学习气氛很浓，班上的好学生太多，竞争很激烈，感觉压力大。我就对他们俩说，到了敦煌中学这个更高的学习平台上，有竞争、有对手才会让自己提高能力，更具备超出别人的竞争力，考入更好的大学，为自己的未来发展奠定基础，也为父母、为家乡争光。

周末的第二个晚自习是同学们喜欢的，就是看电影或娱乐节目，给民族县同学们缓解压力，放松心情，调解氛围。写完了作业，我组织民族县生活老师，事先借好了笔记本电脑，下载了同学们喜爱的精彩大片，或轻松幽默的喜剧片，让同学们享受影片带来的愉悦，忘掉了烦恼、孤独、苦闷。放完电影也该回宿舍休息了，我和生活老师又随学生回到了公寓楼，挨个儿检查宿舍，清点人数，看看学生是否安全回到宿舍。等检查完了，没有什么问题，终于可以松口气了，才可以回家休息了。

每个周日早上不到八点，我得去学校，组织检查民族县学生上课。由于同学们普遍反映基础不够扎实，有点跟不上进度，或者作业有难度，学校决定利用周日早上，安排数理化英语老师给同学们辅导。刚入校时，同学们都很积极，早早起床到教室里；辅导老师也按时就位，都挺认真的，积极性不错。

随着进入到冬天，早上八点，天还是黑的，同学们开始贪恋起热被窝了。生活老师第一次喊叫学生起床，但同学们拖拖拉拉的，胆小的赶快起床跑教室去了，胆大的嘴里吱声就是不起床，一会儿又进入梦乡了。等我在教室里检查点完名，我和生活老师又去宿舍叫学生，这是让我比较头疼的事情。有时，我想学生平时也挺忙的，学习是很累人的，偶尔睡个懒觉也是可以理解的。但是一想，同学们一方面反映学习上有问题，需要解决，学校又安排老师帮同学们解决问题，另一方面又想睡懒觉不起床，这个矛盾如何解决？冷静一想，我们当初选择异地办学，不就是为了改变家乡的面貌，为了享受优质的教育资源，为了考大学吗？想要把自己的学习抓上去，只有抓紧时间，投入到学习中去，努力缩小和别人在学习上的差距，不吃苦不下功夫，是不行的。

想清楚了这些问题，我就适时地给民族县学生开班会，讲问题，做学生的思想工作，用同学们身边的实例，激发他们的学习兴趣，引导同学们努力学习，吃得三年的清苦，毕业后考入理想的大学，给自己一个交代，回报父母的养育之恩，回报人民政府的大力资助，为建设家乡打下坚实的基础。

在学校里时间久了，同学们彼此熟悉了，也成为好朋友，共同学习，共同娱乐，共同劳动，共同进步，相互尊重，相互团结，相互理解，相互包容，有敦煌本地的同学邀请民族县的同学去家里做客吃饭，也有民族县的学生把土特产（酸奶）回赠给敦煌同学，到了放暑假的时候，还邀请敦煌同学到肃北、阿克塞的草原上游玩，同学们的友谊更深了。

在学校里，处处是安宁的，祥和的。处在青春期的孩子们，总是精力旺盛的，洋溢着火一般的活力。

给予特别的关爱

我所带教学班有几名肃北县和阿克塞县的学生，刘彤、牛永德、肖炜、索尔娜、詹晓玥、李阳阳、古丽博斯达。由于平时我和他们在一起的时间长，对他们很熟悉，我脾气又随和，对待他们像自己的孩子一样，上课关切的目光自然停留在他们身上多一点，回答问题给他们的机会也多一点，我在他们眼中即是老师，又是父亲，还是朋友。当他们有疑难、不好意思说的问题（不是学习上的）的时候，因为信任我，总会私下里先找我，给我透露一些他们的小秘密。他们比较害怕班主任老师，因为班主任对学生要求很严厉，班主任是红脸，我就是白脸。

一次，班上的肃北籍学生索尔娜（蒙古族）来找我，面有难色，小声告诉我："我想家了，想回去看看爸爸妈妈，去找班主任请假，班主任不给准假。"我问："为什么？"她说："班主任说学校有规定的，不到一个月不准回家。"看着索尔娜求助的眼光，我就告诉她，想家是人之常情，但学校的要求也是要遵守的。我们折中一下，你打电话告诉家长，让他们抽空来学校一下，看看你，也和班主任老师见个面，了解一下你在学校的情况，加强家校联系，一举两得啊！她点了点头，跟我说了声"谢谢老师"就走了。在周末晚自习的时候，她的家长给我打电话说要见见孩子，我就带着索尔娜，把她交给了家长，并嘱咐家长周日早自习就不用返回学校了，和孩子多聊聊。周一我上课时，看见索尔娜，她精神状态很好，积极思考并举手回答问题，我也非常开心。

有一天吃早点，碰到学校总务主任杨平，他给我说了个事情，说阿克塞县有个叫古丽博斯达的姑娘，胆子大脾气直，我问原委，他说事情原来是这样的：下午在餐厅打饭，古丽博斯达刚刚端好了一碗牛肉面走向餐桌，一个毛头小伙子急匆匆跑过来，不小心把古丽碰了一下，牛肉面碗没有端稳，手一滑掉地下打碎

了，饭和汤洒了一地。只见古丽怒气冲冲地说道："你走路怎么不看人？这么小的地方，你跑什么？你赔我的饭！"这个男生赶忙道歉，但是拒不赔偿。两人在餐厅争执

上篇　第六章　民族教育工作手记

起来，杨主任闻讯赶来劝阻，并批评这个男生的莽撞行为，责令赔偿古丽，无奈该男同学卡上也无一碗饭的钱了，杨主任自己掏钱给古丽重新买了一碗饭。古丽很感激杨主任。

从杨主任这里知道这事后，我也格外注意这个孩子，后来多次和她谈话了解到，她们家在新疆，她的哥哥、嫂子一家在阿克塞县，她是投靠哥嫂才到阿克塞县的，家里只有哥哥一个人工作，养活一家人，经济条件不是很好。古丽平时花钱也是一分一分的计划的，很节俭，不像民族县其他的孩子那样大手大脚。她在学习上很认真、很踏实，总尽自己最大的努力在拼搏，可就是成绩不突出，她思想压力比较大，但她自己的心理调控能力比较强；她性格活泼开朗，待人热情，同学们也都喜欢她；她最拿手的就是跳舞，特别是新疆维吾尔族舞蹈，本民族的舞蹈，每次学校有重大活动，她的舞蹈必不可少，全校师生都知道。一听到新疆音乐，她的眼神一亮，情不自禁地手舞足蹈起来了；一到舞台上，置身于歌舞音乐中，完全陶醉了，舞姿优美自信。

三年的学校生活，练就了她积极向上进取的品格，心中有目标，行动有计划，挫折打不败，女孩也自强。虽然高考成绩没有达到自己的目标，没有考取理想的大学，但是奋斗的路程一直在向前方延展。她大学毕业后回到了新疆哈密，做警察工作，继续圆自己的梦。

三年的学校生活，孩子们与公寓楼的管理人员朝夕相处，渐渐产生了感情，公寓楼管理人员也很关心这些远离家乡、远离父母的孩子，日常生活的点点滴滴，琐碎事情，遇到困难，这些楼管都格外操心，同学们都亲切地喊她们为"楼妈"，多么亲切啊！古丽就把女生楼管员樊珍叫"干妈"，多么淳朴的感情啊！

在孩子心里播下一个种子，正常的浇水、施肥，给予一定的时间，我们要有耐心等待它的发芽、成长、开花、结果。一个周末的晚自习，我检查完学生的自习，回到办公室看书，一会儿，有"报告"声，我开门看见是阿克塞县学生巴亚亨（哈萨克族），让进来后，问他有什么事？他说："老师，我想考大学。"这个学生就是这样的直率，一米八的大个子，体重一百七十斤，说话如此率真，老师也很喜欢的。我说："好啊，这个想法好，说说怎么想的？"他告诉我："以前我只知道玩，从不管学习方面的事儿，只要有好朋友在一

起，天天都想玩。到了敦煌中学以后才发现，自己身边的好朋友们在各自的班，都慢慢变得爱学习了，玩得时间少了。我想找他们玩，他们也找借口推脱，我感到

有些无聊、孤独。回到家里，我爸爸也告诉我，要我好好学习，以后上个大学，那样才有用。"一个学生，当他内心有了改变自己的想法以后，才能在行动上表现出来。心里藏着小星星，生活才能亮晶晶。我肯定并鼓励他："你现在懂事了，长大了，知道自己上高中的目的了，非常好，老师也非常高兴，为你的进步而高兴。"我又问他现在的状况，他对我说："我现在学习基础不太好，上课有些科目听不懂，成绩排名也不是太好，我怎么做才能考上大学？"我告诉他说："大学有两个层次，一个是本科层次，一个是专科层次。咱们学校每年考上本科层次的不过20％－30％，考上专科层次差不多40％左右，按照你现在的情况，考本科希望远一些，但是好好学习，考专科还是有很大的希望啊。再说，你是少数民族，在咱们民族地区还有照顾加分政策，你又能享受，只要你能坚持下去，不抛弃、不放弃，你一定可以考上大学的。"他听着笑了，眼里有了欣喜的亮光。我又鼓励说："以后你心中有什么想法，都可以随时来找我，老师帮你。"

后来，我找到他的班主任王永新老师，把巴亚亨的这种想法也告诉了王老师，并和王老师交换了意见，嘱托王老师有机会多关注一下这个学生。隔一段时间，巴亚亨就来找我聊天，说自己在努力，但是效果不如自己所期望的那样好。我说："只要你走过这段最狭窄的地方，那些你吃过的苦，熬过的夜，做过的题，背过的单词，都会铺成一条宽阔的路，带你走向你想去的地方。你只要坚持下去，不要半途而废，相信你自己。"后来，他时不时找我，谈理想、谈生活、谈烦恼、谈同学，在学习上也是越来越努力了。班主任王老师也说巴亚亨越来越懂事了，偶尔偷个懒，但是进步还是明显的。我时不时地也加以鼓励，他见了我总是笑眯眯的，是发自内心的感激。他毕业后考了个大专，实现了自己的梦想，大学毕业后回到了故乡，在阿克塞当了一名光荣的人民警察，守护着家乡的平安。

总有意外的事情

忙碌了一周的我，利用周日的下午在家里好好地休息一下，享受一下难得的假日。刚睡熟，一阵急促的电话铃声吵醒了我，我很扫兴，心里嘀咕着，是谁这么不懂事，这个时候打扰我的好觉。接起来一听是班主任张彦斌老师打来的，他班的两个肃北县学生在外面参与打架了，学校相关领导让我和张老师一起去肃州乡派出所了解情况。到了派出所，询问当值民警，原来是在校休息或打扫个人卫生的陈桑杰尚和赵飞，在街上吃完饭，很无聊，便商量去敦煌三中找同学玩。到了三中找到同学后，因为学校也没有什么可玩的，就到学校附近的网吧去玩，不知道怎么回事，与网吧的几个社会青年发生了矛盾，双方厮打起来，网吧老板报警，警察把他们带回到派出所。我和张老师一听那个气啊，让你们在学校好好休息，你们怎么一出来就惹是生非的。好在两个学生毫发未损，平平安安，心里一块石头落了地。在等候派出所民警调查案子的时候，班主任张老师告诉我，这两个学生本质不坏，就是讲义气，性子直，平时对同学团结友爱，大家挺喜欢他俩的。这次，让他们吸取教训。后来，他俩的父亲也来了，我们通报了情况，办完了手续就返回学校了。

在学校里，我和张老师以及他俩的父亲，语重心长给他们讲道理，让他们明白，在外上学，一定要听父母的话，听老师的话，好好做人，认真做事，心思要用在学习上，希望从这件事中，明白一个道理：做事心里不仅仅想着自己，图一时之乐，逞一时之能，还要考虑考虑父母亲感受，考虑考虑付出的代价。他们也意识到自己做错了，以后一定悔改，不再给自己惹麻烦，给父母丢人，给学校捅娄子，影响了母校和家乡的声誉。

学校里的好多班主任老师，对民族县的学生都很关注，不仅仅在学习上帮助他们，常常不厌其烦讲解习题，直到学生完成作业；还仔细地观察同学们脸色神情，一发现苗头不对就及时找同学谈心，化解学生内心的忧郁，舒展他们皱起的眉头；并在生活上随时送去温暖，给民族县学生买药送医……这些事说也说不完的。

一个周日的早自习，我到学校检查民族县学生的自习到位情况，一进教室门，好几个座位上空着，一问生活老师，才知道这几个学生早就被他们的班主任老师带走去吃早点了，不一会儿，他们个个带着笑脸回到教室，心满意足地趴在桌子上学习了。这是多么温暖的时刻啊，一顿早点——一碗牛肉面和一个鸡蛋，不是什么山珍海味，却让同学们如同享用了饕餮大餐一般，浑身说不出的舒服熨帖啊！这不是个例，有许多的老师就是这样做的，像张彦斌、张晓军、刘亚明、汪峰、王其伟、于斌元、李辉、柴浩等等，甚至还把学生叫到自己家里亲自给做饭吃，其殷殷关怀之情可见一斑。对待民族县的学生如同对待自己的孩子一般，甚至比自己的孩子还要亲，还要爱。每个周日的早自习，不时能看到年级组长带着班主任到学校，专门来看看本班民族县学生的学习，时不时关心他们的生活，带出去吃个早点之类，说些宽心的话，安慰学生，鼓励学生，师生之间的情谊越来越深。

特殊的巧合

敦煌和肃北的气候有很大的差别，同学们初来，极不适应。2011年初秋，新高一学生刚来不久，张雅老师班上的三个肃北县学生突然生病。

吃过早点后，梁锦荣还在课间活动呢，突然身子一软，跌倒在楼道里，四肢抽搐，身体蜷缩。同学们一边喊着"张老师！张老师！"，一边赶快扶起梁锦荣。张老师听到同学们的尖叫声，一个小跑步冲出办公室，跑到同学们身边，一边掐着梁锦荣的人中穴，一边呼喊着"梁锦荣！梁锦荣！"。办公室其他老师听到声音也赶忙出来，看到梁锦荣不省人事，让几个学生背起梁锦荣往医院跑。市医院就在学校隔壁，一路小跑就到了，张雅老师气喘吁吁的一边让学生把梁锦荣送进急诊室，自己一边赶紧挂号。急诊室里，大夫一边询问一边诊断，开方子抓药上瓶子，熟练地操作着。乘着这个间歇，张雅老师电话通知了我。等我急忙跑到了医院，看到梁锦荣已躺在病床上，脸色苍白，浑身无力。张雅老师说已经和家长联系了，家长正在赶往敦煌的路上。我问了一下大夫，大夫说是感冒引起的，还需要进一步检查确诊。我和张雅老师的心稍稍安定了一下，张老师有课先回学校了，我在医院里陪着，等候家长的到来。一个多小时后，梁锦荣的家长到了医院，我把情况简要地说了一下，并嘱咐家长先陪着孩子看病，确诊清楚了听从大夫治疗意见，随时把治疗情况告诉班主任和我，等孩子治好了再返回学校上学。

可是到了下午，我刚走进校门，张雅老师的电话又打过来了，说她班的肃北籍学生乌仁其木格胸闷气短，四肢无力，要送医院。我赶忙通知肃北县生活老师韩艳云，让她到校门口来，我们一起去市医院。我们走进急诊室治疗间，张老师和几名学生已经站在病床边，乌仁其木格无力地躺在病床上，面色苍白，手臂上挂着液体瓶。我问张老师通知家长没有，张老师说家长电话几次都打不通，无法联系，很是焦急。乌仁其木格的家在肃北县石包城乡，交通非常不便，距离肃北县城148公里，砂石路，不通班车，出入石包城要搭乘私人的顺风车，5、6个小时才能到达。通信讯号也很不通畅，有时收个信号要爬到山上才能接通。我只好给肃北生活老师安顿一下，让她过会儿再联系乌仁其木格的家长。我又问大夫学生的病情咋样，大夫说，做了心电图和彩超，学生有先天性心脏病，二尖瓣闭合不严，供血不足，心律不齐；要注意多休息，不能剧烈运动，不能受刺激惊吓。估计她是早上看到梁锦荣发病，受惊吓了。由于我和班主任张老师下午都有课，后续的事儿就委托给生活老师韩艳云，我们就回学校了。

下午快下班的时候，乌仁其木格的班主任说和家长联系上了，把乌仁其木格的病情告诉了家长。家长说由于路远不方便，什么时候能赶到敦煌还说不定，只能委托在肃北县城的亲戚明天先来敦煌看看孩子，等他们到了敦煌再和老师面谈。

晚饭过后，我和张雅老师、肃北生活老师韩艳云约好去医院看望乌仁其木格，张老师班的2个学生慌慌张张跑来找张老师报告说，班上肃北学生苗志坤头疼头晕，还发烧，我和张老师还有学生扶着苗志坤同学去医院。张老师一边走路，一边给苗志坤同学的家长打电话，告诉苗志坤的病情，希望家长能来敦煌，照看孩子。家长说，这个时候，肃北到敦煌没有车啊，怎么办啊！我们到了医院，大夫问了情况，给苗志坤同学做了检查，开了口服药和注射的针剂。大夫告诉我说，注射针剂有一定的风险，需要家长签字同意。这时候天色已晚，家长可能还在焦急地联系车辆呢，我们不是家长，只是孩子的老师，得和家长沟通。于是，张雅老师拨通了苗志坤家长的电话，电话那头，传来了家长焦急的声音：孩子在哪里？病情咋样了？张雅老师把大夫诊断的情况告诉了苗志坤同学的家长，家长斟酌之后，授权张雅老师和我、生活老师，让我们代替家长签字。为了救治学生，我、班主任张雅老师、肃北县生活老师韩艳云都在上面签了名，于是，大夫拿着单子让护士治疗，我们才稍稍松了口气。看着苗志坤的气息渐渐平稳了，脸色也好转了，我就让张雅老师先回去了，张雅老师是班主任，班上还有其他的学生和事情要处理。

我和肃北生活老师韩艳云又去了乌仁其木格的病房，她还在输液，只是静静地睡着了，身边没有人陪护是不行的，我安排韩老师今晚先陪着，等明天乌仁其木格的亲戚来接替吧。

晚上十一点多，苗志坤同学的家长也从肃北赶到敦煌了，到了医院看到自己的孩子得到了治疗，稳定了病情，很是感激，向我和韩老师道谢再三。

至此，为学生着急担忧的心，高高地悬了一天，终于放了下来。

张雅老师从早上到晚上，整整忙碌了一天，肃北县的三个学生突然生病，张雅老师在学校、医院来回跑，为学生生病担惊受怕，耗费精力，而自己的孩子和老公都顾不上，班上其他的60几个学生也顾不上，她的付出，真心令我感动，我为敦煌中学有如此关心民族县学生、爱护民族县学生的老师而感到骄傲自豪，她用无私的奉献，博大的胸怀，艰辛的工作，诠释了敦煌中学老师身上的那种高贵品质和崇高的精神。

过了几天，乌仁其木格的病情渐渐地稳定了，她的母亲也来到学校，见了班主任张雅老师，谈及孩子的病史，学生的家长说原来孩子在小学和初中有过发作，一般很快就会过去，没有想到这次时间长。后来近一个学期的时间内，乌仁其木格时不时地犯病，每次都让老师和同学们很紧张，除了我们送学生就医外，也引起了学校领导的高度重视。我们和家长沟通，希望家长要重视，带孩子去大医院认真检查并做彻底地治疗，但是家长认为孩子身体无大碍，不影响上学，并说在肃北县、阿克塞县高海拔地区这种孩子的情况很常见。

为了学生的安全，敦煌中学把这个学生的病情影响向敦煌市教育局和肃北县教育局做了反映，希望上级能协调解决学生休学看病与待在学校继续上学的问题。经过酒泉市教育局协调，敦煌中学和肃北县教育局协商并解决好乌仁其木格的问题。敦煌中学派副校长张克忠、邹志新、陈肃宏以及校医祁玉红等到肃北县教育局进行协商。肃北县教育局对这个问题很重视，由教育局副书记、副局长出面，请乌仁其木格同学的家长到县教育局，现场做家长的思想工作。领导们从各个方面反复讲道理，家长还是持保留意见，最后，家长只同意先去带孩子看病，回来就要让孩子上学，为了学生的安全责任，家长和学校签署安全责任书，理清了双方的责任和义务。

经过这些事情的处理，提醒我们，学生在入校初期，一定要做体检筛查工作，民族县的同学，由于地处高海拔地区，是先心病的多发地，及早预防，很有必要。为此，学校专门制定了高一学生军训期间的体检筛查制度，根据体检结果，对一些病，及早通知家长和老师，在上课、体育活动、平时生活中，应该注意预防的措施办法，这样，更有利于学生的健康发展，以防意外事件发生。

给学生多一份关爱

民族县的高一学生进入敦煌中学后，分编入班，经过军训、规范入学教育后，绝大多数学生较快地进入正常的学习生活阶段，每天10多个小时的学习生活，按时起床洗漱，和同宿舍同学进入班级，在同一老师的教授下学习、作业、自习、跑操、活动、吃饭、休息、就寝，有条不紊，按秩序进行。有节奏，很紧张；有管理，很严格；有关爱，很温暖；有困难，能克服；有问题，能解决。慢慢地，在不知不觉中，他们融入了敦煌中学之中，穿着校服，就是敦煌中学的学生，基本上分辨不出哪是敦煌本地学生，哪是民族县学生。他们言行一致，举止文明，彬彬有礼，落落大方，待人诚恳，积极上进，养成习惯，一切都向我们希望的目标接近。每个班的民族县学生都有很大的压力，尤其是学习方面的。由于基础不够扎实的问题，学习习惯不稳定，成绩有起伏，和敦煌本地学生还是有很大差距的。尽管学校也制定了"一对一"帮扶结对子、周末辅导补习、适度减低难度、放慢教学进度等措施，但是，民族县一部分学生跟进学习还是有困难的，毕竟高中的学习不比初中，课程多、内容广、难度大、要求高，学起来要花费很多的时间和精力。

敦煌中学的教学管理考核制度中规定，每月都要进行一次比较正规的考试，考试成绩是要排名次的，对民族县学生来说就紧张了，在平行班，很多同学的排名基本在后面。面对这样的成绩排名，心理压力可想而知。压力也是很好的动力，关键是我们做老师的如何把学生的压力转化成为激发学生潜能的巨大动力。这

个时候，也是全体老师最忙的时候，最需要关注民族县学生的时候。班主任和任课老师抽空找本班的民族县学生谈话，找问题的根源，分析试卷，提出解决办法，督促学生改进，慢慢树立学习信心。民族县生活老师也积极联系学生家长，与老师沟通协调，找学生谈话，帮助学生舒缓心理压力。

每次考试结束，奥赛班的班主任王军明老师，总是少不了找马媛媛（哈萨克族，阿克塞县学生）谈话。第一年来敦煌中学就读的阿克塞县学生，总共9人，马媛媛成绩最好，是第一名，被分在了奥赛班。她品学兼优，能歌善舞，学习积极努力，不服输，争强好胜。她一进教室，就如饥似渴，沉浸在知识的海洋里，尽情遨游，她坚信付出就一定会有回报，一分耕耘一分收获。平时她比别人付出的努力多，尽管每次她的考试成绩排在班级的最后，思想压力很大，但她用唱歌跳舞化解内心的

郁闷，遇到不开心的时候，一个人找个僻静的地方，一边唱着哈萨克族民歌，一边翩翩起舞，把所有的烦恼都抛到一边去了。又经过老师、同学、家长、领导的关心帮助，她始终保持着乐观向上的态度，她坚信，眼前的困难只是暂时的，一次次的挫折又算得了什么。

她不会忘记自己肩上担负的使命和责任，不会忘记每次从家乡来敦煌中学看望她们的领导和家人们对她的谆谆教诲和殷殷嘱托：好好努力，考上大学，学好本领，建设家乡。她不会放弃自己的努力，只要不抛弃、不放弃，用自己坚强的意志，顽强的拼搏，勤学好问的态度，就没有解决不了的问题。谁笑到最后，谁就笑得最好。

学校老师对马媛媛同学的关心是全方位的。马媛媛由于家庭的原因，她爸爸几乎不管她的生活，她妈妈没有工作，她奶奶住在敦煌，整个家庭经济条件困难。马媛媛很懂事，也很坚强，在学校要打理好自己的学习生活，时常还要照顾生病的奶奶。在学校里很忙碌，时间抓得非常紧，除了上课，有时间就找老师解决学习问题。生活上遇到困难，王老师也积极帮助，为她申请弘扬敦煌文化基金会的资助项目；阿克塞的生活老师也积极为她申请贫困学生补助，帮她战胜各种困难，渡过难关。"欲望以提升热忱，毅力以磨平高山"，她选择的路，没有白走，每一步都走得踏踏实实，走得勇往直前，一步一个脚印，最后走进了西南政法大学的大门，圆了自己的梦想。现在，她已经回到家乡，成为一名光荣的法律工作者，加入了建设家乡的大军之中，为建设美丽的新阿克塞贡献自己的力量。

学校心理咨询室的郑晓玲老师，针对民族县学生召开系列心理讲座，用知识打开了民族县学生的心扉，用关爱建立起了师生间的信任，常常单独给学生搞心理分析疏导。同学面色凝重地进去了，一次次的倾诉，默默地倾听，内心的郁结，涣然冰释，喜笑颜开地出来了。同学们也非常信任郑老师，与郑老师结下了真挚的友谊。

领导的关爱

民族县的同学们远离家乡和亲人，来到敦煌中学求学，遇到的困难多，但党和政府从来都是把人民群众的利益放在第一位的。

酒泉市副市长塞力克站在为复兴中华民族的伟大梦想、为实现民族地区经济发展培养人才的高度，多次深入民族县进行调研，借鉴内地西藏班、新疆班的好做法，结合民族县的实际情况，创造性地提出民族县高中异地办学的办法，解决民族县教育大规模、高质量发展的"瓶颈"问题。他促成了民族县高中异地办学政策的出台，他协调了三地（敦煌市、肃北蒙古族自治县、阿克塞哈萨克族自治县）联合办学。他多次来到敦煌中学，看望民族县的同学们，深入学生宿舍，摸摸被褥，嘘寒问暖；走进学生餐厅（特别是清真餐厅，有许多哈萨克族学生和回族学生就餐），问问饭菜是否可口，能不能吃饱，价格是否合理，看看后台厨房，询问厨师食材购入、操作是否合规等等。

紧接着，塞力克副市长又召开民族县生活老师和学生座谈会，详细地询问了民族县学生在敦煌中学的生活学习情况：同学们在敦煌时间长了想不想家，吃饭合不合胃口，饭菜质量怎么样，睡高低铺害怕不，会洗衣服吗，上课能不能跟上，作业是否完成，回家的时候怎么办，老师对民族县学生有歧视吗，他们怎么关心民族县学生的，对民族县学生有照顾吗，如此等等。问得特别详细，同学们都详细做了回答，塞力克副市长脸上流露出满意的笑容。

塞力克副市长反复叮咛学校曹新校长：民族县高中异地办学，事关国家战略大局，边防稳定安全，民族团结进步，共同发展繁荣；关系到民族县的人才培养，经济建设发展，这是民族县最大的民生工程，政府不惜花费巨大的物力财力，敦煌中学把这件事情只能办好不能办坏，不要让政府的好政策没有产生好的效果，使民心失望。

塞力克同志不论职务如何变迁，工作岗位如何变动，不论因公，还是私事，只要路过敦煌市，他都要来敦煌中学看看，因为这里有他总是牵挂着的好几百阿克塞县、肃北县的同学们，这些寄托了民族县人民无限希望的学生们，这些民族县未来的建设者和接班人。

隔一段时间，敦煌中学的校园里就会出现塞力克副市长的身影，在有关领导和曹校长的陪同下，这里走走，那里看看，一边问曹校长，一边又问问民族县的同学们，一会儿进入学生宿舍，一会儿进入学生餐厅，一会儿又回到会议室。他总是带着极大的关心，带着殷切的期望，带着无限的温暖，传递党和政府的好政策，以极大的热情帮助我们解决办学过程中实际问题，给予了我们足够的干劲和精神力量。

在异地办学的过程中，也出现过一些不同意见，有极少数家长向本县的人大代表或政协委员提意见，说甘肃省两个堂堂的人均 GDP 最高的县却连个高中都没有，还办在了敦煌市，这是不可思议的，建议通过两会代表要把异地办高中撤回去，回到本县自己办。听到这些意见，塞力克部长（已是酒泉市统战部部长）立刻指示酒泉市教育局书记曹德新和酒泉中学副校长殷大文到敦煌，和敦煌中学曹新校长汇合后，又到两个民族县去调研，了解真实情况。一行人先后到肃北县教育局和阿克塞县教育局调研，两个民族县教育局局长表达了老百姓的心声，绝大多数家长和学生都赞同继续在敦煌中学异地办学，因为孩子们已经形成了良好的上学、生活等习惯，有相当一部分家庭已经在敦煌市购买房屋，置办产业，解决了后顾之忧；两个民族县中学的高中师资已经停滞了五六年，业务也已有所荒废，重新拾起来谈何容易；在敦煌已经办学的这几年，教育事业蓬勃发展的势头明显高涨，教育质量提高成效显著，许许多多的普通人家的家庭已经受益。所以，我们不能再走回头路，经不起折腾，付不起这种代价，会耽误许多孩子的。

2014 年 7 月 7 日，酒泉市委统战部塞力克部长率领酒泉市民族宗教事务委员会主任鲍尔剑，以及敦煌市主管教育的副市长王晓玲、教育局局长付虎、书记藏军，阿克塞县宣传部部长雪莲、教育局局长李生先，肃北县主管教育的副县长姚举、教育局局长戚玲，敦煌中学校长曹新、副校长张克忠、邹志新、部分敦煌中学班主任老师、肃北县和阿克塞县部分生活老师和学生代表召开了座谈会。

大会上，王晓玲副市长、雪莲部长、姚举副县长分别代表敦煌市、阿克塞县、肃北县做了异地办学方面的汇报；各县教育局长分别谈到了异地办学以来在各方面投入；曹新校长汇报了敦煌中学这些年为异地办学付出的艰辛努力和取得的成果，学校师资和经费困难；敦煌中学的其他老师们也纷纷发言，谈到学生管理的问题以及如何克服困难，努力培养民族县学生成人成才，做到不抛弃不放弃，成才路上一个都不能少，对未来充满信心；民族县的学生代表也发言表态，谈自己的心愿，谈自己的老师，谈敦煌中学的环境，他们坚信在敦煌中学一定会圆了自己的大学梦。

塞力克部长听了以后，也非常振奋。听到了基层最真实的声音，听到了师生们的心愿，他表示：尽管这一路上有困难有问题，只要大家齐心协力、团结一心，就没有克服不了的困难，就没有战胜不了挫折，就没有办不好的教育。

2013年教师节前，肃北蒙古族自治县县委书记席忠平、县长胡晓华带领县四大班子领导来到敦煌中学进行慰问奖励。当年高考，在敦煌中学就读肃北县学生取得了自治县高考历史上最好的成绩，肃北县委、县政府奖励敦煌中学100万，并给全体肃北县学生讲话，鼓励同学们好好学习，努力考上大学，回来建设家乡。

2013年5月13日，阿克塞县人民政府县长银雁带领县委、县政府、人大、政协四大班子及部分人大代表、政协委员来敦煌中学参观调研，时时处处牵挂着在敦煌中学求学的阿克塞县的孩子们。

民族县教育的大力改革，异地办高中的举措，引起了巨大反响，产生了积极效应。当初几年，在老校区时，民族县的相关领导经常来敦煌中学，看望本县的同学们和生活老师，关注学生们在敦煌中学的学习生活情况，关心生活老师的工作生活情况，和同学们座谈，了解学习生活等方面的情况，和敦煌中学及时沟通，帮助解决存在的各种问题。每个学期，各县的主管领导带领本县的教育局、中学的校长们，都来敦煌中学看看，互相交流学习，探讨办学经验，促进各自学校的发展，为学生上高中打下良好的基础。

产生积极效应

异地办学初步取得了办学成效以后，引起了省教育厅的高度重视，当时任甘肃省教育厅厅长的白继忠分别于2009年7月、2010年8月到敦煌中学进行调研，进教室、进餐厅、进学生公寓楼，和学生座谈、和老师座谈、和相关领导座谈，认为酒泉市的民族县异地办学的教育改革是成功的，教育成效明显，对民族县教育质量提高有极大的促进作用，也值得在全省民族地区学习推广。

2011 年 5 月 7 日，全省牧区教育改革座谈会在敦煌市召开。先期，省教育厅副厅长旦智塔、民教处处长哈登先后几次来敦煌中学检查会议准备情况，对敦煌中学的准备工作给予充分的肯定。到了正式开会的时候，白继忠厅长先带领省教育厅各个处室的领导干部、甘南藏族自治州副州长及各县主管教育工作的副县

长和教育局长、张掖市的肃南裕固族自治县副县长和教育局长、武威市的天祝藏族自治县副县长和教育局长等代表一百余人，到敦煌中学进行了参观考察。整个校园里，到处都展现着民族团结一家亲的热烈场面：少数民族同学身着只有节庆日才穿的民族盛装，唱歌跳舞；有才艺的同学们也纷纷表现自己的才艺，画画、拉二胡、弹吉他、弹古筝、弹冬不拉、跳飞天舞、顶碗独舞、新疆独舞、集体壮族舞、集体扭秧歌、打排球、踢足球、打乒乓球、打篮球、打网球等等。看到融入式管理的效果，看到民族县学生完全融合在敦煌中学的各个班级，在学习生活中互相交往、交流、交融，处处展现着民族团结的和谐氛围，敦煌中学就是一个多民族团结的大家庭，代表们无不感慨。

搬入新校区后，原敦煌中学和敦煌三中的高中部合并，在两校师生融合的时候，学生之间的问题多一些，家长们也有所反应，各县的相关领导也来得多一些。近几年，特别是到春节临近时，阿克塞县、肃北县委书记带领县四大班子成员到敦煌中学进行慰问，看望老师，对辛勤工作、对民族县教育发展做出贡献的老师们表达问

候、关心和谢意，给老师们送来了温暖和鼓励。每年教师节，两个民族县在庆祝教师节表彰大会上，都要对敦煌中学的老师给予一定的名额表彰奖励。阿克塞县已经表彰了 24 名老师，肃北县已经表彰了 8 名老师，这是对敦煌中学在异地办学方面的充分肯定和奖励，也激发了敦煌中学老师们的工作热情，以更高的积极性投入到教育教学中去，为民族县的教育发展做出更大的贡献。

做好家校联系沟通

敦煌中学规定，每个学期召开一次家长会，这是家校联系沟通交流的好机会。在学校各年级召开家长会之际，我也召集两个民族县的生活老师，单独组织召开民族县学生家长会。

民族县学生的家长先参加孩子所在的班级的家长会，结束后，再到我们统一指定的地方参加民族县学生家长会。在老校区时，每次民族县学生家长会曹校长都亲自参加，主要讲学校的政策、各种规定，对容易产生误会、误解的地方，做出说明；张克忠副校长有时也参加，主要讲学校、学生的安全问题；我主要讲民族县学生的整体情况，学生在学校表现得好的方面，有差距不尽如人意的方面，学生的成绩分析，表扬优秀的同学，同时也是给家长加油鼓劲；各县生活老师的工作情况，特别是如何克服种种困难关心爱护学生，送医、送药、送温暖的感人事情；最后强调如何进一步加强家校联系，如何和班主任、任课老师进行交流沟通，共同配合教育好学生，实现孩子们的人生理想和家长的心愿；各县的生活老师有时也澄清一些事情，希望家长们积极配合。我和生活老师都向家长们公布了联系方式，希望家长们有事能和我们及时联系沟通，多配合，共同做好学生们的服务，让家长们能安心、放心。

一般情况下，家长会结束就很迟了，但是，很多家长都坚持把会议开完，个别家长还坚持留到最后，等待我和生活老师，就孩子的教育问题进行深入探讨，有如此理解学校、理解老师的家长，我很感动。也有个别家长，因为有事而耽搁，事后也会来到学校，和班主任老师见面，沟通交流，家校配合工作做得非常好。

值得学习的榜样

大部分同学，经过老师们的引导教育，通过自己的努力奋斗，得到同学们的热心帮助，慢慢在班级中找准了位置，站稳了脚跟，并赢得了老师和同学的肯定和赞许，增强了实现目标的信心和动力。他们的学习成绩次次进步，表彰奖励台上频频亮相，无不证明着民族县的学生一样是好样的、优秀的。每次看到民族县的学生站在领奖台上，手拿奖状，脸上一片灿烂，我的内心也同样的激动，为他们取得到成绩感到骄傲和自豪。

　　不得不说说腾格尔乐格，一个意志坚强的人，一个有恒心的人，一个为了目标奋勇追求的人。他是肃北县学生，蒙古族，天生聪明，酷爱画画，喜爱唱歌。在敦煌中学的三年中，在第一年的学习生活中，展现了自己的美术天赋，被学校美术老师侯世琴发现了，侯老师吸引他参加了学校的美术兴趣小组的业余活动，渐渐地激发了他对学习美术的欲望，在不断的练习中，他的进步越来越大，绘画作品被老师和同学们所称赞，他的积极性越来越高。他常常投入到绘画之中，几个小时不停息，对作品中不满意的地方，一遍又一遍的修改，不停地擦拭着；作品满意了，两只手虽变黑了，脸上却露出满意的笑容。正是在追求绘画技艺上的精益求精，他越发不满足于现状，努力追求卓越。

　　第一年参加高考，腾格尔乐格被乐山师范学院美术系录取，他对这个录取结果很不满意，他想复读一年，不要给自己留下遗憾。经过分析，他的美术专业课还有优势，文化课有所欠缺，下一年主要抓文化课，到时候，文化课和专业课都优秀了，就可以考上更好的大学了。于是，在敦煌中学开始了他的第一年复读生

活。只见他一整天很忙碌，除了上课时间，他最爱去老师办公室，追着老师问问题，老师都被他的执着感动了，给他讲得特别精细。他也没有辜负自己的付出和家长、老师的期望。第二年高考，他的文化课达到 421 分，比上一年整整高出 104 分，很少见啊；只是把主要精力用在抓文化课，而忽视了专业课，被录取到一个普通一本学校，他不甘心，于是再次按下了补习的启动键。

　　由于肃北地方狭小偏僻，人们的观念保守，对于一个热爱学习的孩子，有些人议论纷纷。但是，腾格尔乐格勇敢面对，毫不顾忌，只为追寻心中的理想。于是，他就转换了补习的地方，不想让闲言碎语的人知道，潜心复习，积极备战，一转眼，又一年高考的时间到了，他又一次取得了高考的优异成绩，专业成绩达到清华大学美术系的分数了，文化课也考了 400 分，在别人心目已经是非常了不起的成绩了，考个一般的"985 大学"在别人心里已经很满足了，但是，腾格尔乐格的目标是清华大学或中央美术学院，这一次高考，又与他的理想擦肩而过，很是遗憾。

面对一次次的挫折，更练就了他追求更高目标的强大的心，为了目标，毫不动摇，不放弃、不抛弃，再大的困难，毫不畏惧，轻轻一抹，坦然一笑，继续加油。夜晚的星星不会问为何这么晚还有人在赶路，时光不会辜负任何一个努力追求进步的人。腾格尔乐格又一次踏上了高考的征程，只为那心中的梦想——清华大学或中央美术学院。

为了避免周围的干扰，他选择了更遥远的地方补习。几年来，他的爸爸一直为儿子鼓劲加油，不为外界所影响，每次为了儿子高考的事向我咨询时，都表露出对儿子考学的全力支持，为了排除干扰，他甚至想把儿子的户口从肃北迁到敦煌来，在敦煌参加高考。我讲了高考相关的政策，并宽慰他说，没有必要这样做，只要坚决鼓励支持孩子就行。后来腾格尔乐格的专业课考完，成绩很优秀，都过了清华大学或中央美术学院的分数线，他比较满意。万事俱备只欠东风，文化课考完，考了405分，在考美术的考生中是个很不错的成绩，但报考清华大学或中央美术学院就不好说了，最终，腾格尔乐格被录取到北京电影学院。心有不甘，留下遗憾，到大学再去弥补吧。

一个有理想的有志青年，为了自己心中的梦想，矢志不渝，顽强拼搏，经历一次次的挫折，不改初心，这是何等珍贵的品质和精神啊，腾格尔东格为肃北县的同学们树立了很好的榜样，也是全体敦煌中学学生学习的榜样。

我们的生活充满阳光

好男儿志在四方。民族县的每个同学都明白自己肩上的责任，到敦煌中学读书，就是为了实现自己的理想，考上大学，改变自己今后的命运。目标虽远，也得一步一步走过；三年虽长，也得一天一天度过。理智和责任告诉同学们，要珍惜政府创造的这个机会，此时不搏，更待何时。学校的学习生活是单调的，每天，教室—餐厅—宿舍，三点一线，时间久了，乏味而枯燥；又加上有些课程基础薄弱，听不懂，上课时有思想抛锚、昏昏欲睡的情况；作业思路不畅，不能按时完成，抄袭也心不甘；考试成绩不理想，没有达到目标，内心郁闷；即使老师点名批评了，提醒了，甚至处罚站着了，还是不能进入学习的最佳状态。但是，同学们耳边始终有一个声音在萦绕：报答父母需要你，建设家乡需要你，你只有努力，只有加油，只有坚持，才能去创造美好的明天。

同学们是充满青春气息的，朝气蓬勃。民族县的一些同学，热情好动，热爱运动，喜欢歌舞，只要有机会，就会踊跃参加。男同学一到活动课，下课铃声还没有停止，就抱着足球、篮球，飞一般地冲下教学楼，欢呼着奔向运动场。双方运动员你来我往，奔跑着、争抢着、尖叫着、呼喊着；哨子声，此起彼伏；高超的球技，精湛的脚法，敏捷的身手，迅捷的反应，时时吸引着同学们的眼球；观看的同学虽置身场外，鼓掌声、喝彩声，阵阵不断，好一番热闹的景象。女同学也三五成群，商议着班上的表演节目，时不时地比画着手势，移动着步伐，扭肩动胯，展现着优美的舞姿，不时发出阵阵欢笑。我们的校园充满着无限生机和活力。

党的教育方针落实到学校里，就是要培养德智体美劳全面发展的社会主义建设者和接班人。民族县的每个同学都会在学校里确立自己的奋斗目标，用三年或是四年，努力实现自己的目标。每个同学都充满了对大学的渴望；现在的每个家庭都有经济能力完成对自己孩子学业的支持；两个民族县都足够的财力对在敦煌中学上学的民族县学生提供政策和物质保障；历史悠久的敦煌中学，拥有众多优秀的老师和完备的教学设施，运用科学有效的管理方式，运用如此巨大的优势资源，我们没有理由交不出令民族县百姓满意的优异答卷。

敦煌中学的"大家乐"活动是民族县学生最喜欢的活动之一。每周三下午活动课，是敦煌中学的"大家乐"活动的时间，同学们的唱歌、跳舞、说唱、器乐演奏等都可以上台表演，由学校团委组织，同学们自娱自乐，尽情展示自己的才华，展示民族特色风情，很受同学们的喜爱。特别是民族县同学展示的哈萨克族舞蹈、说唱、冬不拉乐器演奏、集体舞《黑走马》、蒙古族女生的独舞、马头琴演奏、蒙古长调等节目，最受欢迎。民族县学生特别重视，早早就从家里带来民族服装和乐器，一上场，特别惊艳。围观的同学一片喝彩，尖叫声、鼓掌声，此起彼伏，也引来了许多老师和同学驻足观看。他们中的马媛媛（哈萨克族）、那英（蒙古族）、赵丽丽（蒙古族）、美尔赞（哈萨克族）、腾格尔乐格（蒙古族）、乌仁其其格（蒙古族）、阿克塞飞越彩虹合唱团（哈萨克族）、古丽博斯达（维吾尔族）、敖妮思（蒙古族）、安凌睿（裕固族）、古丽娜孜（哈萨克族）、库丽娜（哈萨克族）、迪娜儿（哈萨克族）、涛力夫（蒙古族）等等，是"大家乐"活动的常客和佼佼者，他们表演的节目最能代表本民族的特色，也最受同学们欢迎。

在敦煌市统战部组织的建国70周年庆祝活动上，敦煌中学的民族县学生代表敦煌市教育局出演节目，阿克塞飞越彩虹合唱团20余名哈萨克族同学，在只练习了两个活动课的情况下，上台表演。艳丽的民族服装，悦耳优美的歌声，娴熟的演奏技艺，大方的神态表情，赢得了观众们的阵阵掌声，连评委们都一致称赞"够得上专业水准"。这些学生在阿克塞县还上小学初中时，就受到大城市音乐学院专业老师的指导和训练，以原生态的哈萨克族民歌为基础，保留了哈萨克族的风格和特色。他们先后到深圳、台湾等地演出过、影响很大。

2020年高考前夕，为了减轻高三学生的学习压力，曹新校长和几个副校长商议，决定组织一台文艺表演，助力高三学子，缓解他们的心理压力，准备时间只有短短两三天。副校长卢明和我协调学校音乐老师许媛媛、李维以及阿克塞县生活老师阿依古丽（音乐老师），向校长保证，一节活动课的时间，要求高质量地完成，民族县学生保证出5—6个节目。音乐老师确定抽调参加演出节目的学生名单，并负责提供参演学生的服装道具；我负责与这些学生所在班的班主任沟通，确保有时间参加排练；阿依古丽老师负责民族县学生的排练以及民族服装和音乐等。经过紧张的排练，在周三的活动课上，高三学生忙里偷闲，齐聚实验楼前的升旗台前，一场由校合唱队、民族县学生表演的节目开场了。迪娜儿的弹唱、涛力夫的马头琴独奏、飞跃彩虹合唱团的演唱、安凌睿的蒙古舞、冬不拉齐奏、全体队员的大合唱，充分地展现了敦煌中学各民族同学共同团结奋斗，共同繁荣发展的精神面貌。高三同学完全沉醉在同学们精彩的表演中，忘记了学习的枯燥无味、忘记了内心的郁闷无助，忘记了心身的疲劳压力，如释重负一般，达到了我们预期的目的。

初见成效

民族县异地办学这个阶段也正是敦煌中学努力提高教育教学质量的阶段。2007年4月，曹新同志担任校长之后，积极开拓进取，虚心向省内名校学习，借鉴别人的先进经验，制定出符合本校实际的各项管理措施，凝聚人心，搭建平台，极大地调动了老师们干事创业的工作热情。老师们心气高，干劲足，动脑筋，抓落实，短短的一二年时间，就实现了"点上有突破，面上再提高"的奋斗目标。"点上"即全国名校，北大清华、复旦浙大，全省文理科前百名；"面上"即一本、二本的上线率、录取率大幅度提高。一大批年富力强的中青年教师勇挑重担，冲在高考前面，真抓实干，辛勤耕耘。付出就有回报。2009年就有了清华的突破，付德钰同学考入清华大学；2010年，吴佳源考入了北大，从此，一流名校的大门被敦煌中学的学子打开了，一发而不可收，年年有北大清华，少者一二个，最多者五个；一本升学率从百分之几到33.9%，二本升学率从百分之十几到53.5%，"点上""面上"全面开花，成绩非凡。

敦煌中学教育教学质量的不断提高，得到了社会各界的高度评价，也得了民族县广大人民群众的普遍认可。

民族县学生也正赶上了这个好时机。第一届学生（2007 年）入校，到 2010 年 6 月参加高考，高考成绩有了明显的提高。相比于民族县异地办学前几年的高考情况，考入本科、专科院校的人数明显增加，本科上线人数、上线率、录取人数、录取率等提高很大。从那以后，这些高考数据逐年升高，不断刷新着民族县高考的新纪录。高考升学率从异地办学前的 50％、60％到办学后的 2010 年的 80％，再到 2016 年以后的 100％，再到 2020 年，连续五年保持，少数民族学生高考升学率也是连续五年保持 100％，大面积的提高；高考质量也在逐年提高，异地办学当初，我们的目标是多考一些本科院校，后来是重点本科也要突破，普通本科要进一步扩大，再到后来是"985"院校，后来名校，年年要有，重点本科要稳步增加，普通本科要大面积提高。

表 6－1　肃北县 2005—2009 年普通高考报考及录取情况统计表①

年份	参考人数	录取情况					
		小计	二本	三本	大专	高职	录取率
2005	109	65	24	3	19	19	59.63％
2006	112	56	26	5	10	15	50.00％
2007	126	71	32	12	18	9	56.35％
2008	107	67	25	11	16	15	62.62％
2009	123	83	29	10	12	32	67.48％

表 6－2　阿克塞县中学 2005—2009 年高考成绩统计分析表

年度	参考人数	升学人数	录取率	本科人数	专科高职人数	高职以上	上线率
2005	84	46	54.8％	7	39	10	11.9％
2006	86	50	58.1％	19	31	21	24.4％
2007	96	30	31.3％			22	22.9％

没有播种，何来收获？没有辛苦，何来成功？这些年，两个民族县人民政府高度重视教育事业发展，采取"两免一补"（免学杂费、免书本费、补助生活费）政策，投入巨大的物力财力，全力支持异地办学工作；三县市各级相关部门领导，常常到敦煌中学调研民族县异地办学的情况，看望学生，关心学生的健康成长；敦煌

---

① 数据由肃北县教育局统计，高考的学生由肃北县中学、肃北县蒙古族学校参加高考的学生组成。

中学实施严格、科学、高效、规范的教育教学管理；老师们长年累月，超负荷工作，悉心、耐心、苦心施教；家长们全力以赴保障后勤供应，甚至在敦煌买房，陪孩子读书；同学们积极向上，追求卓越，埋头苦学，发奋努力，书写精彩人生。

表 6-3　2010—2020 年敦煌中学肃北、阿克塞县学生高考情况表[①]

时间	县市	参考人数	重点	本科	专科以上	升学率
2010 年	肃北县	66	4	15	53	80.30%
	阿克塞县	22	0	7	19	86.36%
2011 年	肃北县	83	2	24	70	84.34%
	阿克塞县	50	2	19	44	88.00%
2012 年	肃北县	61	4	24	55	90.16%
	阿克塞县	53	2	16	48	90.57%
2013 年	肃北县	63	12	19	56	88.89%
	阿克塞县	71	10	24	63	88.73%
2014 年	肃北县	66	4	26	62	93.94%
	阿克塞县	65	3	29	61	93.85%
2015 年	肃北县	90	7	26	81	90.00%
	阿克塞县	72	5	12	68	94.44%
2016 年	肃北县	52	4	17	52	100.00%
	阿克塞县	62	9	13	62	100.00%
2017 年	肃北县	66	4	23	66	100.00%
	阿克塞县	45	11	12	45	100.00%
2018 年	肃北县	66	13	9	66	100.00%
	阿克塞县	59	14	20	59	100.00%

---

①此数据由敦煌中学统计，高考的学生是由肃北县在敦煌中学就读的学生组成，不是全肃北县高考学生，全县参加高考的学生由肃北县蒙古族学校高三学生、在敦煌中学就读的高三学生、在酒泉中学就读的高三学生组成。

续表

时间	县市	参考人数	重点	本科	专科以上	升学率
2019 年	肃北县	60	5	35	60	100.00％
	阿克塞县	65	20	24	65	100.00％
2020 年	肃北县	65	13	18	65	100.00％
	阿克塞县	96	23	33	96	100.00％

表6-4 2010—2020年敦煌中学肃北、阿克塞县学生考入名牌大学名单

姓名	县市	录取学院	姓名	县市	录取学院
刘小娟	肃北县	同济大学	王乐天	阿克塞县	哈尔滨工业大学
南荻	肃北县	中南财经政法大学	魏上博	阿克塞县	中南大学
吴晓云	肃北县	郑州大学	王文轩	阿克塞县	山东大学
张雪苑	肃北县	中国药科大学	徐煜	阿克塞县	北京科技大学
杨嘉怡	肃北县	大连理工大学	韩子飞	阿克塞县	河海大学
毛昕	肃北县	长安大学	乌丽盼	阿克塞县	中国地质大学
丁继龙	肃北县	福州大学	裴浩然	阿克塞县	中国石油大学
赵晖	肃北县	辽宁大学	冯潇	阿克塞县	哈尔滨工业大学
朱梓坤	肃北县	长江大学	王作鹏	阿克塞县	吉林大学
付立超	肃北县	山东大学	王鹏国	阿克塞县	山东大学
董慧敏	肃北县	长安大学	李政阳	阿克塞县	华东理工大学
腾格尔乐格	肃北县	北京电影学院	王怡洋	阿克塞县	西南交通大学
石旻泰	肃北县	上海海事大学	张悦	阿克塞县	西南交通大学
任雅欣	肃北县	东北电力大学	肖凯	阿克塞县	大连海事大学
刘雪阳	肃北县	山东财经大学	岳晓涵	阿克塞县	中国农业大学
赵志鹏	肃北县	兰州交通大学	王泽霏	阿克塞县	兰州大学
殷若媛	肃北县	西北民族大学	白艺婷	阿克塞县	山东大学

姓名	县市	录取学院	姓名	县市	录取学院
杨文婷	肃北县	中南财经政法大学	许瀚元	阿克塞县	陕西师范大学
西尼孟克	肃北县	兰州大学	张皓元	阿克塞县	西北农林科技大学
董美君	肃北县	南昌大学	万海炎	阿克塞县	哈尔滨工业大学
车丽格尔	肃北县	内蒙古大学	帕提娜	阿克塞县	中央民族大学
张劲博	肃北县	北京体育大学	李天龙	阿克塞县	中南财经政法大学
裴宏伟	肃北县	西南交通大学	张天瑞	阿克塞县	中国矿业大学
孙泽	肃北县	苏州大学	李卓	阿克塞县	中南大学
于文婷	肃北县	西北师范大学	张丹	阿克塞县	兰州大学
蔡立华	肃北县	西北农林科技大学	李培尧	阿克塞县	四川大学
范建鹏	肃北县	宁夏大学	李允斌	阿克塞县	上海外国语大学
于润莲	肃北县	内蒙古大学	张志睿	阿克塞县	山东大学
何秀文	肃北县	西北师范大学	高海涛	阿克塞县	海南大学
吴国娇	肃北县	大连海事大学	胡安泰	阿克塞县	中央民族大学
李毓政	肃北县	中国民航大学	潘瑞君	阿克塞县	华东师范大学

在帮助引导民族县学生考大学方面，敦煌中学的班主任和科任老师发挥了很好的作用。根据学生在敦煌中学学习中的实际情况，有一部分同学，文化课底子较弱，坚持多方面努力学习，文化课成绩还是不太理想，要考大学还是有一定的难度。但是，他们仍然有上大学的梦想，还不想放弃自己的未来，还想在高中的最后阶段拼搏出个结果，给自己一个交代，给父母一个交代，给本县政府一个交代。老师们认真帮同学们分析每个人的具体情况，帮助他们确定奋斗目标，积极鼓励他们战胜困难，努力实现目标。有音乐、美术、体育特长的同学，班主任老师早早就引导学生认清楚自己的发展方向，积极培养他们的兴趣爱好，鼓励他们努力学习。民族县学生在敦煌中学求学中，在老师们的教育启发下，有了这么明确的奋斗目标，激发出了这么强大的学习动力，他们学习的积极性是多么的强烈啊！

敦煌中学是全国体育先进集体，篮球是传统项目，在全省的中学生比赛中取得过优异成绩，对同学们的影响大；足球是近几年全国学校体育中发展最快的项目，参与人数多；排球、武术、田径、体操等项目，也都吸引着民族县的学生，特别是男同学。由于民族县学生在小学、初中时，学业负担不重的时候，养成了良好的积极参加体育活动的习惯，练就了强健的体魄，打下了比较好的基础，他们的目标定位在体育方面考大学，顺理成章。体育训练是个苦力活，早中晚三次训练，每次至少1.5小时，除了训练，还要正常  上文化课，每天的运动消耗量非常大，一日三餐，饭量也很大，这样才能保证每天的体力跟得上。高一物色体育苗子，高二开始正常训练，高三加训冲刺高考。同学们真是付出了很多，不论春夏秋冬轮回，经历严寒酷暑，雨打风吹，磨砺了同学们坚强的意志，顽强拼搏的精神，练就了强壮的体魄，圆了自己的大学梦。肃北籍学生张劲博考上了北京体育大学，刘明考上了琼州学院体育系，达尔汗考上了湖北民族学院体育系，李万宝考上了三明学院体育系，阿克塞籍学生王永霞考上了库尔勒师范学院、叶尔森建考上了河北环境工程学院等等。

敦煌又是世界著名的文化艺术名城，莫高窟是世界著名的艺术宝库，敦煌中学也有浓厚的艺术教育氛围，美术、音乐、舞蹈教育得天独厚，已经培养了许许多多的人才。这对民族县学生也有着巨大的诱惑力，那些在文化课学习中受阻的民族县学生，就把注意力逐渐转移到这方面。有些学生在美术学习方面有一定的基础，从小就坚持学习，一直没有间断，如肃北学生腾格尔乐格、金巴、乌尔特纳森、西尼孟克、康洁、扎雅扣、达里扎雅等，阿克塞学生谢超伟、李莉莉、薛羽希、高泽暾、茹加英、张星月、许瀚元等，到了敦煌中学，有专业的指导老师辅导，如虎添翼，技艺突飞猛进，提高极大；有些学生是零基础，如肃北学生王占贵、阿克塞学生王永斌，但是为了圆自己的大学梦，甘愿在这方面花费巨大的精力和物力，甘愿付出自己的极大努力，并获得了家长积极的支持。从培养兴趣开始，爱好美术的同学们每天积极参加课外兴趣活动小组活动，美术老师侯世琴、冯世兰、杨娜精心指导。高三时，他们用一个学期的时间到外地集中突击培训，结束后参加专业课高考，取得了不错的成绩，这等于说一只脚已经迈进了大学的门槛。参加完艺术类专业高考后，他们回到学校，敦煌中学又为了提高这些学习艺术的学生的文化课成绩，将他们单独组班，选派优秀的老师，倾注了巨大的力量。老师们根据他们的具体情况，有针对性地制定教学计划，突出重点，实施教学。课后又加强了辅导，督促这些艺术生在短时间内重新找回了学习状态，并时时鼓励他们，为了实现他们的大学梦，拼了！功夫不负有心人，一份汗水一分收获，他们也如愿在高考中实现了自己的目标，圆了大学梦，交出了一份满意的答卷。

阿克塞学生薛羽希考上了四川师范大学，李莉莉上了太原理工大学，许瀚元考上了陕西师范大学，哈尔丽哈西考上了湖北师范大学，热斯太考上了哈尔滨学院，李若柯考上了西南科技大学，杨波考上了天津工业大学，谢超伟考上了河西学院，王永斌考上了惠州学院，茹加英考上了江西服装学院，高泽暾考上了江西陶瓷工艺美术学院，张星月考上了河北美术学院，李钰考上了四川电影电视学院，王均介考上了广西师范大学，王海安考上了肇庆学院，杨梦琦考上了湖北第二师范学院，李泓兵广西第二师范学院，王晓川考上了天水师范学院等等。

肃北学生腾格尔乐格考上了北京电影学院，希尼梦柯考上了兰州大学，色仁塔尔考上了呼和浩特民族学院美术系，乌尔特纳森考上了湖北民族学院美术系，金巴考上了四川理工学院美术系，达里札雅考上了吉林动画学院，赛娜考上了三明学院动画专业，康洁考上了兰州商学院艺术设计专业，扎雅扣考上了呼和浩特民族学院，姚蔼考上了西北师范大学知行学院，吴金萍考上了河北美术学院，赵顺炀考上了南昌理工学院，李世林考上了天津工业大学服装设计专业，赵成考上了四川文理学院美术系，达力扎亚考上了呼和浩特民族学院学前教育专业，王泽超考上了甘肃政法大学美术专业

民族县的学生，自小就受到本民族歌舞的熏陶，即使在自己家也经常练习唱歌跳舞，有很好的天赋，有很好的环境，周围处处是老师，时时有演出，歌舞成为生活的常态，浸染于此，能够轻松舞出自信，唱出自豪，在这方面发展，考大学，成为必然。阿克塞籍哈萨克族学生美尔赞，爱唱歌、爱跳舞，只要学校组织活动，她是不会放过这样的机会的。在音乐老师张亚琴的指导下，她通过长期的刻苦训练，最终考上了湘南大学音乐表演专业。还有阿克塞籍学生艾迪娜考上了四川文理学院音乐教育专业，马涛考上了河西学院音乐表演专业，肃北籍学生毛蒙根娜考上了广西师范大学音乐学专业，高晓丹考上了四川理工学院音乐表演专业，巴音塔娜考上

了北京城市学院电影表演专业，邬尔彩娜考上了喀什大学音乐专业，那英考上了江西艺术学院空中乘务专业，珊穆朝考上了呼和浩特民族学院学前教育专业，杨龙仙考上了长江师范学院音乐专业等等。

还有一些同学，没有什么兴趣、爱好、特长，就把目光瞄准到对文化课要求不是很高的传媒艺术方面，这个近几年才兴起的崭新的专业，包括播音主持和广播戏剧影视编导专业。专业课可以在短时间内确定培养，通过强化培训，提高较快，最后高考录取，成绩令人欢喜。阿克塞籍学生任虹蓉考上了四川音乐学院播

音主持专业，陈洁考上了河北传媒学院播音主持专业，杨恒铎考上了兰州城市学院广播影视编导专业，张文杰考上了黄淮学院广播影视编导专业，巴哈达提考上了伊犁师范学院广播电视学专业，胡安德克考上了平顶山学院广播影视编导专业，王磊考上了河北美术学院电视节目制作专业，吴裕强、魏朋、杨建琴、杨佩、张洁等都考上了不同学院的广播影视编导专业。

肃北籍学生张善文考上了西安外事学院播音主持专业，李丹考上了四川大学锦城学院播音主持专业，万蓉考上了四川师范大学戏剧影视编导专业，于智伟考上了上饶师范学院广播电视编导专业，任泽同考上了武汉东湖学院播音与支持专业，陶都恒考上了浙江横店影视职业学院，新布里格考上了南宁师范大学播音主持专业，敖妮思考上了新余学院播音主持专业，王玉龙考上了兰州文理学院戏剧影视文学专业，赵晓娜、宁浩茹、何志强等同学考上了西安外事学院广播电视编导专业等等。

美丽的新校区

2012 年 7 月，根据敦煌市委、敦煌市人民政府的决策，敦煌中学和敦煌三中高中部合并成立新的敦煌中学，由市区搬到鸣沙山下的月牙泉镇合水村四组，省道314 线与敦月公路交叉的十字路口的新校区。学校占地面积 369 亩，以前是一片戈壁荒漠，敦煌市人民政府投资 1.6 亿元新建了敦煌中学新校区。合并后的新校区规模更大了，唐宋风格的仿古建筑，故宫风格的建筑布局，建筑形制恢宏大气，楼阁阙宇古朴典雅，连廊亭台飞檐斗拱，气势厚重，沉淀了浓厚的历史文化。新校区可以说是全省中学中占地面积最大，极具独特建筑风格的校园之一。

新校区的美化绿化也是非常有名的，在敦煌市绝对是一流。在戈壁滩上搞绿化，其艰难程度可想而知。栽活一棵树，必须先把移栽之地的大量砾石置换成能保证树

木根系成活成长的熟土，工作量之大、难度之高可想而知。几年来，经过全体师生的共同参与，敦煌中学新校区成为春花艳丽、夏树浓荫、秋果累累、冬有佳景的美丽学苑。花草丛中，点缀着古朴的石头，上面刻有励志奋进的名言警句；地面上、墙壁上处处镌刻有历代名家文人的书法作品；读书公园，树荫中有著名教育家陶行知、数学家苏步青雕像，还有敦煌历代名人雕像八尊；诗词走廊上，敦煌中学的部分老师和诗词协会会员的关于吟诵敦煌中学的作品悬挂两旁，校园文化氛围十分浓厚。整个校园，呈现出"绿树荫浓夏日长，楼台倒影入池塘。水晶帘动微风起，满架蔷薇一院香"的美好景象。如此美丽的敦煌中学，是典型的花园式校园，是书香型校园，是学习的乐园。

敦煌中学是敦煌市唯一的一所高中学校，学生涵盖敦煌市、肃北蒙古族自治县、阿克塞哈萨克族自治县，在校学生超过 4000 人（其中肃北县和阿克塞县学生超过 400 多人），老师也超过 300 人，规模大。为了方便、高效管理学生，敦煌中学分为教学一部、教学二部两个部，师生也分到两个部，各部有主管校长，有彼此独立的管理部门，设有政教处、教务处、团委；学生分别在各部的教学楼、公寓楼上课、住宿。全校施行全封闭管理，周日下午返校，集中教学、管理，周六早上进行完一定的课程后疏散返家。学校由于搬到新校区，远离市区，采取封闭式管理，学生全员住校，学生进出有严格的规定，办理请假手续，层层审批把关；各教学部之间，学生之间不允许互相乱串；家长探视也有严格要求，联系班主任，经班主任同意，转告校门警卫，校门口登记，方可找班主任或任课老师。餐厅容量有限，学生错时分部、分年级就餐；公寓楼分部、分年级、分班住宿，管理有序，井井有条。

安全很重要

民族县学生的周末返家也经历了一番周折。在老校区时，由于一个月才回家一次，事先由本县生活老师根据学生的意愿，对想回家的学生进行登记，收取乘车费，生活老师到敦煌市汽车站和本县的运输公司司机联系，到放学时间，司机驾车从敦煌汽车站出发，到敦煌中学校门口等候学生上车，生活老师清点所有回家学生，没有问题后，生活老师随车和学生一起回本县，一路监督学生乘车安全，司机的安全手续和营运车辆安全手续由本县运输公司及司机本人负责。

在新校区，周末学生放学疏散，也是全校统一管理。由于学生数量众多，为了学生安全考虑，决定分部、分年级错开时间进行，并与公交公司协调，统一调度公交车。由于学校地处十字路口，又远离市区，周末放学，很不方便。学校组织学生，一部分乘公交车，到市区沿 3 路公交线走，学生按站点回家；一部分学生以班为单位，组织整理好队伍，班主任带好本班学生，通过人行道，一直走到南门广场，各班解散，学生自行回家；还有一部分学生，因为家庭有车，父母在校门口接送。

民族县学生的周末放学的管理也比较麻烦。每周四晚自习后，各县生活老师在

上篇　第六章　民族教育工作手记

>> **107**

公寓楼向要回家的学生收取车费，做好登记，周五要到敦煌市汽车站代学生买票，并联系好本县运输公司的客车司机，约好学生放学时间和客车停车的地点，一般为学校的西校门，民族县高一高二学生在周五下午五点半（冬季为五点）到西校门口集中，各县生活老师清点人数，给学生发车票，组织上车，清点完毕，没有问题，随车和学生一起回家。学校不定期检查这方面的安全问题。随着校车安全问题的相关制度的不断健全完善，各监管单位对这项工作的检查监督力度也不断增强，认为敦煌中学民族县学生周末乘车回家存在安全隐患，不符合相关规定和要求。对这一问题，各级相关部门和领导越来越重视。敦煌中学负责校园安全工作的张克忠副校长多次主持召开工作会议，我和各县的生活老师参加，针对这一问题，反复讨论商议解决办法，最后，敦煌中学经过与敦煌市汽车站、肃北县教育局、肃北县运输公司、阿克塞县教育局、阿克塞县运输公司协调，一致达成共识并解决了这一问题。每个周末，各县生活老师按时收取学生的乘车费，到敦煌市汽车站代学生买票，放学时，生活老师清点组织好学生，乘坐学校接送老师的通勤车，把民族县学生送到敦煌市汽车站，通过汽车站的安检通道，学生们安全乘车，回到本县的家里，生活老师陪同学生一起回家。

出现新问题

两校合并后，在新校区，一切都是新的，新环境更优美，同学们都满怀信心，对未来充满渴望。由于学生人数增多（民族县学生超过 400 人），管理难度加大。每个周六，全校放学后，民族县学生留在学校上晚自习，由我和肃北、阿克塞的生活老师组织管理。学生被分在两个部的四个教室里，每个教室里坐有 50～60 名学生，由一名本县的生活老师负责点名签到，监管学生上自习；我负责检查。刚上自习时，学生还算守纪律，保持安静，比较投入地写作业，等一个小时过去后，部分学生们开始不专心了。有借口去上厕所的，老师准假后，他们出去后久久不见进教室；有借口说到自己班取书和作业本的，一出去也不见返回教室的；有看见别的同学出去后就不见回教室，心里痒痒，想着找借口出去，总之，就是不想待在教室里上自习，屁股就是坐不稳，浑身像长了刺一般，左挪一下，右蹭一下，总想和周围的同学聊聊天，嬉闹一下，全然不顾生活老师的管理，轻视生活老师，眼里只有自己的班主任。

我巡查一圈，发现有些学生在校园里乱逛、聊天，有个别男生躲在厕所里抽烟，还有个别男生在篮球场里打篮球，即使是黑灯瞎火的，也拦不住他们逃避教室的心。第二个晚自习，即使生活老师给他们放映难得看到一场的电影，对他们的吸引力也大大衰减。看一会儿就觉得没有意思，提不起他们的兴趣，只觉得很无聊，又找借口溜出教室，在空空荡荡的校园里溜达。我一边巡查，一边和他们聊天，他们普遍认为，到周末了，学生就该放松放松，学校不要再管理了，一管他们心里就难受，受到的束缚太多了；再说敦煌本地的学生都回家了，想怎么样就怎么样，还和家长一起，享受家庭幸福，他们在敦煌中学，孤零零的，见不到父母亲的面，吃不上家里一样的饭菜，听不到父母亲的话语，这些苦给谁说呀？学习又苦又累，一周坚持了6天了，适当地休息一下，劳逸结合，对身体也好啊。

我说："你们说得也有一定的道理，但是我们两个民族县异地办学的目的是什么？你们为什么来敦煌中学上学？你们仔细认真地想一想，作为一个作业，今晚上必须完成，明早上回答我。"

周日早八点起床，八点半在教室里上课，学校教导处安排了老师进行辅导补课，我到学生集中的各班教室里去巡查。快八点半了，教室里学生还不到三分之一，我通知生活老师到学生公寓楼去叫醒学生，生活老师说，八点钟时，他们在公寓楼逐层已经喊了一遍了，有些学生开始起床了，有些学生还赖在被窝里，就是不动弹。我就和生活老师到男生公寓楼逐栋逐层去喊叫。看到宿舍里有人，那肯定是肃北或者阿克塞的学生，因为敦煌本地的学生都已经回家了。一叫到名字，学生才睡眼惺忪的答应着，看到我，才磨蹭着起床。在我和生活老师的不断催促下，落在后面的学生陆陆续续跑到集中的教室里。等公寓楼上清理结束后，我又和生活老师到学生集中的教室里点名，辅导老师早已开始给早到的同学讲题了，后面稀稀拉拉的迟到者一边吃着早点，一边才到教室里，还不能立刻投入学习中，这种情况很不能令人满意。

我就找来昨晚在校园里闲逛的几个学生，问他们昨晚布置的几个问题。某甲同学说，到敦煌中学来求学，就是想将来考个大学，成人成才，回去好交代。某乙同学说，敦煌中学环境好，学校大，学生多，老师的教学水平高，管理严，比在肃北县中学或阿克塞县中学好多了。某丙同学说，从周一到周六，我都能坚持上课，完成作业，但是一到周末，我就不想学习了，就想放松放松，看不进去书，作业也不想写，内心就很抵触。某丁同学说，平时和同学们学习生活，一个班只有几个肃北县或阿克塞县的老同学，以前的好朋友都不在一个班或教学部，见个面都难，现在周末了，看到老朋友就想说话，想一起玩，只想放松一下，就是不想学习，没有那种学习氛围和环境。

我说："学校还是敦煌中学，辅导老师还是给你们上课的老师，要求你们到教室的时间比平时晚了一个小时，这个要求高吗？为什么平时一连6天，你们到教室上课，完成作业，服从老师管理，严格要求自己，和敦煌本地学生一样，做得那么好呢？为什么到周末咱们民族县的学生在一起就表现得如此松散懒惰呢？""你们的初中学校和现在的高中学校有什么不一样？"

学生说："原来的学校小，人数少，我们玩得多，学得少，也没有这么难。"

"原来的学校环境不如这里，老师要求不多，没有这么严。""原来朋友多，全校的学生和老师都认识，偶尔犯个小错误，老师很快就会放过去的。"

"以前就是没有啥目标，觉得玩好就行了，现在老师常常让我们树立自己的人生目标，要努力学习奋斗，但自己的自觉性太差了，管不好自己。"

我说："我们为什么要离开肃北、阿克塞，要来到敦煌上学？是因为咱们原来的环境相对闭塞，经济落后，教育欠发达，距离父母、老师以及社会对你们的希望还有一大截差距啊！是希望你们在新的环境里，在享受优质教育资源的同时，努力把自己锻炼成为一个有用的、有本事的、将来建设家乡的高素质人才啊！是要实现你们的父母希望你将来成为龙、成为凤啊！你们也知道，在以前的肃北县中学、阿克塞县中学上高中的学生中，家庭条件好的学生，他们的父母想尽一切办法，通过各种渠道，把自己的孩子送到各地的好学校，去享受优质的教育资源，就是希望自己的孩子将来能考个好大学，改变自己的命运，成为一个对家庭光耀祖宗、对社会有贡献的人才。我们大部分家庭，没有这样的条件。为了改变家乡的落后面貌，为了家乡的经济社会尽快发展，为了家乡培养更多更好的人才，所以才由政府出面，协调解决，把整个高中教育整体搬到敦煌中学，让所有有理想、有志气的青年学子都能实现自己的梦想，实现每个家庭的梦想，这是一项多么大的利民工程啊！你们要好好珍惜在敦煌中学学习的机会。你来到敦煌中学，就意味着，必须做些什么，请好好努力！你们都喜欢美国篮球巨星科比，他有句名言：人生总是要赢的，为什么不是我呢？"

和这几个学生谈完话，我就思考，为什么同样的管理方法，但在新校区，执行的情况很不好，效果完全比不上在老校区好。同时，我把检查的情况向校长曹新做了汇报，曹校长指示我，加大对学生的管理力度，一个标准要求，平时咋样管理，咋样要求，到周末也是一样的，一以贯之的执行好，坚持下去就会

形成稳定的好习惯。从良好的行为习惯中，收到学生在学业上的进步，他们会为之而努力奋斗的。增加学校政教处、年级组、班主任、公寓楼老师等联合管理，及时检查反馈情况，协调一致，汇总后报政教处和班主任，对问题严重的学生要严肃批

评处理。

后来，我又召集两个民族县的生活老师开会，研究如何组织民族县学生在周末上好晚自习和周日上好课的问题，大家分析问题原因，客观因素：学生太多，一个教室里，五六十个学生，上自习时，你问题他说话，你上厕所他请假，互相影响干扰，学生们注意力不集中；生活老师的威信没有树立起来，因为在平时，学生们只认准班主任，其他老师的影响力远不及班主任，更何况是生活老师，平时不上课，只在周末看管学生，学生不敬畏；因为学校距离城市远，班主任老师不方便随时到学校来检查本班民族县学生的情况，威慑力不能及时产生效力，等周一二检查情况和问题汇总后反馈给班主任，班主任再找学生时，时过境迁，批评教育的效力不大。主观因素：我们个别生活老师的管理能力有限，管理办法欠缺，甚至失当，不能简单粗暴或放之任之，对学生的要求不一，有失公允，学生们对老师自然有看法，不服从管理，甚至个别学生公开顶撞老师。

最后，大家群策群力，制定了几条措施，严格执行，管理学生，情况大有好转。

两校合并后，面对学校管理、师生融合、学生融合等暴露出的种种问题，都需要一个相互磨合的过程。毕竟以前是两所学校，管理风格、要求不同，老师们之间要磨合，学生们之间更要磨合，这是一个渐进包容，团结协作的过程，需要互相取长补短。民族县的同学们也是一样的。这合并后的第一个学期，注定是多事之秋。

又有一次周六晚自习，前面的巡视检查，一切正常。到了晚上 11 点多，晚自习结束后，学生们都回到公寓楼，我又巡查了一圈，没有发现什么问题，就又给生活老师和公寓楼工作人员做了安顿之后，才出了校门回家。走在灯光昏暗的大街上，我一个人，觉得分外孤独，距离城里很远，走着走着，突然，不远处传来几个人说话的声音，似曾熟悉，于是就快步追赶，渐渐看清了身影，是五六个身着学生校服的人，叫停了他们。原来是几个阿克塞县男生，其中有 2 个还是我给上课的班级中的。我的火气一下子蹿了上来：上晚自习点名都在教室里，下晚自习都回公寓楼休息了啊，怎么现在却出现在进城的路上？我很是纳闷。呵斥地问道，他们才说，因为无聊，一人提议去城里上网吧，其他人都赞同，于是乘生活老师到别的楼层检查的时机，偷偷地溜出了公寓楼，翻越了校墙，准备到城里网吧大耍一个通宵，好好放松一把。因为天色已经很晚，我给生活老师打电话告诉了这件事，就先把他们几个押送到校门口，由阿克塞县生活老师带回公寓楼休息，等明天早上冷静了再处理。一路上走回家，火气也渐渐消了。

第二天一早，我到各教室点名巡查后，生活老师已经把昨晚几个涉事的学生叫到我的办公室，早早等候了。每个人低垂着头，手里拿着情况说明书和检讨书，递给我。我也没有看，只是让他们自己把事情的经过详细地说了一遍，我又仔细地检查了他们的双手，看看有没有在翻墙时刮破了；又让他们跳了几个蹦子，看看有没有崴了脚。还好没有受伤，因为墙上的铁栅栏顶端很尖锐，墙脚根下高低不平，沟沟坎坎的，夜里根本看不清楚，跳下去受了伤，可就麻烦了。万幸之至！

我让他们分别说出自己的错误。"对自己不严格要求，一时贪玩的念头作怪，不听从老师的要求，说到玩就忘了纪律了。""到周末就不想学习了，身在曹营心在汉，好长时间没有放松了，平时的好朋友聚在一起，心里就痒痒了，管不住自己，别人一倡议就想去。""觉得在学校已经好几周了，一直没有玩的机会，心里很憋闷。""我学习基础差，平时听课作业挺费劲的，觉得学习很苦，没有乐趣，坐在教室里像坐牢一样，只要有机会就想玩。"

我严厉地批评他们说："你们只想着玩，纪律的铁门关不住你们吗？想过后果吗？想过安全吗？想过自己的前途吗？想过班级和自己的荣誉？想过父母亲的担心吗？敦煌中学一直以来，以教育质量高、教学水平高、管理严格而享誉全酒泉市，你们来到敦煌中学，是带着家乡政府的期望，是带着父母的重托，是带着自己的梦想来的，你们的一切行为是要对自己、对父母、对当地政府负责任的；你们除了代表着自己的形象，更是代表着阿克塞的形象，一个男子汉，顶天立地，要承担起自身的责任，要克服自身的毛病，学习成绩上比别人差一些，难道在纪律问题上，还让别人小看了不成？你们愿意被人瞧不起吗？"

"我们来到敦煌中学不是来玩的，都是 16、17 岁大人了，该懂事儿了，该有自控能力了，否则，永远都长不大。这事说出去真丢人啊，自己的脸往哪儿放？父母的脸往哪儿放？让所有的阿克塞学生都抬不起头来。人非圣贤，孰能无过？过而能改，善莫大焉。一个不守纪律、破坏规矩的学生，如果不勇于面对错误、改正所犯的错误，是不会受欢迎的。你们都是敦煌中学普通学生中的一员，接受自己的普通，然后去拼尽全力的与众不同。知耻而后勇！我希望看到一个个遵守纪律、埋头勤奋的新的你们，不要回首，往前看，只有这样。"

我让他们把检讨书再拿回去修改一下，重新再写一遍，把我对他们的批评心得也写进去，等下次回家时带给家长，让家长签字以监督他们改正，并把检讨书交给我。我和生活老师也把这件事情向学生家长进行了通报，和家长及时沟通，取得了较为一致的意见。后来，我把这件事向学校有关领导做了汇报，鉴于他们能深刻检讨自己的错误，保证今后再不重犯，学校也做出了在全校学生大会上点名批评的处分。不过以后，他们真的再没有犯过这种错误。

特殊情况

时间像流水一样，平静流淌着，但有时也会溅起几朵小的浪花。由于两个民族县地处青藏高原边缘地带，有一种特殊的地方病叫鼠疫。近 10 年来，肃北县和阿克塞县都发生过因病致人死亡的事件，给整个民族县人民的生活带来了不便，也影响到在敦煌求学的孩子们的心理。

2017 年 9 月中旬的一天，敦煌中学接到敦煌市教育局的电话通知，肃北县的远乡发生了一起鼠疫病例，已死亡。肃北县政府采取封闭措施，中断了交通；敦煌市政府也出台了相关规定，发出停止一切出入肃北县的工作通知。紧接着肃北县教育局局长娜尔斯电话通知肃北县派驻敦煌中学的生活老师，坚决禁止肃北县学生本周末返回肃北县城。敦煌中学党委立即启动应急预案，负责学校卫生健康工作的副校长邹志新马上召集校医祁玉红和我，还有肃北县派来的生活老师召开会议，商议周末怎么把学生组织起来，留在学校内不乱跑，遵守纪律，安心学习。

到周五下午放学的时间，我和肃北县六位生活老师（原本有三位老师是应该休息的，特殊时期，专门从家里回到工作岗位）在学生集合点等候学生。等学生到齐后，生活老师清点人数，我按照学校的应急预案部署安排，把全体肃北县学生按年级分为六个班，指定了六间教室，六个生活老师分别担任班主任，重点管理的是高一高二两个年级，高三周六还要补课，周日下午也是上课。每个班主任点好自己的人数，按规定的时间到规定的教室去学习，班主任全权负责，不给学生准假（因病除外），不允许学生离开学校，保证学生的安全。

我又给学生们做了动员讲话：本该是周末大家回家团聚的时候，无奈疫情突然来临，情况紧急，严重地干扰了大家的生活。但是，为了大家的安全，为了让家长放心，为了稳定社会秩序，我们必须按照卫生防疫的要求，积极配合学校，听从学校老师的安排部署，在这个大局面前，要坚决克服个人的小毛病闹情绪，都是大孩子了，听家长的话，听老师的话，没有错。我们会安排好大家的学习、生活、娱乐等，希望大家克服个人困难，服从防疫大局，做个有思想、守纪律、爱学习、能担当的合格的高中生。

当晚七点半，我到各个指定的教室检查，班主任（生活老师）到位，正在点名清点人数。我挨个儿到学生集中的各个班级查看，整体情况比较好，每个班的学生都到齐了，大部分在写作业，个别学生在小声地说话。到了十点钟，我让班主任把教室里的多媒体设备打开，有的班级选择看大片，有的班级选择看喜剧小品，有的班级选择看综艺节目，直到十一点半，各班结束，学生回到各自宿舍休息。我又到公寓楼去检查学生回归宿舍的情况，同学们都安全地回去休息了。这一夜，我也睡得很香甜。

第二天早上，我八点半到了学校，直接进入学生集中的班级，班主任（生活老师）已经到岗了，学生才来了七八个，其他的学生稀稀拉拉的才进门，有的手拿着早点，有的拿着书本，很悠闲。其他几个班也大体上这样，学生一到周末都是这样的，睡个懒觉，形成习惯了。高三的学生在原班上课，早进入了学习状态。于是，我转到了学生公寓楼，挨个门去看，还有个别几个男生在蒙头睡觉呢，我叫醒了他们，让他们快快起来去教室里学习。等我转出了公寓楼回到肃北学生集中的教室，同学们都在认真的学习，比较专注，令我欣慰。我又安排班主任（生活老师）登记吃午饭的同学，以便餐厅给他们准备，免得饿肚子，但是大部分同学不报饭，我纳闷他们不饿吗，不吃午饭吗。生活老师才说，学校超市里丰富的食品，选择的余地很大，不会饿着的，就想在超市里花钱，吃些重口味的小食品。我想到我教的班级里有个阿克塞县的女同学，该同学平时在餐厅里很少吃正餐，大部分吃的是从超市买的，都吃出严重的胃病了，上课时动不动犯胃病，就是不吸取教训，家长也管不了，任由孩子使性子，每次胃病发作，就得让班主任派学生陪她去看病，唉，这是何苦呢，活受罪。

　　整个下午很正常，上了两节自习后，让同学们放松休息一下。男同学大多去运动场，释放充沛的精力去了，打篮球、踢足球，不亦乐乎；女同学回宿舍洗衣服、洗头，讲究卫生呢，各得其乐。

　　比较艰巨的任务是晚上。七点半学生们到各自教室里集中，拖拖拉拉，很不情愿地来到教室里，不是立即投入到学习中，而是接着下午的话题，继续闲谝，如果不是班主任（生活老师）制止，怕是说也说不完，好像是好朋友几年没有见过面一样。学校倡导并努力培养的入室则静、入座即学的好习惯，在这个只有民族县学生在一起时，都忘光了。班主任多次制止学生，保持教室里安静，不打扰同学的学习，但是总有个别胆子大的同学，不怎么服从老师的管理。我在巡查时，就专门找他们谈话，先是猛批一番，接着把话题引到他们的生活、学习上来，以自己曾经在敦煌中学的求学经历感召他们，并根据他们的现状，和他们谈理想、谈奋斗，他们自然也听得有趣，也觉得我和他们之间的距离很近，很亲切。

　　十点半后，学生集中的教室里开启了多媒体，在生活老师的指导监督下，同学们看着电视节目，惬意而安闲，时时发出开心的笑声；有些爱学习的同学就去了隔壁教室，认真的完成着作业，完全进入到知识的海洋中，自由地翱翔。同学们都在学校里，保障了安全，生活学习有序，我就放心了。

　　特殊时期，整整两天过去了，在敦煌中学就读的肃北县学生没有回家，在学校领导的部署安排下，我和肃北县生活老师坚决落实学校的决定，同学们生活、学习按部就班，秩序井然，没有发生安全事故，有力地配合了肃北县的疫情防控，做出了我们应有的贡献。

　　2019年9月27日，临近国庆节，同学们都商量着如何回家过节呢，这时，阿克塞县发生一起鼠疫因病致人死亡的案例，县政府立即采取封闭措施，中断了交通。一时间事件持续发酵，家长们纷纷给在敦煌中学上学的孩子打电话，叮嘱孩子不要离校，不要返家。敦煌中学也接到敦煌市人民政府、敦煌市教育局、阿克塞县教育局的相关通知，要求做好国庆期间阿克塞县学生不予放假返回的有关紧急预案。敦煌中学党委很重视，立刻召开党委扩大会议，全体行政人员参加，年级组长和我也参加了。由主管卫生健康的副校长邹志新、校医祁玉红和我马上制定紧急预案，两个教学部的主管校长安排各年级组组长作为阿克塞班的班主任，分部、分年级组成阿克塞班，指定集中教室，安排值班领导、辅导教师和阿克塞县生活老师，安排课表，按计划执行。

我通知阿克塞县生活老师和全体学生，下午七点在行政楼前开大会。召集好学生之后，我先传达了上级部门的精神，又和学生讲清楚了阿克塞县发生的疫情，好在同学们常年生活在阿克塞县，年年的防疫宣传和措施落实，同学们有这个心理准备。当说到国庆节不放假，安排他们在学校休息、上课时，一部分同学长吁短叹，很不情愿，嘴里嘟嘟囔囔的，很有意见，他们要和敦煌本地同学比，和肃北同学比。我又给他们摆事实讲道理，因地制宜，不能任性乱为，不讲道理的触碰红线可是要违法的，一切都要服从上级部门的要求，按学校的部署安排去做，这不是个人的问题，这是关系到阿克塞县防疫的大局，任何不冷静、不理智的行为，都将付出惨痛的代价。

会后的几天，我们时刻高度关注着阿克塞县的疫情变化，到9月30日，接到阿克塞县教育局和敦煌市教育局的通知，由于预防措施有力，封闭措施解除，同学们可以回家过节了。我们绷紧了几天的心弦终于可以放松了。

同学们坐在回家的班车上，放声高歌，充满了轻松愉快。

新契机

搬入新校区后，学校规模扩大，师生人数众多。我总感觉到，学生人心浮动，情绪不安，特别是民族县的学生，违反校纪校规的事情出现多次多起。有在餐厅里排队打饭，由于拥挤，不小心碰着了，话不投机就动手推推搡搡打架的；有在宿舍里大家都休息后，偷偷摸摸喝酒、过生日的；有在周日下午休息时，跑到城里沙洲市场吃饭喝酒的；有借口家里有事请假却不回家，而在城里网吧通宵打游戏的；有个别女同学因为口角发展为打架的；有课间休息时躲在厕所里偷偷抽烟或是回到宿舍里抽烟的；有替别的同学刷卡偷偷打掩护包庇，被老师发现后拒不承认的；有男女同学交往过于亲密，而屡教不改的等等。这些学生的行为都严重违反了《中学生守则》，违反了《敦煌中学学生违纪处罚条例》，经过班主任、家长等反复教育，违纪学生自我反省，认识到自己所犯的错误，学校给予他们一定的严格的纪律处分，督促他们勇于改正自己的错误，接受同学们的监督。由此可见，一个学生不遵守校纪班规，不讲规矩，不遵守法律法规，缺乏敬畏之心，是会付出沉重的代价的，甚至是懊悔终身的。在学校如此，到了社会更是如此。所以，敦煌中学的校园文化精神中就包含"敬畏"一词。

这一时期也是我最忙的时候。我除了正常的上课工作之外，不断地穿梭于学生、家长、班主任之间，和生活老师了解违纪学生的情况，调查违纪事件的前因后果，和班主任协调家长来校配合调查，和学生家长沟通交流，和政教处协商对违纪学生的处理意见。我总觉得时间不够用，我们没有把这些学生管好、教好；我总觉得心里亏欠他们，辜负了上级领导对我们的期望，辜负了家乡人民对我们的信任。也由于敦煌中学严格的管理，使一些家长和学生产生了误解。家长心疼自己的孩子，溺爱孩子，孩子在新校区不适应新环境的学习、生活，颇有夸张性的片面地向家长反映，个别家长对自己孩子所说的深信不疑，未经调查核实就匿名向上反映，造成了一定的不良影响。这件事，对我们有很大启示，所以，曹新校长就倡导全校师生，矛盾的 99% 是误会，误会的 99% 是不沟通。沟通，成为我们教育学生、家校配合的一种重要方式，也深深地得到社会各界的认可。所以，敦煌中学的校园文化精神中就有"沟通"一词。

由于多种原因，社会上对学校利用节假日给学生补课，有各种不同的声音，也通过各种渠道给上级相关部门反映。鉴于全省高中的普遍情况，2013 年 1 月，甘肃省教育厅发文规定，中小学校不得以任何名义组织学生在法定节假日和寒暑假补课或参加各类辅导活动，切实保障广大中小学生法定休息权利，还学生一个完整的假期。高一、高二年级的学生，在节假日不允许补课，只有高三年级的学生，因为高考时间紧迫的原因，允许在寒暑假补课，严格限定补课时间。各级教育行政部门要严格审批高三年级寒暑假补课时间，寒暑假补课天数分别不得超过暑假天数的三分之一、寒假天数的二分之一。因此，敦煌中学利用周末为民族县学生进行辅导的措施，被认为不符合省教育厅的规定而取消了，这个有利于民族县学生充分抓紧时间，进行学习、补漏、夯实学生基础，老师们甘愿奉献的强基措施停止了。这条措施，整整在敦煌中学推行了五年半，为民族县学生的成绩提高、升学，做出了不可磨灭的贡献。

后来，敦煌中学遵照上级部门的精神，严格落实节假日不准补课的规定，还学生于正常的节假日，民族县许多家长和学生联名写信，要求敦煌中学要利用节假日空闲时间，把学生组织起来，加强文化课的补习辅导，夯实学生的基础，不要在起跑线上比别人矮了一大截。否则，孩子们在家里有大把的闲暇时间却不是用在学习上，而是沉溺手机，睡懒觉，很是无聊，家长又束手无策，无可奈何。只因为上级部门制定了政策，作为下级组织和单位，不能不执行，学校也无能为力，希望各位家长理解和谅解学校。不过，民族县学生在周末正常回家休息以后，家庭亲情关系越来越和谐融洽，与父母的矛盾少了许多；在学校里同学之间，关系也好了很多，矛盾少了，各民族同学之间，互相包容，互相理解，和睦相处，和谐发展，共同团结奋斗，共同进步提高，构成了敦煌中学民族团结进步的繁荣局面。

我们的生活老师

敦煌这个地方，典型的暖温带干旱性气候，天气干燥，降水量少，蒸发量大，昼夜温差大，日照时间长。四季分明，春季温暖多风，夏季炎热酷暑，秋季凉爽，冬季寒冷。特别是在季节交替时节，同学们容易患病，民族县学生也是如此。特别是室内室外，温差太大，同学们很容易感冒，老师们常常提醒，家长们反复叮咛，但是学生们却不以为意，等感冒缠身，不停地咳嗽、发烧，一把眼泪一把鼻涕，那个难受的劲儿，看着实在让人心疼。班主任时不时打电话让民族县的生活老师带学生去医务室，可是，校医务室只能给点感冒药，不怎么管用，白天尚能坚持，最令人不安的是晚上。一到晚上，得病的学生，病情就十分严重了，非得请假去市区医院，没有医院大夫的诊断处理，老师们都不敢掉以轻心，毕竟，学生们的安全是最重要的事情。每个学期，民族县学生因生病送市区医院的，有数十起，每次都是生活老师陪护去医院，只有在医院，看到大夫，经过大夫的诊治，我们才能安下心来。倘若学生在白天发病，老师们容易处理，接到班主任的电话，直接去教室里接学生，然后马上送医院，路上直接联系家长，通报情况，争取家长的快速配合；假如是晚上，情况就比较麻烦了，首先是学校距离市区医院太远了，等不上公交车或出租车，敦煌尽管是个旅游城市，交通相对便利，可是到了冬天，旅游淡季，白天车辆都少，更何况是晚上。一边是病症较重的学生，忍受病痛的折磨；一边是等待的车辆迟迟不到来，老师们内心十分的焦急。实在等不下去，只好求助自己在敦煌的朋友或亲戚呼叫出租车，情况紧急时，只能呼叫 120 来救急。到了医院，找大夫，挂号，垫付医药费，诊治，赶快联系家长，通报孩子的病情和诊治情况，让家长到医院陪护，这一切做完就很晚了。有时到深更半夜的，由于交通不便，家长无法从肃北或阿克塞赶来陪护学生，只能由生活老师陪护，精力耗费非常大；有时，一直到第二天家长才赶到医院，生活老师才能回到学校休息。理解老师辛苦付出的家长赶到后，还不忘向老师道一声谢谢，不理解的家长还埋怨生活老师"怎么不早说呢，弄得大半夜吵醒了我们，休息不好"，还有甚者，连老师垫付的医药费都只字不提，真让人很无奈啊。

冬季是感冒的多发季节，学生的这种情况就比较多，生活老师也真是不容易的，有时一天会遇到好几起，但是，民族县生活老师毫无怨言，一心扑在学生的身上，关心他们，爱护他们，不忘初心，牢记使命，时时处处以学生的安危、学习、健康、成长为自己的最高神圣职责，不辱"太阳底下最光辉的职业"的使命，始终坚守师德操守，尽职尽责地完成自己的工作，我们为这些生活老师的辛勤付出而感动，为他们无私的"舍小家为大家"的奉献精神而点赞。

观念的改变

随着民族县实施异地办学政策，越来越多的家长也开始慢慢改变自己的观念。自己的工作、生活在本县，可是孩子们上学在敦煌，为了方便照顾孩子，有的家长在敦煌也购买了房子，安置了家，或者购买了小汽车。平时家长们在本县各自的单位上班，孩子们在敦煌的学校上课，周末，家长们回到敦煌的家里，孩子们也回到敦煌的家里，一家人团聚在一起，其乐融融。一周不见，孩子对家长有说不完的话，把自己在学校里班级中的所见所闻一股脑儿地向父母诉说，也把自己的心里喜怒哀乐、酸甜苦辣说出来或写出来，和父母亲交换意见，讲述自己的真实想法；父母亲也及时了解了孩子在学校的学习生活状况，思想观念，看到了孩子们的面貌精神的变化，给予关怀安慰，心里感到踏实。

也有部分家长对酒泉比较钟情，毕竟，酒泉是地级城市，各方面的条件比敦煌要好，优先选择在酒泉学习生活，无可置疑。在异地办学实施后，家长们慢慢改变了原有的想法。部分家庭条件优裕的家长，为了孩子的学业，甚至在孩子上初中时，就通过各种渠道，把孩子送到酒泉的学校去读，早早打好基础；等孩

子上高中时，自然优先选择在酒泉读高中。有些家长，在孩子上高中时，面对去酒泉还是敦煌读书，一般的选择，还是优先选择去酒泉。随着异地办学政策的实施，在敦煌中学就读的民族县学生，在敦煌中学严格的管理下，老师们认真执教，悉心照顾，耐心辅导，又通过学生自己的勤奋努力，严格自律，三年后，也同样考上了自己满意的大学。这样对比下来，敦煌离家比较近，孩子回家、家长去学校都很方便，家校联系更便捷、高效，这成为敦煌中学的优势。相比较去酒泉路途遥远，学生只能一个学期回家一次，家长看望孩子来回路途就得至少两天，想多陪陪孩子，只得向单位请假，极不方便，家校交流沟通自然少了很多，从而多多少少也影响了教育效果。再由于孩子们上高中，长时间缺少了家长的监管，孩子们的自律性又不是很强的情况下，一时的贪玩，分散了学习的注意力，造成学习成绩下滑，却没有引起家庭和学校足够的重视，耽误了学生。面对这样一些结果，部分家长意识到，孩子的教育，必须有家长及时发现问题，及时和学校、老师沟通、配合，及时跟进解决问题，这样才能有益于孩子的成人成才教育。因而，有些学生又从酒泉转到了敦煌中学，家长转而把在酒泉的房子卖掉，又重新在敦煌买房置家，家校全力配合，共同培养孩子健康成长。

发挥示范校的作用

2004 年 12 月，敦煌中学经甘肃省教育厅专家组评审，被评为"甘肃省示范性普通高中"学校，升入省级示范性学校的行列，当时全省有 36 所，2008 年 10 月，又通过了省专家组的复验。作为省级示范性高中，就要发挥示范引领的作用，敦煌中学先后多次派老师到肃北县中学、阿克塞县中学进行教学教研活动，举办讲座，上示范课，搞学术研讨，参观学校设施，交流管理经验等活动；肃北县中学、肃北

县民族学校、肃北县城小学、阿克塞县中学也先后组织老师和学生先后到敦煌中学参观交流，师生们有了直观的感受，对民族县师生的影响很大，特别是学生，更坚定了他们以后上敦煌中学的信心。

异地办学十多年，民族县教育局先后派八十多位老师、一百二十九人次到敦煌中学担任管理学生的生活老师，如肃北县中学的武生花、庞春、张瑞玲、乌琳其其格、旭霞、乔力蒙夫、孔凡叶、尤金霞、于朝霞、王小丽、红星、张艳、丁庆玲、哈斯巴特尔等老师，阿克塞县中学的叶尔

肯、白月红、张彩霞、陶红英、杨金娜、哈年、王力、娜孜古丽、阿依古丽、努尔孜帕、库丽孜帕、茹作斌、阿哈甫、加克斯、陈健、孟玲等老师多次到敦煌中学当生活老师，肃北县中学的广布才登老师当生活老师长达十二年之久，阿克塞县中学的叶尔肯老师当生活老师长达五年。他们长年累月的工作，亲身的体会，切切实实影响到民族县学校的办学和管理，也影响到每个学生的家庭，在社会上产生了积极的反响。

2007年4月8日，受阿克塞县中学校长肖吉忠的邀请，敦煌中学副校长孙玉带领李正基、周新炜、康建明等老师，去阿克塞县中学，和阿克塞县中学的老师进行了一次研讨交流。几位老师分别上了示范课，课后又和阿克塞县的老师进行了研讨交流，达成了许多共识，很好地促进了两校合作。

2012年4月13日，阿克塞县中学校长冯晓梅和副校长吴建军率领十几名老师以及初二初三的优秀学生代表五十余人，来到敦煌中学交流学习。他们一行人在敦煌中学校长曹新、副校长孙玉的引导下参观了校园。

一进校门，一颗巨大的柳树耸立在眼前，几十年的沧桑变化都写在了它的树干上，给人古老凝重之感。绿荫之中，教学楼前一尊孔子雕像呈现在眼前，高大耸立，令人肃然起敬；进入教学楼的大厅后，正面墙上是木刻的竹简型的孔子《论语》摘编，句句蕴含真理，回味无穷；穿过楼厅，来到实验楼上，理化生实验室、动植物标本展品、计算机房、心理咨询室、美术作品展厅等等，让同学们大开眼界，特别是看到高中学生画作，如此形象逼真，栩栩如生，令人惊叹。走过教学楼，来到假山前，这里小桥流水，亭台楼阁，杨柳低垂，松柏青翠，景色宜人。进入运动区，12块篮球场，一个足球场，一个高标准网球场，展现在同学们的面前，球场上运动的同学生龙活虎，球技精湛，引得阵阵喝彩，一些参观的男同学有些蠢蠢欲动，眼里流露出羡慕的目光。随后，大家又参观了餐厅以及二楼的多功能大厅，也是敦煌

中学的大礼堂，可以容纳 2000 人，供同学们表演节目、举行集会和进行室内体育比赛。

参观结束后，阿克塞县中学的师生们齐集校门口大柳树下，敦煌中学办公室给每位师生赠送了一套敦煌中学发行的内部刊物《三字经》和《朱子家训》。曹新校长寄言于全体学生，希望他们回去以后能认真学习，树立远大理想，不久的将来能更上一层楼——考入敦煌中学，并通过敦煌中学这个大平台，继续发奋努力，刻苦学习，最终考上大学，实现自己的梦想，完成自己的心愿。

受阿克塞县中学冯晓梅校长的邀请，我代表敦煌中学先后四次去阿克塞县中学搞讲座。2015 年 6 月的一天，阿克塞县中学的冯校长打电话给我，说让我给阿克塞县中学的初三学生和家长做个讲座，我问了讲座内容后，就开始做准备工作，好在工作 20 多年，积累了不少的经验，做这

些工作没有什么问题。在约定好的时间，我到达阿克塞县中学。讲座是在阿克塞县中学的四楼多媒体大讲堂，初三年级的全体学生和家长安静地坐在椅子上，一双双专注的眼睛盯着我，我读出了学生们的渴望和家长的疑惑。讲座分为二部分，一是为初三学生讲的《如何规划自己的人生》，二是为学生家长讲的《如何做好高中生的家长》。初三的学生，要根据自己的实际情况，面临上高中还是中专，自己和家长都认识模糊，拿不定主意。我的讲座，让学生和家长认清自我，做出合理恰当的选择，并鼓励同学们，珍惜时间，努力拼搏，为自己的理想而奋斗。我告诉学生家长，在自己孩子即将上敦煌中学前，给他们一些明晰的意见，如何管理孩子、配合学校、和老师多沟通，做好心理准备。近二个小时的讲座，使学生和家长受益，我很欣慰。

2016 年中考前，又是接到冯晓梅校长的电话，还是准备让我做讲座，对象还是初三学生的家长，又邀请了敦煌中学的心理辅导老师郑晓玲，给初三学生搞个考前心理减压活动。我的讲座是《初高中衔接问题》，这也是初高中学生忽视的一个重要问题，但是非常重要，处理好了，高中的学习生活就适应得快一些；否则，一到高中，学生们面对这么多的课程，没有主课副课之分，难度一下子加大，就感觉无所

适从，搞得不好，会耽误一部分学生，希望学生和家长都能重视起来，处理好这个问题，为上高中做好准备。郑晓玲老师的心理辅导活动，别开生面，生动有趣。同学们积极参与，热情极高，在郑老师的引导下，同学们尽情发泄，欢笑连天，忘记了考前的紧张，忘记了心中的烦恼，完全陶醉在享受快乐之中。

2017年12月，我和学校二部年级组长张鹏飞，应邀到阿克塞县中学做讲座，张鹏飞组长主讲，主要介绍了敦煌中学的管理特色和学校的成就，我讲了些异地办学以来阿克塞县学生的成绩，激励同学们努力学习，向历届取得优异成绩的阿克塞学生看齐，并和他们约定，来年敦煌中学再见。2018年6月的一天，我和学校教务主任李洁，如约到阿克塞县中学做讲座，李主任主讲，我说明。2019年9月8日，阿克塞县庆祝教师节表彰大会后，刘亚明副校长带领李洁主任、我，还有几位老师到阿克塞县中学，与初三的全体老师进行了座谈交流，就初三学生的复习以及如何提高学习效率等问题，大家畅所欲言，相谈甚欢。

2008年6月的一天，应肃北县中学宁生福校长的邀请，曹新校长带领教导处朱万国主任、邹志新老师、张彦斌老师、李恒光老师还有我，一起去肃北县中学，和肃北县中学的老师举行了两堂观摩课和一场教学研讨会。敦煌中学张彦斌老师和肃北县中学于殿忠老师各上了一堂同课异构英语课，各有特点，各自展示了自己的风格，各有所长，让我们看到了不同教师对同一教材内容的不尽相同的理解和处理，不同设计、不同教学策略、不同方法产生的不同的教学效果，很值得互相学习并借鉴，取长补短，长善救失。在论文研讨交流中，邹志新老师的论文和几位肃北县中学老师的论文一同交流，肃北县教育局副局长于智忠和教研室主任孙仲元、肃北县中学的全体老师都参加了这次活动。会后，大家讨论的热情依旧不减，兴致颇高，希望以后还有更多的机会继续交流。

2010年11月19日，曹新校长带领于振江老师和我去肃北县中学，给肃北县中学初三学生做了一次初中毕业会考暨中考誓师动员大会的讲座，于振江老师做报告，全体初三年级师生参加。于老师以自己教过的肃北县学生刻苦勤奋的学习事例，生动地讲述了他们在敦煌中学如何克服困难、努力学习、考取大学的故事，激发同学们的学习热情；要求学生们要有奋斗的目标、有坚定的信心、有持之以恒的行动，不断激励自己；吃一年的苦，才能奠定上高中的基础；现在吃点苦，不算什么，吃读书的苦，总比一辈子吃生活的苦强百倍啊。所以，做个吃苦的学生，以后才有光明的前途；别抱怨读书苦，那是你离开肃北、出去看世界的路。他告诫学生说：人生的道路千千万，只有读书绝对是最简单的那一条。同学们听了，很有感触，很受启发，也很振奋，都表示要努力学习，打好基础，取得良好的成绩，去敦煌中学读高中，将来一定考上大学。动员大会气氛热烈，效果好，达到了我们的预期目标。我和曹校长参观了肃北县中学新近落成的公寓楼和学生餐厅。公寓楼只有三层，每间安装两个高低铺，配备有学生的书桌、柜子、椅子，每层楼有公用卫生间，设施简单，在校住宿的学生很少，本来家在牧区的学生到县城上学读书的就少，这些设施绰绰有余。学校餐厅多数时间只供师生的早点，地方也不是很大，但是整洁明亮。校长又和肃北中学的领导们交流了管理等方面的经验，收获挺大。

2013年4月26日，阿克塞县教育局局长李先生、阿克塞县中学校长冯晓梅、督查室张主任、肃北县中学校长董元贵、书记汤玉刚、肃北县城小学校长董元儒等一起来到敦煌中学新校区。这时候，新校区只建成了一半多，高一、高二学生在新校区上课，高三还在老校区。新校区待建的北面四栋楼，只搭建了建构框架，其他的还没有开始动工。校长们先参观了林木吐露嫩叶、春草铺绿的校园，又在教学楼里欣赏每个班级在楼道墙壁上充满浓郁文化气息的布置，就连上下台阶上都布满了励志、感恩的标语，渗透了浓浓的文化气息；进入了学生公寓楼，各个宿舍被学生们布置一新，床上被子折叠得方方正正，统一的床单，洗漱用品排放干净整齐，床下的鞋子也排成了队，墙壁上的张贴画充满着青春的气息，富有朝气和活力，也充满了温馨。又进入到学生餐厅，餐厅分上下两层，可以容纳二千余人同时就餐，还设有专门为民族学生提供清真食品的餐厅，在餐厅四周的墙壁上，张贴了宣传加强民族团结进步的标语；两家供应商可以满足二百余人同时就餐，以解决信仰伊斯兰教的同学的餐饮。由于学生太多，无法满足学生同时就餐，学校实行分部、分年级错时就餐解决了这个问题。学校餐厅为众多学生提供了丰富的食品，最突出的特点是品种多，物美价廉，只有市场价格的三分之二，保证了困难家庭的孩子顺利就餐。

适逢中午放学，同学们奔向餐厅，排队依次走到自己心仪的出饭窗口，点了自己爱吃的饭菜，耐心等待。来参观的几位校长中有的孩子也正在敦煌中学读书，排队的孩子见到自己的爸爸也在餐厅，格外惊喜。几位校长也打了饭，和孩子一起吃着，谈笑着。吃完饭，孩子主动替爸爸收拾碗筷，送到碗筷存放处，归类放好，爸爸看着很满意，一脸笑容表示对孩子们的做法的肯定，比在家里强了很多，很是欣慰。

饭后，曹校长引导几位校长到行政楼一楼会议室座谈。各位校长对新校区的建设大加赞叹，新校区新气象，规模大层次高；讲文明有礼貌，学生管理秩序好；校园处处显文化，气息浓郁氛围好；潜移默化育桃李，环境优美乐陶陶。肃北县阿克塞县的几位校长（也是学生家长）很赞赏学校在细节管理上的做法：学生碰到陌生的领导，一律主动问好；餐厅打饭时主动排队，秩序井然；饭后主动收拾碗筷，养成良好的习惯；公寓楼里，学生的床铺，干净整洁，卫生良好。这些细节都表明，敦煌中学的管理十分细致，效果好，培养了学生良好的生活习惯和自主能力。

校长们谈到学生的成长问题，也颇有感慨。一些学生以前在小学初中时，经常调皮捣蛋，现在到了敦煌中学了，见面还挺有礼貌的；以前成绩一般的，刚才在光荣榜中看到，进步挺大的；同学们的精神面貌非常好，饱满阳光，很积极。曹校长谈到，这都归功于全体老师的辛勤付出，一分耕耘一分收获。调皮捣蛋的同学，在敦煌中学的学习生活中也有过反复，是班主任和任课老师一次又一次的批评教育、感化，不放弃、不抛弃，激发出了学生在新环境中告别过去、重新做人的勇气，让学生亲身体会到了"我也能行"的自信；成绩一般的同学，在班主任等老师的循循善诱下，激发了学生内在的向上追求

进步的动力，挖掘出他的潜力，让他们尽情展现自己的聪明才智，一步一步地建立了自信，勤学好问，水到渠成，取得学习进步也理所当然。新校区新环境，新学生特别想以新的面貌给人看，不自觉地改变着自己，变成了一个爱学习求上进的好学生。

两个民族县的各位校长纷纷表示，以后在中小学教育中，要注重抓好学生的基础，培养学生良好的行为习惯，为上好高中打下扎实的基础，输送更多、更好的学生到敦煌中学来，共同努力，提高民族县的教育质量，培养更多更优秀的高素质人才，为民族县的经济建设和社会各项事业发展做出积极努力。

民族团结进步教育

敦煌本来就地处西北边陲，古丝绸之路的一个非常重要的节点上，是多民族交汇，多种文化交往的汇合点。敦煌中学自从有了民族县高中的异地办学，也就有了民族教育这一块非常重要的内容，涉及民族县学生，关系到少数民族学生这样一个很大的群体。2003 年 5 月，甘肃省把每年 5 月确定为全省民族团结进步宣传月，并开始在全省范围内组织民族团结进步宣传月活动，到 2020 年已经是第 17 个了。敦煌市开始举办民族团结进步宣传月活动是从 2010 年开始的，每年 5 月全市各个单位按照市委统战部和民宗局的有关指示精神，开展旨在集中宣传党的民族理论、民族政策，在全社会营造"中华民族一家亲，同心共筑中国梦"舆论氛围，牢固树立中华民族共同体意识的活动。活动在各族干部群众，特别是广大青少年中深入开展基本国情、中国革命史、中国特色社会主义、社会主义核心价值观、中国梦宣传教育，推进民族团结进步创建教育活动进校园、进教材、进课堂、进试卷，持续巩固民族团结进步创建活动成效。同时，通过在全社会深入持久开展多形式、多层面民族团结进步宣传教育，使民族团结深入人心，凝聚起民族团结进步正能量。

每年 5 月，我接到市委统战部和民宗局的通知，参加全省的民族团结进步宣传月动员大会视频会议，将市委统战部和民宗局的统一部署和安排，汇报给学校领导，在学校党委的具体部署下，由我执笔制定敦煌中学民族团结进步宣传月活动方案，

具体安排开展的活动以某年为例，主要内容如下：

活动的指导思想：深入学习贯彻党的十八大、十九大精神，中央民族工作会议和习近平总书记系列重要讲话精神，紧紧围绕社会稳定和长治久安总目标，教育引导全校师生牢固树立马克思主义"五观（马克思主义国家观、民族观、宗教观、历史观、文化观）""两个共同（共同团结奋斗、共同繁荣发展）""三个离不开（汉族离不开少数民族、少数民族离不开汉族、各少数民族之间也相互离不开）""四个人人（人人都有民族团结的思想、人人都说有利于民族团结的话、人人都做有利于民族团结的好事、人人都争当民族团结的模范）""五个认同（认同伟大祖国、认同中华民族、认同中华文化、认同中国共产党、认同中国特色社会主义）"等思想，采取多种形式，大力宣传党和国家的民族政策，牢固树立国家意识、公民意识、中华民族共同体意识，推动各族干部、职工、师生开展多层次、多形式、多方式地互动，交往、交流、交融，推进民族团结教育常态化，为实现中华民族伟大复兴的中国梦目标，营造良好的社会氛围。

活动目标：认真开展民族团结进步宣传活动，积极营造平等、团结、互助、和谐的良好校园氛围，将民族团结进步宣传活动变为创建民族团结进步示范校的基础，形成不断推进民族团结进步事业的强大舆论和良好社会风气。面向广大师生开展党的民族理论、民族政策、民族知识宣传教育，使宣传教育和创建内容有机地结合起来，形成规范的长效机制。以开展民族团结教育"进校园"活动为载体，力争使我校成为全国民族团结进步示范校。

成立民族团结宣传月活动领导小组：以党委书记、校长曹新为组长，党委委员、副校长孙玉，党委委员、副校长张克忠为副组长，学校中层领导和年级组长、全体班主任、陈肃宏为组员。民族团结进步宣传月活动办公室主任：陈肃宏。

学校党委先后多次召开会议，专门研究民族团结进步教育工作，就相关工作提出意见，并确定了敦煌中学民族团结进步宣传月教育活动工作领导小组成员，制定了此次教育活动计划，根据计划安排，我们开展了丰富多彩的活动。

1. 深入开展"两个共同"（共同团结奋斗、共同繁荣发展）"三个离不开"（汉族离不开少数民族、少数民族离不开汉族、少数民族之间也互相离不开）、"民族、宗教无小事"为主题的教育，积极落实《学校民族团结教育指导纲要（试行）》的要求，在高一年级开设民族课堂，宣传民族团结进步方面的基本知识、马克思主义民族观、党和国家的民族政策，特别是习近平关于民族团结教育的重要论述等。引导各民族学生对我国各民族共同缔造伟大祖国历史的认识，不断增进对中华民族一家亲的认同感，增强各族学生维护民族团结、维护国家统一、反对民族分裂的责任感。通过多种形式广泛组织开展学习，深入理解社会主义核心价值观的重大意义、深刻内涵和基本要求，从贯彻落实科学发展观、加强党的执政能力建设、构建和谐社会建设的战略高度，把爱国主义教育作为民族团结教育的重要内容，切实抓紧抓好。

为了加强教职工的思想教育，加强民族团结，自觉维护祖国统一，反对民族分裂，自觉维护和发展平等、团结、互助的社会主义民族关系，学校召开教职工民族团结进步宣传月教育活动动员大会，认真学习了习近平有关民族团结的论述和相关文件。

利用校园广播、国旗下演讲、张贴宣传标语、征文比赛、手抄报，深入开展以践行社会主义核心价值观，弘扬以爱国主义为核心的民族精神，彰显以改革创新为核心的时代精神，以促进民族团结进步实现各民族共同进步、共同发展、共同繁荣为内容的宣传教育活动。

校团委、政教处召开班主任会议，对班级民族团结进步工作做出了具体安排，高一、高二年级各班利用召开了"民族团结一家亲"主题班会，讲解党和国家的民族政策、各民族的风俗习惯、文化传统等。由于从肃北、阿克塞县来我校就读的学生众多，对少数民族学生的生活习俗问题、民族团结等问题，班主任尤为关心，以此做了专门的发言。校团委还组织开展各种社团活动，同学们互相交往，互相了解，互相学习，互相尊重，互相交流，互相帮助，互相包容，互相交融，共同团结进步，共享发展成果。

学校的民族教育管理联络办公室专人负责协调肃北、阿克塞学生的管理工作，积极和年级组、班主任协调安排，落实好学校部署的各项活动。

教务处利用高一政治课，检查落实《学校民族团结教育指导纲要（试行）》的要求，开展周周清、民族知识竞赛等活动。

发挥省级示范校的教育辐射作用，敦煌中学派人到肃北中学和阿克塞中学进行教育学术研讨活动，为初三学生开展如何做好初高中衔接、心理讲座、减压等活动，为初三学生家长做"如何做一名高中生合格的家长"等讲座，帮助和带动民族地区的教育事业发展。开展结对子帮扶活动，各级任课老师与民族地区学生，敦煌学生与肃北、阿克塞学生结对子，一对一帮扶，效果良好。

努力改进民族餐厅、大众餐厅的服务态度，提高饭菜质量，解决好民族地区学生的就餐问题。

积极开展社会实践活动，组织高一、高二年级学生参观敦煌市莫高窟数字展示中心、规划馆、博物馆，积极参加绿化美化校园劳动、军训、徒步拉练等等。

利用班会，组织民族地区学生观看影片，宣传爱国主义、集体主义、团结进步等。

组织师生参加"庆七一唱红歌""大家乐"的文艺演出，展示了肃北、阿克塞学生的才艺，促进了友谊和进步。

心理咨询室经常开展心理辅导，帮助民族地区学生解决心理问题，尽快适应敦煌中学快节奏、严要求的学习生活。

召开民族地区学生座谈会、家长会，及时了解他们的学习生活情况，发现问题，及时反馈予以解决。

组织高一、高二学生开展足球、篮球、排球等体育比赛，有力地促进各民族之间的团结交流。

民族团结进步宣传月教育活动，由于学校领导重视，认识深刻，安排扎实，组织得力，各部门协调统一，内容丰富多彩，措施细致到位，收到了良好效果。通过这些活动的开展，全校师生普遍地学习了党和国家的民族政策和相关法律法规，增强了广大师生的民族团结意识，奠定了广大青少年民族团结进步的思想基础，自觉维护了安定团结的良好局面，形成了全校师生、各民族之间平等相待、团结和睦、共同成长、友好互助的和谐校园环境，有力地促进了民族地区教育事业的发展。以此次活动为契机，学校将深入持久地开展好这项活动，使民族团结进步之花开遍校园内外。

在开展民族团结进步创建活动中，敦煌中学于2013年5月被甘肃省委宣传部、省委统战部、省民委授予"甘肃省民族团结进步创建活动示范单位"；2013年9月被酒泉市委、市人民政府授予"全市民族团结进步宣传月项目帮扶工作先进集体"；2018年2月，被酒泉市委宣传部、市委统战部、市民宗委授予"全市民族团结进步示范学校"；四次被阿克塞县委、县人民政府授予"支持异地办学先进单位"。

2018年3月29日，酒泉市创建全国民族团结进步示范市动员大会在酒泉市会展中心召开，酒泉市委书记吴仰东做了动员讲话，力争一年时间创建成功。酒泉市七县市都是创建示范点，敦煌市的示范点之一就是敦煌中学。敦煌中学按照示范点建设标准开展活动，收集整理资料。

2019年4月17日，国家民委办公厅副主任董武带领检查组一行9人，在酒泉市委统战部部长胡晓华、市民宗委主任刘晓阳及敦煌市委统战部部长张海荣等陪同下，来敦煌中学进行检查验收。敦煌中学校长曹新等相关人员，向检查验收组介绍了敦煌中学创建全国民族团结进步示范学校工作的情况。验收组先后参观

了道德大讲堂、民族教育展板、科技展室、社团活动教室、清真餐厅等，中华民族一家亲，同心共筑中国梦，浓浓的民族团结进步宣传氛围，同学们具有民族特色的歌舞展示，思政课民族团结教育主题，时尚的刷脸消费设备，深深吸引着检查组每位成员和各位陪同领导，验收组对敦煌中学的民族团结进步创建工作很满意。

6.2　民族县生活教师手记

6.2.1　情系敦煌中学

肃北中学　武生花

"人不能两次踏入同一条河流"，而我却有幸两次踏入了敦煌中学。

2007 年 8 月，我犹豫彷徨之下到敦煌中学上班，身份是肃北生活老师。

2007 年开始，肃北高中托管到酒泉中学和敦煌中学异地办学，享受酒泉中学、敦煌中学先进教学资源。肃北县高一新生在敦煌三中分了一部分，敦煌中学一部分，敦煌中学报到了 43 人。学生分到高一各个班级上课，住宿分到班级宿舍。作为管理老师我跟阿克塞的杨春梅被分到女生楼三楼住宿，同时给我们一间做饭的小屋，在敦煌中学刚进大门的西侧。陌生的环境，陌生的工作，使我们很不适应。这时，学校给我们肃北、阿克塞派遣了一名联络员陈肃宏老师，有事就找陈老师，我们一下子有了依靠。学生病了，不论白天晚上，不论刮风下雨，陈老师第一时间陪同我们带着学生去医院，找大夫；学生在班级有了问题，陈老师第一时间陪同我们去与老师交流。

最不能忘记的是 2008 年的 5 月份，高一有个姓张的孩子，他不想上学了，又怕家长老师不同意，就偷偷地离校出走了。这可急坏了老师、学校领导。陈老师与我四处找寻，最后没办法就跟敦煌公安局联系，在公安局挂了张同学朋友的 QQ 进行网络追踪，大概花了三周时间才定位了孩子的所在位置。在这段时间，我们生活老师、陈老师、学生的班主任被不讲理的家长逼迫、找不到孩子自身内心的焦急，那种煎熬只有经历过了才记忆深刻。

2008 年对于敦煌中学注定是不平凡的。因为是第一次学生在异地上学，学生不适应，家长也不适应；我们管理老师也是第一次在异地管理学生，没有经验；许多制度、管理办法都是在工作过程中逐渐形成、完善。那时，学生一个月回一次家，周末是学生最难过的。学校就安排老师免费给肃北、阿克塞学生上课。记得体育老师卢明带我们的学生打篮球、打网球；有时校长曹新也跟我们和学生一起比赛。政教主任张克忠和陈老师每天来学校查看。最大的困难是一个月回家一次的学生，对自己的生活费不知道计划，总是不到月底生活费就花完了。我们生活老师就给学生借钱、管饭，有些学生也向班主任借过钱。这个问题引起了学校领导的重视，立刻进行管理上的改革。学校实行刷校卡制度，限制学生每天在校的最高消费额，这样学生就不能随意大手大脚花钱，也逐步有了花钱计划。

农村孩子在外上学，家庭就有了经济负担。有些家长一是害怕孩子吃不饱，常给孩子带些馍馍、煮鸡蛋、咸菜之类；有些家长把东西带到班车上，孩子上课取不了，我们生活老师就去取；有些带给出租车司机或带给熟人送到校门口，由看门师傅交给我们或交给班主任。虽说有时自己感到很麻烦，但也感到孩子家长的不容易，也从中了解了孩子们的家庭经济情况。记得高一奥班学生何晓娥，家住肃北县青山道村，她有个妹妹何晓琴在敦煌三中的奥班。农村一家子供两个孩子上学，那时是很吃力的。孩子很懂事，学习特别刻苦，家里常常给带吃的，在学校打饭吃的时间很少。了解了这样的情况，我们就跟班主任交流。当时何晓娥的班主任邹志新老师当即就决定免除了孩子的许多费用。

第一次在外校管理学生的我，常跟孩子们的班主任打交道，学到了不少管理学生、处理问题的方法。为此，那一年回来的九月份，我写了一篇论文《异地上学学生心理辅导的必要性》在学校进行论文交流，获得一等奖，后来在省级论文评比中获二等奖并发表。还因这篇文章，我们就异地上学学生的心理问题教育进行研究，完成了省级课题的研究。可以说，2007年至2008年在敦煌中学的一年，教会了我许多。

2015年8月，我第二次踏入敦煌中学。这时的敦煌中学已经不是原来的敦煌中学。新建的校舍在杨家桥地段，月牙泉稍北，学校唐宋风格的建筑，厚重、大气、恢宏；校内绿树成荫、花红柳绿、虫鸟低鸣、校舍俨然；廊柱墙壁处处名言警句，充满了文化气息，彰显了厚实的文化底蕴。美好的校内外环境，令人心情舒畅。我很喜欢这里的老师，敬业苦干；喜欢这里的宿管，尽职尽责；敬佩这里的领导，干练智慧；羡慕这里的学生，勤奋拼搏，力争向上……更喜欢敦煌中学校门横着石块上雕刻着的"向上向善"之训。这是一个充满人文正气的环境，使我对工作信心满满。

美好的环境，勤劳的领导、老师，使我清楚地知道了自己应该怎么做好自己担负的工作。为了管理好肃北、阿克塞的学生，学校每周三开一次管理老师的例会。有时陈主任会专门召开肃北、阿克塞生活老师会议。有时，我们私底下会有些发牢骚，咋那么多会。可每次开完会，就会对自己的工作所担负的责任有了更多的敬畏。可以说，这一年所看到、学到、做到的，都利于我能力的成长和个人素质的提高。

在领导、老师的指导、促使下，在陈老师的亲自指挥下，我们肃北生活老师及时报到，熟悉工作环境，熟悉自己的工作。2015年8月，高一新生入学军训，我们就随高一学生来到这新的环境工作。由于天气炎热，我们肃北的学生有些不适应，还有中暑的，我们及时给予帮助。一是做思想工作，稳定学生情绪；二是与家长建立联系。孩子刚离开家，孩子不适应，家长同样牵挂。我们做孩子的工作，也做家长的工作。有了第一次管理方面的经验，这一次，我们一开始就召开高一新生会议，也与各班班主任沟通，教孩子计划生活费使用，指导孩子管理和整理好自己的物品。

我们所管肃北学生工作，遇到的最大问题是学生周末回家乘车安全问题。学校领导专门就周末肃北、阿克塞学生回家问题一再征求意见，一再召开会议。邀请车管所专职人员抽查接送学生的车辆；每次开会都会强调一定做好学生登记，人数清点清楚，保证一人一座一票，绝不超员。每周末回家，陈主任到场监督检查，有时，校长、副校长也会来查看。不论是司机还是我们，丝毫不敢疏忽，学生的安全意识也提高了，学生安全无小事。

作为学生的生活老师，关心学生的生活是我们的主要工作；作为老师，我们也关心学生的学习。学生学习上有了困惑，我们去跟班主任沟通，班主任或任课老师就会加以指导解决。

管理老师不仅有肃北、阿克塞的，还有敦煌中学宿管老师。如果有学生早晨不能按时起床，不论谁发现都会去问原因，喊起来做工作让他去上课。有学生生病，尽快告知相关人员送往医院就诊或联系家长。

时间如白驹过隙，匆匆又匆匆，我收获了许多管理经验，也收获了敦煌、肃北、阿克塞三县老师之间的友谊。至今，还互相沟通。谢谢这里的领导，老师，谢谢陈老师，谢谢一起共事的生活老师、宿舍管理人员！

（武生花，肃北中学教师，2007，肃北中学教年度，2016－2017年度，派驻敦煌中学生活老师）

6.2.2　日暖风和开桃李　笔酣墨浓写春秋
肃北蒙古族自治县中学　张瑞玲

同饮党河水，共唱团结曲。在敦煌中学承担肃北、阿克塞两个民族县异地办学任务的第五个年头，为了照顾读高中的女儿，我申请到敦煌中学做生活班主任。那时，学校刚搬迁至鸣沙山脚下，走进校园，看到的是一片荒草杂生，砾石纵横的戈壁滩。瑟瑟秋风中，走在满是沙砾的校园中，心中满是荒凉与萧瑟……但是，这样的环境中，敦煌中学的每一位老师仍默默地坚守在自己的岗位上，把巨大的压力变成不懈进取的强大动力，站在时代的浪头，孜孜以求，用爱心谱写教育篇章，用自己的努力照亮着学生的光明路！

在敦煌中学当生活班主任的一年时间里，我结识了负责民族教育工作的陈肃宏老师。三个县市的学生一起学习生活，民族教育工作的复杂性可想而知。但他的工作干得有艺术性，许多看似棘手的工作，到他手上，都能一一化解。他能想学生之所想，急学生之所急，处处关心他们、帮助他们，体谅学生的疾苦，做学生的知心朋友。他指导我与学生、学生家长进行沟通，进行一对一的诚心交流。曾国藩曾说："扬善于公庭，规过于私室。"这是培养人才之法，更是育人之法。他爱学生，曾用关怀，让学生泪流满面；曾用爱心，扬起了学生心海的风帆。陈老师用爱感化着民族县学生的心灵，用心塑造他们健全的人格和良好的品质。

女儿的班主任张彦斌、张晓军，对待学生始终保持诚挚的爱心，倾注满腔热情。把所有的爱都给了孩子们，这些学生毕业走出校门，走向工作岗位时，知荣辱、重情义、讲责任，如今他们都在正确的人生轨道上健康快乐地成长……

数学老师董志明、苏金平，在教学过程中，能从端正学生们的学习态度、帮助学生们掌握正确的学习方法入手，达到树立自信心，激发求知欲和上进心的目的，让学生在寓教于乐中接受教育，从而自觉地投入到学习中去，提高学业成绩，使之成为优秀的高中生。

马新明、于斌元、秦玉虎，杨海芹……他们用自己博大无私的爱深深地感染、教育着民族县的每一个孩子。他们用对生活的热爱，对事业的执着，谱写着一曲平实、动人的人生赞歌！

我的女儿于雯婷 2013 年 7 月毕业于敦煌中学。她是一个十分热爱生活的孩子，始终以感恩宽容的心态成长着。大学四年级时，她以班级综测排名第一的成绩推免研究生至湖南大学应用经济学国际贸易方向。如今研究生毕业，就职于深圳市中兴新云服务有限公司。女儿自理自立不娇气，吃苦耐劳乐于助人，做事认真善于学习。在工作中难免会遇到困难和打击，但这些都没有阻挡住她解决困难的脚步，反而更使她拾级而上，砥砺前行！这都和她求学生涯中遇到的踏踏实实、认认真真做"人梯"和铺路石的老师密不可分。

今年，我又以生活班主任的身份走进敦煌中学，这所"全国文明校园"天翻地覆的变化让我有一种恍如隔世的感觉。真不敢想象，七八年的时间，校园变化如此之大。廊架上的爬山虎红绿相间、书法文化墙交相呼应、教学楼前楼后各种树木郁郁葱葱，体育公园建筑风格独特，功能布局完善。校园处处体现着敦煌文化，"向上向善、包容厚德"的校训；"感恩、沟通、敬畏、创新"的文化理念；"简简单单生活，快快乐乐工作"和"以快乐之心感悟世界，以感恩之心回馈人生"……浓郁的文化特色，蓬勃向上、充满朝气的育人环境，为师生搭建起幸福工作、快乐学习的平台。

敦煌、肃北、阿克塞三县市同饮着一条党河水。三个县市民族兄弟姐妹正如习近平总书记所说的，"像石榴籽一样紧紧抱在一起"。十二年来异地办学硕果累累，民族教育谱写出了新的篇章。

日暖风和开桃李，笔蘸墨浓写春秋。敦煌中学的教职工们本着对教书育人的孜孜不倦，呕心沥血，与时俱进，勇担重任。他们用爱心呵护着肃北蒙古族自治县的每一个孩子，教孩子知识，教孩子做人。敦煌中学是一道亮丽的风景线，美了肃北教育，美了肃北的昨天、今天，美着肃北的明天！

（张瑞玲，肃北中学教师，2012—2013 年度，2020—2021 年度，派驻敦煌中学生活老师）

6.2.3 洒向学生都是爱 让心走得更近些

肃北生活老师 李淑芬

"丁零零"一阵急促的电话铃声，我一看是陈主任的，心中一紧，又啥事？又谁病了？每次看到陈主任的电话我都非常紧张，这次又是谁病了呢？我希望孩子们好好的，病不起呀，一病7天，课耽误不起呀。

我接起陈主任的电话，果然是高三的一个女生病了，在校医室。我来到校医室，问了校医情况，校医说她治不了让去市医院。我看着躺在病床上软弱无力面露倦容的女孩，问她怎么了，她说难受，心慌，想吐，头晕，全身无力，我看着女孩无力更无助的眼神说："别怕，老师带你上市医院去看病。"她无力地摇摇头说："老师，我躺一会儿就好了，以前有三四次这种情况，躺躺就好了。"我略知这个孩子的家庭情况，父亲病故，家中姐弟四人，只靠妈妈一个人在外打工养活一家人。我知道她是在心疼钱，但身体更重要呀。

我好不容易说通她跟我去市医院看病。我帮她穿好衣服和鞋，打的到了敦煌市医院。挂号，看病，抽血化验，付费，取药，当我楼上楼下跑了四次看完病时，已是中午十一点二十。但自始至终，孩子没对我说一个谢字，也许她无力，也许她羞涩，也许她觉得我是宿管，做这些是应该的吧，我更想对孩子说一声，缺什么都不能缺礼数和教养，更不能觉得生活困难而减少了自强不息的拼搏精神。

经过医生诊断只是营养不良造成的病情，无其他病，我再三跟大夫确定病不重，不需要吊瓶，我才长出一口气，还好孩子没有严重的病。我们出了医院，我问孩子是坐车回市里还是走着过去，可能是外面空气比较清新，孩子已没刚见到的那么疲惫乏力，她说老师我们走一走吧。我们慢慢地沿着林荫小道走到了沙州市场。已经到了饭点，忙前忙后也不觉得饿，现在肚子开始闹革命了，我问她想吃点什么，她说老师我回家吃吧，"回家吃？这怎么行，路太远，本就营养不良，我说走吧，你总得陪陪我吧，我一个人吃饭多寂寞呀！"她小心地看了看我，满眼的无奈。我拉起她的手进了沙州市场。

我们进了麻辣烫店，我点了些青菜和羊肉鹌鹑蛋等满满的两盘，看着像小山一样的两盘菜，我发愁地说："你帮我的忙，消灭点行不？"她起初不肯，但经不住我再三劝说终于动起了筷子，我和她吃的满头大汗，我窃喜我的判断是对的，小女孩的最爱一定是麻辣烫。边吃边聊，我依稀知道了她的一些情况，觉得妈妈太苦，在学校不愿花钱按时吃饭，饿了就啃些从家带的馍馍，学习成绩也不理想，更觉得对不起妈妈。我们从饭馆出来，她说想回家去。把情况跟她妈妈说了一下，她妈妈说那就回来吧。我们出了沙州市场东门，站在路边等上肃北的班车，我们俩坐在凳子上默默无语，唉……可怜的孩子呀，也许逃回家是她此刻最佳的选择。车来了，我帮她买了票，送她上了回家的车。

一晃几周过去了，因老公在嘉峪关做饭管女儿，周六我打算回肃北去。早晨十一点半，我来到校门口上了车与司机聊天，不一会儿学生们就来了，我拿出名单一一清点人数，咦，那个得病的女孩也在车上。学生到齐后我们就出发了。可能老师是学生内心的天敌吧，我旁边的座位空着，我把包放在旁边。车开上观光大道不久，那个女孩来到我旁边坐下，她看起来气色好多了，她塞给我一百三十元钱，说她装着这些钱好几周了，可每次坐车也碰不上我。她把药钱、饭钱、车票钱统统算一起了，我本不想拿但又怕伤了她的自尊，就取了张一百元的，且边取边开玩笑：剩下的存你那儿，等老师老了，你请老师吃大餐。

回家的路上我们聊了很多。她刚上高一的时候学习差，怕被老师同学看不起，因基础差跟不上，学不进去；高二选了文科情况好一些，但成绩不理想，宿舍里有同学打架，她很烦，老想请假回家；只到高三填高考报名表时才感觉时间过得好快呀，一眨眼就高考了，才醒悟过来要好好学习拼一把。我说这就对了，人生就应该搏一次，但也不能亏了身体呀，她羞涩地笑了。我们聊了许多，同学关系，理想的大学，老师对她的关爱，妈妈对她的期望，弟弟妹妹对她的依赖，她的话多起来了，人也活泼了许多。多懂事的孩子呀！老师为你祝福，祝你心想事成，快乐健康。

（李淑芬，肃北中学教师，2018—2019 学年度派驻敦煌中学生活老师）

6.2.4　用爱心营造阳光

肃北县生活老师　王向晖

2016 年 8 月至 2017 年 8 月，我被肃北县教育局委派到敦煌中学担任肃北班的生活班主任（宿管老师）。因异地办学，肃北的高中部学生要在敦煌中学就读，每年肃北县教育局要委派老师到敦煌中学管理肃北的学生。

2016 年 8 月，我带着无比激动的心情去敦煌中学上班，我被分配在女生所在的二部公寓楼，负责二部女生的生活，和肃北中学的赵兴娟老师住在一个宿舍。下面就针对我在敦煌中学的工作实践谈谈自己的感想：

在一年的工作中，我感触颇深，这里既有成功的喜悦，也有失败的遗憾，但我最大的感受，却是充实。生活班主任是一项非常琐碎的工作，它不仅需要教师的爱心、耐心与细心，更需要教师有奉献精神。由于生活老师工作的对象是高一至高三的学生，管理的学生范围较大，这就需要我深入了解她们，对她们给予更多的关注。高三学生考试频繁，课业负担较重，学生一直生活在高压地带，如何对待考试分数和名次，如何平衡自己的心理，显得特别重要。

高三 19 班学生刘某，平时学习压力就大，一遇到考试就紧张、焦虑。还记得那是 12 月的冬天，晚上 11 点半，两个女生扶着学生刘某敲开了我的宿舍门，对我们说刘某的肚子疼，我和赵老师问清了原因扶着刘某走出了校门，那天晚上寒风刺骨，街上几乎见不到车和行人，我们在马路边焦急地等出租车，但是半小时过去了却见不到一辆车，看到孩子刘某连冻带疼直打哆嗦，我毫不犹豫地站在马路中间。一分钟、两分钟过去了……一辆车终于停在了我的面前，我向司机说明了情况，这位好心的司机把我们拉到了市中医院，这时已经是凌晨12点半了。

赵老师扶着学生刘某，我便楼上楼下地去取各种化验单，看着大夫给刘某吊了输液瓶，我们悬着的心才平静下来。吊了两瓶液体后，刘某的脸上渐渐地红润了起来，我和赵老师两人就坐在医院的长凳上一直到天亮。第二天早晨，刘某的母亲来了，我把孩子的病情告诉了她，孩子的母亲不停地连声说谢谢。等刘某的病情稳定后我们才放心地离开医院，这时已经是中午11点多了。

高一19班的学生伊如娜是一名蒙古族学生，刚上高一学习压力特别大，经常哭鼻子，我就主动地接近她，和她谈心，让她慢慢明白，作为学生，应正确对待考试成绩，做到胜不骄，败不馁，关键是通过考试要找出差距，争取每次都有所收获。帮助她建立学习上的自信心，发现她身上的闪光点，帮助她在集体中找回自我，学会交往，给她讲述了民族团结的重要性。做好一些力所能及的心理和思想辅导工作，也是生活老师的职责所在。这样的实例还有很多很多。

每个学生的内心深处，都有着对成功的渴望，每一个孩子都承载着老师和父母百分之百的希望。为人师者，责任重大，对待每一个学生必须一视同仁，不可厚此薄彼，一年的生活老师下来，自己的工作主动、全面，做到了知人、知根、知底，师生感情融洽，工作见效明显。

（王向晖，肃北县城小学教师，2018—2019年度，派驻敦煌中学生活老师）

6.2.5 用事业心、责任心服务学生管理

阿克塞县中学驻敦煌中学生活管理教师　贾丽娟

2018年8月—2019年8月，根据阿克塞县中学安排，我到敦煌中学担任阿克塞哈萨克族自治县高中异地办学生活指导老师，带着学校的安排、要求和251名学生家长的嘱托，我认真负责、尽心尽职，在敦煌中学的具体安排下开展联系学校、联系家长、服务学生的具体工作，重点做好学生思想教育引导、安全教育、生活服务等工作，认真细致做好学校、家长的管理，学生高中学习、生活的解压工作，收到了学校、学生和家长的好评。一年的工作已经结束，现将一年来的工作总结如下，若有不妥请批评指正！

首先，遵规守纪，提升素养。一年来，我始终利用业余时间按照双方学校的要求，坚持党的政治理论学习，学习党的政策方针，学习宪法及法律法规，特别注重教育法律法规的研读，努力提高自身的思想政治素质，并严格按照《中小学教师职

业道德规范》严格要求自己，奉公守法，遵守双方学校的管理规定，遵守教师公德，为人师表，尽职尽责。

第二，服从管理、紧密协调教育管理工作。一年来，我坚决服从阿克塞教科局、阿克塞中学、敦煌中学的管理，针对生活老师工作性质，我尽职尽责完成了学校之间的衔接沟通，及时办理交办的学生事务管理、学籍管理、成绩分析、上传下达、组织通知学生会议、家长会议等事务，积极服从敦煌中学异地办学办公室的具体工作要求，从学生管理、坐车买票、组织学生回家，到班主任衔接、家长沟通、学生健康辅导等，一年的学生服务管理、校际沟通等工作从来没在自己的手里耽误，保证了正常的教育教学工作。

第三，全心全意服务学生管理。在具体管理工作中，我服从学校安排，服从敦煌中学的管理，严格要求自己。在具体工作中，看到我县251名学生离开父母在敦煌求学，因为学生回家购买车票、学生头疼感冒、学生思想滑坡、家长挂念孩子、家长要了解孩子，班主任不熟悉自治县情况、不熟悉少数民族风俗习惯等等，我深深认识到，生活老师的责任心对在外求学孩子和家长的重要性，让我明白了我既要当好老师，还要当好251名孩子的家长，要用一颗爱心来对待孩子，要具有一定的政治素质、思想素质、业务素质。当教师最重要的就是要做到诚信、守礼。受教育者要得到的不仅仅是知识，更重要的还是品德。教师在传播知识的过程中，他的性格、品德包括价值观都会影响到学生的成长，这半年来我是这样要求自己的，也是这样去做的，深受孩子们的喜爱。

第四，从细处着手，引导帮助学生。一年来的工作，我住在学校、吃在学校，按时参加学校会议，及时向学生传达学校精神，遇到学生生活中的不习惯、学习紧张的压力、学生身体健康的不适、学生调皮捣蛋、打架、抽烟等违规违纪事情，我会第一时间和学校、老师、学生见面了解，共同、及时与学生家长衔接，用自己的使命和责任建立和谐融洽的师生关系、家校关系，迅速处理好发生的事情，确保学生安全，特备是经常发生学生紧急病情就医的处理，我做到了无微不至的关心和照顾。

只要是学生发生的事情就是我们管理老师的大事，我们不分时间和地点，随时接到通知就会第一时间去处理，我们在工作中也遇到了半夜带领学生上医院、学生的不配合、家长路程远赶不来、学生没钱看病等问题，但我们都是无怨无悔，为学生垫付医疗费用、垫付回家的车费、垫付生活费等，当处理完一件事情我就会有一种收获感，因为我们的工作分担了家长的忧愁、解除了学生的压力，这是我们管理老师的职责和使命。

第五，使命重大、成绩喜人。高中教育备受家长和社会重视，一年来，阿克塞在敦煌就读251名学生，牵动着251个家庭的心，学生成绩的好差会引起社会关注、家长焦急。这一年，我在管理学生生活的同时更加关注学生的学习、心理健康，校园的各个角落都留下了我和学生的交流沟通的背影，留下了作为一名老师的教育引导过程。一年结束，高一、高二学生教育管理有序进行，教学成绩稳步提高；高三68名学子备战高考辛苦有加，高考成绩喜人，2019年阿克塞在敦煌中学就读高考学生有8人分别被哈尔滨工业大学、山东大学、吉林大学、西南交通大学、天津医科大学、大连海事大学、华东理工大学等七所985和211院校录取，取得了本科批次录取47人的可喜可贺的骄人成绩。

第六，存在问题和建议。一年的工作结束，感触感受很多，教育是一个永久坚持的大工程，学生的管理和成绩的进步不是一朝一夕能完成的，需要社会、学校、家庭和学生的共同努力。一年来虽然做了大量的工作，但还存在管理老师人数少，许多时候对更细致的学生服务工作还是力不从心；学生学业时间紧张，还没有更多的时间与学生沟通交流；学校大、班级多，老师忙，真正与班主任、科任老师交流少等问题。

在今后的工作中有几点建议：

一是双方学校要加大校际交流，互相了解双方学校的教育规律和教育过程，更好地为三年高中教育奠定基础；

二是敦煌中学，特别是民族教育联络办公室要及时或者定期举办异地学生的教育管理、家庭教育交流培训，让更多的家长和学生了解敦煌中学教育管理，让更多的老师了解阿克塞学生及阿克塞教育；

三是建议敦煌中学更加重视年轻老师特别是班主任的岗位培训，让老师尽早尽快了解阿克塞民俗风情和学生教育。

以上就是一年的工作总结和感悟，如有不妥特别是建议是否正确，敬请批评指正！

（贾丽娟，阿克塞县中学教师，2018—2019年度，派驻敦煌中学生活老师）

6.2.6　责任与爱　爱出别样精彩
——民族生活老师教育案例分析
阿克塞哈萨克族自治县中学　彭朝霞

敦煌中学是一所全封闭式寄宿制的独立高中，在民族高中异地办学的光辉政策照耀下，我们阿克塞哈萨克族自治县的学生才能享受到敦煌优质教育资源。但同时也面临一个新问题，作为寄宿制学校的学生，远离日常依赖的父母，突然进入了心理的"断乳期"，其不适应感会自然产生。如何才能提升他们在校生活时的归属感，满足他们在"归属"和"被认同"方面的心理需求，是摆在每一个生活老师面前迫切需要解决的问题。在学校的安排下，我便成了联系学校、家长和学生的桥梁，干起了这千头万绪的民族生活老师的工作。常规工作有：周二下午开会；周三、周四分别给一部、二部的学生购票；周五下午、周六中午分别安排高一、高二和高三学生乘车，对车辆进行安全检查、对学生进行人数清点、发放车票等。突发状况包括：学生在校期间突然病了、有事找家长、和同学闹矛盾了、打架了等，事事都要出面解决。虽然从教已经 20 多年，但对生活教师这个岗位还是比较陌生，突然从一名一线的教师走到敦煌中学生活老师的岗位上，显得有些茫然，同时也感到了责任重大，只有尽心尽力，虚心求教了。

【案例描述】

这是一起突发事件，2018 年 11 月 4 日 23：00 左右，高一（1）班学生王志鹏在教室感觉胸闷，于是打算去洗手间，刚走出教室就突然晕倒，学校值周领导发现，立即拨打 120，并通知了我。我陪同该生到敦煌市医院急诊科，办理了就诊卡，交了医疗费，在医院陪护学生，同时和家长取得了联系随时告知孩子的情况。详细咨询了值班医生该生的症状，才知原来孩子主要就是心理压力过大造成。于是我便开始对其进行了心理疏导，和他谈心之后方知他是因为期中考试成绩低于月考成绩，一时无法接受才……直到凌晨 2：30，孩子的家长从阿克塞打车赶来，和家长交流之后，我才离开。今夜真是个不眠之夜，谁知刚躺倒床上，凌晨 4：10 左右，电话又一次响起，我睡意正浓，还以为是骚扰电话，正准备挂断，突然看到了"陈主任"三个字，立马睡意全无，知道是又有学生不舒服了，原来是高二（21）班的王嘉禾同学胃痛得厉害，值班主任李主任开车送到医院，我再次当起了孩子的家长和陪护，办就诊卡，交医疗费，陪孩子说话，联系家长，因是午夜，孩子的父亲没接电话，她的母亲也是在熟睡中被惊醒，开始还以为是打错了电话，说了孩子的病情后，家长开车赶过来。直到 7：10 左右家长来了，我交接好看护工作后又打电话向孩子的班主任说明了情况，才回到宿舍。也许是因为冬日的午夜寒气逼人，我一个女老师不顾个人安危来回奔波陪护孩子的缘故吧，两位家长都说了好多感谢之词，弄得我都有点不好意思了，孩子们也是向我投来了敬佩的目光。王志鹏因只是心理问题，疏导后建议返校继续上课，后期我跟踪开导。

11 月 6 日中午，我特意在食堂等待王志鹏，再次开导他，见孩子气色好转，鼓励他劳逸结合，次日我远远看见他去篮球场打篮球，这才稍稍放下了一颗悬着的心。之后，我一直关注着该生的情况，直到孩子基本适应了高中生活，学习也在不断进步。王嘉禾同学是胃痛加学习压力，所以建议家长带孩子回家调养几天，因为高二当时进行会考前复习，不进行新课讲授，孩子在家复习也不耽误功课。家长和孩子也接受了我的建议，回家了。

【案例反思】

一、时刻关注学生，是别样精彩的基石

寄宿制学生一天之中大约有三分之一的时间在宿舍中度过，他们平时接触最多就是舍友，因此，宿舍人际关系处理的好坏直接决定了学生能否尽快适应高中生活。

尤其是高一新生，因为刚刚远离父母，初次来到集体宿舍。我通过多观察，多巡视，多谈心，了解他们，关心她们的所想所做，及时发现问题及时开导。如蔡同学听不懂数学和物理，心情郁闷，在宿舍看谁都不顺眼，我发现了，就找来几个和她差不多有同感的同学一起开导，收到了良好效果。还有同学因为一点小事和宿舍同学争吵，我及时教育，把一切不愉快杀死在萌芽状态。无处不在的关心，学生有了安全感，或多或少的弥补了"断乳期"的缺失，为我精彩的工作打下了理解的基石。

二、及时周到的服务，是别样精彩的阵地

正如古希腊神话中力大无穷的安泰离开了大地就软弱无力，不堪一击，可以说，满足学生合理需求就是异地生活管理老师管理工作的阵地。只有将学生合理需求放在首位，我们的管理工作才能更顺利地开展。以上案例中家长和孩子对我的感激之情就在于我在学生和家长最需要我的时候及时地出现了，不管是白天还是晚上，只要孩子们需要我，我就在。我也充分利用这个契机，引导学生积极应对高中生活的挑战，从不同角度分析、判断和解决问题，引领学生快乐走进寄宿制生活，鼓励王志鹏同学及时去上课，王嘉禾同学回家休息并调整心情，最终他们都提高了学习积极性。老师捕捉到了学生需求这个宝贵的教学资源，及时正面引导，在学生深层的体验与感悟中提升了教育的效果。试想如果没有这个资源，学生对我的说教就不会带有感激之情，教育的效果就会大打折扣。

三、适时巧妙引领，做别样精彩的"助产士"

生活老师的管理工作虽不像课堂教学那样，学生的主体、客体的关系处于不断转换之中，但把这些零散的时间叠加在一起亦是一堂完整的教育课。如果教师为了"圆满"完成"预设"任务而一味生硬说教，则学生必然只能做一个倾听者，谈何主体地位和愉快发展？谈何别样的精彩呢？面对学生的心理恐惧，教师要成为智慧的引领者，帮助学生进行智慧的抉择，像苏格拉底那样，做学生思想的"助产士"，为别样精彩"接生"。以上案例中，我先让孩子感受到了我的真诚，再引导孩子说出自己高中生活的困惑，巧妙引导，架设起师生互动的平台。形成师生共同参与、自由对话、真诚沟通的交流氛围。交流彼此的见解、感受彼此的情感，达到心灵的感应、理解的共鸣，走向生成性教育的新境界。

总之，生活老师的工作也是一门教育科学，需要不断实践、研究和探索，万不可停留在关心生活的表面，用慈母之心、严师之心、益友之心，来温暖同学们的心灵，促使他们个个都能健康、和谐、全面发展。

（彭朝霞，阿克塞县中学教师，2018—2019年度，派驻敦煌中学生活老师）

6.2.7　民族教育齐出力，共谱民族团结曲
——回忆敦煌中学的师生情

阿克塞哈萨克族自治县中学　张彩霞

在我的记忆深处，有一段难忘的美好回忆，这段回忆与有名的敦煌中学有关，这些往事虽然过去很久了，却记忆犹新。记得那是 2013 年 8 月底学校新学期开学的日子，学校领导派我与另外 3 位老师到敦煌中学去当生活老师，管理阿克塞县在敦煌中学就读的高中学生的学习和生活。

我满怀喜悦和不安来到了敦煌中学。敦煌中学的学校领导和老师对我们很热情，也很关心。公寓楼管理员金支平主任给我们四位老师安排了三间宿舍，让我们和学生同吃同住，这样方便了解和管理学生，那些日子虽然离开家，很辛苦，但也很开心。时间久了，我们和敦煌中学的老师渐渐熟悉了，和公寓楼的宿管老师成了好朋友，我们一起工作，一起管理学生，一起吃住。

敦煌中学新校区在 2013 年刚刚建好，是一所全新的学校。从远处看，教学楼和公寓楼一色青砖青瓦，古色古香，绿树环绕，在蓝天的映照下，雄伟壮观，气势宏大。走近一看，映入眼帘的是校门上端写着"敦煌中学"四个大字，校园环境优美，基础设施完善。校园文化氛围浓郁，师生之间互敬互爱。

春夏的清晨，空气清新，太阳还没有升起，鸟儿在树上鸣唱，校园里早已书声琅琅。早读之后，老师和学生在校园里跑操，我们看到各班跑操的学生队伍非常整齐，步调一致，很是惊奇，也加入到跑操的老师队伍里，感受着新学校的浓厚文化氛围。学生们在优美宽敞的校园学习、玩耍、游戏、散步……遨游在知识的海洋，享受着新学校的温馨和舒适。

秋冬时节，早晨寒风刺骨，敦煌中学的老师一个比一个来得早，校园依旧书声琅琅。记得那是十一月的一天早上，我和陶老师在公寓楼后面早起锻炼，远远看到一个人也在教学楼后面锻炼，那个人个子不高，有点瘦。却很精神，我们跑过去和他打招呼，一看原来是敦煌中学的曹新校长，他来的好早，当时才七点左右，天还有点黑。我们一边锻炼，一边和曹校长聊天，曹校长关心地问我们，吃的怎么样，住的怎么样，生活上有什么困难，还有什么需要的，让我们告诉他，他给我们解决，我们非常感动。

每次召开管理学生生活老师会议时，主管副校长邹志新和民族教育联络办公室陈肃宏老师都会及时了解阿克塞和肃北老师工作和生活情况，有问题随时解决，并及时反馈各班阿克塞县和肃北县学生的情况，便于我们了解学生情况，解决问题。陈主任对我们的工作和生活关心，令我们非常感动，我们更加努力的工作，密切和敦煌中学老师配合，把自己的工作做到最好。

在敦煌中学工作和生活的每一天，我们都感受到敦煌中学领导和所有老师的辛勤与忙碌，感受到他们对每一个学生的关心和教育（从不分是敦煌的学生，还是阿克塞县或肃北县的学生），感受到他们对教育事业的热爱和执着。他们对我县哈萨克族学生更是关心和爱护，了解到哈萨克族学生由于民族不同，风俗习惯不同，饮食也不同，为解决哈萨克族学生吃饭问题，学校专门开设了民族学生的清真餐厅；为了让阿克塞和肃北老师安心工作，学校在餐厅给生活老师单独开设了一间房子，安装了天然气，方便生活老师自己做饭，这一切深深地感动着我们，也让我们觉得敦煌中学就是我们的家。

敦煌中学的学生与阿克塞县和肃北县的学生融为一体，不分彼此，共同生活在敦煌中学这个大家庭，互相理解，互相帮助，互相关心，共同学习，共同进步。在敦煌中学老师的辛勤培育下，孩子们一天天进步，一天天成长。记得刚开学不久，有几个阿克塞县的高一新生与敦煌中学的学生发生矛盾，打了一架，其中一个是哈萨克族学生阿合剑，当时我们害怕我们的孩子被他们欺负了，毕竟我们是外县的，可事实并不是我们想的那样，敦煌中学的几个班主任了解了情况后，把阿克塞县的生活老师和参与打架的学生召集在一起，了解打架事情的缘由，并让我们参与讨论学生打架事件解决的办法，在和学生沟通之后，耐心细致地做学生的思想工作，最后打架学生承认错误，互相道歉，握手言和，这件事得到了圆满解决。在敦煌中学工作时，有的哈萨克族学生听不懂课不做作业，有的学生不按时休息，有的学生偷偷抽烟，还有的学生不听老师的话，顶撞老师……通过和敦煌中学的老师的接触，一起处理解决一件件这样的事情，我们成了知己，我们的学生和敦煌中学的学生也成了好朋友。

最难忘的一件事发生在那年的十二月的一天。当天非常冷，晚自习之后，学生回到宿舍休息，十一点四十分，我和敦煌中学的宿管老师开始检查孩子们休息的情况，一切正常。到了深夜两点左右，突然一阵电话铃声响起，我吓坏了，拿起电话才知道是二部宿管老师打的电话，高一（12）班的一个阿克塞县女孩子突然肚子痛得厉害，我急忙穿好衣服跑出公寓楼，看到校园里远处有手电筒的亮光，跑过去一看，那个女孩子是我县的学生阿依古丽，旁边有她的班主任张老师和宿管冯老师，我和敦煌中学的两位老师一起急忙打出租车把阿依古丽送到了敦煌市医院，医生给她输液之后，我赶快给她的家长打电话，由于是哈萨克族学生的家长，语言不通，打了半个多小时才把电话打完，她的家长连夜租车到敦煌市医院。我知道她的班主任第二天要看自习，我让他回去休息，可他说不放心，怎么也不肯回去，我们就在医院陪阿依古丽同学输液。凌晨四点半左右的时候，阿依古丽的父母才赶到医院，她的父母非常感谢我们，我们更应该感谢敦煌中学的老师，他们对我们的孩子的关心和爱，并不比我们少。一件件、一桩桩这样的事情，让阿克塞县的孩子们感动着，让阿克塞县的老师感动着，也让阿克塞县的家长感动着。民族团结一家亲，两校师生互敬爱；民族教育齐重视，才能培育出更多的人才。

每每看到我们的孩子在敦煌中学健康快乐的学习和生活，我们很开心，但是觉得肩上的担子更重了，责任更大了。在敦煌中学，阿克塞县和肃北县的学生与敦煌中学的所有学生一起学习，一起吃住，一起军训，一起排练节目，一起打篮球和踢足球，一起参加学校举办的各种活动，我们和敦煌中学的老师一起教育和管理着每一个孩子，让他们和敦煌中学的学生一起快乐的学习和生活，一起收获知识和友谊，一起健康茁长成长。孩子们不分民族，不分县市，不分城乡，团结友爱，互帮互助，共同生活在敦煌中学这个快乐的大家庭，播种自己的希望，收获自己的成功。

2014 年 6 月的高考，敦煌中学取得了优异的成绩，阿克塞县的学生也取到了非常好的成绩，路文柱老师班的阿克塞县学生张志睿同学以 566 分考取我县理科第一，被山东大学（威海校区）录取，文科班的阿克塞县学生雷博同学以 499 分，考取我县文科第一，被西北师大录取，其他学生考得也不错，家长也非常满意。我县学生在敦煌中学学习刻苦努力，坚持不懈，所谓"一分耕耘，一分收获"，这些成绩的取得离不开敦煌中学老师的辛勤付出，在此，我想说：谢谢你——敦煌中学；辛苦了，敦煌中学的老师！

曾经，我们与敦煌中学的老师一起工作，并肩战斗：一起看晚自习，一起检查学生作息，一起送生病学生就诊，一起做学生思想工作，一起迎接上级检查，一起清点周末回家的学生坐车……流过汗，出过力，竭诚尽力为阿克塞的教育事业贡献自己的绵薄之力，在敦煌中学留下了太多的难忘回忆，为我们的教师生涯书写了辉煌的篇章，经历过的一切让我们刻骨铭心。

敦煌中学老师对我们阿克塞县学生的那份关心，那份真情，那份挚爱，让我们的学生终生难忘，也让我们感激不尽。

就让阿克塞县中学和敦煌中学的老师携起手来共同谱写民族团结教育的新篇章！

（张彩霞，阿克塞县中学，2013－2014 年度，派驻敦煌中学生活老师）

6.3　班主任工作案例及任课教师手记

"随风潜入夜，润物细无声。"教育是有目的、有计划的传授知识、培养才能，使学生身心健康成长的一个过程。民族县的高中异地办学措施，就是借助敦煌优质的教育资源，帮助和提高民族县教育事业的发展。从 2007 年 9 月开始，敦煌中学接收肃北蒙古族自治县和阿克塞哈萨克族自治县的高一学生，到目前已经 14 年，共接受肃北、阿克塞两个民族县学生 1931 人，其中肃北学生 942 人，阿克塞学生 989 人，有少数民族学生 392 人，包括蒙古族、哈萨克族、藏族、土族、维吾尔族、回族、满族、裕固族、东乡族、锡伯族等。

在民族县异地高中办学以来，敦煌中学的领导和老师们以极大的热情投入到这项意义重大的工作中。学校专门设置了民族教育联络办公室，派陈肃宏老师负责这项工作。校长曹新多次在不同的会议上，向全体教职工阐述党的民族政策、民族教育的重大意义，作为敦煌中学的老师对待民族县的学生，要关心爱护，一视同仁，既严格要求，又包容宽待，将老师的爱心、耐心、细心、真心都奉献给民族县的学生们，不因民族县的学生的差异而区别对待，要给予这些远离家乡和父母的孩子们更多的关爱和帮助。敦煌中学的广大教职工在具体工作中，对民族县的学生也始终贯彻落实平等、团结、互助、和谐的精神，他们处处关心民族县的学生，事事帮助民族县的学生，春风化雨，润物无声，将自己的大爱奉献给民族县的教育事业。他们的育人事迹是感人的，是深受民族县百姓称赞的。

6.3.1 班主任工作案例：一个烟头引发的故事

甘肃省敦煌中学班主任（匿名）

下课后，刚回到办公室，同办公室的李老师笑着对我说：你的电话快爆了！

我看到手机上有无数个未接电话，居然都是学校政教处打来的！

天哪！该不是班上又有什么事儿吧？该不会又是……？

带着疑惑，我回拨了政教处电话。电话一接通，政教主任一顿劈头盖脸，狂风骤雨！

到政教处一看，果然是××！只见他拳头紧攥，脸憋得通红，双眼含泪带着一脸愤怒，正气鼓鼓地和政教主任剑拔弩张。一看见我，通红的眼睛里眼泪仿佛打开了闸门一般奔涌而出。

2007年，敦煌中学开始承担肃北、阿克塞两个民族县的异地办高中任务，也就是说，两个县的普通高中教育都集中在了敦煌。我们学校采取的是融入式教学，即对来自两个民族县的学生不单独设立民族班，而是分散融入各班级，每个班大约5—6名。我的班上就分进来了5个民族县学生，××就是其中之一。

也正因此，这些年，我带过了不少民族学生，其实他们和汉族学生除了一些宗教信仰、风俗习惯等方面有所不同之外，并没有过多的差异。对我们来说，每一个孩子都像一朵独特的花，有着不一样的生长环境和特点，也因此形成了千差万别的性格特点。正如这世界上千万种植物一样，大多数孩子，都在努力向上生长，但也总会有一些例外。××就是那个例外，他是来自肃北蒙古族自治县的民族学生，也是我班上令我无比头疼的"刺儿头"。他和其他四个同样来自民族县的学生不同，其他四个同学尽管基础比较薄弱，但他们肯学习，经过几次思想工作之后，就开始经常往各科老师办公室跑。对于好学的学生，老师们也喜欢，即使下班后多辅导一会儿也都愿意。于是成绩也在不断提升。但××这个孩子的"不一样"真的是很不一样。他的桀骜带着一股子野性，他的率直也带着一股子蒙古族学生特有的气息。道理讲了无数，包括我自身的经历，可是就算我嘴皮磨破口水熬干，他就是油盐不进。晚自习，他的屁股下面仿佛有刺，一刻也不安生，不是转过头和旁边的同学说闲话，就是在那里剪指甲或者做其他小动作。也正是因为他，按照学校的晚自习考核管理办法，班里的考核分总是在拖年级后腿。同学交往时，稍微言语不慎，他就拳头相向……为此惹了不少麻烦，可以说，是政教处的"常客"了。上一学期，他因为一次打架事件背上了"记过"处分。

也正因此，只要班上学生出了问题，不用多问，八成都与他有关系。

"这孩子太犟了，交给你了，把事情调查清楚！"政教主任生气地说。

带他出政教处时，他还气鼓鼓的，甚至没有向政教主任说再见。

原来，政教主任巡查时，闻到卫生间有烟味。进去时，只见几个学生慌乱地进了蹲位。只有他的蹲位上，有半截正在燃烧的烟头。学校对师生吸烟问题一向管理严格。政教主任对几个学生一一进行了询问，但没有一个人承认，也似乎只有××有最大嫌疑，一是因为他有曾经"在案"的记录，二是靠近时的确身上有一股烟味。

但我知道这孩子的习性，应该是被冤枉了。我的一个蒙古族朋友对他家的情况比较熟悉。他出生在一个典型的牧民家庭，父亲脾气不好，烟袋从不离身，常常在醉酒后用马鞭子打他。他小的时候曾经好几次骑马出走过，若不是遇到相熟的牧人劝回，早喂了狼了。也正因此，他对抽烟这件事深恶痛绝，他打架的事就是因为同宿舍的一个同学，在宿管老师查宿的空档期偷偷在宿舍里抽烟，他们几个人劝了几次都不听，说急眼了，便动了手。尽管处理过这件事的政教主任知道，但因为工作关系，新来的政教主任并不知道。

等他平静下来，实际情况也才浮出水面。原来，他因为肚子疼在洗手间蹲大号，听到旁边蹲位上有几个同学偷偷抽烟，想走但还没来得及起身，就听见门开的声音，紧接着一个烟头就飞到了他的蹲位上。冲进来抓现行的政教主任并没有发现这一点。只是单纯因为烟头就认定是他，还把他带到政教处要处理。本来就有过记过处分，要是再被处分，就要面临开除了，因此他和政教主任急了。低着头好一会儿，他深深地向我鞠了个躬：对不起，老师！我又给你惹麻烦了！但我真的不想离开学校。

我侧面找来了和他同时上洗手间那几个学生，经过耐心询问，确认他说的是实际情况。其实，对于不吸烟的人来说，只要走到吸过烟的人旁边，甚至不用刻意去闻就能分辨出来谁吸烟谁不吸烟。

但冤枉是冤枉了，攥着拳头顶撞政教主任也极不合适。我向政教主任详细解释了事情的经过，并打了包票，这孩子绝对不会再犯。并让他向政教主任道了歉，政教主任才勉强决定交给我处理就可以了。

事情就这样过去了，但我发现一个小细节，那就是从内心来说，他不是怕再背上一份处分，而是真的不愿意离开这座学校，我觉得这是一个契机。

第二天，活动课时，我和他在校园里进行了一次长谈。我从自身的经历出发，给他讲述了我在高中时期以及后来的职业生涯中也曾经经历过的一次次"有色眼镜"事件。人这一辈子，一旦犯了一个错误，往往就会被打上一个标签。如果不通过自己的努力去改变，就会一辈子带着那个标签。

或许是我的某一句话终于触动了他，从那以后，他变了。

两年半后的一天，我收到一张远方某大学来的贺卡。

"谢谢您，老师！如果不是您，或许现在我早已回到了家乡的牧场上，像我的父亲一样，重复着他的人生。是您，给了我另一种人生。我会永远记得您！"

我想，为人师者，最大的欣慰，莫过于此。

6.3.2 班主任工作案例：一缕饭香留住的女孩
甘肃省敦煌中学班主任（匿名）

"你为什么还不回家？"

"我……我……"

问了半天，她才说："学校的饭做得太香了！我想吃过饭再回。"

按照惯例，学生周末疏散开始后，教学楼里就不能再留学生了。但送学生安全乘车后，回办公室，对面的教室里居然还有一个女孩。于是，有了上面这段对话。

我先是骄傲，为我所在的学校！我们学校的餐厅采取的后勤社会化服务模式，上下两层 5000 平方米宽敞明亮的餐厅里，共有 16 个各种不同口味的窗口和 2 个清真餐厅。餐厅工作人员为面向社会公开招选的 18 家经营户，每天就餐规模达上万人次。学校成立由校长担任组长，主管副校长、职能部门、班主任、学生代表、家长代表等广泛参与的食品安全与营养健康领导小组，负责全面监督管理食品卫生安全、饭菜质量、经营价格。餐厅管理制度健全，人员配备齐全，原料采购、加工烹饪、食品快检、餐具洗消等各环节均做到专人管理，确保食品卫生安全和师生身体健康，实现了校长曹新所承诺的：学校餐厅的食品，无论是原材料，还是成品，比许多家庭自己做的都还要安全！学校充分考虑学生的家庭经济负担，禁止经营户私自调整饭菜价格，各个饭菜品种的售价都由餐厅管理委员会经过广泛市场调查后上报学校教代会、党委会审核后方可实施，许多菜品价格几乎只相当于市场价格的一半。

学校清真餐厅最早建于 2007 年 7 月，是为方便肃北、阿克塞及敦煌地区少数民族学生就读而专门设立的。新校区清真餐厅占地面积 600 平方米，可容纳 200 多人同时就餐，清真经营户为民族学生及其他喜好清真风味饮食的学生提供兰州牛肉拉面、牛肉干拌、炒菜米饭、油香等特色饮食。在这方面，真的有许多事值得骄傲。无论从这里走出的汉族学生，还是少数民族学生，许多在上大学或者工作之后，只要回到敦煌，就要特意想方设法回敦煌中学餐厅再吃一顿饭。他们的说法也出奇地一致："敦煌中学的饭太香了，比我们大学里的饭还香！"

但骄傲的同时，我又有一些心酸，因为我分明看见女孩眼里闪动的泪光。经过仔细询问，女孩才吞吞吐吐地告诉了我原委。

她的父母都在肃北蒙古族自治县工作，从小生活在肃北县党城湾镇，但母亲多年前工作被调到了马鬃山镇。没有去过马鬃山镇，你无法想象马鬃山与党城湾镇尽管同属于肃北县管辖下的两个镇，但距离遥远的程度。党城湾镇坐落在祁连山脉西北缘、河西走廊西端南侧，是县人民政府所在地；马鬃山镇坐落在河西走廊最西端北侧，为肃北县飞地（即隶属于某一行政区域管辖但不与本区毗连的土地）。两镇之间被敦煌、安西、玉门三县（市）分割开来，互不相连，两地直线距离130多公里，实际距离远远大于此。

带着眼泪，她说：自从母亲到马鬃山工作之后，父亲由于生意的缘故，常常忙于应酬，从小学五年级开始，她就经常一个人在家，父亲偶尔做一次饭，炒的菜就像白开水煮的，于是，她的一日三餐，不是吃泡方便面，就是自己买零食凑合一下。她也曾尝试像母亲一样做饭，但总做不香。直到上了敦煌中学，她才觉得，生活在这里太幸福了，一日三餐，都能挑着不同种类吃不重样的。回到家，父母都不在，冷冰冰的，所以，她宁愿在学校多留一会儿，哪怕是多嗅嗅餐厅飘过来的饭香也觉得比回到冷冰冰的家里温馨。

听完孩子的诉说，我沉默了！只能告诉她，家，永远是我们每个人幸福的停靠港。

在劝她尽快回家后，我和他的父母做了沟通。得知她的母亲在近一段时间就会调回党城湾镇，他们也许诺会尽量多抽出时间陪陪孩子。和同一办公室的女老师说起这件事，她也哭了，我托她转告那个女孩的班主任。

我能做的也只能止于此。又过了一段时间，我在餐厅再次遇见了那个女孩，看见我，她羞涩地笑了，但眉眼间显然多了一些阳光。

从事教育这么多年，这样的问题已经碰见了不止一次，这也已经是一个很现实的问题。无论是汉族学生，还是少数民族学生，都会遇到相同的问题。只不过，这次，是在这个女孩子身上。遗憾的是，在孩子成长的关键期，许多父母常常因为工作等原因忽视了他们，而这一点，在这个女孩子身上表现更甚。同时，这种情况也是导致许多孩子出现心理问题的原因之一。我一直在思索解决之道，学校也通过召开家长会、家长学校专题课、发放宣传材料等多种方式进行沟通引导，但效果并不理想，这是需要社会、政府、学校、家庭共同协调才能解决的。

6.3.3　班主任工作案例：不能拍的肩膀

甘肃省敦煌中学班主任（匿名）

习主席说：各民族要像石榴籽一样紧紧拥抱在一起。不同的生活地域和历史形成了不同民族传统，每个民族在饮食、服饰、语言等方面都各具特色。有的民族能歌善舞，有的民族勇猛彪悍……但无论是哪一个民族，都是中华民族大家庭中的一员。

自从阿克塞、肃北两个民族县的高中"平移"到敦煌后，包容开放的敦煌中学像以往一样，敞开胸怀接纳了来自民族县的同学们。许多不了解情况的人总是刻板地以为，来自这两个民族县的学生，肃北的学生就一定是蒙古族，而蒙古族学生就一定都是膀大腰圆，都是住在"蒙古勒格日"里，吃着奶酪和烤肉，喝着酥油茶，弹着马头琴，以畜牧为生计，过着"逐水草而居"的游牧生活；而阿克塞的学生就一定是哈萨克族，一年四季总是在各个牧场之间转场。但实际上，在两个县居住的不只是这两个民族，还有着藏族、白族、土家族等许多其他的民族，同时，经济社会的发展已彻底改变了他们的生活，大多数都住在了宽敞明亮的现代化新式住宅里，和汉族一样享受着现代生活带来的便捷。

至今为止，阿克塞、肃北的民族学生到敦煌中学就读已经十余个年头了，学校校园里也随处可见民族团结知识，最有特色的是，位于学校餐厅旁的民族团结长廊，将敦煌及周边地区最常见的民族文化知识以最简短的文字进行了介绍，使学生潜移默化地了解了民族文化知识。同时，无论是班主任，还是任课教师、生活老师，都在教育教学时特别注意民族学生，班主任经常性通过民族团结主题班会等方式向学生普及民族文化知识，时间一长，对于各民族之间的差异已经浑然不觉，都不会刻意区分学生是哪个民族，因为对我们来说，他们只有一个身份：敦煌中学的学生。

这也常常会导致我们忘记了一些民族禁忌。

一次课间，学生匆匆来叫我，说是 A 同学与 C 同学在教室里打了起来。我急忙冲去教室，在同学的劝说下，两个人已经分开，但都气鼓鼓、双眼通红地瞪着对方。带到办公室后，我才清楚了原委，其实说大也不大，说小也不小。

A 同学是藏族，但由于他长期居住在汉族地区，无论是外在相貌，还是许多生活习惯，在平时早已和汉族学生没有任何区别。但对于任何一个民族来说，总有些传统的东西根深蒂固永远不会改变。B 同学课间恶作剧，不仅从后面偷拍了 A 同学的头，还拍了他的肩膀。A 同学一下子火了。

我有些诧异，平时上课时，我也时常会拍一些同学的头或肩，对他们进行鼓励。他也曾经被拍过，但也从未见他说过什么呀。因为大多数时候，我们认为拍肩膀有亲热、关怀、戏谑等多种意义。上级拍下级或长辈拍小辈的肩膀表示的是关怀，被拍的会觉得是鼓励，会感受到关爱。更何况老师对学生，也无异于长辈对小辈一样啊。

过了一会儿之后，他才说，尽管他也不知道理由，但他自小父母就告诉他说，头上和肩膀上不能让别人轻易拍。在等他们冷静的间隙，我打开网络查了一下，网上说法不一，但大多数都说藏族认为头和肩上有神灵，不能轻易拍，尤其是不熟悉的人。

其实在汉族，也有类似的习俗，在迷信的风俗里，会认为人身上有三盏魂灯，头上有一盏，肩膀上有两盏，若是以惊吓的模式拍对方肩膀，很容易把这两盏灯给按灭了。所以，也会忌讳小辈对长辈、不熟悉的人等拍肩膀。这一点，倒是和藏族类似。各个民族之间尽管有许多差异，其实也有着更多的共同点。

针对这一事件，经过充分准备，我在班上专门开了一次"尊重民族文化差异"的主题班会，让两个打架的同学相互道了歉，以此为话题让学生进行讨论，取得了良好的效果。

而这件事，也更加警醒我，对待民族学生，要一视同仁，但也要注意其特殊性。

附：

民族团结主题班会教案

班会主题：尊重民族文化差异 促进民族大团结

班会对象：全体学生

班会目的：

1. 通过本次寓教于乐、生动有趣的班会，让学生了解和学习各民族的灿烂文化。

2. 懂得在社会主义中国各民族之间应当互相尊重、平等相待、和睦相处。深层次认识各民族之间应该加强团结、友好交往，对破坏民族团结的言论和行为感到气愤并主动制止。

3. 让学生体会到只有民族团结，携手并进，才能有各民族的共同繁荣，民族团结关系整个中华民族的长治久安和振兴发展。

一、班会准备

1. 发动学生利用周末在家时间开展调查，收集身边的少数民族风俗习惯及禁忌资料，更深层次的了解我们的少数民族同胞。

2. 事先准备 56 个民族扑克牌（或打印纸条），全班同学分别抽签，按照抽到的扑克牌上标明的民族准备关于该少数民族服装、舞蹈、故事以及文化禁忌等方面的资料。

3. 发动本班民族学生（5 名），展示本民族服装、乐器，讲述本民族经典故事。

4. 准备班会 PPT（包含游戏抽签、民族团结知识等）

二、班会过程（班级团支部组织并主持）

（一）导入部分

1. 情景再现：不能拍的肩膀

A 同学与 B 同学经过事先排练，对拍肩膀事件进行情景再现。

2. 围绕事件进行讨论：尊重民族文化差异。

3. 欣赏歌曲：《五十六个民族五十六朵花》

（二）游戏

1. 少数民族名称及特色接龙：随机抽取学生号码，被抽到学生说出一个民族名称和最具特色的代表性文化后，依座位轮流说少数民族名称及特色，不能重复。谁说出的重复前面学生所说过的名称，便出列表演节目，为大家讲一则民族团结的故事。

2. 齐读中华民族歌

中华民族兄弟多，五十六族齐欢歌。

汉—壮—蒙古—维吾尔，藏（zàng）—回—朝（cháo）鲜—哈萨克；

苗—彝（yí）—布依—鄂（è）伦春，满—侗（dòng）—哈尼—塔吉克；

瑶（yáo）—白—傈（lì）傈（sù）—达斡（wò）尔，黎（lí）—傣（dǎi）—土家—鄂（è）温克；

东乡—仫（mù）佬（lǎo）—珞（luò）巴—土，布朗（láng）—纳（nà）西—高山—畲（shē）；

拉祜（hù）—仡（gē）佬—（lǎo）水—阿昌，撒拉—毛南—佤（wǎ）—锡（xī）伯（bó）；

普米—德昂—羌（qiāng）—保安，门巴—裕（yù）固—怒—景颇（pō）；

柯（kē）尔克孜（zī）—塔塔尔，乌孜别克—京—基诺（nuò）；

独龙—赫（hè）哲（zhē）—俄罗斯，团结奋斗建祖国。

（三）民族文化展示

由预先选定的少数民族学生展示本民族文化。

（四）了解民族知识

主持人：民族的团结和睦是祖国兴旺发达的重要条件，中国的历史就是各民族团结互助、共同进步的历史。2014年5月29日，习近平在第二次中央新疆工作座谈会上指出："各民族要相互了解、相互尊重、相互包容、相互欣赏、相互学习、相互帮助，像石榴籽那样紧紧抱在一起。"2019年9月27日，习近平在全国民族团结进步表彰大会上说："各族人民亲如一家，是中华民族伟大复兴必定要实现的根本保证。实现中华民族伟大复兴的中国梦，就要以铸牢中华民族共同体意识为主线，把民族团结进步事业作为基础性事业抓紧抓好。"对于我们来说，无论是今天在这座校园里学习，还是将来走进大学校园或者开始自己的职业生涯，都要践行习主席关于民族团结的思想。下面，我们进入抢答环节。（抢答成功，小礼品奖励）

（1）民族之间"三个离不开"指什么？

汉族离不开少数民族，少数民族离不开汉族，各少数民族之间也互相离不开

（2）"五个认同"指的是什么？

对伟大祖国、中华民族、中华文化、中国共产党、中国特色社会主义的认同

（在 2020 年 8 月 28 日至 29 日召开的中央第七次西藏工作座谈会上，习近平再强调，"要培育和践行社会主义核心价值观，不断增强各族群众对伟大祖国、中华民族、中华文化、中国共产党、中国特色社会主义的认同。"）

（3）马克思主义"五观"指的是什么？

马克思主义"五观"，即马克思主义者认识世界的五种观念，包括国家观、民族观、历史观、文化观、宗教观。

（4）以上内容在校园内那个地方有展示？

（5）党和政府采取哪些措施来保障各民族的平等权利？

1）政策保障：①在各少数民族聚居的地方实行。②大力培养和使用，充分保障少数民族的参政议政权。③保护和发展。尊重各民族文化，包括尊重各民族的宗教信仰，尊重各民族的风俗习惯，尊重各民族的语言文字等。

2）法律保障：《中华人民共和国宪法》规定：①中华人民共和国各民族。②国家保障各少数民族的合法的权利和利益，维护和发展各民族的关系。③禁止对任何民族的歧视和压迫，禁止破坏民族团结和制造民族分裂的行为。

主持人：各族人民不仅在生活上要互相照顾，建设中互相支援，还应互相尊重风俗习惯，这是搞好民族团结的基础。少数民族也像汉族一样，有许多风俗习惯，你们了解哪些？是怎样对待的？

请同学们交流课前收集的有关民族知识。

（五）我的承诺

引导学生起立，宣读誓词

我承诺：我将坚持民族平等、民族团结和各民族的共同繁荣原则，始终做到"五个认同"，坚决维护少数民族的平等权利和民主权利，尊重少数民族风俗习惯，和不同民族的人们友好相处，不说不利于民族团结的话，不做有损民族团结的事。

（六）主持人总结

主持人甲：我们伟大的祖国，960 万平方公里的土地，少一寸也不行；56 个民族，缺一不可。

主持人乙：祖国历史的每一页，都记载着各族人民的团结奋斗和灿烂文化。我们每一个人都更加热爱我们的民族大家庭，我们都是一家人。

（七）班主任总结

通过本次班会，我们从中了解和学习到了各民族的灿烂文化，更了解了各个民族之间的差异。大家在平时的生活学习中，要学会尊重民族差异。同时，同学们也应该体会到，只有民族团结，携手并进，才能有各民族的共同繁荣，民族团结关系整个中华民族的长治久安和振兴发展，我们 56 个民族要像习主席说的一样，像石榴籽一样紧紧团结在一起。

（八）结束

起立齐唱《爱我中华》。

6.3.4　发挥兴趣特长转变学生态度

敦煌中学民族教育联络办公室　陈肃宏

自 2007 年 8 月异地办学以来，敦煌中学接纳了来自肃北县、阿克塞县的高中学生，一部分学生的学习基础薄弱，行为习惯不稳定。由于学生是第一次离开父母来敦煌求学，生活上自理能力较差，吃饭、睡觉、洗衣、花钱等方面的问题层出不穷。敦煌中学严格的精细化管理，使很多的民族县学生很不适应。民族县学生初到一个新的环境，面对生活上的相对独立、学习上的巨大压力，有相当一部分学生，一是不适应这里的气候，二是不适应学校严格的管理，三是不适应快的学习生活节奏，四是远离父母朋友感到孤独。他们有些不安心在敦煌中学学习生活，甚至打退堂鼓，想退学，或稍有不舒服就找理由请假，睡在宿舍不上课。

阿克塞籍学生马某就是一个典型。上课爱睡觉，作业不能按时完成或不做；宿舍卫生不做，被子不叠；衣服一个月积攒下来带回家再洗，甚至不脱外套睡觉；耳朵上经常挂个 MP4 耳机；周六不上晚自习，进动漫游戏城，到下自习才回来；对学校制定的肃北、阿克塞学生管理制度不是很遵守。班主任和生活管理老师多次谈话，收效不大。

一次偶然的机会，我发现马某同学在学校操场的草坪上练习跳街舞，动作很优美，节奏感很强。旁边几个男生在模仿他，他不时地指点。我在放学后找到马某，和他交谈得知，他初三毕业后跟他的朋友学的，然后又自己买来光盘，反复地学习，经常和一些朋友跳，跳舞水平提高很快，在阿克塞县还小有名气。

我觉得这是一个很好的机会，于是给他提议，能不能给班上其他同学教一下街舞，马某一口答应了。我在班会的时候，向全班同学征求意见，谁愿意学习街舞，结果十几个同学很有兴趣，他们问谁教，我说咱们班上就有这样的人才，马某同学的街舞跳得很好，你们就拜他为师，他完全能够胜任，不信就让马某同学现场给大家表演一下。马某拿出 MP4，随着音乐在讲台上舞了起来，动作娴熟优美，全班同学也热烈地鼓起掌来，同学们对马某是一脸的羡慕。

事后，我对马某说："充分发挥你的特长，给同学们教好街舞，学校的文艺会演中，给全校同学好好展示一下。"马某很爽快地答应了。

每天课外活动，在空教室里都能听到节奏感很强的音乐，看到马某领着同学们跳舞的身影。慢慢地，上课的自控能力提高了，作业不拖拉了。

有一次，我去宿舍检查卫生，进了马某的宿舍，床铺叠得整整齐齐，在墙上看见几张阿克塞县的风景照片，一问马某才知道，他爸是个记者，经常带他去野外拍照，他也喜欢摄影，这几张就是马某的杰作。我于是就跟马某说，你有这个特长，非常好啊！周末休息的时候，可以到处走走，多拍一些照片，我跟学校领导建议一下，半年以后给你在学校办个摄影展，怎么样？马某说没有问题。

每次周末晚自习的时候，都能看到马某在看一些摄影方面的书籍，也不去动漫城了。

元旦的文艺节目表演，我班的街舞表演获得了一等奖。马某那个开心啊！

半年后，马某的摄影展在学校展出。同学们都纷纷打听马某是谁。在马某的这些变化中，我只是从一个学生的兴趣爱好切入，充分发挥学生的特长，把学生的注意力转移到了正常的学习生活中，变被动遵守纪律、消极叛逆为积极主动探索、健康向上。

6.3.5　关于异地学生管理的一些体会

甘肃省敦煌中学　张晓军

2008年8月，在送走了高三毕业生之后，我又接了高二的一个文科班，在76个同学中异地学生有7个（肃北6人，2个男生，其中1名同学是土族；阿克塞有1人）。这些同学品质好、求学的欲望也很强烈，可是成绩却不见长。通过一段时间的观察和了解，我觉得他们身上存在着以下一些问题：

第一、他们远离了父母，得到的生活和学习上的照顾明显减少，于是良好的自我愿望开始动摇，虽然想着好好学习，但是对家的思念让他们静不下心来。

第二、由于教育的差异，他们在学习习惯、学习基础等方面和敦煌的学生有一定差距，以前的优势不是很明显或者干脆丧失，虽然经过了努力，但见效甚微，因学习成绩不够理想而造成自信不足。

第三、家庭教育在教育环节中的缺失造成他们的自我放松。面对新的环境，没有了家的束缚，加之他们自我约束能力不强，所以在学习上出现了滑坡现象。

找准了问题之后，我就采取了以下措施：

第一、合理分组，让他们尽快融入班集体。

刚开学的时候，我发现这几个肃北、阿克塞的同学的座位在一起，很少和其他同学交流，形成了一个小圈子，也把自己孤立起来，游离于班级之外。于是我在分组的时候有意识地把他们分进不同的小组，并且安排在了那些自律意识强、学习主动性强的同学身边；在分宿舍的时候，也把他们和敦煌的学生分在一起。让他们慢慢走出自己的小圈子，融合到小组、宿舍、班集体中来，感受到班级的温暖，消除了他们的陌生感和疏远意识，在他们心中树立起"我是敦煌中学的学生"的信念，从而为他们健康快乐地成长营造了一个比较好的环境。

第二、在生活上多关心他们，多次和他们聊天，了解他们家里面的情况，拉近师生之间的距离，让他们觉得老师可以信赖，是他们的家人，是他们关键时刻能想起来的第一人。

有一天晚上7点多，我正在排练节目，任虹蓉（阿克塞籍学生）打电话说庞开菊（肃北籍学生）发高烧，我立即到教室叫了几个班干部，和她们宿舍的2个女生把庞开菊送到市医院，由于市医院床位太紧张，我们又到了中医院，我找到了一个认识的医生，以最快的速度安排庞开菊就诊。这时，妻子打电话说孩子高烧，我心神不定地守在学生的病床前，看着液体缓慢地滴落。由于是晚上，肃北的家长不能赶来，我不能离开，十一点钟的时候，庞开菊的高烧退了，几个学生也看出了我的不安，就催促我回家，在给医生、护士再三叮嘱之后，我不安地回到家里，妻子的脸上挂满了疲倦，孩子已经好多了，也安然入睡了，我一下坐在沙发上，觉得肚子空空的，才意识到没吃晚饭。十二点的时候李阳（肃北籍学生）打电话说她们已经回到宿舍，庞开菊也好多了，我才安心地休息了。第二天早上，从肃北赶来的家长握着我的手不停地道谢，看到家长感激的眼神，我突然有一种感动。我不禁想起冰心说过的一句话："爱在左，情在右，走在生命的两旁，随时撒种，随时开花，将这一径长途，点缀得香花弥漫，使穿枝拂叶的行人，踏着荆棘，不觉得痛苦，有泪可落，却不是悲凉。"通过这件事，她们有事的时候都愿意找我，也愿意向我吐露心声，也为我进一步了解帮助他们奠定了一个良好的基础。

第三、欣赏和信任他们。用欣赏的眼光看待学生的每一个想法、每一次发现，发现他们的可爱之处和闪光点，尽量给予鼓励和热切的期待。

宋易壑（肃北籍）同学是从奥赛班转到文科班来的，学习基础好，但不怎么和别人交流，于是我就利用他数学学得好的优势，让他在中午自习时给同学们辅导数学。开始的时候，他担心自己讲不好，怕别人嘲笑，我就和数学老师一起分析他的优势，多次鼓励他，在数学老师的帮助下，他做了充分的准备，第一次辅导就赢得了同学们的赞许。他在讲台上自如地分析讲解练习的时候，那洋溢在脸上的不就是自信吗？只要我们善于发现，及时鼓励并给他们提供恰当的展示平台，孩子们就会插上自信的翅膀，飞出自卑的阴霾。

第四、坦诚相待，确立平等的师生关系，学生就会变被动接受管理为主动自我管理。

李阳（肃北籍）同学虽然是个女生，可性情直爽，对班级事务非常热心。有一次班级排练大合唱，负责同学哭着告诉我说李阳等几个同学不好好配合，让排练不欢而散。因为演出迫在眉睫，我没有调查就很粗暴地在班上不点名地批评了李阳，事后她找到办公室很生气很委屈地告诉了我事情的原委，原来她也是关心集体，看到排练效果不好，就和几个同学提了一些合理的建议。我意识到我错怪了她，就给她道了歉，但我看到她不是很高兴，于是在教室当着全班同学的面，郑重地向她们道歉，表扬了她们这种关心集体的行为，并把节目排练的事交给她和班长负责，在他们认真细致地努力下，我们班获得了合唱二等奖的好成绩。后来她在周记里写道："老师，你是我上学以来第一个能拉下面子给学生道歉的老师，老师你知道吗，你批评我的时候我是那么的绝望，我决定我这辈子不理你了，可你向我道歉时我觉得我的眼前是一片温暖的阳光。老师，我为我对你不礼貌的行为道歉。"从那以后她更加严格要求自己，并承担起纪律委员的职务，很热心地为班级服务。通过这件事，我意识到了坦诚是爱心的基础，爱心是平等的前提，学生不缺乏管理，缺乏的是自我的体现，一旦学生意识到自己在班级中的重要性，管理就不是那么头疼的事了。

第五、正确看待和理性评价学生，因势利导、发现学生的特长，让他们去享受自身价值得以实现的愉悦和幸福。

任虹蓉同学是阿克塞籍的一个女同学，学习基础薄弱，在日常的学习中虽然很刻苦，但付出和回报总是相距甚远，她就老说自己笨，不是学习的料，特别是进入高三以后，高强度的学习和惨淡的分数经常折磨着她，有好几次谈话时她都觉得自己上高中是个错误，对父母和老师深深的愧疚感让她陷入了深深的自卑之中。但是我发现她对朗诵很感兴趣，就因势利导，和她一起分析她的现状，认为她走艺考很有优势，于是在和他们家人沟通之后，利用假期让她到酒泉"奇迹"艺术学校学习播音主持专业。经过半个月的系统学习，她回来时好像变了一个人，不但精神焕发，而且学习更加主动刻苦了。她说："在'奇迹'让她发现了自己的价值，她找回了自信，找到了学习的愉悦和幸福。"她学习的目标更加明确了，一个新的起点让她走出了自卑。特别是在专业考试通过之后，她在文化课的学习上非常主动刻苦，每一次模考结束之后，她就及时和老师沟通，让老师帮助自己分析解决问题，并制定出周学习计划，一次次成绩的上升更给了她不竭的学习动力，用她的话说"我要用我在'奇迹'里学到的精神创造我的奇迹"。经过不懈地努力，用自己的特长撞开了四川音乐学院的大门。

两年的时间一晃而过，在这两年里，这些肃北、阿克塞籍的同学经过磨砺和融合，通过自己的努力在高考时取得了不错的成绩，在我班就读的7名同学都考入了理想的大学。宋易銮同学考入了甘肃政法学院法学专业，李阳同学考入沈阳师范大学法学专业，任虹蓉同学考入四川音乐学院绵竹分校播音主持专业，郑玉婷同学考入兰州外语职业学院动漫设计与制作专业，赵丽娟同学考入兰州外语职业学院计算机应用技术专业，陆佳兴同学（土族）考入甘肃民族师范学院法律事务专业，庞开菊同学考入新疆农业职业技术学院工程造价专业。他们圆满地结束了在敦煌的高中学习生活，走向了人生的另一个起点。

6.3.6　用爱心撑起民族学生成长的一片蓝天

甘肃省敦煌市敦煌中学　张彦斌

"这是心的呼唤，这是爱的奉献……"现在每当学生们唱起这首歌的时候，我都会想起刚刚毕业的我的学生陈桑杰尚和赵飞两名同学。我知道，现在他们两个正在甘肃民族教育学院宽敞明亮的教室里安心学习。

2007年，酒泉市为了落实教育优先发展，整合教育资源的政策，决定实施普通高中异地办学，将肃北蒙古族自治县、阿克塞哈萨克族自治县毕业的初三学生根据家长、学生自愿原则，选择到敦煌中学和敦煌三中就读。陈桑杰尚和赵飞两位同学当时分在了我的班级。

陈桑和赵飞都是藏族，肃北籍学生。父母都是八十年代从我省武威迁到肃北的农民，现在陈桑的父亲边务农，边承包一些建筑活以贴补家用，家里情况还可以。赵飞的父母种了二十亩地，主要农作物是小麦，由于前两年小麦价格低，所以家里经济比较紧张，况且赵飞的姐姐还在陕西宝鸡上高职。

两个学生刚到我班，我就发现两个人不怎么合群，具体体现在他们的自尊感和自卑感同时存在，具有双重性格。鉴于此，我首先和主管肃北、阿克塞学生的陈肃宏老师进行了深入交谈，陈老师告诉我，这些少数民族学生都有很强烈的自尊心，他们一般都很敏感，其他民族的同学、老师或者班主任言辞举措上的不经意都会让他们无法接受。而同时，由于文化基础差，家在小县城，再加上远离家乡的孤独感，他们又感到深深的自卑。在这种自尊和自卑的双重心理交织下，往往容易形成一个县城的小圈子或民族的小圈子，久而久之，孤立于大环境之外。针对这个问题，我在第一周的班会课上，隆重地介绍了这两名同学，介绍了他们的家乡肃北县，尤其同学们听到肃北的财政收入在全省人均第一的时候，引来了同学们的一片哗然和羡慕，我看到这两名同学非常自豪又有点羞涩，然后我又提到虽然他们的中考成绩并不高，但是将来他们高考的时候有很多优惠政策的时候，他们俩脸上明显有了笑容。通过这次专门介绍，消除了孩子们刚来到新环境的自卑感，在接下来的几周里，我发现他们俩在班上明显活跃起来了。

但是好景不长，期中考试刚过几天，政教处张主任就给我打电话，说陈桑和赵飞参与打群架，把三中的一名同学打住院了。我当时一听就气不打一处来，虽然来学校这么长时间，他们俩没有犯过大错误，但是迟到，逃课，不交作业却是常事，我每次都苦口婆心，找他们组里的同学成立对子帮扶，眼看着有点转变了，这下子又犯大错误了。那天我根据政教处张主任的安排，把陈桑，赵飞的家长打电话叫来，我们一起到派出所把人领回来，同时配合派出所查明两个人的责任。在和警察交流的过程当中我发现，其实当时的事情和他们俩本没有多大关系，就是因为陈桑看见自己的朋友被别人威胁，他因为义气所以就帮忙打架。问清楚原因后，我和家长以及他们俩回到学校。在我的办公室，他们俩羞愧的无地自容，尤其是陈桑，根本不敢抬起头看他的阿爸。我知道，少数民族学生身上有许多不同于汉族学生之处。譬如性格直爽、爱喝酒、好运动、易冲动等特点。我既要看到好的一方面，但又要制止不良行为的发生。现在架已经打了，钱也掏了，再批评他们也没多大作用，我就让他们的父亲当着他们俩的面，算了一笔家里的收入以及花销，肃北的学生虽然县上负担了学费和一部分生活费用，但是家里还是比较紧张，当听到陈桑的父亲说他前一阶段干了半个月的活，但是工钱让别人给骗了，半个月披星戴月连一分钱没挣上时，陈桑的眼泪唰唰唰地掉下来，赵飞也泣不成声。我趁热打铁，告诉他们，为朋友帮忙是应该的，但要看帮什么忙，值不值得帮，打架不但没有解决问题，而且还把矛盾越弄越深，还得让辛苦的父母为自己的冲动买单，一点都划不来。经过两位家长和我的剖析引导，两个同学都深刻地认识到自己所犯的错误给家庭和班级带来的损失，明确表示以后一定遇事三思而后行，再也不给家里和班级惹麻烦了。

酒泉市"异地办学"战略决策的提出是少数民族地区在教育改革中的大胆尝试，更是一项功德无量的正确决策。肃、阿地区的学生离开家来敦煌上学，他们一方面享受了优质的教育资源，同时也结交了很多敦煌的同学，不可否认，这是一股难以估量的人脉资源，他们的眼界比在肃北开阔了许多，他们慢慢学会了宽容，比以前大气了许多，也谦逊了许多。但是与此同时也带来了一个问题，就是生活上面还是有很多的不方便。由于一个月才能回一次家。他们从小吃惯了母亲做的可口的饭菜，现在在学校大灶上吃饭，虽然学校想尽一切办法提高饭菜质量，但是怎么能和家里妈妈的饭菜相比呢？我想啊，学生们想的不仅是吃饭，而是在饭桌上享受到的那种浓浓的家庭般的温暖啊！

于是我就隔几周把肃北、阿克塞籍的学生叫到我们家里面，让妻子给他们做些家常饭，看着他们吃着饭，一个一个抢着收拾碗的时候，我才体会到他们缺的是什么，不是饭菜质量，而是找到回家的感觉。我想作为"异地办学"接受地学校的班主任，应该多给这些孩子家庭般的温暖。记得吃完饭之后的那一周，赵飞回了一趟家，给我拿了一个他妈妈亲手做的千层饼，孩子很朴实地对我说："老师，谢谢您！我一定不给你丢脸！"这时候，我想到教育是什么，班主任的核心是什么？是爱！把自己的学生当自己的娃娃，用爱去浇灌他们孤独的心灵，用爱去帮助他们茁壮成长。尤其是这些少数民族学生，让他们感受到不管哪个民族，我们都是祖国大家庭当中的一员。陈桑有一次给我说：老师我来敦煌之前，想着自己是少数民族，担心受欺负，现在我和大家一样……我告诉他，你们都是我的娃儿。他嘿嘿一笑：你顶多是我的大哥。

当然作为班级的一员，对他们的管理我始终都没有放松。在管理上我要求他们严格遵守学校的规章制度，绝不能在制度上开"绿灯"，以防给思想和心理尚不完全成熟的他们养成一种"特殊性"下的纵容。违反制度的时候及时指正、批评、处理，先晓之以理，再动之以情，然后导之以道，引导和教育他们在明白错误的前提下改过自新。制度上开绿灯易放纵错误，而处理上以罚代教更会产生抵触情绪，造成不良影响。严格要求的前提下以教为重，才是管理好他们的好方法。这些年来，我在对其他学生的管理中也一样犯了个致命的大错误，那就是"以罚代教"。出了事犯了错一罚代之，而不从多方面去做深究，从而没有真正达到教书育人的目的，反而使个别学生铤而走险，走入更深的误区。

在带班的过程中我还发现，树立学生骨干，发挥"领头雁"的作用，往往可以达到事半功倍的效果。学生中骨干分子往往是具有威望和信誉的学生代表，在少数民族学生中更是如此。所以，作为一名班主任如果能正确找出学生骨干，合理地发挥他们的才能和作用，无疑会在工作中减轻许多负担。更主要的是让他们有了自豪感，增强学习的动力。在少数民族学生中，一些有才干、有能力的同学往往是一个宿舍、一个班、一个民族的"领头雁"，在同学中有较高的说服力和号召力。经过与其他班主任协商，我把陈桑委任为宿舍楼的"检察长"，配合楼管人员检查晚上就寝，陈桑对此非常高兴也非常尽心，对于肃北、阿克塞同学中的不良动向，能及时说服解决，有大事能及时和班主任联系协商解决。赵飞也在他的影响下进步不小，花钱比以前少了，很少进网吧了，学习劲头很足。我看在眼里，喜在心头。

三年如白驹过隙，转眼间高考到了。按照规定，他们必须回原籍参加高考。六月三号早上，他们收拾完行李，来到我办公室，我买了两瓶绿茶塞到他们兜里，告诉他们，说过的、骂过的，希望他们不要计较，回去好好参加高考，成绩下来的时候不要忘了告诉我。两个孩子不知道说什么才好，半天只有一句"一定一定……"然后就是嘿嘿的笑。

看着他们走出校门，我想到了是什么让两个孩子变得这么懂事、这么朴实：是爱！老师只有用爱，很深沉的爱，以对他们家庭负责的爱才给他们的成长撑起一片蓝天。

6.3.7　发挥民族县学生的特长　培养各方面的人才

敦煌中学　付有斌

让更多的民族县学生成才是民族教育工作的核心，而发现和培养优秀的特长人才则是实现民族教育工作的有效手段之一，引导民族县学生抓住重点发挥特长，使民族县学生成才的教育更具有针对性和实效性。

一、做好调查、宣传、引导，使具有特长天分的少数民族学生发展特长

自2007年以来，我校作为少数民族地区异地办高中的试点之后，民族县学生的培养任务就深深地落在我们每一位教师的心里。对民族县学生的培养，不仅是家长们的厚望，更是加深民族团结和感情的大事。学校不但从生活、学习上做了很多工作，更是在发现每一位民族县学生特长的潜力上，做了很细致的调查。在每学年开学之初，学校都会对每一位少数民族学生进行个人特长的调查，并根据每一位学生的潜质和特长为其量身制定高中学习生活奋斗的目标，同时做好特长的教育宣传，根据我校的特长生的培养机制、师资配备、教学设施情况，以及每年的特长生的培养、输送进行宣传。高一的时候，好多民族县学生对特长教育并不是很感兴趣，经过特长辅导老师们耐心而细致的劝说和引导，终于使我校的民族县特长生从无到有、从有到多，打开了民族县特长生发展成才的良好局面。

二、做好民族县特长生的双重管理和情感教育

每一位民族县特长生都会面临高考时专业课和文化课的压力，针对民族县特长生，我们专门制定了民族县特长生培养机制和管理条例，做好双重管理，就是在特长训练中制定一套适宜、具有约束性的奖惩管理制度，提高他们自我约束能力；在文化课的学习中，做到和班主任一周一沟通，让他们遵守班级管理制度，了解他们的学习表现，及时发现问题、解决问题。民族县特长生因为远离家乡，很少能够回家，而特长训练又很辛苦，身为特长辅导老师的我们，既是严师，又是益友，利用班级管理制度和特长训练管理制度相结合，用理性去管理他们，用人性去教育他们，使他们能够积极、主动的进行学习、训练。当他们出现问题后要像朋友一样和他们分析原因，解决问题；当他们违犯纪律和奖惩制度的时候，要为严师，不能姑息；当他们前进一小步的时候，要像前进一大步那样鼓励他们；当他们远离集体的时候，要像慈父一般鼓励他们要融入集体生活中等等。民族县学生都很淳朴、善良、有情有义，尤其是民族特长生，在常年特长的培养和辅导中，和老师结下深厚的友谊，多用理解的心、感性的心去接触他们，告诉他们怎样正确地在学生中树立自己的威信，怎样消除自己的负面情绪，怎样处理别人无意间的语言伤害等等。让学生对自我有一个正确的认知，真正产生积极的自我情感体验，养成良好的情感品质，促进自我身心的全面和谐发展，达到管理他、教育他、培养他的目的。当我们用心去辅导他们的时候，他们会记在心里；当我们用情去关心他们的时候，他们会很感动；当师生能够同甘共苦的时候，就是他们展翅高飞的时候。

三、竭尽所能，发展民族县学生的特长

在社会飞快进步的今天，特长生的教育越来越受到社会各界的重视，现在的社会办学、名师讲学、专家培训很多，我们有针对性地利用这些教育资源，提高民族县学生的特长，当然更要结合他们的民族特点。比如，我校的民族特长生主要有蒙古族和哈萨克族，这两个民族都能歌善舞，而且身体素质较好，利用他们的民族特色，发展他们的特长，相当于站在巨人的肩上爬高一样，有事半功倍的效果，因而我们更多地运用了他们自身所具备的才能。对于美术特长生，我们带他们去莫高窟参观，感受艺术、享受艺术、激发灵感，办民族特长生的画展，鼓励他们，请美术名家给大家讲学，带他们去写生；对于音乐特长生，我们运用多媒体的教学手段，把大家带入音乐的世界，我们办具有民族特色的文艺演出，为他们提供展示的舞台，先后改建了音乐教室、舞蹈训练室，办起了文化艺术节，极大地促进了学生练习特长的积极性；而对于体育特长生，民族特色运动项目的开展，给予他们才能展示的机会，让他们参与比赛，享受快乐，提升信心。民族特长生在高考招生，尤其是特长生的招生中有许多的优惠政策，做好了少数民族学生特长的培养，不但可以使原本上不了大学的学生有了圆梦和成才的机会，更维护了民族间的稳定和团结。

四、异地办学，民族学生的特长教育初见成效

自 2007 年，肃北蒙古族自治县和阿克塞哈萨克族自治县实行异地办学以来，最初参加特长训练的 6 位特长生已全部考入了高校深造，他们分别是：高晓丹，肃北蒙古族自治县学生，考入了四川理工大学；康洁，肃北蒙古族自治县学生，考入了兰州商学院；张善文，肃北蒙古族自治县学生，考入西安外事学院；布克．巴依尔，肃北蒙古族自治县学生，考入了内蒙古农业大学；王永霞，阿克塞哈萨克族自治县学生，考入库尔勒师范学院；任虹蓉，阿克塞哈萨克族自治县学生，考入四川音乐学院。

民族特长生的培养在 2010 年第一个高考来临的时候取得了比较满意的成绩，增强了民族县学生特长学习的热情和信心，对于更好、更多的培养民族特长生积累了经验，同时也看到了民族特长生培养的更广阔前景。通过对民族特长生的培养，不但极大地丰富了我校的校园文化生活，而且还促进了我校各民族学生的和睦相处，在生活中，大家相识、相知；在学习中，大家互帮互助；在高考中，大家同舟共济。对于民族县特长生的培养不仅仅让更多的少数民族学生成才，更增加了各民族的和睦相处，为各民族的团结、友爱种下希望的种子。

6.3.8　我与少数民族地区学生的教与学

敦煌中学　张自娟

一、耐心呵护迟开的花朵

少数民族的同学热情，懂事理，讲义气，明道理，擅沟通。他们大都有理想、有抱负。但有部分同学感到学业上有压力。有的少数民族学生英语基础薄弱，跟不上学习进度，学习吃力。他们在学习英语时，不仅存在背单词的困难，还存在少数民族语言的干扰，单词拼写不符合英语单词拼写规则，虽然还是那几个字母，但顺序排列大有学问，他们写出来的单词大都是一些无规律的一串字母，在他们眼里，背诵这些毫无意义和规律的字母拼写，简直就像在读天书。

陈欢同学就是这样的一个学生。他喜欢学习，也喜欢学习英语，愿意把大量精力和时间投入到学习英语中，但这砸进去的大量精力和时间背诵的单词却常常因为字母排列有误而错误百出，他也因此非常苦恼。我就利用导师制研究性学习的时间，帮他重新学习了 26 个英语字母，重新学习了 48 个国际音标，然后教给他辅音与元音是怎样拼读的，这种拼读规则类似于汉语的声母与韵母的拼读；在此基础上，再教给他常用的字母组合及其发音。比如 tion，er，or，tr，dr，ment 等，这些组合捆绑在一起发音，其中的字母顺序是固定的，而且不管出现在哪个单词里他们的发音都是一样的。然后陪着他尝试用这种拼读法背诵单词，他慢慢悟出了其中的"窍门"，背单词不仅准确率提高了，而且背诵速度也提高了，节省了大量的时间，渐渐地也越来越喜欢学习英语了。期末考试时英语成绩大幅度提高，他高兴地与妈妈分享了自己的喜悦，并让妈妈带了阿克塞的酸奶让老师一定收下，以表感激和谢意。这个大块头男孩终于尝到了学习英语的"甜头"。

二、加强学习方法、学习习惯的指导

少数民族学生大都离家远，与父母相处的时间少，因而欠缺来自于家长的指导。学习方法和学习习惯是学生学习效果的内在因素，好的学习方法对于学生成绩能够起到事半功倍的效果。

王乐天是个非常聪明的同学，但他的学习方法有欠缺，学习成绩与他的孜孜不倦的勤奋似乎并不匹配。观察了他的学习方法之后，我发现他喜欢单打独斗，一头钻到自己的天地里，奋战到昏天黑地，精疲力竭才肯罢休。尽管每天都能完成一份完整的试卷，但每份试卷成绩都相似。他按照自己的方式"无问西东"一干到底，不与其他同学交流。我就要求他与同桌每完成一份试卷后相互讲解，这样过了一个月，他告诉张老师，其实有很多问题他是经过同桌的讲解之后豁然开朗的，他后悔现在才发现原来同桌竟然是个"宝藏男孩"。张老师告诉他，其实是他的学习方法悄然发生了改变，能够吸纳他人的长处，它山之石可以攻玉。他的学习成绩一度成为全班前五名。

我深深感到：不是每一次的努力都会有收获，但是，每一次的收获都必须努力。作为一个教育工作者任重道远，我会继续努力的！

6.3.9　班级管理中的策略效应
——爱是人类最美的语言
教学二部班主任　侯建忠

爱是人类最美的语言，不需要诠释，不需要表白，可以是千只手，万颗心，也可以是一个微笑、一次握手、一声问候，爱是一种最原始的但又永恒的情感，一种不可名状但又有无穷力量的情感。爱，犹如黑暗中的一片光明，就像沙漠中的一泓清泉，好似孤岛上的一艘小船，又仿佛是寒冬中的一缕阳光……

下面的教育案例就是诠释爱的典范：

我带的班级中有这样一个学生，阿克塞籍，在校违纪事例汇总如下：不服管教、三番五次在课堂上公开顶撞老师、跟谁都有敌意、看谁都不顺眼、打架骂人、上课睡觉、肆无忌惮玩手机、上网聊天、在公寓楼惹是生非、时不时和楼管人员发生冲突、喝酒抽烟、从来不交作业、从来不做教室卫生和宿舍卫生、旁若无人、对任课老师的教育无动于衷、对人从来没有笑脸、和班级中的学生从不交流，让人始终感觉到阴阴的。可以说一个学生所有的坏毛病集于一身，严重影响、干扰了班级的正常教学秩序。

面对这样一个学生，着实让每个人头疼，更让人头疼的是她文理分班时分到了我所带的班，我以前就已经有所了解，心想如果把这个学生教育过来，这个班就好带了。如果让她再这样为所欲为，或者置之不理，或者睁一眼闭一只眼，或者就当她不存在，这样下去，那么这个班就很难管理，工作就会很被动，作为一名教师，你的良心就会受到谴责，而且这和我的班级管理战略——不放弃、不抛弃每一个学生——相矛盾，我下决心一定要改变她。

接下来我不动声色地观察了半个月，我发现她也希望引起别人的注意，愿意有人和她交流，我动员几个任课老师单独和她谈话，我主动与她父母交流、了解出现这种情形的源流。慢慢地，我收集了几次她犯错的资料和证据，还有她自己写的保证。在一次她和任课老师发生冲突后，因为我抓住了她的软肋，所以趁这个机会我狠狠地批评教训了她，她竟然没有和我顶嘴，接受了我的批评教训，我看到了转变的希望，接下来我和她敞开心扉畅谈了好几次，给她买作业本，和她一起共进午餐，有一次中午吃完饭，当我把她送到公寓楼门口时，就在分手的那一瞬间，我分明看到她眼中的泪花和感激的表情。当然，这是一个非常艰难的过程，如果没有足够的耐心、包容心、没有爱心，这个事情很难进行下去。

我深深地理解到：改变一个人并不比改变一个世界简单！从此以后，我看到了她的笑脸，她也和同学们开始玩了，在接下来的期中考试中取得了长足的进步，我也给她发了进步奖。家长会上，她的妈妈激动地哭了，根本没想到她的丫头还有希望，当着所有家长的面深深地给我鞠了躬。

当然，这个学生的转变也让全班学生看到了我管好这个班的决心和信心，班级风气发生了很大变化。

高考结束后，她考取了一所美术学院，她妈妈得知丫头被录取后，号啕大哭，不停地说："谢谢老师救了我的孩子，救了我们全家！"当时，我被深深触动了，孩子就是家庭的全部，我们老师不要轻易放弃每一个学生，同时我也明白，爱可以融化一切坚冰！

这就是教育奇迹，这个奇迹是老师创造的，为我们的老师点赞！

6.3.10　肃北、阿克塞学生个案分析

高三 19 班班主任　殷　娟

我班艾法拉同学是阿克塞县哈萨克族学生，高二文理分科时分到我的班上。刚到这个班级时，她很普通，只是因为她是一名少数民族学生，所以加强了对她的关注。听她高一的英语老师说，艾法拉英语很棒，但是我关注了一下，高二最初的两

次考试，英语成绩都是一般。而且整个高二上学期，艾法拉给人的总体感觉是上课疲倦困乏，精气神不足，内心封闭，不愿意和同学交流，缺乏学习目标。期中考试前，我和艾法拉谈话两次，她向我诉说的和我观察到的基本一致：她感觉自己没有心劲学习，不知道现在应该学哪一科，不知道以后应该干什么，之前的优势英语也不占优势了，期中考试艾法拉的成绩居于班级中间偏下。

从高二期中考试后，成绩的落后给了艾法拉沉重的打击。通过与家长的交流，得知她回家与父母的沟通也非常少，时不时还和父母吵架，所以决定和她父母一起采取措施，帮助这个孩子尽快调整状态，迎头赶上。考试后又进一步和艾法拉谈话，原因主要是由于进入高二，分到新班，环境不适应，再加上离家比较远，和宿舍敦煌籍学生闹矛盾；还有每天在清真餐厅吃饭，饮食不适应等。我和她父母一起给他鼓劲加油，班长许佳瑶和她一个宿舍，帮助她和敦煌籍学生建立友谊，谈心交流，帮助她订立期中考试目标，老师鼓励她一定能考上一所优秀的大学。从她最骄傲的英语学科入手，与英语老师商量，挖掘英语潜在的优势，英语成绩的提升也能促进她很快提高其他科目的成绩，并且让她参与班干部的管理工作。半学期后，艾法拉成为班上最活跃的女生，性格变得开朗了很多，英语课上声音最大的学生就是她，和本宿舍女生的关系也好很多。课后主抓的科目是数学，前半学期数学老师批评她，她内心接受不了，不知道干啥。现在一有批评，下课立刻到数学老师那里搞明白哪道题做错了。高二第一学期的期末考试，年级名次进步非常大，一直到现在，距离高考 180 天，艾法拉的成绩一直保持在年级 150 名左右，是少数民族学生中成绩最优异的。

由此可见，肃北、阿克塞籍学生中间有很多我们可以挖掘的优秀学生，只是由于环境和自身心理的作用，他们并没有崭露头角，但实践证明，给他们一个机会、一个信心，他们总会脱颖而出。

6.3.11　在实践中创新　在探索中提高
——敦煌中学对少数民族地区学生的教育管理的做法

敦煌中学体育组　白小荷

2007 年"异地办学"政策落地以后，肃北、阿克塞高中学生整体并入敦煌中学就读。敦煌中学为肃北、阿克塞学生提供优质的学习资源，保障了少数民族学生接受优质教育的权利。"异地办学"政策的实施，不仅提高了肃北、阿克塞学生的科学文化素质，也对维护民族团结和社会稳定，实现"两个一百年"奋斗目标，培养造就德智体美劳全面发展的社会主义合格建设者和可靠接班人，做出了突出贡献。

肃北、阿克塞高中学生整体并入敦煌中学就读，由于个体的差异，对敦煌中学的领导老师来说无论是管理还是教育教学都是一次严峻的考验，这是关系到民族团结、民族教育发展的大问题，他们顾大局，群策群力，实践、探索、总结，不断改革创新，终于开辟了一条少数民族在异地办学的成功之路。

一、分班政策倾斜

高一进校分班，为了真正体现公平、公正对待民族县学生，特制订民族县学生分班方案。高一年级分班，根据民族县学生的中考成绩，按比例再加一定分数，和敦煌学生一起，按成绩"S"形分班。敦煌中学在教学管理方面采用分教学部管理的方法，分为教学一部和教学二部，这样的分班方法，民族县学生可以分到不同教学部不同层次的班级，奥班、重点班、平行班都有。再者，根据民族县学生总数和敦煌学生总数的比例，每年大约按比例1：10分配到每个班，一般情况下，每个班都有民族县学生6～8人，这样，如果当年录取的高一新生分数特别高并且人数较多，可以考虑适当提高比例进入奥班，增加了少数民族学生获得优质资源的机会。

高二文理科分班，根据学生的学习意愿，文科、理科都能满足愿望。由于民族县学生初中的理科基础相对薄弱，高二文理分科时，大部分学生选择上文科，而学校的文科老师数量相对较少，文科班的数量也相应较少。进文科班要根据学生高一年级四次考试成绩和排名敲定，难免一部分学生进不了文科班。为了照顾民族学生进文科班，敦煌中学对民族县学生出台了专门的照顾政策，根据民族县学生的意愿，自己先写申请，由学生、家长、民族县生活老师签字，保证优先解决民族县学生进文科班。

二、教学过程倾斜

重视学习能力培养。教师在教学过程当中，针对班级少数民族学生"底子薄、跟不上"等状况，采用"放慢进度""互助帮扶""个性辅导"等教学方法，重点培养少数民族学生的学习能力。

重视全面素质提升。通过"课堂提问"提高课堂注意力，课后"督促鼓励"提振学习信心，"面批详批"作业化解学习难题，关注"心理健康、关心生活"解除后顾之忧，将关爱送到远离父母的学生心里。

重视培养少数民族学生班级管理能力。班委中有少数民族学生的一席之地，让少数民族学生参与班级管理，使得少数民族学生和班级其他成员无缝隙融合为一体，增加班级责任感，做班级的主人。号召全班同学关心和尊重民族同学，鼓励民族学生自强自爱，努力做最好的自己。

三、培养思路倾斜

"异地办学"是求同存异的过程，也是尊重差异、缩小差距、融合的过程。敦煌中学对民族学生的培养思路无疑是成功的，对少数民族学生的培养是用心的，为了使少数民族学生在课堂中"跟得上""听得懂"教师在课堂教学中不但放慢进度，力争他们不掉队，还针对民族学生制定辅导计划，各科教师在晚自习前进行"个性化辅导"，对于有体育特长的学生吸收到高考训练队进行特长辅导，美术音乐也做到

"人尽其才""各显其能"发现他们的闪光点进行挖掘培养，争取多方面、多渠道培养学生成才。

学校成立了少数民族才艺社团，鼓励有特长的学生积极参与，通过社团探究性学习，发现学生特长所在，不仅提高自身素养，更为选取专业方向、考取心仪大学提供能力支撑。

根据当地建设需要，加大特殊人才培养。任课教师不但要研究少数民族的发展状况，更要根据当地发展需要，培养紧缺人才，未雨绸缪，为当地发展助力。

四、住宿生活管理实效有序

公寓楼分为一部和二部宿舍区，每个部的宿舍区有7～8名宿舍管理老师进行管理，肃北、阿克塞派有专门的生活老师，协助管理学生的起居、饮食、纪律等，建立家校配合机制。学校考虑到民族生活习惯的不同，尽量让民族学生住在同一间宿舍，由敦煌中学的宿舍管理老师和肃北、阿克塞的生活老师共同组成管理组，采用责任制管理方法，责任到人。宿舍责任人对于学习有困难、身体有疾病、家庭有矛盾、行为自控力差的学生，及时与班主任取得联系，一个在校学生，在学校政教处、班主任、宿管责任人的共同监督管理下，全程无死角管理，有问题能够及时解决。在培养学生行为习惯方面，做到有的放矢，培养自控、自觉、自查的良好行为品质。同时，敦煌中学也将最优质的服务提供给民族学生，周末疏散时，为了让学生安全回家，提前订好车票，学校派校车将学生送到车站，安全回家团聚，为学生送去最温暖的关怀。

五、饮食安全健康

为了满足少数民族的饮食要求，学校专门开设清真餐厅，为了保证食品安全，餐厅所有的米、面、油、蔬菜等原料全部由教育局公开招标的中标企业供货，窗口进货管理纳入到甘肃省食品安全信息追溯平台，并严格落实进货查验。碗筷消洗安全卫生，饭菜留样检查及时，根据学生成长发育规律，制定营养食谱，合理搭配膳食，厨师精心烹饪，窗口菜品齐全，营养丰富，配以各种水果，保证了少数民族学生吃得饱，吃得好，保证了学习生活的正常进行。疫情期间，为了防疫，不但实行了"错时错峰"用餐，而且学校采取七大措施打好食品安全"组合拳"，实施量化管理、视频监控、实地检查等有效措施。高考期间，清真餐厅推出"爱心餐"营养丰富，价格低廉，将爱心送到了参加高考的民族学生身边。家长会后，班主任邀请家长陪孩子共享校园美好"食"光，促进亲子沟通，增进亲子关系，家校联合共促学子成人成才。

敦煌中学通过不懈的努力，大胆实践探索创新，在培养少数民族学生成才方面成绩斐然，在尊重民族生活习惯的同时，多方面严格要求，不偏袒、不排斥，全校师生团结一心，亲如兄弟，学习氛围浓厚，进取意识强，取得了显著的成绩，为少数民族教育的发展，为民族团结和睦做出了应有的贡献。

6.3.12 携手共筑民族梦

敦煌中学　王永新

　　敦煌中学自 2007 年承担肃北、阿克塞两个民族县异地办学任务以来，肃北、阿克塞两个民族县的学生与敦煌的学生一直在一个学校里共同学习、共同生活，共同成长，共同绘制了一幅各民族兄弟携手团结共筑中国梦的美丽画卷。敦煌中学异地办学已成为促进民族大融合、打造民族共同体、推进民族大团结的典型案例；成为敦煌人民和肃北、阿克塞人民深厚友谊的助推器。在异地办学过程中，敦煌中学的师生始终把肃北、阿克塞学生当作自己的亲人一样，一致对待，亲密无间。肃北、阿克塞的学生在敦煌中学学习犹如在家中一样，丝毫没有远离家人的不适与孤独。在敦煌中学学习终将成为他们多彩人生的重要一节，在他们的人生记忆中永不暗淡。

　　本人有幸长期参加异地办学工作，为民族教育尽绵薄之力。多年来，我或自己带班，或与其他老师合作，尽自己之力，努力为学生服务，尽力创造良好环境，让肃北、阿克塞籍学生在校学习好、生活好、健康成长。在此过程中，我主要从以下几方面开展工作：

　　关心生活，事无巨细。肃北、阿克塞籍学生远离家乡来到敦煌，人地生疏，从衣食住行到风俗人情完全不同。对他们来说，既是新鲜的，又是陌生的；既充满了好奇，又不免忧心忡忡。同时，远离父母，举目无亲，难免孤独焦虑。为此，我经常给学生介绍敦煌，从天气气候到风土人情，从历史掌故到街谈巷议，希望学生尽可能全面的了解敦煌，以便更好地生活。同时，时时关注他们的日常生活：天气变化，提醒添加衣物；周末休息，推荐美味美食；头疼脑热，陪医问药。有一次，一位学生生病了，紧急住院，家长一时难以赶到，我一直陪到凌晨两点家长赶到医院才回家。生活是学习的基础，生活好是学习好的保障。让肃北、阿克塞籍的孩子们生活好，是提高他们学习成绩的重要保障。"学习在名校，生活在自家"，这是我们的目标。

　　关爱到"心"。孩子们离开家人和家乡，难免寂寞孤独，生活学习稍不如意，就会加倍思念家人。久而久之，容易产生心理问题。所以，关注他们的心理健康，关心他们的情感变化是我们工作的重中之重。在我带班期间，一直密切关注肃北、阿克塞学生的情感波动和心理变化，及时疏通情感障碍，及时疏导心理疙瘩，力争让他们快快乐乐学习，健健康康成长。有位学生经常顶撞老师，好几科老师都有反映。经过一番调查，了解到学生因家庭原因、情绪波动所致。做了一番准备后，我和他进行了一次长谈。在交谈中，学生向我倾诉了家庭的困难，自己的困惑和担忧。我做了一个忠实的倾听者，偶尔发表一些自己的见解。经过一番长谈，他基本放下了包袱，并对最近的行为道了歉。学生的健康成长是学校教育最本质的目的，心理健康是学生健康的重要标志。关注心理健康，促进学生全面健康发展，我们一直在路上。

"学"字为重。让学生享受到优质教育，是异地办学的主动因。肃北、阿克塞籍学生背着行囊，离开家人，赶赴敦煌，带的是一颗求知的心。满足学生的愿望，让学生享受优质教育，一直是敦煌中学的奋斗方向。肃北、阿克塞籍学生由于语言、思维习惯等因素的影响，对老师的讲解和知识的理解有一定的困难，进而影响学习成绩。为此，我和任课教师制定了有针对性的方案，通过降低难度，个别辅导，发动学生相互帮助等途径帮助学生提高成绩。通过努力，绝大多数学生考进理想的大学，接受更高等的教育。

"路漫漫其修远兮，吾将上下而求索。"虽然在十几年的异地办学教育中积累的不少经验，取得了一些成绩。但在异地办学路上，我们还要再接再厉，不敢放松。根据形势的变迁和学生的变化，不断探索，及时准确的解决学生成长中的问题。把异地办学搞好，把民族团结进步推向新高度，为实现中华民族伟大复兴而努力奋斗。

6.3.13　关于对民族学生教育转化的案例分析与几点反思

敦煌中学　杨贵贤

自从敦煌市和阿克塞哈萨克族自治县及肃北蒙古族自治县实行异地办学以来，我作为文科班的班主任，每年班上都会有十几个来自阿克塞籍和肃北籍的学生，其中有一部分是少数民族学生，最多的是哈萨克族、蒙古族，还有土族、藏族等等。

这些学生的民族文化、生活习俗、个性特点都和我们汉族学生有巨大的差异，学习基础普遍比较薄弱，再加上离家较远，部分家长常年在牧区生活，几乎一年半载都见不上孩子几面，家长的监护和管理往往跟不上，给我们的教育教学和管理带来较大难度。下面我就以阿克塞籍一位哈萨克族同学阿德利剑为例，回顾一下对他的教育和转化。

根据平时我对他观察和了解，发现他有以下特点。

学习方面：缺乏求知欲和学习兴趣，学习目的不明确，照抄别人的作业或索性不交，上课注意力不集中，从不举手主动回答问题，有时在课堂上睡觉。

思想与人际交往方面：在班级内较为沉默，行为孤僻，独来独往，自我约束能力较差，在日常行为中规范意识薄弱，经常违反校纪校规，抽烟、打架等；道德认识不明确，而且心理较为脆弱。

我认为这些问题的产生与家庭、学校、社会以及学生自身的个性特征有着密切的关系，而且大多是这些因素的综合体。通过对阿德利剑的具体情况的分析，我认为他成为问题学生的原因还具有一定的特殊性，主要有以下几个方面。

家庭方面的原因：他的父母亲是牧民，长期在牧区生活，平时较为忙碌，且文化水平比较低，对他的教育仅局限于对他成绩的关注，对他生活上的物质支持，疏于心理健康和道德方面的教育。进入高中后他没有建立起稳固信念和理想，缺乏道德评价的能力，还不能真正辨别是非、善恶、美丑，对于他有意无意做出的违背道德的错误行为，父母不能及时给予纠正，而是给钱了断的简单思维，也使得他的道德观念形成方面存在一些问题。

融入集体方面的原因：他作为一名民族学生，是班级内的"弱势群体"，与其他汉族学生存在较为明显的隔阂与界限，在班级内较难找到归属感，容易引起与同学间的交往困难。

针对以上问题的归纳分析，我采取了以下的策略对他加以引导和转化。

一、改善班级的交往环境

我连续利用几个班会课引导学生做关于"尊重与包容""如何增强集体荣誉感"等问题的讨论，帮助学生总结如何用健康的心理对待与你不大相同的人，提倡包容是一种美德，严厉批评那些取笑别人的缺点的行为，鼓励同学间建立友好关系，改善他周围的交往环境。同时，在班级建立"一帮一"的小分队，将来自不同地域的学生交叉结对，减弱淡化地域、民族分别的界限，让他渐渐融入班级，并在结对子学习中，提高学习的兴趣，增强学习的意志力。另外，让他担任小组长和班干部，并明确作为班干部的职责，及时给予他工作方法上的培训和指导，加大其在班级事务方面的参与程度，使班里同学发现他的闪光点，逐步增强他的集体荣誉感和归属感。

二、创造契机，推行赏识教育，帮助他树立自信心

为了及时了解掌握他的内心世界和行为表现，针对性地进行教育，我和他进行了多次个别谈话，帮助他树立自己的榜样，明确他的志向，使其注意力转移到学习上。另外，对他进行赏识教育，多采用精神上的奖励，正面疏导，指明努力方向，对他从肯定小成绩、小进步入手，让他感受到被关注、赞许、表扬和关心的快乐，强化其学习动机，从而树立自信心，激发他积极要求进步的内在潜力。

三、注重家校联合，注重品格养成，推行警示教育，让其在重塑自我的过程中得到快乐

我多次与家长进行电话沟通交流，了解孩子成长过程中的特点，争取得到家长的理解与大力支持，形成家校教育合力，在较长一段时间内记录他的日常行为，使他明白，好的品格比好的成绩更为重要。和他一起分析周围的一些案例，使其明确基本的是非善恶。对其好的行为进行强化鼓励，对待他的错误的行为，不放任，而是和他共同分析，通过不断的提醒与警示，使他认识到"犯错不是耻辱，认错改错才是关键。"不要轻易地犯错，更不要轻易地原谅自己的错误，而要对自己的行为负责，从而帮助他做一个有责任心、坚强的男子汉，树立其良好的品格，重塑自我。

四、注重良好的学习和行为习惯的养成

一种好的习惯的养成需要 21 天，习惯的养成更需要坚持。在教育教学中，我联合其他科任教师，长期坚持给他指定学习、生活上正确的操作程式，指定他每堂课、每天、每周应做的几件事，让其按照要求实施。经过长期定式培养，就逐渐形成了良好习惯。

五、个案的解决效果与反思

通过改变校内校外的教育环境，扭转他的自卑消极心理，最终使他在班级找到了自己的位置，而不再感觉自己是一个多余的人，他也更加愿意参与到课堂和班级同学的活动中，可以说这样的转化是很成功的。进入高三后，他的学习状态很好，学习上也进步很大，最终顺利参加高考，被新疆兵团警官学校录取。

通过这个案例，进而推广至更多民族学生尤其是问题学生的教育与转化，我有了这样的思考。

首先，必须明确问题学生转化的重要性。马卡连柯说："教育工作中的百分之一的废品就会使国家遭受严重的损失。"在教育中，转化一个所谓的"问题生"和输送一个所谓的"优等生"同样重要，同样光荣，甚至更有价值，并且要始终坚信问题学生都是可以被转化的。

其次，任何问题学生转化的第一步，必须对问题学生给予充分的尊重，建立平等信任的师生关系，进而对其进行全方位的深入了解。也必须明白问题学生的成因是复杂多样、不尽相同的，在转化时要掌握其特点，对症下药。一定要注意辅导时的态度和言辞，避免给学生直接贴上"问题学生""后进生""差生"的标签，要让学生感觉到你是出于"关爱"，而不是为完成学校的任务或要求来同情帮助他。

再次，问题学生被转化成功的关键在于从其内部入手，充分了解他的心理障碍，激发出他的内部动机，再通过合理恰当的奖励、表扬、批评等外部强化加以辅助，以各项教育教学活动为载体，让学生在活动中重塑自我，找到自己的闪光点和价值，树立起自信。

另外，学校也要充分考虑到班级内民族学生的生活习俗和传统历史的差异，把建构和谐的、多民族融合的班集体作为日常教学工作，把增强班级的集体荣誉感和集体意识作为班级管理的重点，对于班级内的少数民族学生，要给予特别的关注，及时引导和化解可能出现的危机行为。

6.3.14　心与心碰撞　爱与爱相融

敦煌中学　马永峰

在市委、市政府的部署下，敦煌中学一直以来承担着肃北、阿克塞两个民族县的高中教育教学任务，两个县的高中毕业生，在敦煌中学度过他们人生中最重要的三年时光，而在这三年中一直陪伴他们的便是敦煌中学的老师们。一路走来收获了教育的快乐，也收获了家长和孩子们的信任，收获了成功带来的喜悦。

初来敦煌，孩子们有诸多的不适应，新的环境、新的同学、新的老师，一切都是新面孔，有惊喜，有激动，更有彷徨，在短暂的军训后，孩子们迅速地融入进了新的集体，打成一片。开学不到一个月就完全融入了敦煌中学这个大家庭。

孩子们的适应能力超出了我的想象，能在短时间内融入离家百里的新集体，并能迅速适应，这对一般孩子来讲是很难的，不由得感叹这些孩子们的社交能力，他们单纯善良，朴实无华，眼睛里全是对知识的渴望，对世界的好奇。

在我的班里有五名肃北、阿克塞来的学生，他们在短时间内适应了新环境后，就有了新的烦恼和压力——学习压力大。这是大多数孩子的共同烦恼，但是他们并没有自暴自弃，"底子弱不要紧，能力差点没关系，只要踏实认真就能够赶上去"。这是我对他们常说的一句话。孩子们也很努力，经常在课间和吃饭时间抽空去问老师问题，问同学问题，老师们不厌其烦地给他们划重点，讲考点，一遍一遍地讲，直到孩子们学会为止。

有一次，班里一位阿克塞籍的女生来请假，来时她的情绪很低落，问了半天不说话，一直在哭泣，办公室的老师们便停下手中的工作来安慰她，最后孩子告诉我，她学习压力大，想家了，那一刻我被触动了。是啊，在外求学，一周只能回一次家，回去后只能待一个晚上，第二天便要匆匆赶回学校，平常在学校有了心事又不能和父母沟通交流，情绪积累到一定程度便会失控，那一刻我也有点想家。我让她坐下，以朋友的姿态和她交流，孩子慢慢地打开了话匣子，说了好多开心和不开心的事情，情绪得到了释放。我告诉她：你很坚强，你是最棒的。孩子的情绪逐渐好转，然后我拨通了家长的电话，在电话里孩子和父母聊了好久。临走时，学生对我说："老师，以后可以来找你们吗？"办公室的老师都说："好啊，以后有事就来和我们说。"

自此之后，这个孩子在学习上变得格外努力，老师们都会在生活中不经意地去问候她。看到她的改变，我想了很多，来敦煌的学生那么多，别的孩子遇到类似的事情是怎么度过的呢？人都是一样的，需要呵护，需要关注，需要问候。之后我便在班级召开关于"团结友爱"的主题班会，让每一位在班级的孩子们都感受到集体带给他的温暖，感受到给予个体的关怀。

三年过去了，收获了满满的幸福，在毕业后联系老师最多的就是肃北、阿克塞籍的学生，每次寒暑假都会收到他们的邀请：老师，来草原骑马；老师，来石油小镇玩啊；老师，来肃北打一场篮球嘛。每次教师节都会收到他们的节日祝福：老师，教师节快乐！看到这些消息的时候，我的嘴角不由得上扬：爱是相互的。

6.4　心理咨询师手记
关注学生心灵，尊重学生灵魂
——一位一线心理教师的咨询心得

敦煌中学　郑晓玲

　　今天，2020年10月8日，刚结束一位学生的心理咨询案例整理工作，我深深地呼了一口气，心里充满了欣慰与满足。这次，是她第三次来到咨询室，在这次咨询结束时，我终于看到了她脸上的笑容。

　　记得刚刚见到这位女生的时候是一个大课间，她主动来到咨询室预约时间，这位来自肃北的学生，说话语速很慢，似乎很害羞也很害怕，我很快便给她安排好了时间。第一次咨询她如约而至，我猜想她肯定也就是一般的心理问题，果然她咨询的问题确实也只是简单的人际交往问题而已，我很快便教给了她一些人际交往方面的技巧，并且布置给了她作业，就在咨询快要结束时，她突然说："老师，我觉得我特别自卑，而且特别笨，没有什么价值，所以我想让你帮助我重新树立自信。"看着她渴望的眼神和求助的表情，我的心里突然有了想法，她，似乎不是一般的心理问题，所以我瞬间产生了一个念头：一定要帮助这位女生。

　　在第二次的咨询中我采用了沙盘游戏疗法对这位女生进行了心理辅导，她创作的沙盘作品仅仅用了10个沙具就完成了，整个画面空洞、分裂，是一个标准的创伤性沙盘。这个沙盘验证了我上次咨询的感觉，这个女孩一定曾经受过伤害。她的沙盘当中有这样一小块令我记忆深刻的画面：一小摊水里，放了一只蜘蛛和两条蛇，之后又在水边放了一个大兵。所以在最后的交谈中，我仔细询问了她这一小块是什么意思，她告诉我她非常害怕水、蜘蛛和蛇，所以就把他们放在了一起，再用一个大兵去看守他们，这样就安全了。

　　原来，在这一个小画面背后隐藏着真正令她自卑的根源：在她上初中的时候，一个周末的下午，隔壁邻居阿姨叫她帮忙照看她的两个五岁的孩子，就在那个下午，由于她的疏忽，两个小孩在玩耍时，一不小心掉进了离家不远的池塘里，由于当时周围没有其他人，所以两个五岁的男孩溺死在了水中。至今，这位女生都在为这件事情自责、恐慌、害怕，常常噩梦连连，学习成绩也不尽人意。

　　上面的案例只是上班六年来咨询的上百个案例当中的一例。回想起当初刚开始工作时的状态，我可能和大多数老师一样，认为学生这一单纯的群体，不会有什么大的问题，不外乎就是学习、人际、恋爱等等方面的一些青春期心理困惑，也很好解决。可是，随着案例的积累和自己的个人成长，越来越发现每一个来访学生表面问题的背后，都隐藏着一个致使自己当前出现问题的深层心理诱因，而这个诱因有可能是自己在童年时期经历的一次伤害；也有可能是病态的家庭环境潜移默化对自己造成的影响；更有可能是十几年来自己遭遇的不幸事件，在没有得到很好的排解之后压抑至今的结果等等。

所以，作为一名一线的心理教师，我认为，给一个学生做心理咨询的前提就是尊重每位学生、尊重每位学生的灵魂，因为每个学生都不一样，在他们的心灵世界都有着不同的成长故事，只有抱着一颗谦卑、真诚、善良、宽容的心才有可能解决学生的心理问题。所以，每当在心理咨询室第一次见到新的来访学生时，我的内心总是不由自主地会为面前的这位学生感动：感动于他曾经经历的那一切但至今仍然顽强地、好好地生活，感动于他希望改变的勇气和决心，更加感动于生命本身所透出的潜能和追求幸福的强烈渴望。

老师、家长都是一个孩子的教育者，而在高中这一特殊教育阶段，几乎每位家长和老师的眼里也都只有学生的成绩，当成绩出现问题时，更多的人只会埋怨、指责孩子为什么不努力、不上进，为什么要去谈恋爱，为什么不能专心致志的学习，而是有那么多这个年龄不该有的想法……可是，又有几个家长和老师深深地思考过，一个好好的孩子，他为什么会成为所谓的"问题学生"？谁能察觉学生思想深处的奥秘，谁能触摸到学生感情的脉搏，谁才能进入学生的心灵，谁才能获得教育的成功。

有句话说："没有教不好的学生，只有没找到能教好学生的方法。"其实，并不是学生教不好，只是我们自己的方法太少而已，只是我们自己还不够爱学生。

人的心灵深处最本质的需要应该是渴望得到认同，得到赏识。获得教师与家长的肯定、欣赏与赞美是学生的心理需要，而这种需要一旦得到满足，就会成为他们积极向上的学习动力，可以激发他们的灵感和创造力，增强他们的凝聚力。而对任何一个学生的任何疏忽都有可能打击他的自信心，从而使他走向自卑，封闭心扉。相反，对每一个学生的关注都可能帮助他远离自卑而重新充满自信，使他能够敞开心门，从而逐渐走向成功。老师和家长的尊重、信任与关注，如同那寒冬中温暖的阳光，一旦照在学生的心灵上，便可能产生一股强大的力量，促进他们的成人和成才，影响他们身心的发展、个性的形成，或者是人生道路的转变，甚至会改变他们的一生。

因此，我呼吁每一位教育者尊重学生，关注孩子心灵的成长，把无限的爱投入到每一个孩子身上，唯有如此，他们才有可能如同天上的星辰，散发出最耀眼的光芒！

6.5　敦煌中学民族学生毕业回忆

6.5.1　回忆我的高中生活

敦煌中学 2015 届高三 17 班　杨文婷

　　一别四年，我的母校，您还好吗？高中在我的求学生涯中是最重要也是最难忘的时期。每次假期回来，看见穿着校服的同学放学，或者会看到周日下午很多的家长去送上学的同学，心里总是很感慨。我每次经过敦煌中学门口总会拍一张照片，高中的我总想从校门出来，总是很羡慕走读的同学，现在却已经不能随意进出了，很羡慕那一身校服和校园里的你们。人们都说考研是第二次高考，但是却比高考更艰难，看着有很多调侃高考和考研的图片，只有真正经历过才知道高考前的我们是真的很幸福，因为有那么多的人在一起向着同一个目标、为了同一件事不遗余力的努力着，用三年时间完成一件很重要的事，想想真的很神奇也很难得。我想我应该不会再有这样的经历了，不会在三年时间里用全部的精力心无旁骛的去完成一件事，这可能也是高中的魅力。

　　高中的幸福除了生活的充实感之外，还有那些可爱的人们。在我有过一点点当老师的经历之后，才真正懂得老师的不易。面对同一道题，我的极限是耐心地讲三遍，我理解了老师耐心地讲解那么多遍之后，我们还做错时老师内心的崩溃，但是老师还是要平静心情后，再次讲解。可能真的是失去了才懂得珍惜，大学之后不会有老师天天催着你学习，甚至一学期课程结束老师都不知道你是谁、你是哪个班的，在所有的事情都要自己计划和安排之后，才知道高中时有人在不停地唠叨你，这也是一种幸福。大学的我看到比我小的同学总想告诉他们我的经验，或者有人询问我一些问题时，我总是想把自己所有知道的都告诉他，因为不想让他再经历我走过的弯路，我渐渐明白老师的苦口婆心，因为老师经历的远远比我们多，时间通常会慢慢证明老师的很多话是正确的。而我们往往习惯于站在老师的对立面思考问题，换位思考之后，你会觉得老师也都是平凡人，也会有自己的烦恼和情绪，很多事情也就容易相互理解了。

　　最可爱的人当然还有那些一起并肩作战三年的同学们，"我睡会，老师来了叫我""帮我带个早点"……高中的点点滴滴都奠定了我们的"革命友谊"，高中对我而言是青春，而青春的含义，就是每次和朋友们聚会大家讨论的，还是高中谁和谁是同桌、谁上课时睡觉被老师批评了、老师的口头禅等等，高中的故事永远是我泪点最低的故事。高中后的我们聚会越来越少，也越来越难，也希望朋友们都可以顺顺利利。

学校的体育场、食堂二楼的炸鸡胗、十二点断电的宿舍、生活了三年的教室、一摞的《五三》和《小题狂做》是我对母校的最深的记忆，母校的惯例就是等我们毕业离开了它越来越好了，作为一名敦中学子每次被"马云在敦中""敦中课间操"等视频刷屏时都是满满的羡慕和自豪。

经历了大学四年，才明白高中时老师常说的那句"你们以后会怀念高中生活的"，是真的，和大学室友聊起最遗憾的事情，大家的开头总是"如果我高考在考好一点，我绝对……"，高考成了大家记忆中最重要也是最不甘心的回忆。

如果你问我，我的高考是什么样的？我还能清晰的回忆出我高考那天的情形：早上和中午起床第一件事是打开音乐，单曲循环林俊杰的《不潮不用花钱》，跟着音乐嗨起来，进入考场后像无数次模拟考试一样紧张地做完了一套卷子，两天时间就这样结束了。第二天下午结束的铃声响起的时候，我的第一反应是我的高考就这样结束了？似乎没有想象中的轰轰烈烈，在考前许下的那么多愿望，和想看的那么多电视剧，高考结束后竟然也没有那么想去实现了。

高考重要吗？相比于我整个一生要经历的事来说，它确实没有那么重要，它也只是我经历过的一次大的考试，它无法决定我们的未来，即使高考以后，我们仍然可以通过努力，改变自己的人生轨迹。高考重要吗？很重要。虽然高考不会完全决定我们的未来，但是高考决定了我们会进入一所怎样的大学，遇见哪些同学，度过怎样的大学生活。在我看过很多的学校之后，我明白不同的大学真的不一样，不同的学校是不同的平台，同时意味着不同的机遇，而高考是最简单的捷径。

所有的感受既是对自己高中三年的感受和总结，也希望可以给所有为高考而努力奋斗的你们，提供一点点的建议和帮助。所有经历高考的人都很优秀，祝你们都能考取自己理想的大学，同时也祝愿母校越来越好！永远充满生机，永铸辉煌！

（杨文婷，肃北籍学生，2015 年毕业于敦煌中学，本科：中南财经政法大学，硕士：厦门大学审计学）

6.5.2　回忆高中时光

敦煌中学 2015 届肃北县　杨雪萍

时光像水中的倒影，一晃而过。昨日那埋怨时间过得太慢的话语似乎还游移在脑际，而今身处社会中，蓦然回首，感慨颇多。回想那时的三年时光，多少酸甜苦辣，多少悲欢离合。

记忆最深的是严格的时间观念。学校将我们一天规划的明明白白，没有一点多余时间胡思乱想，这也使之形成了一种学习氛围。当你看到你身边的每个人都在学习，你也会不自觉的加入他们的行列中。当时的我们满满的抱怨，抱怨作业多。抱怨学习的时间久、抱怨老师占课。但当我们步入社会，步入这个如果不努力就会被淘汰的社会时，我们才会体验到老师的良苦用心。才会感谢学校，感谢老师，给我们创造一个这样的学习氛围，以至于我们不会过早地被这个飞速发展的社会所淘汰。

新的校区，新的面貌，刚报道在新校区我们是兴奋的，但是随着各种问题的出现，这种新鲜感也就没有了。因为是新建校区，绿化基本没有，各种设施也不齐备，炎热的夏天，走在青石板上时，只有大大的太阳陪着我们。但随着时间的推移，学校在绿化方面越来越重视，随之学校也变得越来越好。我相信随着一代又一代莘莘学子的努力，学校会变得更美更好。

回想三年里，父母的殷切期望，老师的谆谆教导，同学间的友爱相助；曾经付出的辛勤汗水，曾经的收获，曾经的幸福快乐；曾经少不更事、懵懵懂懂的我，一幕幕似在眼前，令人感慨万千。今天的我，德智体美劳全面发展，从幼稚一步步走向了成熟，将书本知识与实践知识相结合，使自己有适应社会的能力和临场应变能力。

高中生活艰辛而充实，是瑰丽人生中浓墨重彩的一笔。我们丰富了知识，锤炼了思想，磨砺了意志，练就了一双搏击长空的翅膀。这个世界上没有两片相同的叶子，也不会有两个完全相同的人。"天生我材必有用"，这是我们自信的前提和基础，人各有所长也各有所短，我们要活出一个独一无二的自我，必须自信。不要盲目攀比，也不要苛求自己；盲目攀比容易丧失自我，苛求自己容易失去生活的乐趣。处在什么样的位置，拥有什么样的身份，在什么样的时候，干我们该干的事，干好我们能干的事，就是成功的人生，我相信我们每一个人都会拥有属于自己的人生和成功。

我们学会将心比心，学会换位思考，学会用真实的心灵去感受真实的世界，就不会感到委屈，不会感到有那么多的不如意，也就不会怨天尤人，自怨自艾，甚至是自暴自弃。生活是公平的，就看你怎样去对待他，只要自己不抛弃自己，生活就不会抛弃我们。我们拥有共同的生活理想和追求，也会享受到同样的生活幸福。只要我们带着一颗会感受生活的心，会创造生活的手，会分辨世界的脑去面对生活，那么我们不论面对什么样的困难险阻，都会淡定从容，享受到我们应该享受的一切。

（杨雪萍，肃北籍学生，2015 年毕业于敦煌中学，本科：青海大学）

6.5.3　我的高中三年时光

敦煌中学 2017 届　俞建渊

敬爱的老师们、亲爱的同学们：

大家好！

我是毕业于 2017 年的肃北籍学生俞建渊，我现就读于内蒙古财经大学会计专业。光阴荏苒，我在母校敦煌中学度过了三年充实而有意义的时光。

现在回首三年的高中生活，许多的老师和后勤职工曾为我的成长付出了心血和汗水，在此我要致以衷心的感谢。

首先，我想感谢所有的任课教师。他们在课堂上深入浅出的讲解，他们在课外生活中的谆谆教导，关心呵护，让我在道德和综合素质方面都有了很大提高。所以，他们对我来说，不仅是学习上的良师，也是生活中的益友。正是他们使我们顺利快乐地度过了高中三年，尤其是高三那段特殊时期。有他们在，在外人看来枯燥的校园生活变得不同——将那单调的铃声，无边的习题，变成有滋有味的知识的积累以及情感的升华。

其次，我要感谢我的同学。我们拥有着相同的理想，为了实现它，我们在学校老师的引导下，凝聚成了一个真正的集体，风雨同舟，一起向高考冲刺。

"路漫漫其修远兮，吾将上下而求索。"作为敦煌中学毕业生的一员，我一定不辜负母校的期望，在未来的继续升学之路上，我将继续努力奋斗，用优异的成绩来报答母校。

谁言寸草心，报得三春晖。

最后，我祝愿学弟、学妹们，努力拼搏，学业有成！祝愿校领导、老师们，身体健康，万事如意！

祝愿我们的学校更加辉煌，更加美好！

此致

敬礼

2019 年 8 月 21 日

（俞建渊，肃北籍学生，敦煌中学 2017 届毕业生，本科，内蒙古财经大学。）

6.5.4　回忆我的高中生活

敦煌中学 2012 届　肖　炜

高中三年转眼间就过去了，如今已毕业七年之久，许多美好的记忆，仍旧存留在心中无法忘怀。空徘徊，断惆怅，曾经高中时代的生活真的很让人留恋，至今想起依旧历历在目。

我的高中生活是在敦煌中学度过的，敦煌中学是一所省级重点中学，记得步入学校大门便可以看到圣人孔子的雕像，雕像后便是我们的主教学楼，主教学楼后是敦中的实验楼和操场，操场左边是一栋教学楼和篮球场，操场右边是两栋男女生宿舍楼和食堂。回想刚步入敦中的我，对任何事物都充满了好奇，学校有来自各个地区的同学，在这里我也交到了几个铁哥们，至今还保持着联系。

高中的生活总是那么的单调，每天似乎都在重复着同一件事，上课、午饭、上课、晚饭、晚自习、睡觉。每天语文、数学、英语、物理、化学……如走马灯一样轮番上演，老师们的谆谆教诲在耳边抑扬幽远。

高中的生活紧张而又充实，每天的学习不允许分一点心。虽然很艰辛，但却很难忘。学习中有很多的难题，却能磨炼自己。同学们团结友爱，在一起讨论习题、讨论未来。讨论时也有许多趣处，在解题的争辩声中总会传来一阵阵成功的欢笑，这也是高中生活的另一道风景线。

难忘尊敬的老师，一年四季，不曾听到他们的一声抱怨。寒暑更迭，他们依旧是春蚕吐丝、默默耕耘。老师们曾经的严格要求，甚至于摔手机时的"绝情"，都是对我们每一个人的负责和关爱。其实这些是我到大学后才明白的，大学学习一切都要靠自己的自觉性和努力，没有人会去严格要求你、监督你，即使大学里上课玩手机、看课外书，老师都不会管你，这也就是为什么好多人考得上名牌大学，却毕业不了的原因了。难忘纯真的同学情，同学之间，真诚相待；舍友之间，互相帮助；运动场上，追逐嬉闹，满头热汗，气喘吁吁。回想起曾经与一起奔跑打饭，曾经一起半夜起来背书，曾经一起刻苦钻研过得难题……

敦中，承载着我们青葱的岁月，绽放着我们纯真的笑颜，流动着我们青春的往事，这里记录着太多我们的故事。

（肖炜，肃北籍学生，2012 年毕业于敦煌中学，考入甘肃省机电职业技术学院，现在深圳富士康工作。）

6.5.5　高中毕业感悟

敦煌中学 2012 届　王开明

因为梦想，我们相聚这里；因为梦想，我们从这里起飞。

时光荏苒，光阴似箭。告别高中时代已 7 年有余，如今回想高中生活，眼前故事历历在目。三年的光阴，多少人在生命中来回穿梭，却只留下背影？我们经过了彼此相遇，又经过了彼此分离，这期间，我们是否抓住了一些、又放弃了一些？因为梦想，我们竭尽全力笑着走到最后。

谢谢所有爱我们的人，我们会珍惜所有的感动，把每一份希望都握在手里。我们永远是敦煌中学的孩子，我们会一直微笑着前行……

高中三年——一千个日日夜夜的埋头苦读、拼搏奋进的时光在这里定格。理想和信念在这里交融，梦想与情感在这里汇合。它不仅仅是三年的时光而已，它关乎人生，关乎未来，关乎选择，关乎面对，关乎勇气，关乎生命，关乎灵魂。我们都已离开母校，走向了各自的人生之路，感恩母校、感谢恩师。

雏鹰经过多年的磨砺，终将翱翔于广阔的蓝天，我们经过高中三年的洗礼，终于脱去少年的青涩，变得自信而成熟。三年刻苦的学习，赋予我们智慧与力量；三年成长的历程，赋予我们深厚的师生情谊、真诚的同窗友谊。面对生活的挑战，我们愿意用自己青春和活力去迎接，相信我们！

三载寒窗，读圣贤书，观天下事，恰同学风流；四季风雨，结金兰义，立报国志，正少年英雄。

人生路上，我们无畏艰辛，一路携手，一路高歌。母校，您听见我们爽朗的笑声了吗？看见我们坚定的眼神了吗？

（王开明，肃北籍学生，2012 年毕业于敦煌中学，毕业学校：山东省畜牧兽医职业学院，工作单位：敦煌市自然资源局。）

6.5.6　敦煌中学，我的人生起点

敦煌中学 2015 届　徐红梅

2015 年，我从敦煌中学毕业。

那一年，只有十八岁的我站在偌大的敦煌中学校门前，拿着手中的录取通知书，除了对未来生活的好奇，剩余的就是一片茫然。

我从未想过自己会在毕业后短短的五年时间读过三所大学，并且即将在国家留学基金委员会的支持下继续出国深造。敦煌中学于我就像那伫立的鸣沙山，永远宁静地守候在那里，教会我不骄不馁，更教会我韬光养晦。

山不在高，有仙则名

今天，我所有对知识的求索，对多元生活的向往，对克服困难的坚持不懈，对梦想的永恒追求，几乎全部来自高中时期的锻炼。

2012 年，我从家乡阿克塞哈萨克族自治县中学考入敦煌中学，开启高中的求学生活。高一那年，我就读于教学二部的重点班，在班主任于振江老师的引导下，开始全学科的高中学习。至今依旧记得，初到高中时的那种束手无策，各类课程涌现的应接不暇，作为一名来自民族地区的学生，我的学习显得非常吃力。学习方法、生活适应、同学交流都困难重重，各方面的挑战给原本繁重的高中学习增添了诸多压力。

也正是在那个时候，班主任老师的指导、生活老师的关心给了我莫大的支持。在繁忙的学习中，老师安排我们在下午上课之前唱歌三分钟，以清醒头脑，唤起激情。同时还设有专门的时间来让大家自己做演讲，以锻炼表达，分享阅读。今天想来，那些哲思的小故事、大道理恰恰是我们行走在人生路上最闪亮的星星，指引我们前进。

半学期结束后，我便对这所原本陌生的学校有了爱慕之情，爱慕之余便是满满的敬佩。优美的校园环境，完善的校园设施，还有严谨博学的老师，更令我倍感珍

贵的是，高一结束的那年，在于振江老师的启迪下，我选择了文科，这成为我未来进入人文社科领域研究的起点；而敦煌中学，也成为我探索人生的起点。

积之跬步，行至千里

高二那年，我顺利通过考试，进入文科奥赛班进行学习。

初入"文奥班"，仿佛置"魔鬼训练营"，高强度、高压力的学习不知让多少人叫苦连天。随后，我便在这"名师云集"的文奥班完成了两年非常系统的文科学习，从知识储备到师者风范，这两年都当之无愧成为我未来踏入人文社科领域最坚实的基础。

今天再回头看，我的班主任老师唐志琴是一位当之无愧的人文教育家，她要求我们勤奋，敦促我们刻苦，鞭策我们树立理想，并在人文知识的熏陶下培养我们的格局。我们举办个人成长主题班会、举办辩论会、摘抄励志文章，在枯燥的生活中让我们扬起理想的风帆。唐老师会带来很多主题和我们分享，至今都记得我们在班会上朗读食指的《相信未来》，在模拟考结束后举行"鹿死谁手，舍我其谁"的主题班会。我不是一位成绩极其拔尖的学生，那堂班会上，成绩平平的我没能将"舍我其谁"的勇气埋在心底，然而，我却牢牢地把老师那句"有无喝彩，我心永恒"刻在了心中。时至今日，即使我早已离开敦煌中学数千公里，一路南下求学数年。生活和学术上的经历时而给予我无限光辉，时而也将我丢尽无限深渊，每每至此，我就将这句话拿出，细细揣摩。

没有谁会永远优秀，但在人生的长河中，只有韬光养晦，才能真正地不断进步。

行则将至，道阻且长

爱因斯坦说："教育就是当一个人把在学校所学全部忘光之后剩下的东西。"

从敦煌中毕业后，我开始了本科学习。新的环境带给我很多感慨与思考，每每在学习上有所懒惰，便会想起那段奋力拼搏的日子。在 17 岁的时候，也曾为这份艰辛流过眼泪，也曾为不如意的成绩绝望逃避，但，这里的老师，这里的同学，用一种不可抗拒的魅力推着我坚持下来，短短的三年时间划过，和同学们在成绩排名表中的较量还历历在目，而各科老师的严苛神情也不曾挥去。而我呢？在母校的培养下，悄悄成为一个不惧困难，韬光养晦的追梦人。

2020 年，我和家人再一次回到敦煌中学，校医室旁的爬山虎红艳艳地爬满墙边，熟悉的铃声响起，身着校服的高中生们嬉笑着冲出教室，那份欢愉，那份童真，那份不羁，在蔚蓝的天空下格外灿烂。

我远远看着他们，内心卷起千堆感慨：多么幸运啊，又将有无数的花蕾在这里绽放，在这片土地上被浇灌，而后长成一颗有用的树。

[徐红梅，阿克塞籍学生，2015 敦煌中学毕业，本科兰州文理学院（2015—2017）华南师范大学交换生（2017—2019）硕士：广东外语外贸大学（2019—2021）]

下　篇

XIAPIAN

敦煌中学民族教育工作与学校思想政治教育工作双融合调研资料

1. 民族教育工作汇报材料

教学管理篇序

管理从思想上来说是哲学的，从理论上来说是科学的，从操作上来说是艺术的；对于一所学校来说，校长是钢琴家，只有熟悉每一颗琴键，拨好每一个音符，才能弹奏出美妙的乐章；校长是棋手，只有摆好每一粒棋子，才能下出一盘好棋、妙棋和赢棋来……

2007 年秋季，敦煌中学在老校区开始接受肃北蒙古族自治县和阿克塞哈萨克族自治县高一学生，每个年级大约 12 个班左右。学校对两个民族县入学的学生，采取融入式的管理办法进行分班：高一新生，每位民族县学生的中考成绩再加 50 分，和敦煌本地学生按总分在一起排名，依照学校的"S"形分班方式进行分配，这样每个班都有 3~5 名民族县的学生；高二年级，文、理分科，由于民族县学生的理科基础相对薄弱，选文科的学生特别多。为了照顾民族县学生进入文科班，由学生自己提出申请，经父母同意，民族县生活老师确认，可以保证优先分到文科班。

2012 年秋季，敦煌中学和敦煌三中高中部合并搬入距离月牙泉不远的敦煌中学新校区。合并后，学校人数剧增，民族县学生在敦煌中学就读人数同样增多。为了便于管理这个大学校，敦煌中学分为教学一部和教学二部，每个部单独成立组织机构，如教导处、政教处、团委等，每个部都有主管校长和各部组织机构的领导，如同二个充满激烈竞争的学校。民族县的高一新生报到之后，依照中考分数排名，按"122112211"的次序分到两个教学部；在各自的教学部，依照一定的比例，按"S"形分配到各班级。

民族县学生进入敦煌中学后，敦煌中学成立了专门的管理机构：敦煌中学民族教育联络办公室，由陈肃宏老师负责联络两个民族县的教育局、县中学，协调敦煌中学民族县学生及家长，协调民族县学生及家长与班主任及各学科老师沟通等。

敦煌中学民族教育简介

敦煌中学接收民族学生始于 2007 年 8 月。根据《酒泉市人民政府办公室会议纪要》的通知，认真落实利用敦煌优质教育资源来帮助带动少数民族地区的教育发展——"异地办高中"这一教育新思路，开拓创新地完成了"异地办高中"的办学模式。敦煌中学本着"平等、团结、互助、和谐"的宗旨，按照"精心管理、耐心教育、细心照顾、热心关注"的思路，招收肃北蒙古族自治县和阿克塞哈萨克族自治县的高中学生。

截至目前，敦煌中学一共接受肃北、阿克塞两个民族县学生 1931 人，其中肃北学生 942 人，阿克塞学生 989 人，有少数民族学生 392 人，包括蒙古族、哈萨克族、藏族、土族、维吾尔族、回族、满族、裕固族、东乡族、锡伯族等。目前，在校人数 454 人，肃北县 168 人，阿克塞县 286 人，有少数民族学生 96 人。

学校对民族县学生加强"融入式"管理，促进民族县学生素质全面提高。学校成立了民族教育管理联络办公室，专门负责此项工作，精心管理。

班级管理一视同仁，不分区域，公平对待。教学部、政教处、教务处、年级组、公寓楼形成管理网络，加强对民族县学生的管理。民族县生活老师参加公寓楼管理。民族教育联络办公室每周召开一次工作联席会议、每学期召开一次家长会。

细心照顾。分班，高一级入学分班、高二级文理科分班时，学校对民族县学生有专门的照顾政策。宿舍安排，按班级分配宿舍，每个宿舍 8 人，统一管理。采用"一帮一结对子"模式，老师与学生、学生与学生。生活上细心照料，吃饭、睡觉、洗衣、看病、花钱等方面给予指导。

耐心教育。开展新生入学教育和军训。纪律教育方面，对违纪的同学，老师不厌其烦的做思想工作，及时与家长联系沟通，理解，包容，不放弃任何一个犯错误的学生。生活管理老师配合班主任协调工作，做好学生和家长的思想工作。

热心关注。举办心理讲座，对学生进行心理疏导。团委、学生会、班集体特别关注对民族县学生干部的培养。关工委、工青妇、民主党派注重民族县学生的发展，召开座谈会，征求意见，帮助解决具体的问题。

2010 年是异地办高中以来第一年高考，民族县高考升学率达到 80％以上；2013 年，两校合并后的第一年高考，二本以上升学率肃北县高达 49.21％、阿克塞县高达 47.88％；2014 年、2015 年，高考升学率都达到 90％以上；2016 年、2017 年、2018 年、2019 年、2020 年连续五年高考升学率达到 100％，少数民族学生升学率也达到了 100％，高考质量大幅度提高，为民族县人民交上了比较满意的答卷，受到社会各界的广泛好评。

2013 年，敦煌中学先后被中共甘肃省委宣传部、中共甘肃省委统战部、甘肃省民族事务委员会评为"甘肃省民族团结进步创建活动"示范单位；被中共酒泉市委、酒泉市人民政府评为"全市民族团结进步宣传月项目帮扶工作"先进集体；2018 年 3 月，敦煌中学被酒泉市委宣传部、中共酒泉市委统战部、酒泉市民族事务委员会评为"全市民族团结进步示范学校"。

2014 年 9 月，曹新校长被中华人民共和国国务院授予"全国民族团结进步模范个人"荣誉称号；2017 年、2018 年、2019 年、2020 年教师节上，敦煌中学四次被中共阿克塞县委、阿克塞人民政府授予"支持普通高中异地办学先进单位"荣誉称号，张克忠等 24 名老师被授予"支持高中异地办学优秀教师"荣誉称号；2018 年、2020 年教师节，中共肃北县委、县人民政府授予陈肃宏等 8 位老师优秀教师称号。

十四年来，敦煌中学坚定地执行了各级政府关于民族教育工作的各项政策，做到"留得住，站得稳，学得好"，全面提升了民族教育工作的质量，为社会培养了 1471 名合格的高中毕业生，其中考入大学有 1336 人，部分学生考入"985""211"名校，为民族县社会各项事业发展奠定了人才基础，有力地促进了民族大团结局面的繁荣。

敦煌中学民族教育联络办公室

2020 年 9 月

敦煌中学民族教育工作汇报

敦煌中学民族教育联络办公室　陈肃宏

我们的祖国是由五十六个民族组成的大家庭，在这个大家庭中，各族人民和平相处，相互融合，相互帮助，和谐共生，才使中国在复杂的国际关系与激烈的综合实力竞争中逐渐走向世界强国。正因为如此，民族学生的培养教育必然关系到与少数民族间的融合、团结，关系到优秀民族精神的弘扬传承，关系到民族素质的提高优化，关系到民族地区的发展繁荣，关系到民族人才的成长进步，关系到祖国的统一强大。

2007 年 7 月开始，敦煌中学根据酒泉市政府"利用敦煌优质教育资源，帮助带动周边少数民族地区教育发展"的精神，落实异地办高中这一教育思路，在酒泉市委、市政府、上级教育行政部门的支持关心下，先后接受肃北、阿克塞学生 1931 人就读高中，其中有蒙古族、哈萨克族、藏族、土族、回族、东乡族、裕固族、满族、维吾尔族、锡伯族等少数民族。敦煌中学着眼于民族团结、民族互助、共求进步、共谋发展的大局，以应有的政治觉悟和主人翁意识，努力探索研究，致力于民族学生的教育培养，以勤奋、求实、好学、上进为水准，把民族学生的成长教育作为全校工作的重点，科学管理、精心培养、耐心教育，倾心关注，润物无声，收到了喜人的成果。

下面就敦煌中学的整体概况，民族学生的管理教育，以及存在的问题和今后的打算向各级领导作一汇报。

一、概况

（一）敦煌中学概况

敦煌中学创办于 1943 年 10 月，1995 年撤销初中部，成为一所独立高中。2004 年通过了省级示范性高中验收，并正式挂牌。2008 年通过了省级示范性高中的复评。目前学校占地面积 369 亩，绿化面积 147000 平方米。现有教职工 303 人，其中男教师 154 人，女教师 149 人；硕士 49 人，本科 249 人，学历合格率 100％。教学班 76 个，学生 3954 人。

学校在长期的教育教学实践中形成了"勤奋、求实、文明、守纪"的优良校风，"以德立身，以身立教，关爱学生，求实进取"的优良教风，"勤思力学，善悟笃行"的优良学风。为了适应新形势，使敦煌中学教育教学工作再上一个新台阶，学校又提出了"一切为了学生的发展"的新办学理念，进一步明确了"用质量和特色铸造河西教育品牌"的新办学目标。

上善若水，厚积薄发。近几年来，学校教育质量不断提高，高考成绩连续七年名列酒泉市前茅。清华大学、北京大学、浙江大学、复旦大学等名校年年榜上有名。2002 年高考，酒泉市的文科第一名和理科第一名、理科第二名均被我校包揽。2003 年、2004 年、2005 年、2006 年高考又连续四年夺得酒泉市文科第一名。2008 年高考再创佳绩，我校再次包揽酒泉市文科状元和理科状元。2009 年重点大学上线人数闯过 100 人大关，本科突破 300 人大关，其中理科全省百名榜三人，1 人被清华大学录取。2010 年高考又有 3 名同学进入全省百名榜，1 人被北京大学录取，重点大学上线数 102 人，本科上线人数 304 人，为敦煌市创建全国文明城市锦上添花。2013 年高考，2 人考入清华大学，6 人进入全省百名榜。2014 年高考，3 人考入清华北大，3 人进入全省百名榜。2015 年，2 人考入清华北大，4 人进入全省百名榜。2016 年，二本以上录取突破 600 人大关。2017 年，5 人考入清华北大，3 人进入全省百名榜。2018 年，2 人考入北大。2019 年，1 人考入清华大学。2020 年，3 人考入清华北大，2 人进入全省百名榜。

（二）民族教育概况

2007 年 6 月 24 日，塞力克副市长就肃北县、阿克塞县的高中教育适当集中在敦煌举办的有关问题进行了考察，截至同年 7 月 18 日，塞力克副市长多次召集相关负责人开会，制定了民族教育的相关措施。敦煌中学从 2007 年 7 月 18 日接受使命，本着"平等、团结、互助、和谐"的宗旨，按照"精心管理、耐心教育、细心照顾、热心关注"的思路，认真响应《酒泉市人民政府办公室会议纪要》的通知，落实"利用敦煌优质教育资源来帮助带动少数民族地区的教育发展——异地办高中"这一教育新思路，开拓创新地完成了"异地办高中"的办学模式。为民族教育的出路和教育资源的整合做出了积极的努力和贡献。

二、加强基础设施建设，改善办学条件

1. 2007 年，学校在酒泉市塞力克副市长的策划和支持下，财政拨款 20 万元，修建了可容纳 60 人共同就餐的清真餐厅，宽敞明亮。清真餐厅特意通过敦煌市民族宗教事务所聘请了专职厨师，解决少数民族学生就餐问题。

2. 学校于 2008 年新建教学楼一幢，建筑面积 48956 平方米，新建公寓楼一幢，建筑面积 46216 平方米，解决了教室和住宿的问题。

3. 2007 年改扩建大众餐厅，以服务学生为宗旨，规范经营管理制度，多家承包单位经营，不断提高饭菜质量，确保学生饮食卫生和身体健康。

4. 2008 年改造公寓楼卫生间，储藏柜，提高宿舍空间利用率，改善室内环境。

5. 改造教师办公室，改善教师办公环境，使之整洁、明亮、舒适。

6. 增添各种实验设备，确保教学中学生动手实践的机会，培养学生的实践能力和创新能力。

7. 修建浴室、洗衣房，方便了学生洗澡、洗衣，搞好个人卫生。

8. 2012 年 8 月，敦煌中学和敦煌三中高中部合并，搬入新校区，占地 369 亩，教学楼 4 栋、公寓楼 4 栋、图书馆 1 栋、餐厅 1 栋、实验楼 1 栋、综合行政楼 1 栋、体育公园 1 个。

三、加强"融入式"管理，抓好各项工作落实

来自民族县的学生，远离父母，初到新环境，有种种不适应的地方，学校在各个方面尽最大努力予以照顾。要求教师关心他们的生活、健康和成长，建立亲子式的师生关系，扮演心理辅导员、知心朋友、家长等角色，鼓励他们树立学习的信心。所以各级民族县学生都能融入敦煌中学，生活稳定有序，学习安心进步，身心健康快乐。

1. 成立专门机构，协调管理。敦煌中学为了做好民族学生培养这项工作，专门成立了民族地区学生管理联络办公室，委派陈肃宏老师全面负责此项工作。他与肃北、阿克塞县派来的生活管理老师是办公室的成员。既分工又协作，共同做好学生后勤服务工作，尤其是取得家长的大力支持配合。对大多数家庭来说只有一个孩子，教育必须全面细致，家庭教育十分重要而且影响长远。因此，对民族学生的教育，我们赢得了家长的全面关注和高度重视。教育学生志存高远，苦学成才；节俭朴素，吃苦耐劳；宽厚待人，严以律己；教育学生以快乐之心感悟人生，以感恩之心回馈人生。学会做人，学会做事，学会生存。感谢党和政府，感谢父母，感谢学校。

2. 学生情况。

表 1－1　2017 年—2020 年肃北、阿克塞县就读敦煌中学学生分布情况

时间	县市	总数	男	女	民族												
					汉族	蒙古族	哈萨克族	藏族	土族	维吾尔族	满族	回族	东乡族	锡伯族	撒拉族	乌孜别克族	裕固族
2007 年	肃北县	41	19	22	31	6		3	1								
	阿克塞县	9	3	6	8			1									
2008 年	肃北县	68	35	33	53	11		1	2								1
	阿克塞县	47	23	24	40		6		1								
2009 年	肃北县	40	20	20	35	4			1								
	阿克塞县	30	15	15	23		5			1		1					
2010 年	肃北县	46	23	23	42	3					1						
	阿克塞县	43	21	22	32		10										
2011 年	肃北县	42	25	17	28	11		2	1								
	阿克塞县	43	16	27	32		11										
2012 年	肃北县	84	42	42	66	14		3				1					
	阿克塞县	69	34	35	57		11	1									
2013 年	肃北县	59	32	27	46	8		1				4					
	阿克塞县	73	40	33	57		13	1	1			1					
2014 年	肃北县	73	35	38	62	7		3				1					
	阿克塞县	54	37	17	38		13		1			2					
2015 年	肃北县	77	45	32	65	7		2	1			1					1
	阿克塞县	66	39	27	54		10					2					
2016 年	肃北县	60	27	33	52	4		2	1			1					
	阿克塞县	74	44	30	65		5					4					
2017 年	肃北县	77	34	43	66	10		1									
	阿克塞县	105	57	48	80		24							1			

续表

时间	县市	总数	男	女	民族												
					汉族	蒙古族	哈萨克族	藏族	土族	维吾尔族	满族	回族	东乡族	锡伯族	撒拉族	乌孜别克族	裕固族
2018年	肃北县	63	30	33	49	6		4	1		1	2					
	阿克塞县	80	42	38	59		20					1					
2019年	肃北县	60	36	24	54	2		4									
	阿克塞县	100	46	54	72		28										
2020年	肃北县	45	27	18	40	2		2				1					
	阿克塞县	101	59	42	70		26						1	2		1	1

截至 2020 年，共有肃北学生 942 人，阿克塞 989 人，合计 1931 人，其中，12 个少数民族，共 392 人（2007 年至 2012 年，此表中学生人数只有敦煌中学就读学生，没有敦煌三中的资料）。目前，敦煌中学在校民族县学生 449 人，肃北 168 人，阿克塞 281 人，其中少数民族学生 105 人。

3. 分班。高一分班，根据肃北、阿克塞学生的中考成绩，根据民族县学生和敦煌学生的比例，按成绩排名、按比例依次分班。这样，肃北、阿克塞学生可以分到不同层次的班级。高二文理科分班，由于肃北、阿克塞相当一部分学生的基础薄弱，很多学生分科时选择学习文科，而我们学校的文科班有限，进文科班要考试选拔，对考不进去的肃北、阿克塞学生，我们有专门的照顾政策，摸底登记，学生自己书面申请，并和家长一起签字，民族县生活老师核实，保证优先解决肃北、阿克塞的学生进文科班，以便增强他们学习的自信心。

4. 宿舍安排。学校按班级分配宿舍，一般情况下，每个宿舍 8 人，都是同一个班级的学生，便于快速融入集体，统一管理，和谐相处。有肃北、阿克塞学生提出宿舍人员太多或太吵，影响了休息。为了照顾这些学生，学校提供特殊宿舍，住 4 人左右；后来因为学生太多，无法照顾，每个宿舍都在 8 人；特殊时期，还有 10 人一间宿舍的情况。

5. 采取"一对一"帮扶结对子措施。为了让民族县学生尽快适应在敦煌中学的学习生活，我们采取帮扶结对子措施，即一位民族县学生和敦煌中学的一名老师、一名敦煌本地本班的学生，结成帮扶对子，在学习上互相帮助提高，生活上嘘寒温暖，关心关爱。

6. 营造良好的舆论氛围。班主任和任课老师统一思想认识，统一口径，一视同仁，公平公正，不再分敦煌、肃北、阿克塞的学生，都统一称敦煌中学的学生，以消除学生之间的隔阂矛盾。公平、公正地对待每个学生，让民族学生尽快融入新的学习生活环境。如有问题，对事不对人，避免矛盾激化，消除肃北、阿克塞学生异地求学、寄人篱下的敏感心理。

7. 入学常规教育。新生报到后，各班参加入学教育和军训，一般为期 7～10 天。让同学们体验军营生活，感受团结紧张、严肃活泼、雷厉风行的氛围，树立不怕酷暑，不怕吃苦的意识。顺利完成了入学教育和军训任务，锻炼了同学们的意志品质，增强了班级凝聚力和荣誉感，增进了同学们的团结和友谊。

8. 纪律教育。为了保障新生的正常生活、学习，学校统一规定了他们的作息时间、饮食卫生、仪容、服饰、住行等要求，要求他们能尽快适应在敦煌中学的学习、生活等。

①人身安全教育，外出要结伴，及时返回学校。

②有事、有病必须向班主任和生活老师同时请假。

③个人物品一定要在宿舍妥善存放，以免丢失。

④现金存银行或交生活老师保管，不要放宿舍内。

⑤与同学搞好团结，特别是民族团结、平等。

⑥禁止带手机、MP3、录音机等贵重物品。

⑦严禁喝酒、打架、抽烟、私自外出、进网吧等。

⑧按时回宿舍休息，非宿舍人员禁止入内。

⑨周六上晚自习，周日早上课，必须按时到教室上课。

⑩必须服从班主任和生活老师的管理。

⑩规定一个月集体回家一次。搬入新校区后，每周末正常放学回家。

9. 加强空档时间的管理。来自肃北、阿克塞的学生初次离开父母，有寂寞孤独感。由于周六课上完以后，本地学生回家，肃北、阿克塞学生无法回家，这段时间成为空档。管理不好，他们的空闲时间就会受到网络等不良因素的影响。为了加强这一时段对学生的监管，周六晚上继续上自习，按照年级部集中到 4 个教室，由生活老师值班管理。第一个自习进行学习，完成作业；第二个自习看电影，调节学生文化生活，学校相关领导进行检查。周日早上，应同学们的要求，安排了四节课：英语、数学、化学（或物理）和体育，分别安排任课老师单独辅导。周日下午给学生放假，让学生上街购买生活用品，搞好个人卫生或休息。确保在空挡时间的学习、生活有序顺利进行。进入新校区后，每个周末，学生正常返家。

10. 建立公开、固定、有效的家长联系渠道，定期召开学生家长联系会。每学期召开一次家长会，解决一些共性问题，统一认识，遇到个别问题，则与家长沟通，争取家长的支持和配合。每学期组织四到五次班会，每次一个主题，集中解决一个方面的问题。平时多与家长沟通交流，与学生座谈，了解情况，争取把问题解决在萌芽状态。

11. 生活管理老师的工作。肃北县、阿克塞县派来的生活老师，住在学生公寓楼，每天检查肃北、阿克塞学生的起居作息情况。关心他们的生活，遇到学生生病等问题，及时买药看护，与家长联系；遇到学生经济困难，拿自己的钱接济学生；经常和学生一起交流沟通，化解学生内心的郁结，纠正学生的心理偏差，教给学生分析问题、解决问题的方法，特别是在饮食住宿，外出安全，结交朋友等方面予以关照引导，并把教育学生养成良好的行为习惯、勤学节俭、克服心理脆弱、增强独立生活能力当成一项长期的任务，让学生在学科学文化知识的同时，养成良好习惯，培养吃苦耐劳、顽强拼搏、积极向上的精神品格。

由于学生是第一次离开父母来敦煌求学，生活上自理能力很差，吃饭、睡觉、洗衣、花钱等方面的问题层出不穷。生活管理老师及时给予指导，让学生做事有计划，注意天气变化而加减衣服、盖被子。周日整理个人卫生，教如何洗衣服，怎样花钱才节俭，珍惜父母的血汗，尊重父母和老师的劳动成果，不向父母和老师提过分的要求。针对有些学生花钱大手大脚，学校的餐厅、小卖部专门安装了刷卡系统，限制了过度消费、互相请客，乱花钱的行为。后来安装了更为先进的刷脸系统，与父母的银行卡绑定，让家长监督学生的消费。

12. 学校对生活老师的管理。制定了《肃北、阿克塞生活管理老师职责》，生活管理老师到敦煌中学报到之后，由主管校长召集会议，学习了相关制度，明确了自己的职责和任务，对管理老师的工作做了具体的安排和要求，谁负责哪个班级，什么时候轮休，什么时间统一上班等，都有明确的规定。民族教育联络办公室每周召开一次联席会议，互通情况，商量办法；学校领导不定期召开生活管理老师会议，交换意见，关心生活。每隔一周，生活管理老师参加一次学校的安全例会。每年工作结束后，生活管理老师写出书面总结一份。一年工作结束后，学校对老师的全年工作作出鉴定，提交生活管理老师所在县教育局和学校。

13. 开设心理教育课，举办心理讲座，对个别学生进行心理疏导。民族县学生初到一个新的环境，面对生活上的相对独立、学习上的巨大压力，有相当一部分学生，一是不适应这里的气候，二是不适应学校严格的管理，三是不适应快的学习生活节奏，四是远离父母朋友感到孤独。他们有些不安心在敦煌中学学习生活，甚至打退堂鼓，想退学，或稍有不舒服就找借口请假，赖在宿舍不上课。为此，班主任和生活管理老师做了大量的工作，耐心细致地教育、谈心，动之以情，晓之以理，使他们安心学习、生活。学校心理咨询室老师定期对他们进行心理辅导，舒缓学生焦躁紧张的情绪，帮助他们融入新环境。学校开设心理健康教育课程，帮助学生了解心理知识，掌握一定的心理调节技术，并能自觉地进行自我调节，以积极的心态去面对新的生活，新的挑战。

14. 团委、学生会、班集体特别关注对民族县学生干部的培养，许多民族县学生在这些组织中担任着职务，发挥他们的管理优势，更好地团结同学，促进能力提高。

15. 关工委、工青妇、各民主党派也注重民族县学生的发展，召开座谈会，征求意见，帮助解决具体问题。

16. 针对差异性，实施有效的教育活动。由于肃北、阿克塞一部分学生的学习基础薄弱，我们采取了相应的措施。学习上明确目标，端正态度。除班主任在各班讲解之外，我们还专门召集肃北、阿克塞学生开会，给他们说明在敦煌中学上学的目的、意义，让他们明白学习机会的不易，明白父母供养他们的不易，明白两县政府花巨额费用支持他们求学的不易，明白学成为家乡做贡献的意义。

教学中放低起点，降低难度。从最基本的知识讲起，力争让每一个同学跟上，不掉队；同时，做好耐心细致的辅导工作，手把手地教，及时帮助复习巩固，不赶教学进度，扎扎实实地夯实基础。在每次考试后，专门和同学们谈话、沟通，有的学生学习信心不足，班主任和生活老师及时帮助指导，教给他们学习的方法；和每一科老师协调，老师学生结成帮助对象，单独谈话，要求学生每周和老师交流一次，解决学习上的问题，努力培养他们良好的学习习惯。

17. 加强民族团结教育，促进和谐校园建设。来我校就读的民族县学生，大部分是汉族，还有一部分少数民族的学生。由于信仰不同，风俗习惯不同，他们在共同的生活、学习中，难免产生一些小矛盾、误会，甚至摩擦。在入学教育中，我们反复强调加强各民族学生的团结，本着"平等、团结、互助、和谐"的原则，在日常学习生活中，各民族同学要建立平等的同学关系，互相帮助，互相尊重，互相理解，搞好团结，共同进步，共同提高，促进和谐班级、和谐校园的建设。学校还把民族团结教育融入特色活动中，如民族学生座谈会，节日联欢晚会，"五个一"活动：即一次民族团结教育主题班会、一次成绩回顾展、一次寻找学生亮点活动、一次民族学生特长展示会、一次民族县学生家长会。引导学生积极参与，大胆展示才华，增强自信心。

18. 创建经典与时尚并重的校园文化，对学生进行耳濡目染的全方位教育。

校园文化是全校师生精神追求的集中体现。敦煌中学的校园文化特色是经典与时尚并重。底蕴丰厚的经典文化如：《三字经》《弟子规》《朱子家训》规范着学生的言行，引领着学生学思并重，学以致用；志存高远，务真求实。时尚文化如：丰富多彩的精神文化、优雅整洁的环境文化、教学设施齐全的物质文化、潜移默化的熏陶，让学生一走进校园就自觉地思考、联想，自我完善，自我调控。校园文化是一种永久的教育资源，敦煌中学的校园文化已初具特色，对学生润物无声的教育作用是巨大的，影响也将会是深远的。

19. 积极开展民族生教育培养的课题研究。民族学生的教育培养，对敦煌中学来说是个新课题，无经验可借鉴，因此学校除要求老师根据学生与学科特点，课堂内外分头组织教学、制定阶段目标、指导学习方法、解决疑难问题等课业辅导外，还鼓励号召老师们搞探索研究。在 2006 年 5 月，学校成立了以曹新、沙媛真为课题组长的十一位教师组成的《汉族地区民族教育研究》课题团队，申报并获准为省级重点课题，课题组成员通过调查现状，研究教育对象，见仁见智发表多篇论文，阐释有关民族学生在校教育的思路方法，课题已结题。以陈肃宏、茹作斌为组长的《民族地区高中异地办学研究》课题组，申报了省级课题，从理论上和具体做法上明析了民族教育培养的意义，从实践中探索到了有效的途径和方法，有力地支持了学校民族教育工作。

20. 开展民族优秀传统精神传承教育，塑造学生健全完善人格。民族是人们在长期的共同社会生活实践中形成的一种共同语言、共同地域、共同文化传统的稳定的成员联合体。"民族精神"正是这样一个群体在长期生产和生活中形成的文化结晶。中华民族精神是集中体现我国五十六个民族优秀品德、崇高风尚和伟大特色的总和，是中华民族几千年来形成和发展起来的正确思想观念、优良文化传统、纯朴社会风貌和优良作风美德的荟萃，如"公正无私""疾恶如仇""不尚空谈""戒奢节俭""防微杜渐""三省吾身""豁达大度"的修身之道；"敬业乐群、公而忘私"的奉献精神；"天下兴亡，匹夫有责"的责任意识；"苟利国家生死以，岂因祸福避趋之"的爱国情操；"先天下之忧而忧，后天下之乐而乐"的家国情怀；"自强不息，艰苦奋斗，勤劳勇敢"的昂扬锐气；"富贵不能淫，贫贱不能移，威武不能屈"的浩然正气；"厚德载物，达济天下"的广阔胸襟；"奋不顾身，舍生取义"的英雄气概。学校采用多种多样的形式，如专题演讲、励志动员等，将这些优秀的民族精神传承给学生，以塑造学生完善人格，有效地弥补了部分学生一味唯我、感情用事、思想脆弱、享乐在先等人格缺陷。

21. 加强与民族县学校的联系，发挥省级示范校的辐射作用。我们先后多批次派老师赴肃北中学、阿克塞县中学进行教育教学交流，帮助民族县学校教育提升，民族县学校也多次派老师和学生到敦煌中学参观考察，互相学习借鉴，共同提高。

四、各级领导重视

各级领导对民族地区学生的教育十分关心，除了政策和资金上的大力支持，还多次来到学校检查指导工作。他们询问学生情况，深入宿舍、餐厅、教室，和学生座谈，讲国家的政策、带来政府的关怀、带来父老乡亲的问候和殷切希望。

酒泉市主管教育的塞力克副市长先后多次来我校检查指导工作，特别强调要严格要求学生，加强管理，培养学生的良好行为习惯。

甘肃省教育厅厅长白继忠、副厅长旦智塔等领导专门来我校了解民族地区学生的学习、生活情况。示范校复验组专家与生活管理老师、民族学生座谈。

酒泉市教育局郝德生局长、闫廷吉副局长，以及后来在任的多位领导多次来学校指导工作，了解学生情况，帮助解决问题。

敦煌市委书记孙玉龙、市长马世林、市长贾泰斌等，以及后来在任的领导也经常来学校视察，提出意见和建议，帮助我们解决困难。

敦煌市当时主管教育的张晓军副市长、王晓玲副市长、牛艳红副市长、教育局张新生局长、付虎局长、孔爱局长等领导多次来学校检查指导工作，帮助解决学校的困难。

阿克塞县鲍尔剑副县长、于锐华副县长、李进忠副县长、人大杨副主任、宣传部谢部长、教育局雪莲局长、李生先局长、张志江局长、哈再孜局长及阿克塞县中学肖吉忠校长、冯晓梅校长等先后多次来我校了解阿克塞学生的具体情况，及时给这些学生发放食宿补助，勉励他们好好学习。

肃北县主管教育的冬梅副县长、杨平副县长、姚举副县长率领教育局陈肃勇局长、戚玲局长、董全斌局长、娜尔斯局长、达布希力特书记及肃北中学宁生福校长、董元贵校长、汤玉刚书记等先后多次来我校了解肃北学生的具体情况。

民族县教育的大力改革，异地办高中的举措，引起了巨大反响，产生了积极效应。在老校区时，民族县的相关领导经常来敦煌中学，看望本县的同学们和生活老师，关注学生们在敦煌中学的学习生活情况，关心生活老师的工作生活情况，和同学们座谈，了解学习生活等方面的情况，和敦煌中学及时沟通，帮助解决存在的各种问题。每个学期，各县的主管领导带领本县的教育局、中学的校长们，都来敦煌中学看看，互相交流学习，探讨办学经验，促进各自学校的发展，为学生上高中打下良好的基础。

搬入新校区后，民族县各级领导一如既往地支持敦煌中学，给予了我校办好民族生教育的动力和信心。每逢教师节，对敦煌中学的优秀教师进行表彰奖励；每逢春节前，县领导四大班子亲自到敦煌中学进行慰问，激发了我们干好民族教育工作的干劲，同时也增强了我们不忘初心的使命感和责任感，我们深感任重而道远。多年来的民族教育工作，我们虽然付出的是艰辛的劳动，但成绩收获也是喜人的，令人欣慰的。

五、取得成绩和学生现状

异地办学以来，在敦煌中学就读的肃北籍、阿克塞籍学生被各级各类高校录取，也同敦煌中学一样，实现了"点上突破、面上提高"的目标，考上"985""211"等名校、重点大学的人数不断增多；考上二本、专科的面积在不断扩大，高考升学率连续五年达到100%，少数民族学生的升学率也是100%。（具体情况见表1-2：）

表1－2　2010—2020年敦煌中学肃北、阿克塞县学生高考情况表

时间	县市	参考人数	重点	本科	专科以上	升学率
2010年	肃北县	66	4	15	53	80.30%
	阿克塞县	22	0	7	19	86.36%
2011年	肃北县	83	2	24	70	84.34%
	阿克塞县	50	2	19	44	88.00%
2012年	肃北县	61	4	24	55	90.16%
	阿克塞县	53	2	16	48	90.57%
2013年	肃北县	63	12	19	56	88.89%
	阿克塞县	71	10	24	63	88.73%
2014年	肃北县	66	4	26	62	93.94%
	阿克塞县	65	3	29	61	93.85%
2015年	肃北县	90	7	26	81	90.00%
	阿克塞县	72	5	12	68	94.44%
2016年	肃北县	52	4	17	52	100.00%
	阿克塞县	62	9	13	62	100.00%
2017年	肃北县	66	4	23	66	100.00%
	阿克塞县	45	11	12	45	100.00%
2018年	肃北县	66	13	9	66	100.00%
	阿克塞县	59	14	20	59	100.00%
2019年	肃北县	60	5	35	60	100.00%
	阿克塞县	65	20	24	65	100.00%
2020年	肃北县	65	13	18	65	100.00%
	阿克塞县	96	23	33	96	100.00%

表1－3　近几年肃北、阿克塞学生考入名牌大学名单

姓名	县市	录取学院	姓名	县市	录取学院
刘小娟	肃北县	同济大学	王乐天	阿克塞县	哈尔滨工业大学
南荻	肃北县	中南财经政法大学	魏上博	阿克塞县	中南大学
吴晓云	肃北县	郑州大学	王文轩	阿克塞县	山东大学

姓名	县市	录取学院	姓名	县市	录取学院
张雪苑	肃北县	中国药科大学	徐煜	阿克塞县	北京科技大学
杨嘉怡	肃北县	大连理工大学	韩子飞	阿克塞县	河海大学
毛昕	肃北县	长安大学	乌丽盼	阿克塞县	中国地质大学
丁继龙	肃北县	福州大学	裴浩然	阿克塞县	中国石油大学
赵晖	肃北县	辽宁大学	冯潇	阿克塞县	哈尔滨工业大学
朱梓坤	肃北县	长江大学	王作鹏	阿克塞县	吉林大学
付立超	肃北县	山东大学	王鹏国	阿克塞县	山东大学
董慧敏	肃北县	长安大学	李政阳	阿克塞县	华东理工大学
腾格尔乐格	肃北县	北京电影学院	王怡洋	阿克塞县	西南交通大学
石旻泰	肃北县	上海海事大学	张悦	阿克塞县	西南交通大学
任雅欣	肃北县	东北电力大学	肖凯	阿克塞县	大连海事大学
刘雪阳	肃北县	山东财经大学	岳晓涵	阿克塞县	中国农业大学
赵志鹏	肃北县	兰州交通大学	王泽霏	阿克塞县	兰州大学
殷若媛	肃北县	西北民族大学	白艺婷	阿克塞县	山东大学
杨文婷	肃北县	中南财经政法大学	许瀚元	阿克塞县	陕西师范大学
西尼孟克	肃北县	兰州大学	张皓元	阿克塞县	西北农林科技大学
董美君	肃北县	南昌大学	万海炎	阿克塞县	哈尔滨工业大学
车丽格尔	肃北县	内蒙古大学	帕提娜	阿克塞县	中央民族大学
张劲博	肃北县	北京体育大学	李天龙	阿克塞县	中南财经政法大学
裴宏伟	肃北县	西南交通大学	张天瑞	阿克塞县	中国矿业大学
孙泽	肃北县	苏州大学	李卓	阿克塞县	中南大学
于文婷	肃北县	西北师范大学	张丹	阿克塞县	兰州大学
蔡立华	肃北县	西北农林科技大学	李培尧	阿克塞县	四川大学
范建鹏	肃北县	宁夏大学	李允斌	阿克塞县	上海外国语大学
于润莲	肃北县	内蒙古大学	张志睿	阿克塞县	山东大学
何秀文	肃北县	西北师大	高海涛	阿克塞县	海南大学
吴国娇	肃北县	大连海事大学	胡安泰	阿克塞县	中央民族大学
李毓政	肃北县	中国民航大学	潘瑞君	阿克塞县	华东师范大学

学生现状：高一学生，经过近一年的学习生活，民族县学生完全融入敦煌中学中，步入了正常的学习生活，目前，他们生活稳定，学习安心，按时作息，心情舒畅。高二学生，经过两年的生活学习，对学校的情况比较熟悉，学习安心，生活自理能力强，能严格要求自己，服从管理，形成了较好的行为习惯，大部分学生在原来的基础上都有明显的进步。高三学生，完全融入了自己生活学习的大环境，学习目的明确，志向高远，努力拼搏，力争实现自己的理想，考上自己心仪的大学。

六、存在的问题及解决办法

1. 生活上，公寓楼住宿，加强纪律教育，互相尊重、互相包容、互相谅解，积极打造文明宿舍，做一个守纪文明、积极向上、乐观豁达的高中生。洗澡堂和开水房，解决学生的洗澡、就近打开水问题。餐厅就餐，我们在保证价格优惠的情况下，多方面改变饭菜品种花色，提高质量，力争让学生吃得饱、吃得好。有些学生消费过度，为解决这个问题，学校所有的消费场所都安装了刷卡机，设定每天的最高消费限额，控制了学生不思节俭，过度消费的行为。后来，又安装了刷脸识别系统，与父母的银行卡绑定，由父母监督学生消费。

2. 学习上，有学生提出薄弱学科的辅导。根据学生的要求，我们在周日早上安排数学、英语、物理、化学和地理课的老师来辅导；根据学生的要求，我们还要落实老师和学生结对子、学生和学生结成学习伙伴的措施，帮助学习困难的学生树立信心，尽早赶上。敦煌中学的老师们努力培养学生的自学能力，培养学生独立自主的学习习惯，关心关注每一个民族县学生，多谈心、多沟通，提高学生的积极性，增强自信心，不抛弃、不放弃，学习的路上，一个都不能少。

3. 纪律上，有学生提出学校的生活节奏快、管得严，能否在星期日早上不上课、睡懒觉的问题。对学生严格要求是敦煌中学保证教学质量和培养学生良好行为习惯的有力措施，很多家长正是看中了这一点才把孩子送到敦煌中学的，学生空挡时间太多，容易懒散，生出闲事。所以，周末我们管理得越严格，越能确保学生安全，并能很好的学习，而不至于去睡懒觉、上网吧，这样，家长才越放心。有学生和家长质疑学校为什么不让学生带手机、MP3等物品，因为这些物品不适合在校学生的学习生活，把它们带到课堂上，玩游戏，发短信，甚至同学间的互相攀比，让学生分心。只有严格的纪律要求，才能保证学生养成良好的行为习惯，保证学业的正常有序进行，保证同学们的身心健康发展。

七、今后的打算

1. 全体老师要引导学生树立正确的世界观、人生观、价值观，确立远大的奋斗目标，要在每天的行动上抓具体落实，增强学生的自信心。

2. 班主任、生活管理老师、学生之间要畅通沟通渠道，了解掌握学生思想动态，老师随时要反思检查自己的工作计划、工作方法，以求管理的高效。

3. 学校安全教育要常抓不懈。交通安全、财产安全、用水安全、用电安全、饮食安全、乘车安全、人身安全要天天讲、月月讲，让学生养成良好的自我保护意识、安全意识。

敦煌中学从 2007 年开始接收培养民族县学生，在实践中探索，在工作中边反思，边总结，边整改，边落实，取得了一定的成绩，但是距离上级领导对我们的要求、老百姓对我们的期望还有一定的距离，我们坚信，在上级领导的关心和正确指导下，在校领导的具体部署指挥下，敦煌中学全体教职工有决心、有信心，把上级领导交给的这项任务完成得更好、更出色，为民族县人民交上一份满意的答卷。

异地办学谋发展，民族教育谱新篇
——敦煌中学民族团结教育纪实（上）

甘肃省敦煌市敦煌中学　沙媛真

2021 年是著名的德洛尔报告发表 25 周年，该报告提出的"建立终身教育体系"的四个支柱已成为国际教育改革的共同目标。"学会共存"是四个支柱的核心。"学会共存"教育的基础是人类普适伦理和共享价值，其过程是在文化互动中人们对普遍文化价值的建构过程。"学会共存"教育对于培养具有开放的世界意识和跨文化适应能力的未来公民，具有极为重要的意义——不但为我们在新形势下审视多元文化背景下民族团结教育提供了新的视角，而且对正确定位民族教育的价值取向有很好的借鉴意义。

古往今来民族教育都相对落后。甘肃省酒泉市是一个多民族地区，共有 2 个少数民族自治县、5 个民族乡，共 39 个少数民族，少数民族人口近 6 万人。改革开放以来，全区民族地区社会经济有了长足发展；但由于自然、历史、文化传统等多种原因，民族地区及汉族地区少数民族教育事业发展一直滞后，严重制约着全市民族地区经济健康和谐发展和少数民族人才的培养。

回顾改革开放 40 年来民族教育事业发展的历程，筑牢中华民族共同体的理念要求我们必须重视汉族地区少数民族青少年教育的问题。随着经济的快速发展，有着不同宗教文化传统的民族地区群众，为了让子女更好地发展成材，把希望聚焦于教育资源相对更集中、教育管理更先进、教学质量更高的汉族地区中心学校，尤其是汉族地区的重点中学。

敦煌中学就是这样一所践行民族教育的示范性高中学校。学校自 2007 年接收周边两个少数民族县市学生就学以来，以"尊重特征，求同存异，和谐共存，立德树人"为教育目标，承担着提高少数民族青少年文化素质的重任，成为周边地区少数民族青少年健康成长、成才的主阵地，为少数民族地区经济文化发展培养了大量的人才，在做好汉族地区少数民族青少年教育工作方面积累了不少宝贵的经验。

为深入贯彻落实习近平新时代中国特色社会主义思想，铸牢中华民族共同体意识，我们回顾敦煌中学民族团结教育的实践历程，把奋进创新、守望相助实现民族教育繁荣发展的好经验讲给大家听。

调查研究

2006 年 4 月 3 日至 10 日，酒泉市政府副市长塞力克带领酒泉市统战部、民委等部门和单位，组成了民族教育问题调研组，对全市民族县、乡，及市直院校的少数民族学生教育问题展开了为期一周的调研活动。

经过多次调研现场会，调研组总结出民族教育问题"硬件不硬软件软"的突出特点，并精准分析了造成酒泉地区，尤其是民族县、市民族教育落后的四大原因：一、对民族教育重要性的认识不够；二、对民族教育的经济投入不足；三、对民族教育特殊性的研究不够；四、促进民族教育发展的办法、措施不多。

这次调研活动，为进一步制定民族教育政策、推动民族教育发展提供了可靠的第一手资料，形成了具有酒泉地方特色的民族教育理论，为酒泉市委市政府进一步制订民族教育政策奠定了理论基础，也为全区基层教育工作者深入研究民族教育问题，开展民族教育工作指明了方向。

我们在调研报告中看到酒泉市委市政府在调查研究的基础上以抓铁有痕的决心下大力气解决好民族教育问题的实干精神。首先，明确要求全区各级相关部门全方位、多层次转变观念，提高认识，营造尊师重教氛围。在政府和领导层面上，要求改变以往仅通过经济指标来看社会发展、看领导政绩的片面、有误导的评价方式，要加强对少数民族地区人才教育的重视和绩效管理。并且以酒泉市西部偏远地区的肃北蒙古族自治县、阿克塞哈萨克族自治县的教育现状为调研重点，为切实提高两县高中教育质量，从根本上解决好民族自治县未来发展和培养人才的问题，精准对点研究策略，找到了新时期民族教育的崭新打开方式，也找到了民族地区教育发展改革的新思路、好办法——利用敦煌优质教育资源来帮助带动少数民族地区的教育发展——"异地办高中"这一教育新思路，开拓创新地探索"异地办高中"的办学模式，形成了《酒泉市人民政府办公室会议纪要》通知，民族地区学生于 2007 年 8 月开始可以自愿异地上中学。肃北蒙古族自治县和阿克塞哈萨克族自治县的高中学生自愿就学于敦煌中学或敦煌三中。

在调研中，酒泉市政府领导时时处处坚持"教育无小事""民众利益第一"的原则，为全市民族教育工作者提出了新的要求，解决了许多实际的问题。玉门市小金湾乡十四岁初一东乡族女孩辍学又复学的故事就是典型例子。

这位学习成绩名列全班第一，品学兼优的东乡族小女孩在 2004 年因家人受民族传统观念和习俗的影响而辍学在家。2005 年秋，经酒泉市分管教育的领导亲自上门，召集乡村干部并以民族干部的身份多次做工作，解决了家庭困难，纠正了群众落后的传统思想，最终使小女孩重返校园。这样的事例在调研中不胜枚举。我们看到了领导干部在民族教育事务中一心一意为民族群众谋发展的"润物细无声"的示范作用。事实有力地证明了酒泉市领导对民族教育问题的重视和部署远远不是一纸指令，而是实事求是地从调查研究出发，率先实践；从实践中探索发展道路。这样的工作作风，令广大民族群众感奋不已。

调研之后，酒泉市政府在学校教育方面提出了明确要求：要求教育行政部门树立教育公平、和谐发展的理念，关注民族学校教育的发展。在会议纪要中，对各级各类学校提出了具体要求，部署教育部门要从师资队伍建设到师资配备，从教育教学理念更新到教师业务水平的提高都要下大功夫，要从过程管理抓起，将和谐教育理念融入教育教学管理之中，切实提高民族学生教育教学质量。这些会议精神深入具体地为民族教育新局面的开创奠定了思想和行动基础。

在社会教育方面，酒泉市政府指出破除迷信、崇尚科学对振兴教育的重要作用。要求民族学生所在地要广泛宣传崇尚科学、破除迷信、振兴教育的思想，形成浓厚的尊师重教氛围。在一次民族地区教育现状调研活动中，酒泉市政府副市长塞力克发现经济欠发达、教育相对更加滞后的地方，学校破败不堪却花巨资多处修建寺庙。塞副市长语重心长地向当地群众强调，寺庙我们有就行了，它能给我们带来财富、文明、进步和发展吗？塞副市长和民族干部群众推心置腹的交谈不仅对当地民众起到振聋发聩的作用，也使我们认识到民族群众对民族文化教育和青少年成才问题还存在相对落后的传统认识，正是这些落后思想制约着民族教育的发展，也制约着民族地区未来的发展。而各级教育部门要做好民族教育工作，一定要重视民族传统文化的影响，做好以寺庙为中心的社区民族文化引导工作，形成全社会关注教育、尊重教育、支持教育、促进教育发展的良好局面，把民族教育提高到事关民族振兴与发展、事关全民素质提高、事关创建和谐社会成败的高度来认识。

在调研中，塞力克副市长还掷地有声地指出，一定要加大民族教育投入力度，改善民族教育办学条件。首先要立足全市各级政府，加大资金投入力度，对民族地区教育发展的投入不仅不能拖延，还要形成制度；并且确定教育投资占财力总支出和教育总投入的百分比，还要在"十一五"期间分期、分批、分阶段得到落实，确保民族地区教育条件的创设与改善。其次，要高度重视项目建设，积极向上争取资金投入。既要信息畅通善于捕捉，又要用足、用活、用好现有民族政策。再次，要加大政策扶持力度，一方面做到现有政策的有效倾斜；另一方面制定推动民族教育发展的特殊政策。作为承担民族教育重任的各级各类学校，终于迈入了上下齐心抓民族教育的新时期，同时也认识到民族教育工作的紧迫感、压力感和历史使命感。

2005年的春天是一个不寻常的季节，是酒泉市民族团结教育发展历程中的不平凡的开端。酒泉市委市政府以全新的理念及政策指导全市的民族团结教育工作，使全市各级领导及教育相关部门形成了"关注民生，教育为先"的共识，使全市上下形成了"上下齐心抓教育，一心一意谋发展"的良好氛围，为我们民族教育大业的发展奠定了坚实的基础。

团结奋斗

2007年5月，酒泉市委市政府为切实解决民族教育发展中存在的问题、优化教育资源、让边缘民族自治县的学生接受优质高中教育、培养更多的少数民族优秀人才，在民族教育问题上形成了全新的思路，于多层面的研究讨论后，出台了灵活高效、可操作性强的"异地办学"政策和措施。

2007年6月和7月，塞力克副市长先后在酒泉市和敦煌市两次召集会议，就肃北县、阿克塞县高中教育适当集中在敦煌市举办的具体措施、保障办法等问题进行了研究，于2007年7月18日酒泉市人民政府办公室下发了会议纪要。时任敦煌市委书记、市长孙玉龙带领各级相关部门领导积极响应，展开相应前瞻性工作。于是，在河西走廊最西端的小城敦煌，在秉承"向上向善、立德树人"理念的敦煌中学，一次关于民族教育的创新实践正式拉开了序幕。

从2007年秋季开始，肃北县、阿克塞县的初中毕业学生自愿到敦煌市一中、三中就读高中。为了让民族学生一入校就融入敦煌中学这个大家庭，就学学生实行混合编班、住宿、统一管理；敦煌市一中和三中因此而增加的公用经费，按照酒泉市政府核定的敦煌市学生公用经费标准计算，由肃北、阿克塞两县按实际到敦煌市就读高中的学生人数拨付给敦煌市一中和三中；酒泉市人民政府从2007年开始，每年从民族事业费中给敦煌一中和三中各补助10万元等具体细则一一下达并逐步实施。

2008年3月31日，酒泉市人民政府下发了《关于加快民族教育发展的意见》，对全市民族教育工作做出了全面部署和安排。对如何进一步开展民族教育工作提出了四项目标任务、十项扶持政策、三项对口支援和师资培养措施、七项深化改革措施和四项保障措施，在人、财、物各方面给予了大力支持——包括从阿克塞、肃北县财政每年拨出适量经费用于学生管理和生活补助；同时在教职工人员配备上编制也适当放宽；担任少数民族学生教育工作的教职工享受特殊教育教师补贴等等虽然细小却关系到异地办学持续向好发展的重要事务。

酒泉市委市政府领导以前所未有的创新精神开辟了民族教育事业和少数民族地区经济建设、政治建设、文化建设和社会建设事业的新局面，将全面提高少数民族群众科学文化素质的全新理念和精彩构想付诸实践。敦煌市委书记孙玉龙经常带领四大班子以及部分人大代表、政协委员到敦煌中学调研，支持民族教育发展。

创新发展

自敦煌中学2007年开办异地办学以来，2010年是第一个高考年。从这一年开始，两个民族县学生高考升学率由之前的百分之三、四十连续六年高居80%以上，并于2016年开始实现100%，直至2020年高考从未落低。

14 年来，肃北、阿克塞两个民族县的人民政府高度重视教育事业发展，积极配合异地办学政策，在物力、财力、大力支持，制订了"两免一补"（免学杂费、免书本费、补助生活费）政策，从经济上保证了异地办学工作的顺利开展。三县市的各级教育相关部门领导密切配合，常态化实地调研考察民族县异地办学情况，经常召开教师、学生座谈会，关心学生的学习生活情况，大力关注和奖励高考成绩。每年教师节两县县委、县政府都举行隆重的总结表彰大会，先后颁发敦煌中学"支持异地办学先进集体"荣誉和"高中异地办学贡献奖"，授予陈肃宏等 30 多名老师支持"异地办学"优秀教师光荣称号并予以奖励。两个民族县的领导每年到敦煌中学进行慰问，阿克塞县的张金荣书记说，阿克塞人民常跟他谈起这些年阿克塞学生的高考情况，高考升学率大幅度提升，教育质量不断提高，人民越来越满意。

2013 年 5 月，敦煌中学被省委宣传部、统战部和民委授予全省第二批"民族团结进步创建活动"示范单位。

2015 年 1 月 11 日，敦煌中学曹新校长获得国务院表彰的"全国民族团结进步模范个人"称号。这既是对具有开拓创新、勇于奉献的曹校长民族教育工作的肯定，也是对敦煌中学所有教职员工辛勤付出的鼓励，更是敦煌中学异地办高中以来为民族团结事业做出的突出贡献的回报。2015 年 7 月 6 日至 9 日，酒泉市统战部在民族团结进步宣传月活动中安排获得"全国民族团结模范个人"称号的曹新校长到肃北县、阿克塞县进行了巡回演讲，得到了两县干部群众的一致称赞。

2017 年，敦煌中学筹备全国民族团结进步创建活动示范校工作。同年 11 月 24 日，教育部、省教育厅组织华夏园丁大联欢活动在敦煌中学举行，充分展示敦煌中学民族团结教育特色，受到广泛好评。在国家民委办公厅的指导监督下，敦煌中学创建全国民族团结进步示范学校准备工作有序展开，2019 年 4 月 17 日，国家民委副主任董武带领检查组一行 9 人在省、市各级领导陪同下进行检查验收，对敦煌中学的民族团结进步创建工作给予好评。

2018 年 5 月 21 日，第三期甘肃省民族团结进步创建工作培训班在敦煌开班。

2019 年 1 月 31 日，肃北、阿克塞各级领导到敦煌中学进行慰问。他们对两县高三学生连续四年高考升学率达到 100％、"985""211"重点院校录取人数逐年增加的喜人成绩表示满意，感谢敦煌中学为阿克塞县肃北县的教育事业做出的贡献。深情回顾敦煌中学异地办高中 12 年不平凡的办学历程，投入有限但收获巨大，为民族县的教育事业发展，做出了巨大的贡献，两县人民群众表示深深感谢。

2019 年 9 月 2 日，酒泉市人大常委会党组书记、主任塞力克带领市人大及相关部门领导在敦煌中学就异地办学情况进行调研。十二年来，关心民族教育并为之努力改变的老领导时常对敦煌中学异地办学的情况进行指导，对敦煌中学异地办学成果给予高度肯定，特别指出 12 年来敦煌中学异地办民族教育领导好、工作好、经验好、制度好、效果好。同时，塞力克还对敦煌中学异地办民族教育、促进民族团结工作提出了指导性意见建议，希望再接再厉，继续努力争创全国民族团结进步示范校。

习近平总书记在 2014 年中央民族工作会议上讲话中强调，要加强各民族交往、交流、交融，尊重差异、包容多样，让各民族在中华民族大家庭中手足相亲、守望相助。在祖国大西北偏远地区的敦煌中学，每天都实践着民族团结教育的新思想，每天都在上演团结创新、守望相助的精彩故事。截至 2021 年 5 月，敦煌中学实施异地办学教育已经满 14 年。敦煌中学上下齐心，通过严格、科学、高效、规范的教育教学管理和团结奉献的精神，谱写了教育创新谋发展的美好诗篇。

祝愿我们民族团结教育的伟大事业在充满理想的教育者的奋斗中一天天走向辉煌。

尊重特征 和谐共存 求同存异 立德树人
——敦煌中学民族团结教育纪实（下）

甘肃省敦煌市敦煌中学 沙媛真

敦煌中学地处河西走廊的西端，是一所长期以来践行民族团结教育的示范性高级中学。从建校起，除了本地区少数民族学生就读外，有许多周边县市（包括少数民族地区）的青少年来校借读。在敦煌中学工作的岁月里，我们见证了国家民族团结教育事业的发展，见证了 2006 年以来酒泉市委市政府"异地办学"政策的出台及实施，也见证了敦煌中学开展民族教育改革新局面的辉煌历程。在建党一百周年之际，在省教科院举办的"民族团结教育好故事"活动中，我们把本地区发展民族团结教育的好故事讲给大家听。

敦煌中学从 2007 年 7 月接受肃北、阿克塞两县的高中生入学，至今已有 14 年。14 年来，曹新校长带领全校教职员工，认真学习党的民族政策，贯彻落实《酒泉市人民政府办公室会议纪要》精神，积极探索"利用敦煌优质教育资源来帮助带动少数民族地区的教育发展——异地办高中"的教育新思路，以"尊重特征，求同存异，和谐共存，立德树人"为宗旨，开拓创新，规划"异地办高中"的办学模式，为整合教育资源、开辟民族教育的新格局做出了积极贡献。

自 2007 年以来，敦煌中学领导班子加强组织领导，整合各方力量，积极构建全新的民族教育工作格局。

一、以宽厚包容的人文情怀来对待少数民族学生

我校少数民族学生以回族、哈萨克族和蒙古族为主，年龄在 16—20 岁之间。他们正处于从少年向青年的过渡期，他们受民族传统习惯、生活学习环境、家庭教育等因素影响，具有一些特殊的心理特点，不仅学习上存在困难，而且对敦煌的饮食习惯、人文气候等都很不适应。要帮助孩子们过好学习关、生活关，老师们首先把少数民族学生当作自己的孩子，用真心关爱他们，不论是饮食、起居、冷暖，还是日常生活、人际交往和健康状况，事无巨细都要牵挂在心头。手把手地教会他们生活独立，树立自信心，尽快适应异地学习生活。

少数民族学生第一次长时间远离父母亲人，再加上来到一个语言方式、生活习俗、气候条件、生活节奏等方面完全不同的新环境，在思想上、精神上会遇到各种各样的问题，容易产生精神压抑，情感方面极易波动，这就需要老师及时引导和帮助。为此，学校组织师生结对子，宿舍安排了生活指导老师，建立亲子式的师生关系。所有的老师在教书的同时，还扮演着心理辅导员、班主任、知心朋友甚至是父母家长的角色，从学习到生活，从健康到人生理想，经常与他们交谈学习、生活情况，了解家乡的信息，鼓励他们用汉语表达。慢慢地他们闯过了适应关，学习的兴趣也建立起来了。在日常的交往中，学生常常被老师们的真情感动，互相建立起亲密无间的感情，经常情不自禁地和老师说说笑笑，都愿意将心中的苦乐向老师叙述，希望得到老师真挚的帮助。

少数民族有自己的节日，每当过节，学校领导都会从百忙中抽出时间与学生一起联欢，向学生祝贺节日。学校领导和老师们还按少数民族风俗给他们准备有浓厚民族特色的礼品，与他们同吃清真菜、同跳民族舞。曹校长经常在餐厅和学生们一起用餐，夜晚看学生们回宿舍休息，寒暑时节，有时半夜还开车来学校巡视检查。老师们常常放弃休息时间和学生一起到各寝室互致问候，学生倍感民族大家庭的温暖。

二、整合教育资源，健全民族教育管理机构

曹新校长带领全校领导认真落实民族教育文件精神，在全校教职工中广泛宣传上级部门关于异地办高中的政策，让这一惠民政策深入人心，形成人人关注民族教育的良好氛围。为了解决少数民族学生的就餐问题，学校筹措资金修建"清真餐厅"；为方便民族地区学生的生活，还修建了浴室和洗衣房；并成立"民族地区学生管理联络办公室"，委派专人全面负责管理民族地区就学学生安全、健康、学习、生活、思想教育等事务；为了更好地抓好民族教育工作，曹新校长号召全校教师积极进行民族教育专项课题研究，先后开展了省级重点课题"汉族地区少数民族学生在校教育问题研究"、国家级课题"在中学教育中继承和发展民族文化"的调查和研究，取得了丰厚的成果，还组织专人编写了《敦煌中学民族教育问题探究》《共享和共赢》两本书；在教育实践的同时，加强与肃北、阿克塞两县生活管理老师的协作配合、严谨而周全地做好民族学生教育工作。

三、重视和谐共享，加强融入式管理体系

就学学生实行混合编班、住宿，统一管理；组织任课教师建立生涯规划导师制度，全方位关注民族学生的身心健康、学习进退、三观树立等问题；学校通过生涯规划导师和生活老师展开对学生思想、生活问题和学习中薄弱学科无偿教育活动，

不让一个孩子因学习跟不上而辍学；还形成了畅通家校联系的长效机制，出台了一系列便捷高效联系制度，有力地促进了学生的管理工作。为了解决民族县学生学习困难问题，学校采取了生生"一帮一"结对子模式。针对两县民族学生学习水平参差不齐问题，学校实施小组辅导、分层教学，安排老师一对一进行帮教。

四、研究民族学生教育特殊性，重视学习生活管理工作

针对少数民族学生自尊心强、自卑感强的双重性格以及不成熟的心理，造成各民族同学间不能融洽相处，如果不适时加以沟通，就容易产生对立情绪，甚至于互相攻击排斥等问题，学校对教师在教学以外提出了更高的要求。在学习和生活管理中重视处理好以下几方面的关系问题：

（一）保护民族小团体，和谐校园大环境

我们明确认识到，掌握少数民族学生的特殊性，分别正确对待，不能搞一刀切。少数民族学生有其特殊的心理素质和风俗习惯，我们既要看到他们多才多艺、喜动好玩的优良品质，又要清楚他们我行我素的坏毛病。作为教师，在尊重他们的同时要时常引导教育他们走出封闭的心态，走团结之路。要让他们放下包袱，抛弃偏见，和其他民族同学热情交往。同时，也要积极鼓励其他同学主动与少数民族同学交往，继而在交往中倡导互相尊重、团结友爱的原则，最后达到潜移默化、取长补短、取得共识、得到团结。这样，才能让少数民族学生走出小团体的限制，投入到大环境中来统一要求，成才教育目标才能实现。

（二）正确处理严格要求和适度从宽的关系

少数民族学生身上有许多不同于汉族学生之处，譬如性格直爽、爱喝酒、好运动，也有易冲动等特点。要制止不良行为的发生，首先，教师必须有"敢管"的思想。在管理上要求他们严格遵守学校的规章制度，绝不能在制度上开"绿灯"，以防给思想和心理尚不完全成熟的少数民族学生养成一种"特殊性"下的纵容。其次，对违反制度的要及时指正、批评、处理，但在处理中不能搞一刀切的效应，应先晓之以理，再动之以情，然后导之以道，引导和教育他们在明白错误的前提下改过自新。制度上开绿灯易放纵错误，而处理上以罚代教更会产生抵触情绪，造成不良影响。严格要求的前提下以教为重，才是学生管理的好方法。

（三）培养民族学生骨干，教育少数后进学生

在少数民族学生中，一些有才干、有能力的同学往往是一个宿舍、一个班、一个民族的"领头羊"，在同学中有较高的说服力和号召力。因此，这些同学也就成了引导工作、举办活动、协调关系、处理纠纷的积极分子和骨干力量。正确用之，则可能一个宿舍、一个班乃至一个公寓楼、整个校园的管理工作欣欣向荣、团结向上；不正确用之，这些人又恰恰是是非纠纷的生产者。这就是说，作为学生管理工作者，首先要让这些同学明事理、辨是非、守规则、遵制度，然后再去影响、带动其他同学去共同遵守。另外，因为学生管理工作不同于行政管理工作，所以，对于个别违

纪学生，要以师者的严厉、长者的宽容、朋友的理解、弟兄的关怀，父母的仁爱去对待。只有这样，才能把学生管理工作做到实处，落到细处。

五、立德树人，全力提升少数民族学生的综合素质

为了维护民族团结，促进民族友谊，曹新校长树立了"向上向善，包容厚德"的治校理念。他引领师生精神向上，学习向上，工作向上，生活向上；他倡导师生与人为善，与己为善，处世为善。让民族地区来的学生也完全融入敦煌中学这个大家庭中。在民族学生的教育过程中，学校重视教育学生志存高远，苦学成才；节俭朴素，吃苦耐劳；宽厚待人，严以律己；教育学生以快乐之心感悟人生，以感恩之心回馈人生——感恩党和政府，感恩父母，感恩学校；学会做人，学会做事，学会生存，让学生在德、智、体、美、劳诸方面得到全面发展。

学校要求所有教师对民族地区学生教育要把握好尺度，既不能和学生对立僵化，更不能太过暧昧，造成不良后果。在生活中做父母兄长，细心关怀，仁爱必至，以心换心，适时解决少数民族学生的困难，让他们信任你；在教育上做师长，严肃认真，讲道理、摆事实，让他们明白功过是非，尊重你；在日常做朋友，谈心释疑、排忧解难，让他们爱戴你。这样，作为教师，才能让少数民族学生既不因隔阂而产生抵触、不满情绪，甚至发泄私愤，又不会因太过亲近而放纵自己于制度之外、我行我素、违法乱纪。唯其这样，才能让少数民族学生在相互理解、相互尊重、相互帮助的心态下共同把学生教育工作推上一个新台阶。

六、创新活动载体，打造民族特色鲜明的多元校园文化

学校组织专人对中国儒家文化教育中关于民族教育特色的内容进行发掘整理，编印了三本有关民族团结进步教育内容的材料，让民族学生的德育教育有章可循；为了丰富民族学生的课余生活，积极为他们搭建展示各民族民风、民俗文化的平台，将民族服饰、民族音乐展示穿插在平时的课余活动中，把民族团结教育有机地渗透到教育教学的各个环节中，为继承和发扬民族文化做出积极努力。

在曹新校长的带领下，敦煌中学师生守望相助，在民族教育方面迈出了可喜的步伐。高考质量大幅度提高，为民族县人民交上了比较满意的答卷，受到社会各界的广泛赞誉。

2007年，敦煌中学全体师生在新任校长曹新带领下全力以赴为提高教育教学质量攻坚发力。2010年是敦煌中学实施"异地办高中"的高考开局之年，两个民族县学生的入学人数不断增加，高考升学率连年取得好成绩。2010—2013年两县高考考生由88人逐年攀升，升学率均在80％以上；2014年、2015年，两县高考升学率均在90％以上；2016年至2020年连续五年民族学生高考升学率达到100％。截至2020年9月，敦煌中学一共接受肃北、阿克塞两个民族县学生包括蒙古族、哈萨克族、藏族、土族、维吾尔族、回族、满族、裕固族、东乡族、锡伯族等学生共1931人，为2个民族县培养合格高中毕业生1471名，考入大学1336名，民族县高考升学率连续 5 年达到 100％，少数民族学生高考升学率年年 100％。

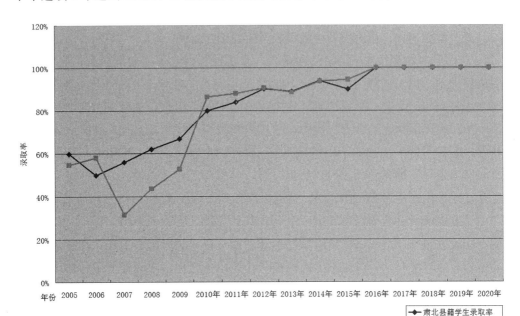

图 1-1　阿克塞县和肃北县籍学生 2005-2020 年普通高考录取情况统计

敦煌中学教育教学质量的不断提高，得到了社会各界的高度评价，受到了民族县广大人民群众的普遍认可，敦煌中学在周围地区的影响力日益增大，敦煌中学成功开展民族教育的宝贵经验也受到了上级领导和其他民族教育单位的重视。2012 年以来，前来观摩学习的海内外教育专家、学者和教育团体络绎不绝。敦煌中学经验开枝散叶，为更大范围搞好民族团结教育发挥着重要的作用。

2013 年，敦煌中学先后被中共甘肃省委宣传部、中共甘肃省委统战部、甘肃省民族事务委员会评为"甘肃省民族团结进步创建活动"示范单位；被中共酒泉市委、酒泉市人民政府评为"全市民族团结进步宣传月项目帮扶工作"先进集体；2018 年 3 月，敦煌中学被酒泉市评为"全市民族团结进步示范学校"。

2014 年 9 月，曹新校长被中华人民共和国国务院授予"全国民族团结进步模范个人"荣誉称号；敦煌中学三次被中共阿克塞县委、阿克塞人民政府授予"支持普通高中异地办学先进单位"荣誉称号，陈肃宏等 32 名老师被授予"支持高中异地办学优秀教师"荣誉称号。

十四年来，敦煌中学坚定地执行了各级政府关于民族教育工作的各项政策，做到"留得住，站得稳，学得好"，全面提升了民族教育工作的质量，为社会培养了1471 名合格的高中毕业生，其中考入大学有 1336 人，部分学生考入"985""211"名校，为民族县社会各项事业发展奠定了人才基础，有力地促进了民族大团结局面的繁荣。

总之，从宏观方面，敦煌中学的民族教育实践更新了传统的教育观念，加快了多元教学内容和教学方法的改革，使教育者和学生都实践了和谐共存的思想，使我们的教育工作具有了人文化特征和一定的前瞻性，使我们解决了学生中的特殊群体的成才问题，使教育教学观念与国际国内先进理念更加接轨。从微观方面，重视少数民族学生教育问题，提高了教育教学格局，开阔了教育者的胸怀，培养和促进了学生综合能力——共存能力、交流能力、融和能力、认同能力等，对我们的教育资源也进行了科学合理的提升与利用。

　　十年树木，百年树人，教育是一个不知要耗费教育工作者和受教育者多少心血和汗水的事业。教育的成败得失关乎广大民众的幸福感和国家的未来。除了物质条件外，教育者坚定的理想就是人的心中一道不灭的光明，照耀着人们无畏地越过重重黑暗，达到美好的目的地。而民族教育事业正是理想主义者的事业，无论是教育者，还是受教育者，树立"尊重特征、求同存异、和谐共存、旨在成才"的教育理想，即是少数民族教育事业得以健康顺利发展的第一步。更多的问题等待着我们不断前行。

感党恩跟党走，家若和万事兴

尊敬的各位领导，各位同仁，各位朋友，女士们，先生们：

　　大家好！

　　先做一下自我介绍：我叫曹新，敦煌中学校长、党委书记。1981年参加工作，1996年破格晋升为高级教师，2004年获"苏步青"二等奖，2005年晋升为特级教师，2013年被评为中学正高，同年，获"全国先进教育工作者"称号。2014年获"全国民族团结先进个人"。

　　今天我发言的题目是"感党恩跟党走，家若和万事兴"。

　　孔子曰："人能弘道，非道弘人。"曾子说："士不可以弘毅，任重而道远。"所以，在这所谓的道义背后，始终有一个千年不变的精神内涵，这便是民族精神。民族精神是一个在民族适应环境，改造世界，形成自己特有语言，习俗和人文传统的长期发展历程中，表现出来富有生命力的优秀思想、高尚品格和坚定志向。

　　中华民族生生不息，靠的是各民族团结友爱。一个家庭不团结，可能亲人反目；一个民族不团结，可能一盘散沙；而民族之间不团结，会导致国家不安全；一个国家不团结，可能分崩离析。我国各民族在历经数千年的迁徙、贸易、婚嫁、交融中，形成了你中有我、我中有你，交错杂居、共生互补的格局，孕育了团结友爱的宝贵传统。今天，"汉族离不开少数民族、少数民族离不开汉族、各少数民族之间也相互离不开"的理念已经成为各族人民的自觉行动，共同团结奋斗、共同繁荣发展的主

下篇　敦煌中学民族教育工作与学校思想政治教育工作双融合调研资料

题已经成为各族人民的共同追求。面对如今幸福的生活，面对如今"家和万事兴"的和谐局面，我们应该怀有博大的感恩之心，感恩父母，感恩社会，感恩党的领导。面对当前构筑和谐社会的时机，我们应该从文化的角度，来引导民众感受和谐，学会感恩；享受生活，懂得感恩。

我们感恩父母，父母生我养我，我们感恩中国共产党，中国共产党领导我们过上了幸福美好的生活。在中国这个大家庭里，我们快乐，我们幸福，我们自由，我们要用"感恩的脚步"走出属于自己的阳关大道，牢记党恩，回报社会，为构建和谐社会奉献自己的绵薄之力。

对我们教育工作者而言，沐浴着太平盛世的繁华，除了经营自己的小家之外，学校就是我们的大"家"，我们在敦煌中学这个大家庭里，生活幸福，工作舒心，交往称心，而这样和谐、美好的生活源自于国家的强盛，源自于共产党的恩泽。我们应该感恩党，跟党走，在自己的教育教学中渗透团结精神，弘扬感恩教育，大力发展素质教育，从而提高全民族的文化素养和感恩意识。2007 年，当时主管教育的酒泉市副市长塞力克高瞻远瞩，从教育大局出发，提出"将肃北、阿克塞高中异地办学，并入敦煌中学"的办学理念，目的是提高肃北、阿克塞少数民族学生质量，造福肃北、阿克塞百姓。我们敦煌中学积极响应市委市政府的号召，多方努力，全校动员，用最快的速度，最好的方案，克服困难，在最短的时间内做好了迎接肃北、阿克塞学生的准备。

在我们的心目中，肃北蒙古族自治县人民就像俗称"雪山明镜"的德若淖尔湖清澈、灿烂；就像盛开在高原牧场两边群山上的雪莲，圣洁、美丽；就像端坐云霄的石包城，独立、自强。阿克塞哈萨克自治县人民热情好客，聪慧欢乐。阿肯阿依特斯是具有代表性的哈萨克非物质文化遗产，哈萨克人的刺绣是闻名全国的传统工艺，全国园林绿化县城验收中阿克塞哈萨克自治县成为甘肃省第一个"国家园林县城"。而且，近几年县城的建设也是日新月异，突飞猛进，一座干净整洁、布局科学、品味高档的城市屹立于全县人民的面前，极大地方便了人民群众。

如此耀眼光环的背后是肃北、阿克塞县县委县政府的不懈努力，更是全县人民勤劳付出的结果。而凡此种种的实质则是县委县政府及其全县人民对教育事业的高度重视。从每年输送到我们敦煌中学的生源就可以看出，你们的九年义务教育是成功的，即使是酒泉中学录取之后进入敦煌中学的肃北、阿克塞学生仍有很多优秀的学生，无论学习成绩还是做人的品质，他们肯吃苦，爱学习，他们来到敦煌中学，很快能够按照学校要求，遵规守纪，勤奋努力，实现与敦煌本地学生的交流沟通，很快成为学习上的伙伴，生活中的朋友，携手并肩，共同进步，亲如一家。这也以事实说明肃北、阿克塞的义务教育是成功的，是肃北、阿克塞的老师们齐心协力、心怀感恩，共同培育着祖国的花朵，在此，我代表敦煌中学对你们真诚地道一声："辛苦了，谢谢你们!"

常言道：家和万事兴。而最重要的是"和"。和睦的家庭，能给每个家庭成员带来温暖、带来快乐、带来力量、带来兴旺，只有和睦的家庭才能克服困难，才能越过难关，才是一个真正温馨的家庭。我们学校就是一个大家庭，我们在校的每一位都是这个家庭的成员。因此，在教育理念的构建上，我们也是充分体现了各民族一家亲的思想。"向上、向善，包容厚德"是敦煌中学的校训，也是我们这个家庭的家训，我们秉承"精神向上、学习向上、工作向上、生活向上；与人为善、于己为善、处事为善"的原则，教育学生，发展个性，施展特长，培养品德。让我们的学生在提高文化课成绩的同时学会"以快乐之心感悟世界，以感恩之心回馈人生"。我们深信：无论在校内还是在校外，无论是汉族之间还是各民族之间"矛盾的 99% 的是误会，误会的 99% 是不沟通"。为此，我们学校高度重视与来自肃北、阿克塞的师生的沟通、交流。在肃北、阿克塞县委县政府及其教育局的支持下，专门成立了民族教育管理联络办公室，与来自肃北、阿克塞的生活老师、家长和学生一起，全面开展民族教育的相关工作。在交流中消除误会，在沟通中化解矛盾。要求我们的全校教职员工对肃北、阿克塞的学生细心呵护，在师生的交流中让他们感受到家一样的关爱，在学生的沟通中让他们体会到姊妹一样的照料，在和老师的谈话中聆听到父母一样的教诲。因为我们就是一家人！为此，我们专门研究制定了针对民族学生管理的"六个一"，以此来加强和规范教职员工对敦煌中学这个大家庭中民族学生的管理。

"六个一"即：

"管住一张嘴"：全体教职员工注重言行，规范用语，对学生不分区域，不讲来源，在校的都是我们的学生、坐在教室里的都是我们的孩子，尤其做到尊重民族习俗，尊重个体差异。

"捧上一颗心"：由于民族县学生远离家乡，加上部分学生的自主生活能力较弱，我要求各班班主任和生活管理老师亲自帮助学生叠被子、摆用具，做卫生，不厌其烦，耐心指导，直到他们形成习惯。在这些方面，咱们派来的生活老师，大部分责任心强，工作踏实认真，我代表学校谢谢你们！学校还专门安装了消费刷卡系统，限制过度消费，培养学生的节约意识。现在来看，在全校老师，尤其是班主任和生活管理老师的帮助、指导下，民族县学生有半学期就能养成较好的生活习惯。

"引好一条线"：为了帮助民族县学生彻底融入快节奏、高强度的高中学习生活，学校除在作息、饮食、仪容、住行等方面统一要求每个学生外，还在纪律方面对他们严格要求，对违纪学生加强教育引导，用理解和宽容感动学生，用关爱和交流感化学生，做到不放弃、不抛弃。针对民族县部分学生学习基础相对薄弱的情况，我们采取任课教师和班级中的民族县学生"一帮一结对子"的方法，要求每位任课老师充分了解每个民族县学生的情况，根据他们的习惯、特点、性格等，个别辅导实时降低难度，不赶进度，打牢基础，横向拓展，力争让每一个同学跟得上，不掉队。

　　"开好一次民主生活会"：主管校长每月召集政教、教务和民族教育联络办公室、班主任召开民族县学生教育管理工作会，修订教育管理办法，研究解决出现的新问题；民族教育联络办公室每周召集民族县生活老师召开一次联席会议，互通情况，商量办法，解决问题；学校领导不定期召开生活管理老师会议，交换意见，关心生活；每两周，生活管理老师参加一次学校的公寓楼管理和安全例会，形成齐抓共管的教育管理网络。

　　"用好一个标准"：不论是对敦煌籍学生，还是对民族县学生，我们都是用统一的评价体系，成绩核算是这样，评优树模是这样，让学生朝前看有盼头、向前走有劲头。同时，在录取、分班上也是对民族学生在文化课成绩的基础上加50分左右分班。后又改为按比例分到各班，保证两县学生奥班、重点班都能进。在文理科分班上，民族学生享有本校生没有的优惠政策：进文科班只要自愿申请，都能保证进入文科班。充分体现我们这个大家庭的温暖，保证教育的公平。

　　"开好一次家长会"：一学期一次的肃北、阿克塞学生家长会，是我们学校工作的重中之重，学校高度重视，政教处认真组织，班主任精心准备。在家长会上，我们侧重将我们平时对学生的一些为人处世，待人接物的价值取向，宣传给家长，让学生和家长的道德观、人生观、价值观趋向一致，形成教育的合力，共同为培养我们的下一代而努力。比如，我们倡导：现实生活中，您和谁在一起很重要，甚至能改变您的成长轨迹，决定您的人生成败。和什么样的人在一起，就会有什么样的人生。和勤奋的人在一起，您不会懒惰；和积极的人在一起，您不会消沉；与智者同行，您会不同凡响；与高人为伍，您能登上巅峰，又如教育学生，读好书，交高人，乃人生两大幸事！要求学生学会选择交往，学会选择交流，学会选择识别。因为一个人身边的朋友对他的人生会有重要的影响。人生的奥妙之处在于与人相处，携手同行；生活的美好之处则在于送人玫瑰，手留余香。培养学生阳光向上的心态：积极的人像太阳，照到哪里哪里亮；消极的人像月亮，初一十五都一样。拥有阳光的心态，积极的姿态，面对生活，感悟生活。因为心态好，一切都好。同时，我们教育学生，学会承受，感恩挫折。让他们明白：没有一个人，一生没有坎坷；没有一个人，一世没有痛苦。看你的人多，懂你的人少；说你的人多，帮你的人少；相遇的人很多，相依的人很少。要学会接受现实，直面挫折，"不求事事如意，但求无愧我心"。让学生明白：人生，该干的要干，该退的要退，是一种睿智；人生，该说的要说，该哑的要哑，是一种聪明；人生，该显的要显，该藏的要藏，是一种境界。学会知识固然重要，学会做人，学会处世更是学生步入社会的必备资本。所以，我们试图通过这样的家长会，让家长、学生和学校统一认识，达成共识，齐心协力，共同关注我们孩子的成长，一起办好我们的高中教育。

　　敦煌中学在各级领导的关心下，在敦煌市委市政府的统一协调下，在全校老师的共同努力下，学校教育教学质量逐年上升。2013年，学校一本上线205人；二本上线 534 人；有 2 名同学被清华大学录取。全酒泉地区进入甘肃省前百名 7 人，我校占 6 人；2014 年高考中，一本上线 206 人、二本上线 555 人，有 3 名同学进入甘肃省高考百名榜，有 2 名同学考入清华大学，1 名同学考入北京大学；2015 年高考成绩喜人，有 1 名同学名列甘肃省理科探花，有 4 名同学名列甘肃省百名榜（酒泉市上榜 6 人，敦煌中学 4 人，敦煌中学李阳同学以 674 分名列全省理科第三名。全市 600 以上敦煌中学 11 人，占酒泉市各中学之首。）这是敦煌市自国家恢复高考制度以来取得的最好成绩，实现了敦煌教育新的里程碑式的突破。为此，我们敦煌中学这个大家庭在感党恩的同时，也感谢社会各界的关注、支持和配合，感谢各民族的团结、和谐。

这样喜人成绩正是"家和万事兴"的体现，正是"家若和，万事兴"的佐证。我们的班子齐心协力，我们的老师同舟共济，我们的学生积极进取。我们各民族之间兼容并蓄，其乐融融。正是我们老师默默无闻的耕耘，披星戴月的工作，还有我们肃北、阿克塞教育局、各位老师的辛勤付出、无私奉献，才有了如今敦煌中学这个大家庭的幸福、美满。正是有了你们在义务教育阶段培养的好苗子，才有了敦煌中学这个大家庭的教育教学的高质量、高水平。在此，我代表学校全体教职员工再道一声："谢谢你们的支持！"

八年来，敦煌中学一共有肃北、阿克塞两个民族县学生 1042 人就读，其中肃北学生 569 人，阿克塞学生 473 人，有少数民族学生 226 人，包括蒙古族、哈萨克族、藏族、土族、维吾尔族、回族、满族、裕固族等，截至目前，已为社会培养了 624 名合格的高中毕业生，其中考入大学有 531 人，少数民族学生的升学率达 100%。另有 418 名肃北、阿克塞学生在校就读。从平时考核和高考成绩来看，民族县学生升学率稳步上升，学生的综合素质逐步提高，肃北高考升学率 2009 年到 2014 年分别为：62%、83.3%、88.4%、84%、94.35%、93.2%；阿克塞高考升学率分别为：60.4%、75%、87.3%、88.3%、90.8%、92.3%。我们的办学受到社会各界得广泛好评，培养出了像考入青岛科技大学的阿克塞南亚雄同学、考入西北师大的高倩同学、考入大连海事大学的肃北吴国骄同学、考入中国民航大学的肃北李毓政同学；考入华东师大的阿克塞潘瑞君同学，考入四川大学的李培尧同学，考入上海外国语大学的李永斌同学，考入兰州大学的张丹同学；2014 年阿克塞李莉莉考入太原理工大学，张志睿考入山东大学，车丽格尔考入内蒙古大学，祁国鹏考入空军勤务学院；今年的杨文婷、杨蕊铭（美术生）有望考上名牌大学。这些成绩为民族县人民交上了一份满意的答卷，有力地促进了民族大团结，也以事实证明了塞力克常委当年决策的正确，学校也在 2013 年 5 月被中共甘肃省委宣传部、中共甘肃省委统战部、甘肃省民族事务委员会评为"甘肃省民族团结进步创建活动示范单位"，2013 年 9 月被酒泉市委市政府评为"全市民族团结进步先进集体"。我本人也获国务院奖励，被评为"民族团结先进个人"。

"家和万事兴"、跟党向前进！相信有我们党的好政策，我们心怀感恩，脚踏实地，与肃北、阿克塞民族兄弟团结一心，携手并肩，敦煌中学这个大家庭的教育质量一定会百尺竿头更进一步；同时我们也清醒地意识到"路漫漫其修远兮"，我们肩负的责任任重道远，我们与百姓的期待仍有距离，但"吾将上下而求索"！相信在市委市政府的悉心关怀下，在肃北、阿克塞各级领导的支持下，在我校全体教职员工的通力拼搏下，我们这一家人辛苦并快乐地工作，简单并幸福地生活。心怀感恩，齐心协力，倾心教育；甘于清贫，乐于奉献。我们深信功夫不负有心人，敦煌、肃北、阿克塞的教育事业一定会蒸蒸日上、越来越好！56 个民族 56 朵花，56 个民族是一家，让我们心怀感恩，携手并肩跟党走；同甘共苦，众志成城搞教育，共同谱写敦煌中学这个大家庭教育教学的新篇章！通力奏响各民族大团结的和谐乐章！

谢谢大家！

同饮党河水　共圆学子梦
——敦煌中学民族教育情况汇报
(2018.7.11)
敦煌中学党委书记、校长　曹　新

2007 年，对于许多人来说，或许只是人生中度过的平平常常的一年而已，但对于敦煌、肃北、阿克塞三个兄弟县市来说，却不是一个简单的年份。

这一年，由甘肃省水利厅组织，酒泉市、县两级水务部门、设计、监理、施工、运行等相关部门参加，专门解决阿克塞县城、红柳湾开发区用水问题的"引党济红"引水工程竣工了，就像血脉融合在一起一样，来自兄弟一般的阿尔金山和祁连山的水源，共同滋养着美丽的阿克塞。众所周知，敦煌是一个极其缺水的城市，但当兄弟民族所居住的地方更加缺水，敦煌、肃北都没有犹豫。如今，党河水滋育着三个兄弟县市的土地、树木和生灵，也养育着这片土地上的人们。同饮这一河水，兄弟情谊也更加深厚。

也正是在这一年，酒泉市委市政府高瞻远瞩，从教育大局出发，做出了将肃北、阿克塞高中异地办学，并入敦煌办学的思路和决策，同饮一河水的三个兄弟县市的学子，共同携手迈进了实现教育跨越发展的新时代。尽管这对我们提出了新的挑战，但能够和兄弟民族共同生活在一个大家庭里，共享优质教育资源，共助学子腾飞壮志，共谋教育发展大计，共襄盛世和谐伟业，我们愿意尽一切力量。

转眼间，十年的时光过去了，截至 2018 年 7 月，敦煌中学一共接受肃北、阿克塞两个民族县学生 1626 人，其中肃北学生 838 人（已毕业 565 人，考入一本 41 人，二本 174 人），阿克塞学生 788 人（已毕业 475 人，考入一本 42 人，二本 132 人），有少数民族学生 387 人（已毕业 227 人，考入一本 18 人，二本 82 人），包括蒙古族、哈萨克族、藏族、土族、维吾尔族、回族、裕固族、东乡族、锡伯族等。有83名来自两个民族县的学生在敦煌中学就读后考入重点本科院校，306名学生考入本科院校。

目前，敦煌中学在读的来自两个兄弟县市的汉族和少数民族学生共有448人，其中肃北县198人，阿克塞县250人，有少数民族学生83人。

高一年级（2018年）肃北县学生63人，阿克塞县学生80人，合计143人，其中少数民族学生35人。

高二年级（2017年）肃北县学生72人，阿克塞县学生99人，合计168人，其中少数民族学生30人。

高三年级（2016年）肃北县学生63人，阿克塞县学生71人，合计132人，其中少数民族学生18人。

目前的敦煌中学，已成为一所各民族和谐相融、共享优质教育资源的综合性高级中学，不同民族的学生在这里共同学习和生活，每年都会有很多学子从这里走向全国各地，去接触更广阔的世界。在学校里，老师们除了向学生传授知识外，还肩负着进行民族平等、民族团结和各民族共同繁荣的思想教育任务。

敦煌和肃北、阿克塞两个民族县同饮一条党河水，原本就是一家人。用一句敦煌人常说的话：一家人不说两家话。对于教育工作者来说，无论是什么身份，我们眼里只有学生；无论是哪一个民族，只要坐在课堂上，他就是一个渴求知识、渴求成长的学生，哪一个老师都不会在从事教育工作时先去想学生的民族问题。正像我们的老师们不会去分别哪一个学生是来自农村或是城市一样，他们也不会去分别哪一个学生是汉族还是其他民族。

多年来，为了做好民族教育，我们主要从以下几个方面开展工作。

（一）加强学校硬件设施建设，促进校园环境全面改善

敦煌中学占地369亩，其中教学区和生活区占地163亩，体育公园占地115亩，其他占地91亩。现已建成教学楼4栋，学生公寓楼4栋，行政楼、实验楼、图书楼和餐厅各1栋，建筑面积5万多平方米，各类教学设施齐备；校区绿化占地100000多平方米，占学校总面积的41%；还修建了读书公园和水景工程，可以说，今天的敦煌中学，已经成了师生生活学习的文明乐园、美丽花园和温馨家园。

（二）加强"融入式"管理，促进民族县学生素质全面提高

为做好民族县学生教育管理工作，我们专门设立了民族教育管理联络办公室，有专人负责民族教育工作，我也把这项工作作为每天必须做好的首要工作之一，经常问询民族学生的学习生活情况，对民族学生的吃住行学等都优先安排，时时督促相关人员妥善处理相关工作，要求全体教师做到"七个一"，形成较为系统的工作规范。

"管住一张嘴"：尽管我们要求教师对各民族学生"一视同仁"，但毕竟各个民族

宗教信仰、风俗习惯都有着差异，我们通过多次会议专门进行民族与宗教知识宣讲，引导全体教师注重言行，规范用语，对学生不分区域，不讲来源，在校的都是敦煌中学的学生，坐在教室里的都是我们的孩子。在做到这一点的基础上，也要注重差异，区别对待，尤其要做到尊重不同民族学生的生活习惯，尊重个体差异。

"捧上一颗心"：由于民族县学生远离家乡，加上部分学生的自主生活能力较弱，要求各班教学班主任和生活班主任老师亲自帮助学生叠被子、摆用具，做卫生，不厌其烦，耐心指导，直到他们形成良好的习惯。学校还专门安装了消费刷卡系统，限制过度消费，培养学生的节约意识。现在来看，在全校老师，尤其是教学班主任和宿舍生活班主任的指导、帮助下，民族县学生有一、二个月就能养成较好的生活习惯，较快地融入敦煌中学这个群体。

"引好一条线"：为了帮助民族县学生彻底融入快节奏、高强度的高中学习生活，学校除在作息、饮食、仪容、住行等方面统一要求每个学生外，还在纪律方面对他们严格要求，一视同仁，公平公正，对违纪学生加强教育引导，用理解和包容感动学生，用关爱和交流感化学生，做到不放弃、不抛弃。针对民族县部分学生学习基础相对薄弱的情况，我们采取任课教师和班级中的民族县学生"一帮一结对子"的方法，要求每个老师充分了解每个民族县学生的情况，根据他们的习惯、特点、性格等，个别辅导，实时降低难度，不赶进度，打牢基础，横向拓展，力争让每一个同学跟得上，不掉队。

"搞好一次民主生活会"：各部主管校长每周召集政教处、教务处、民族教育联络办公室、公寓楼生活班主任召开民族县学生教育管理工作会，及时商量教育管理办法，研究解决出现的新问题；民族教育联络办公室每周召集民族县生活老师召开一次联席会议，互通情况，商量办法，解决问题；学校领导不定期召开生活管理老师会议，交换意见，关注民族县生活老师和学生的情况；每周二，本周值班生活管理老师参加学校组织的安全例会，形成齐抓共管的教育管理网络。

"用好一个标准"：不论是对敦煌籍学生，还是对民族县学生，我们都是用统一的评价体系进行成绩核算，表彰奖励，让每个学生朝前看有盼头、向前走有劲头。同时，在录取、分班上也是对民族学生侧重考虑，在文化课成绩的基础上加50分进行分班。后又改为按比例分到各班，保证两个民族县学生在奥班、重点班、平行班都能均衡分配。在文理科分班上，民族县学生享有本校生没有的优惠政策：进文科班只要自愿申请，就可进入文科班，然后按比例分班。充分体现我们这个大家庭的温暖，保证教育的公平。

"开好一次家长会"：每个学期定期召开一次肃北、阿克塞学生的家长会，是我们学校德育工作的重中之重。学校高度重视，政教处认真组织，班主任精心准备。在家长会上，我们侧重将平时对学生的为人处世，接人待物的价值取向，宣传给家长，让学生和家长的道德观、人生观、价值观趋向一致，形成教育的合力，共同为培养我们的下一代而努力。

"提供一个展示的舞台":每周,我们都会举办一次"大家乐"活动,在这个舞台上,展示才艺最多的,就要数民族学生。在学校组织的各项体育活动和其他活动中,我们也优先考虑民族学生的参与,通过采取这些措施,不仅丰富了同学们的校园生活,又健康了同学们的身心,促进了民族团结进步。

我们倡导:矛盾的99%是误会,误会的99%是不沟通。师生之间、家长和孩子之间、老师和家长之间、民族与民族之间,都要保持交流畅通,及时化解矛盾,增进了解和相互理解,共同支持学校教育活动,形成和谐优美的育人环境,让各民族孩子们都能乐学、善学、勤学。

现实生活中,您和谁在一起很重要,甚至能改变您的成长轨迹,决定您的人生成败。和什么样的人在一起,就会有什么样的人生。无论你是说着汉语、哈萨克族民族语言,还是蒙古语,"向上、向善、感恩、沟通、敬畏"都是我们共同的精神理念。哈萨克族有这样一句谚语:"想要牛羊肥壮,赶它们到夏季的草场放牧;想要儿孙成长,让他们到外面的世界闯荡。"蒙古族也有这样的谚语:"驰骋的马,能走遍草原;努力的人,能实现志愿。""水草丰美的地方,鸟儿多;心地善良的人们,朋友多。"哈萨克族和蒙古族等民族的优秀儿女们来到敦煌中学,就是走入了一片更加广阔的天地。我们经常说,和勤奋的人在一起,您不会懒惰;和积极的人在一起,您不会消沉;与智者同行,您会不同凡响;与高人为伍,您能登上巅峰。读好书,交高人,乃人生两大幸事!无论是哪一个民族,优秀的人在一起,就会变得更加优秀!两个民族县的优秀儿女在敦煌中学也一天天变得更加优秀。至今,我还记得考入北京电影学院的腾格尔乐格、中央民族大学的帕提娜和胡安泰、天津财经大学的安尼古丽、兰州大学的西尼孟克、内蒙古大学的澈力格尔……这些孩子带着肃北、阿克塞两个民族县优秀的民族传统,带着肃北、阿克塞两县基础教育给予他们的扎实基础,在敦煌中学就读后展现出了极强的能力和素质。

我们相信:集三县共同办好民族教育之力,合社会、家庭、学校齐心助力学子圆梦之智,我们一定会将敦煌中学办得更好,一定会为民族县培养更多、更好的高素质人才。

虽然,经过了敦煌中学全体师生的共同努力,也取得了一定的成绩,但是,离两个民族县政府和人民的期望、要求还有一定的差距。今后,我们仍将继续加倍努力工作,加强与民族县的沟通和联系,我们相信:矛盾的99%是误会,误会的99%是不沟通。只有化解矛盾,消除误会,再大的问题都能解决好,不辜负民族县政府和人民的期望,办好人民满意的教育。

三、取得的成绩

自2007年以来,肃北、阿克塞两个民族县的高考升学率稳步增长。两校合并后的第一年,即2013年高考,取得了辉煌的成绩,一本升学率肃北县达19.05%、阿克塞县达 14.08％，二本升学率肃北县达 30.2％、阿克塞县达 33.81％，二本以上升学率肃北县高达 49，21％、阿克塞县高达 47.88％，大专以上升学率肃北县达 88.91％、阿克塞县达 88.70％，高考质量逐年大幅度提高。2016 年、2017 年高考，在敦煌中学就读的民族县学生，高考升学率达到 100％，少数民族学生升学率达到 100％，特别是阿克塞学生，重点上线率达到 26.7％，二本以上上线率达到 51.6％，民族县高考升学率逐年提高，敦煌异地举办民族教育取得了明显成效。2018 年高考，在敦煌中学就读的民族县学生，高考上线率均达到 100％，录取工作正在进行中。我想，就这一点来说，我们为肃北和阿克塞两个兄弟民族县人民交上了一份满意的答卷。

2013 年 5 月，敦煌中学还被中共甘肃省委宣传部、中共甘肃省委统战部、甘肃省民族事务委员会评为"甘肃省民族团结进步创建活动"示范单位；2013 年 9 月，敦煌中学被中共酒泉市委、酒泉市人民政府评为"全市民族团结进步宣传月项目帮扶工作"先进集体。2017 年 9 月，阿克塞县委、县人民政府授予敦煌中学"高中异地办学贡献奖"荣誉称号，并授予陈肃宏等 6 名老师"支持高中异地办学优秀教师"荣誉称号。2018 年，敦煌中学被中共酒泉市委、酒泉市人民政府评为全市民族团结进步创建示范学校。

多年来，敦煌中学坚定地执行了各级政府关于民族教育工作的各项政策，做到"留得住，站得稳，学得好"，全面提升了民族教育工作的质量，为社会培养了 1166 名合格的高中毕业生，其中考入大学有 1044 人，户籍不在肃北、阿克塞的学生，回原籍参加高考 122 人，少数民族学生升学率达到 100％，为民族县社会各项事业发展奠定了人才基础，有力地促进了民族大团结局面的繁荣。

关于解决肃北、阿克塞两个民族县
高中学生在敦煌市就读有关问题的汇报
（2019 年 1 月 10 日）

尊敬的张毅市长、各位领导们：

根据会议安排，现将敦煌市承担民族县教育相关工作基本情况及存在的问题作简要汇报，不妥之处，敬请各位领导批评指正。

根据《酒泉市人民政府关于肃北县阿克塞县高中教育适当集中在敦煌市举办的会议纪要》精神，自 2007 年起，肃北蒙古族自治县、阿克塞哈萨克族自治县高中教育在敦煌异地举办。11 年来，敦煌市紧紧围绕提升民族高中教育管理服务水平这一中心，健全工作机制，加大教育投入，加强教育管理，积累了一定经验，取得了一定成效，但也存在一些迫切需要解决的突出矛盾和问题，具体情况如下：

一、民族县高中教育在敦煌异地举办取得的成效

敦煌市全面贯彻民族教育工作方针，落实民族团结进步各项政策，健全协调联系、沟通对接、保障入学、互促共进等机制，努力改善民族教育办学条件。投资1.7 亿元新建了高标准敦煌中学，在逐步满足敦煌市民对优质高中教育需求的同时，也为肃北、阿克塞两个民族县高中教育提供了更加优越的办学条件和环境。同时，敦煌市不断加强教育教学管理，持续提升民族教育服务水平，使民族县高中学生与我市学生完全融合，享受同等教育环境。截至 2018 年，我市累计接收肃北、阿克塞两县学生 1626 人，其中肃北县 838 人，阿克塞县 788 人，少数民族学生高中升学率达到 100%。肃北、阿克塞 2 个民族县高中毕业生考入大学 1043 名（含 2018 年上线 125 名），其中考入一本院校 109 名（阿克塞 53 名，肃北 56 名），考入二本院校 337 名（阿克塞 154 名，肃北 183 名），考入三本及高职 597 名（阿克塞 262 名，肃北 335）。民族县高中教育在敦煌异地举办取得了明显成效，为民族县人民交上了一份合格满意的答卷，受到社会各界广泛好评。

二、民族县高中教育在敦煌异地举办存在的困难和问题

民族县高中教育在敦煌异地举办虽然积累了成功经验、取得了一定成效，但随着经济社会的不断发展，广大人民群众对"学有优教"抱有强烈期盼，这对我市高中教育教学提出了更高的要求和标准。同时，敦煌中学教职工编制核定不足、学生住宿床位紧缺、公用经费缺口大等突出问题，对优质民族高中教育工作带来一定影响和制约。

一是高中教职工编制核定不足的问题。目前，敦煌中学有教学班 65 个，学生 4006 名学生（民族县 443 名）。按照国家师生比编制标准，以敦煌籍学生 3563 名计算，应核定教职工编制 285 名，实际下达敦煌中学教职工编制 282 名，实有教职工 277 名，师生比为 1∶12.86，基本符合普通高中 1∶12.5 的师生比编制标准，但按照包括民族县学生在内 4006 名学生计算，师生比为 1∶14.5，高于普通高中 1∶12.5 国家标准。两个民族县 443 名学生（肃北县 203 名，阿克塞县 240 名）应核定教职工编制 36 名，但这部分教职工编制自敦煌接受民族县高中教育异地举办以来一直没有得到有效解决。2012 年敦煌中学新校区建成以来，住宿学生达到 3800 余名，按照相关规定，需核定住宿生生活管理教师编制 26 名。由于教职工核定编制不足，敦煌中学教职工严重短缺，与酒泉中学、金塔一中等省级示范性高中相比，敦煌中学教职工工作压力大、负担重，工作量普遍超标，严重影响了教职工身心健康，制约了学校教育教学质量进一步提高，对敦煌中学举办优质民族县高中教育和创建陇原名校带来了更大的困难和挑战。为确保敦煌中学教育教学秩序正常运转，我市从教育系统内部调剂部分教职工担任敦煌中学生活管理教师，虽然暂时缓解了敦煌中学部分压力和困难，但又挤占了义务教育学校教职工编制，造成义务教育学校教师紧缺。

二是学生住宿床位紧缺问题。敦煌中学现有学生公寓楼 4 栋，每栋有宿舍 114间，共有宿舍 456 间，按照原设计标准，每间宿舍住宿 6 名学生，4 栋公寓楼可容纳住宿 2736 名学生。2012 年敦煌中学新校区建成后，每年升入敦煌中学的敦煌籍学生 1100～1200 人（住宿学生 900 余人），学校公寓楼基本可满足敦煌籍学生住宿。随着敦煌中学教育教学质量逐年提高，学校管理进一步严格规范，自 2015 起，敦煌城区要求住宿的学生呈逐年增加趋势。为进一步解决学生住宿需求，敦煌中学将每间宿舍住宿人数增至 8 人，解决了 3648 名学生的住宿问题，但仍有近 300 名学生存在住宿困难。为此，敦煌中学将教学楼部分教室改造成宿舍共 28 间，暂时解决了 300 名学生的住宿问题。民族县现有住宿生 443 名，占用宿舍 55 间，在学生公寓楼容量有限的情况下，我市全力保障民族县学生住宿问题。目前来看，虽然一定程度上缓解了学生住宿问题，但是宿舍人数超标、教学楼改造宿舍管理难度大、学生走读安全隐患较大等问题比较突出，给我市高中学校教育教学管理带来较大困难。同时，部分群众对高中教育住宿问题反映强烈，意见较大。

三是公用经费投入不到位问题。一是生均建设经费投入不足。敦煌中学新校区投入较大，按照在校学生 4000 人规模计算，生均投资达 4 万元，肃北、阿克塞两县 443 名学生，按比例应承担学校建设资金 1772 万元，但敦煌中学建设过程中两县均未投入建设资金。二是生均教育事业费拨付不足。以 2017 年为例，敦煌中学生均教育事业费为 1.1832 万元，肃北、阿克塞 2 个民族县在校 443 名学生，仅 2017 年一年两个民族县就应为敦煌中学核拨教育事业费 524 万元。但从 2012 年以来，肃北县仅累计拨付民族教育经费 200 万元，阿克塞县仅累计拨付民族教育经费 228 万元，酒泉市累计拨付民族教育经费 230 万元，共计拨付 658 万元，与应拨付数额相差甚远。

四是敦煌市高中招生名额比例低的问题。近五年来，我市普通高中入学率仅为 50% 左右，而两个民族县普通高中入学率 100%，民族县学生普通高中入学率远高于敦煌市籍学生，造成敦煌市初中毕业生普通高中升学率多年来一直居酒泉七县市末尾。2018 年酒泉市下达敦煌普通高中招生计划 1200 名，占初中毕业生的 60.7%，低于酒泉市普通高中招生占初中毕业生 62.94% 的平均比例，远低于肃州区 68.69% 的高中招生比例。

三、解决民族县高中教育在敦煌异地举办问题的建议

一是建议调剂教师编制。随着敦煌国际文化旅游名城建设步伐进一步加快，敦煌及周边两个民族县外来人口也呈持续增长趋势。综合考虑民族县学生就学所需基本教职工编制和住宿生生活管理两方面因素，从敦煌中学长远发展考虑，建议按照确保基本、适当宽余、促进发展的原则，为敦煌中学调剂承担民族县高中教育教学任务和生活管理服务所需的教师编制 62 名。

二是建议核拨教育事业费。为加快敦煌中学"陇原名校"创建步伐，促进高中教育持续健康快速发展，建议酒泉市政府按照责任共担、利益共享、互惠互利的原则，协调 2 个民族县从 2018 年 9 月起，按照当年普通高中生均教育事业费的平均标准和在校学生人数为敦煌中学足额核拨教育经费。

三是建议共同分担新建学生公寓基建经费。为进一步解决敦煌中学学生住宿床位紧缺问题，计划为敦煌中学续建一幢 2000 平方米的公寓楼，内设宿舍 56 间，提供床位 448 个，项目总投资 800 万元。建议酒泉市政府协调肃北、阿克塞两县，每县承担新建学生公寓楼建设资金 300 万元。

四是建议增加敦煌中学高中招生计划。近年来，敦煌中学教育质量逐年提高，高考升学率多年来稳居酒泉七县市前列，学校管理水平和教学质量已享誉全省。为满足敦煌市初中毕业生升入高中就学的强烈愿望，建议从 2019 年起，按照高于酒泉市前一年初中毕业生高中升学率的平均比例，给敦煌市下达高中招生计划，有效解决敦煌市初中毕业生上普通高中难的问题，满足群众对优质高中教育的热切期望。

2. 民族教育课题研究

2.1 学校教育中民族文化的传承与发展研究

2009 年，甘肃省敦煌市敦煌中学曹新（正高级教师），马新明（副高级教师）共同主持完成了"全国教育科学'十一五'规划"2009 年教育部重点课题《学校教育中民族文化的传承与发展》（课题批准号：CHA093015）。课题组主要成员：马新明、沙媛真、杨亚雄先生、陈肃宏、付春娥、沙荣珍、王其伟、周新炜、杜生等。

学校教育中民族文化的传承与发展

摘要：本课题是在汉族地区进行民族教育和民族文化传承和谐发展的教育改革中的实践探索。针对汉族地区在校少数民族学生在校教育现状和特点，研究少数民族学生的在校教育问题、民族文化传承和发展对策，重视汉族地区在校少数民族学生教育特殊性，对少数民族学生教育和文化传承困境及对策研究方面力图有新突破，对西北汉族地区教育工作者和谐教育新理念的构建，指导汉族地区在校少数民族学生在校教育实践有重要的意义。

成果概述：三大实践：1. 民族文化　2. 人文关怀　3. 教育对策

四大问题：1. 文化差异　2. 民族特性　3. 成才途径　4. 教育困境

五大策略：1. 文化认同　2. 文化发展　3. 融和共存　4. 校园和谐
　　　　　　5. 和谐教育

一、研究的问题

（一）问题提出及研究目的

中国是一个多民族国家，各民族由于文化差异、民族心态、民族习俗不同，受教育者的文化认同、心理和动机也存在很大差异。这就要求教育者的教育理念和方式也必须有针对性和差异性。自20世纪80年代中国民族教育学独立形成以来，各地的研究机构和学术团体相继成立，少数民族聚居区的民族文化教育逐渐受到关注。广大的汉族地区以汉族文化为核心，以汉族学生教育为主体，以汉族文化、习俗、教育理念、教育方式为主导，容易忽视杂居少数民族学生文化教育的特殊性和差异性，这种情形不利于少数民族学生教育和人才培养，不利于少数民族学生形成健康的民族文化心理和民族文化认同。汉族地区散居少数民族学生在校教育中的文化传承和发展问题被忽视的情况尤其较严重，少数民族青少年的民族特点、民族习惯、民族文化、民族认同等都比较模糊。这对于保持民族特色、传承民族文化、形成民族认同是极为不利的。

本课题针对汉族地区少数民族学生教育中的文化传承和发展问题的现状及发展趋势进行研究，力图通过对汉族地区少数民族学生在校教育中的文化传承和发展问题进行实地调查和研究，探索适合这一特殊群体进行文化传承与发展的教育理念、教育方式方法和教育管理模式，形成和谐教育的文化氛围，增强少数民族学生的文化适应性和心理认同感，使汉族地区少数民族学生的成才教育既能跟上时代发展的需要，又能较好地保持民族文化特点，为在学校教育中传承和发展多民族文化取得可供借鉴的经验和实证，同时在理论和实践上为指导汉族地区散居少数民族学生的学校教育工作做出积极的探索。

（二）研究意义

本课题具有较强的理论和现实意义，对汉族地区少数民族学生在学校教育中实现民族文化的传承和发展提供最新实践研究成果，对学校的教育教学和教育管理工作具有较强的操作性和实用性。同时具有一定的前瞻性和探索性，为少数民族文化发展和学生教育问题的解决提供实证分析与理论探索。

理论意义：民族教育是任何一个多民族国家都十分关注的问题，西方从20世纪60—70年代兴起了多元文化教育，它在解决多民族国家中的民族教育及文化传承问题的成功，使我们有必要深入研究我们在民族教育中的实际问题，借鉴多元文化教育的科学理论和有效经验。目前，国内的民族教育家对少数民族学生教育中的文化问题，更多关注民族聚居地区，对汉族地区少数民族学生教育和文化继承问题缺乏明确认识和应有重视。或者只考虑到了他们的宗教信仰和民族习惯，而忽视了民族文化和民族心态问题，以及对汉族文化的认同、与本民族文化的融合等深层次的问题。

实践意义：本课题是以西北地区河西走廊西部文化名城敦煌的学校教育为实践基础，通过在和谐教育改革中的探索，针对汉族地区少数民族学生文化教育现状和特殊性，力图对少数民族学生教育困境有新突破，对西北汉族地区教育工作者和谐教育新理念的构建，指导汉族地区少数民族学生教育实践有着重要的现实意义。

1. 研究针对汉族地区少数民族学生特殊文化群体的教育教学管理模式。

2. 促进教师和谐教育的新理念的形成，引导和谐文化的教育和教学实践。

3. 构建和谐的教育文化氛围，促进少数民族学生素质教育和成材教育。

4. 通过研究，为完善西北地方特色的民族文化教育体系提供实践依据。

二、课题研究的背景、现状、实施条件及研究价值分析

（一）研究背景

二十世纪末提出的"学会共存"教育对于培养具有开放的世界意识和跨文化适应能力的未来公民，具有极为重要的意义。不但让我们体察到人们生活的共通特质，更要让我们认识到人们因生活于不同文化中的不同特征，进而产生理解；在实际生活中运用文化差异，肯定文化多样性的正面价值与态度，为理论界正确审视多元文化背景下的民族教育提供了新的视角，对于正确定位民族教育的价值取向有很好的借鉴意义。

和谐社会的理念也要求我们必须重视汉族地区少数民族青少年接受主流文化教育的问题。西北地区自古以来就是一个多民族聚居的地方，而多民族地区的和谐很大程度上取决于民族关系是否和谐，学校中少数民族学生与汉族学生的和谐共处便成了民族和谐的基础。在学校教育中如何解决少数民族学生因生活环境、宗教信仰、生活习惯、民风民俗、人际关系、知识结构、学习习惯、生活经验等方面的差异而导致的不适应行为或心理问题，如何做到既能保持少数民族学生的文化特征，有可以促进他们与汉族学生的和谐交流与融合，使汉族地区在校少数民族学生教育既能跟上时代发展步伐，又能较好地传承和发展本民族文化特点，这成为每个教育工作者不容回避的问题。少数民族学生在校教育中本民族文化的传承和发展问题的研究越来越成为我校教育工作中的一项重要任务，给学校教育提出了多样化的要求。本课题旨在研究这一问题，以便更好地引导多民族聚居地区学校教育工作，为建设各民族学生团结协作、共同成才的和谐校园文化做出贡献。

（二）研究现状

1. 甘肃省是一个多民族的省份，21世纪初，少数民族人口已达227万，占全省总人口的9.38%；共有44个少数民族，千人以上、世居甘肃的有回族、藏族、东乡族、土族、满族、裕固族、保安族、蒙古族、撒拉族、哈萨克族等10个少数民族。少数民族中回族人口最多，有130多万，排在全国第二位；藏族人口次之，有近40万人。多民族聚居的特征决定了本省民族文化的传承和发展的重要性，以及少数民族学生的成才教育已经成为多民族地区发展的重要因素的事实。

2. 酒泉市委市政府在2006年对全市民族教育进行了调研，从中发现我市民族教育问题概括起来有两大特点："硬件不硬软件软。突出表现在四个方面，一是对民族教育重要性的认识不够；二是对民族教育的投入不足；三是对民族教育特殊性的研究不力；四是促进民族教育发展的办法不多。"很久以来一直关心民族教育的一线

教育工作者感同身受。

3. 对民族教育，国内外的专家学者更多关注民族聚居地区少数民族学生教育问题，在这方面已经形成卓著的研究成果和理论专著。而对汉族地区数量较少的少数民族学生教育往往缺乏应有重视和必要的研究。有所关注的学者也较多地研究民族宗教习俗、生活习惯等，而忽略了民族文化和民族心态的差异对教育的影响，以及汉族地区少数民族青少年对汉族文化的认同与民族习惯的保留对教育的影响等相关的深层次问题。

（三）课题实施条件

近几年来，党和政府逐步健全少数民族人才的培养机制。截止 21 世纪初，全省就有民族学校 1585 所。其中，民族高校 2 所、民族中专 13 所、民族中学 109 所、民族小学 1461 所，各级各类学校少数民族在校生达 29.78 万人，占全省学生总数的 40.43％。从 1977 年至 1999 年，省内外高校共招收甘肃籍少数民族考生 17000 多人。1999 年高校招收少数民族学生 2521 人，占全省招收总人数的 10.2％，超过少数民族人口比例。这些条件对于汉族地区的少数民族学生成才，予以极大的激励和支持。

自从新中国成立以来，党的政策始终坚持民族平等和民族团结的原则，处于散居于汉族地区的少数民族公民有平等的权利和平等的地位，少数民族孩子可以和汉族的孩子平等竞争，进入大城市"重点学校""重点班"。但是，由于历史和地域等因素的影响，也由于少数民族人数和汉族人数比例的过分悬殊，实际上少数民族子女能够进入"重点学校""重点班"，去接受"英才教育"的真可谓"凤毛麟角"。

不同的民族有不同的宗教传统、民族习惯、心理素质和文化素质，但是，让子女发展成才的强烈愿望，使得许多少数民族群众把目光聚焦于汉族地区的学校，把希望倾注于这些学校。尤其是汉族地区的重点中学承担着提高多民族地区少数民族公民素质的重任，成为这些地区少数民族青少年健康成长、成才的主阵地。

敦煌中学就是这样的一所承担着民族教育重任的省级示范性高中学校。敦煌是一个多民族聚居地区，而敦煌中学作为敦煌地区省级示范性高中，其影响已辐射至周边的阿克塞哈萨克族自治县和肃北蒙古族自治县，因此常有两地的学生借读。2006 年以来，在酒泉地区领导的关心和支持下，为提高少数民族学生教育质量，促进少数民族地区学生成才，肃北蒙古族自治县、阿克塞哈萨克族自治县中学的从高一到高三的一百多名学生迁入敦煌就读，2008 年肃北和阿克塞到敦煌上学的学生增至两百多人。其中有大部分是少数民族学生。多民族学生的构成客观上存在着多民族教育的实际状况，形成了敦煌市教育的多民族特色，也为本课题的实施创造了极好的客观条件。

（四）课题研究价值

不同的民族文化形成不同民族心态及价值认同、民族习惯、宗教信仰以及不同的受教育心理。汉族地区民族学生教育以汉族文化教育为核心，以汉族文化心理及价值为主流，使得汉族地区在校少数民族学生，在文化及心理方面处于相对特殊的境地，呈现出不利于少数民族学生教育和健康成长的种种问题。因此，汉族地区在校少数民族学生教育具有自身特殊性，只有针对少数民族学生的文化、心理及心态，有针对性地教育，才能促进汉族地区在校少数民族学生健康发展，形成稳定而良好的文化心态，构成和谐的民族关系，为培养整个中华民族和谐文化提供条件。

研究汉族地区在校少数民族学生教育问题，将为教育主管部门教育决策、教育资源分配、教育针对性提供决策参考，为少数民族学生的心理健康、健全人格培养做出探讨。通过在校教育深层培养和谐文化，既保持民族特色，又具有共同的民族文化认同，从而促进多民族社会的和谐。

教育的目的就在于文化的传承，少数民族教育除传承本民族的文化外，中华民族作为一个整体，同样需要培养整个民族的文化认同。汉族地区少数民族教育，既有中华民族文化教育一体性，又要突出本民族文化教育的针对性。

本课题针对这种普遍性与特殊性共存的特点，探索研究，力图找到这两者之间契合点，寻找一条有效的少数民族学生教育途径，构建和谐的教育文化氛围，采用科学合理的方法，对少数民族学生开展有针对性教育，以加强少数民族学生的文化认同和心理适应，培养更多的少数民族人才。

三、研究程序

（一）研究设计

1. 通过研究西北少数民族的传统文化和多年来国家的民族政策规定，在教育教学实践中做到科学地尊重少数民族宗教信仰和风俗习惯。

2. 通过调查，掌握汉族地区在校少数民族学生在校期间的生活、学习情况和少数民族学生教育的现状，全面分析，研究少数民族学生心理健康发展的特点，探讨了我校开展心理健康教育的方法和途径，积累切合我校实际的教育经验，找到一些培养健康心理特征的民族心理健康教育的有效方法。

3. 通过大量的调查访谈，探索促进少数民族学生良好品德和心理养成的方法、途径和教学工作中增强汉文化自身的吸引力，培养民族学生学习文化知识的兴趣的成功经验。

4. 通过系统联系和比较分析研究，在与汉族教育文化背景的对比中，论述少数民族教育文化背景不同空间、不同区域、不同类型以及不同层次之间的文化差异性，尝试在更深层次上揭示少数民族教育文化背景的特殊性，总结出汉族地区在校少数民族学生健康成长的必要经验。

5. 开展案例研究与教育实践研讨，使实验与研究系统化，并进行阶段评估，从而全方位、深层次地提升研究的经验成果。内容如下：

（1）以德育实践和教育教学实践为依托，全面展开课题的调查和研究。

（2）以提高少数民族学生的学习积极性和学习成绩为突破点，在教学过程中，正视大多数少数民族学生的学习特点，注重成才方法研究。

（3）针对少数民族多样化地区特点，强化民族个体教育意识。

（4）达到促进少数民族学生适应汉族地区在校学习环境、正确处理人际关系、健康成长的目标。

（5）通过多方收集和整理材料，做到在实践中研究，在研究中实践。

（6）经过深入的理论与实际相结合的研究过程，形成多项研究成果。

（二）研究方法

本课题采用文献法、调查法、行为分析法、经验总结法、成果展示法等方法进行课题探究。

1. 文献研究方法：通过对二手资料及理论（文献）分析，为学校教育中民族文化的传承与发展提供理论指导。本研究将通过国内外相关文献探讨，回答"怎样进行民族文化的传承与发展，其基础是什么？"收集、整理和分析有关民族文化传承与发展的研究理论，通过学习和研究，形成理性认识。

2. 调查法：分问卷调查和面对面交流调查。课题组选择本地区民族中学、省级示范性高中、敦煌市中小学、幼儿园等学校学生和老师进行问卷调查；访谈了敦煌市委统战部、民委、民族宗教事务局、伊斯兰协会及肃北、阿克塞两县的部分领导20多人，通过非概率抽样抽取一定比例的样本再进行深度访谈，为问卷的编制采集第一手资料，同时，在问卷调查以后，根据统计分析结果，再进行深度访谈以弥补实证研究中的不足。

3. 行为分析法：课题组将民族教育思想应用到教育教学、教师培训、校本课程开发、校园文化建设等方面，从行动中发现问题、研究问题、解决问题。并深入教学第一线随机听课200节以上，课后与教师、少数民族学生交流。听课的目的，是要了解教师针对少数民族学生的课程理念、教学方法与策略、对民族学生的关注度以及少数民族学生对课堂的适应性等。

4. 经验总结法：课题组通过阶段性总结，不定期召开成果经验交流会，逐步完善研究成果，为课题组继续深入研究收集可行的第一手资料。

5. 成果展示法：学校在校园内开辟专栏，提供展板，供课题组展示民族教育及文化传承和发展研究的成果，为周边地区教育部门及各级各类学校提供关于学校教育中民族文化传承与发展研究和学习的资料。

（三）研究过程

课题组成员们深入研究理论和课题内容，经常开会，共同探讨少数民族教育理论，分析切实有效的研究方法，并深入到本地区及周边地区各级各类学校进行调研；多次联系了多年来关心、关注汉族地区在校少数民族学生教育问题的专家、学者和民族宗教人士一起研讨问题，深入广泛地进行了多项考察、实验、访谈和问卷调查，寻找方法，解决问题；还多方收集和整理了材料（包括文字材料、图片材料、谈话录音录像资料等），在实践中总结了经验，完成了全部报告和论文成果。

课题研究分三个阶段进行：

1. 2009.4－2010.3 准备阶段

（1）组织遴选课题组成员，完成课题申报及开题工作。为了课题研究得以顺利实施，课题组主持人组织课题组成员学习国内外有关少数民族教育理论，提高理论水平，并想方设法通过实地调研活动调动了课题组成员的研究意识和积极性，为研究的顺利开展打好了理论和实践基础。

（2）请本地少数民族人士来校讲解本地少数民族的基本状况、民族风俗特点，提高感性认识；同时积极走出去，走访少数民族团体、家庭和个人，积累第一手资料。

（3）积极参与关系少数民族学生的各项事务：争取开办清真食堂；全方位支持阿克塞哈萨克族自治县和肃北蒙古族自治县两地的学生来校借读；深入学生，广泛调查，召开少数民族学生座谈会，进行问卷调查，组织少数民族学生开展各类活动，改善、丰富他们的学习生活。

（4）收集资料，为进一步深入研究理论提供素材。

（5）组织课题组成员集体探讨课题实施的具体情况和相关问题，并对课题研究的具体操作问题进行明确指导。

2. 2010.3－2013.2 实验研究阶段

（1）课题组深入到敦煌及酒泉地区十余所学校、幼儿园，对少数民族幼儿和学生的受教育状况进行观摩、访谈和问卷调查，发放问卷 500 多份，收回 470 多份，有效问卷回收率为 95.00%。并分类、整理和归纳，形成了若干调查报告。

（2）以回族为例，对敦煌地区的少数民族宗教习俗和文化特征做了广泛调查和研究，写出了大量的调查报告和三十六篇相关文章。

（3）经过几年的多方申请和奔走呼吁，支持敦煌中学领导成功建成清真食堂并使用，解决了敦煌中学少数民族师生的生活问题，赢得了敦煌社会各界的好评。

（4）自 2007 年以来，阿克塞哈萨克族自治县和肃北蒙古族自治县两地的少数民族学生来校借读，课题组展开了大面积的调查和研究。

（5）通过本课题组有计划、不间断地调查和影响，敦煌市各中学、幼儿园的清真食堂不断得到改进，解决了少数民族学生和幼儿，特别是住校师生和日托班生中少数民族幼儿的生活问题。

（6）调查了近年来敦煌地区学龄前儿童中的少数民族成分，了解进入小学、中学后学习情况，分别进行登记、分析和研究。

（7）查阅了敦煌中学近十年以来少数民族学生的档案材料，对民族构成、毕业及高考结果进行登记、分析和研究。

（8）对敦煌中学现有少数民族学生进行有计划、有组织的主题教育及交流活动，对少数民族学生受教育过程中的种种问题进行分析和研讨，对于处于汉族社会生活环境、自我期望值高的少数民族学生，进行重点跟踪式研究，并写出了若干报告和论文。

（9）结合班级、团体活动开展跨班级心理辅导教育，在学科教学中渗透心理辅导，将研究成果及时拓展到工作实践，使研究和实践紧密结合；面向全体少数民族学生，积极开展工作，开展案例研究与教育实践研讨。

（10）注重了解少数民族学生个体差异，对不同民族学生实行区别对待并认真做好个案研究，使实验与研究系统化，并进行阶段评估。

3. 2013.3—2014.9 总结阶段

（1）总结和归纳各类资料，分析研究，得出结论，完成了研究阶段性课题总结、课题成果论证和结题报告，并写出了结题报告。

（2）各课题组成员就个人研究领域做了大量的工作。（论文报告附后）

四、研究的重、难点

1. 培养少数民族人才的途径和教育方法研究。

2. 少数民族学生文化心态及价值认同。

3. 多民族学生民族文化的交流与融合实践研究。

4. 汉族地区少数民族学生的文化适应性教育。

5. 汉族地区少数民族学生教育问题及文化传承与发展的政策研究。

五、研究内容

（一）我校少数民族学生基本情况调查

统计结果显示，我校现有学生 3762 人，其中，有少数民族学生 252 人，占学生总数的 6.8%，这些少数民族学生有回族、藏族、东乡族、土族、满族、裕固族、保安族、蒙古族、撒拉族、哈萨克族等 10 个少数民族。其中，有少数民族男生 198 人，少数民族女生 54 人。成绩优良的 29 人，占少数民族学生人数的 12.5%；因违纪受处分的 3 人，占少数民族学生人数的 2%。

（二）民族文化习俗的传承对少数民族学生在校教育现状影响的调查与研究（以回族为例）

一个民族的教育事业，作为该民族文化的传承与弘扬活动，跟文化的联系密不可分，同时它又是千百万民众世俗之事业。以回族为例，回族文化被认为是一个有内核、有外围、多层次的复合体。"回族文化的内核被认为是伊斯兰文化，而伊斯兰文化是以多元整合为特性的，即在一神论世界观指导下，通过以天启与哲学相协调、经训与科学相调和、信仰与理性相平衡、宗教与世俗相统一的途径实现的。所以，回族文化被认为是伊斯兰教文化与华夏文化适度调和的产物，有宗教的、世俗的、民族的、地域的多个层面。因而回族文化教育事业显然存在着利益主体不同基础上的多样性。"（马进虎①博士）回族教育事业呈现为一种多渠道、不同质、拼盘式的松散体。杂居地区的青少年教育从办学形式上看，既有学校、家庭之别，又有公办、民办之分；从办学内容上看，既有世俗性、宗教性之分，又有时代性、民族性之差。具体而言，既有民族要求与公民要求不同之别，又有农民和知识分子倾向不同之分。而民间内部，又有教派、门宦、地域之分，千差万别，难于划一。

而在汉族地区的少数民族文化传承与发展，较为明显地体现在充分尊重民族群众世俗利益的基础上，寻求文化教育事业目的的统一性，取得最佳现实效果——即成才举业。这是目前民族教育的一种理性与现实相结合的时代特征。其特殊性在于以下两个方面：

1. 文化教育事业因其与民族命运干系重大，国家及其代表者各级政府以及广大回族民众自然关心教育，而广大民族群众以教育与其切身权益的关联度作为自己的取舍标准，从而间接地左右着教育的效果。例如，敦煌穆斯林人口占有总人口约十五分之一，从事商业活动人员的比例很高，而子女受教育水平远低于汉族家庭。有些回族群众说："上不上学一样做买卖。"2007年4月酒泉市民族教育工作会议调研报告中指出了"有一位三个孩子的家长说，无论自己再苦再累也要让孩子上学，自己就是吃了没文化的亏。而另有一例广为人知的玉门市小金湾乡十四岁正在上初一的东乡族女孩，学习成绩名列全班第一，品学兼优。2004年因受传统观念习俗的影响（女孩十四岁即视为成人，不得出门更不能上学）和其二叔是当地清真寺主事的原因（自己的侄女去上学无颜面对乡村父老），为不让这位小女孩上学，其二叔寻死觅活，最终迫于无奈，小女孩只能辍学在家。后经民族干部多次做工作才使小女孩重返校园。"的事实。

报告中也谈到民族群众对学校教育和民族文化的传承与发展认识不到位，观念转变慢的问题。认为"一切导致民族教育发展缓慢、滞后的根本原因都源于认识问题"；民族学生家庭和家长，没有真正认识到"振兴中华靠教育""振兴民族也只能靠教育"的深刻内涵。一些地域的适龄儿童入学率、巩固率低，辍学率高，有其经济方面的原因，但根本原因不在经济、学校和学生，而在家庭和家长的认识方面。

一种解释是，由两种文化的历史鸿沟所致。回族群众几乎是全民信教的，宗教感情浓厚。回族学生听老师讲课的时候，他所面对的是伊斯兰文化和华夏文化两种历史悠久的文明体系（即受教育者的家庭、社区的伊斯兰文化背景和教育者及其学校的华夏文化氛围）直面相逢时的文化鸿沟，显然难于朝夕跨越。这种情况越在民

---

①马进虎，男，回族，1963年生，1984年获得中央民族大学历史学学士学位，1993年、2005年相继获得西北大学历史学硕士学位、博士学位。现任青海社科院文史研究所所长，民族学副研究员，兼任青海回族撒拉族救助会会员，青海省反邪教协会会员，中国统一战线理论研究会甘肃民族宗教研究基地特邀研究员。

族宗教气氛浓厚的聚居区，表现得越典型。在汉族地区，回族学生在与其同桌——汉族学生的学习竞争中，屡屡处于成绩落后的状态，这不能不影响其学习的情绪。两种文化的相适应对个体而言，总有一个过程，有短有长。可忙于生计的民众无暇等待，他们宁愿选择现实的功利主义，而文化教育原本是理想主义事业，伴有一种精神的、情感的历程，因此，急于求成是不行的。

那么，如何加强学校教育和回族群众民族文化的传承与发展利益的关联度？我们认为，一方面，使群众适应学校教育；另一方面，增强学校吸引力，良性互动，至关重要。教育的载体，首推学校，其优势难以比拟。今天大部分的建设人才要由学校来培养，谁忽视学校教育的有利条件，就会犯历史性错误。对学校教育重要性的认识，学界同仁已初步达成共识，全民族都要重视在校教育问题。学校教育有统一的教学大纲和要求，其基本内容是现实的，目的是青少年成材，是符合时代的要求的。学校教育作为回族教育的重点承载对象，如何提高教学质量是大问题。调查表明，学校为此付出了极大的努力，同时学生、家长也付出了艰辛的努力。但回族学生人数少，总体上学业效果与汉族学生相比虽不显著，但与历史比较起来，已有了很大转变。

2. 在汉族地区，少数民族学校教育、家庭教育和民族文化教育之间存在的民族文化背景差异形成了民族学生成才的多样化途径。

通过对学生个体、家庭及宗教权威人士的访谈，我们了解到：

少数民族家庭教育、学校教育和社会教育之间在文化背景上存在民族文化背景差异。这种差异性主要表现在汉族地区的少数民族学生大多到汉族学生为主的学校学习，而汉族地区的社会教育也是以汉族文化背景为主的。而他们的家庭教育往往是以本民族文化背景为主。家庭教育的本民族性与学校教育和社区教育的主体民族性之间存在民族性差异。

民办中阿学校是回族文化教育事业的一种形式。在汉族地区，它处于学校教育和民族文化教育的夹缝中，是世俗性和宗教性相妥协的产物，也是时代风调雨顺的产物。它以语言课——汉语、阿语为主干，以培养出国留学预备人员为目标，教学效率比较高，又切合了改革开放的时代大潮，从而成为联系学校教育和家庭民族文化教育的桥梁和纽带，有力地弥补了家庭文化教育时代性不足、学校教育民族性不强的毛病，初步培养了一批向双语兼通的人才发展的中坚力量。目前，甘肃省就有级别不同的此类学校供部分学生高考不成功或按照家庭需要选择。但这些学校离提高全民族素质的目标相差尚远，中阿学校办学人员全凭一颗赤子之心、虔诚之情默默为民众奉献来支撑，大多存在校舍、师资、资金等诸多困难。

因此，少数民族人才成长具有一定的特殊性。从事民族宗教事务的有识之士已经认识到这一问题。在访问敦煌市伊协时，副委员长冶廷寿老人列举敦煌培养了多个人才群落的回族家族为例，说明了文化素质高，家庭素质好，在民族群众中地位高，为民族文化宣传贡献大的道理。并且认为：只有出现大批量的人才，一个民族的素质才会提高；而高素质的民族当中，人才群体也容易涌现出来，二者互为条件，互为因果。但根本还是要从培养一个个人才着手和起步。从这个意义上讲，民族文化教育问题就是民族人才队伍的成长道路问题。

今天，在教育体制日益完善的大好时代，民族青少年人才成长道路的大致轮廓已经清晰地显露出来了，那就是国家学校教育与民办教育两种积极性的充分发挥；体制的和百姓的两种资源优势有机整合；国内的与国外的两个学习渠道的相互贯通，是加速回族人才成长的一条捷径。亦即所谓"两条腿走路"的现实之路。

因此，汉族地区回族人才队伍基本上由两部分组成，一部分是由中学到高校培养出来的，这占了回族知识分子的大部分。他们分布在各行各业，多数人为国为民做出了贡献，也有少数人逐渐远离了故乡，脱离了民众。回族人才队伍的另一部分就是通过学校教育打好基础，再通过民间力量的渠道成长起来的，如经学院、中阿学校。这三个阶段的教育，共同培养民族优秀人才。其中，品学最优者已熟练地掌握了除汉语外的两门外语。有的是阿语兼英语，有的是阿语兼波斯语，最优者已拿出骄人的成果。他们在中学、经学院或中阿学校毕业后，有的全凭在民间刻苦自学成才，更多的是又到国外受过系统的教育，获得了国家认可的正式文凭，归国后，大部分顺利地融入了主流社会，一部分继续在民间从事教育活动。这部分人经常和底层民众保持着一定的联系，他们以新的面孔出现在回族社会中，带来了一股清新、向上、健康的力量。从调查资料中了解到，敦煌地区近十年来，有39名回族学生高中毕业考上了大专以上国内大学，其中有三名女生硕士研究生毕业，其中一名正在攻读博士研究生；有六名学生（四男二女）初中毕业上了中阿学校；四名学生（二男二女）出国留学（埃及、巴基斯坦、马来西亚）。这是极为可喜可贺的时代现象。

（三）对借读敦煌中学的民族地区学生在校教育研究

1. 创设良好条件，尊重少数民族学生文化传统和习俗

（1）上级领导在人、财、物各方面的大力支持

市委、市政府十分关心这项工作，专门成立了领导班子，校长亲自出马，从阿克塞、肃北县财政拨出经费给每生每年一万元生活经费，同时在教职工人员配备上编制也适当放宽，担任少数民族学生教育工作的教职工享受特殊教育教师的补贴。经过学校几年的努力，教育、教学设施及生活用房已落成。考虑到学生长期生活在学校，离家较远，回家困难，在学生宿舍安装了电话，人员安排上多方照顾。总之，尽量创造良好的生活环境，让学生安心在学校学习。

（2）学校精心安排，学生很快适应

接受来自少数民族地区的学生后，在学习有关国家民族政策的基础上，学校还组织相关人员去民族地区多次考察，了解学生、家庭、学校教育现状，走访了当地教育行政部门、学校、家庭，召开了部分地区学生、家长、教师座谈会，从各个层

面了解民族学生的学习、生活、饮食、民族风俗等。考虑到两地教育教学的衔接与过渡的需要，学校还购置了一定数量的反映当地民族历史发展、风土人情、教育理念及民族教育的工具书、音响资料。回到学校后，我们对了解到的民族学生的现状、教育教学情况一一作了详细的分析，使大家认识到承担此项工作的最大困难是教学衔接，其次是要尊重少数民族学生的风俗习惯。要按党的民族政策办事，牢记"民族教育无小事"。为此学校特邀请了市民族宗教事务局的领导作有关民族政策的讲座，学习有关文件，使每一位参与者明确政策，有强烈的责任感。同时对教育教学工作的衔接进行了精心的策划与布置，制定了开始阶段的工作目标与工作重点——降低教学重点，让学生顺利地度过语言关、基础关、生活关。培养自尊、自信、自立的能力，为今后教育教学工作的开展打下了良好的基础。

（3）付出赢得信任，学生健康成长

我们认识到，真的教育是心灵的互动，只有从心灵到心灵，才能启动智慧。

来自民族地区的这些十五六岁稚气未脱的孩子远离父母孤身一人来敦煌求学，不仅存在学习上的困难，而且对敦煌的气候、饮食习惯等都很不适应。要帮助孩子们过好学习关、生活关，老师们首先要把少数民族学生当作自己的孩子，用真心去关爱他们，不论是饮食、起居、冷暖，还是购买日常生活用品、身体的健康状况，事无巨细都要牵挂在心头。手把手地教会他们独立处理日常生活中的问题，勉励他们尽快适应新的学习生活，树立自信心。

这些学生第一次长时间远离父母亲人，再加上来到一个语言方式、生活习俗、气候条件、生活节奏等方面完全不同的新环境，在思想上、精神上会遇到各种各样的问题，容易产生精神压抑，情感方面极易波动，这就需要老师及时引导和帮助。为此，学校组织师生结对子，一位老师与二至三名民族同学结成对子，宿舍安排了生活指导老师，建立亲子式的师生关系。所有的老师在教书的同时，还扮演着心理辅导员、班主任、知心朋友甚至是父母家长的角色，经常与他们交谈学习、生活情况，了解家乡的信息，鼓励他们用汉语表达。慢慢地，他们闯过了适应关，学习的信心也建立起来了。在日常的交往中，学生常常被老师们的真情感动，互相建立起亲密无间的感情，学生们经常情不自禁地和老师说说笑笑，都愿意将心中的苦乐向老师叙述，希望得到老师真挚的帮助。

少数民族有自己的节日，每当过节，学校领导都会从百忙中抽出时间与学生一起联欢，向学生祝贺节日。学校领导和老师们还按少数民族风俗给他们准备有浓厚民族特色的礼品，与他们同吃清真菜、同跳民族舞，老师们常常放弃休息时间和学生一起到各寝室互致问候，学生倍感民族大家庭的温暖。

2. 重视学法指导，提高教学质量

学校接受的少数民族学生来自民族地区，教育教学情况存在很大差异，学生的学习基础、认知情况参差不齐。因而尽管学生十分努力，但学习的效果欠佳。为此，在教学过程中，我们分阶段提出目标。

第一学期期中考试前，教学目标定位是：过适应关，即降低教学重心，让学生树立学习的自信心。由于我们的任课教师对少数民族语系的语法不了解，开始教学时总感到很别扭，教学进度无法完成。后来教师们查阅了一些少数民族语法书，弄清了他们的语言与汉语的语法体系完全不同，再加上他们从小在少数民族语言环境中长大，习惯了本民族的思维方式，用汉语思维难度很大。因而教师们要求学生在任何场合都要用汉语表达自己的意思。在逐步度过语言关的基础上，慢慢地将教学重点放在提高学习层次上。教师从理解，换位的角度去接纳学生，耐心、耐心再耐心，用自己的真情去感动学生，帮助学生树立一定能学好的信心。通过教师努力，在学生的配合下，良好的学习氛围建立起来了。

接着提出第二目标，指导学习方法，初步建立自主学习的能力。各科教师都根据学科特点，学生学习基础的差异，课堂内外分头组织教学。特别是外语、数学两门课，根据学生现状，打破原班级编制，以同年级为组织单位，分层次实施教学。从第一学期开始到期末结束，教学效果很不错。如有的同学外语就是从二十六字母开始学的，用一年的时间基本学完了初中外语课程，八十位同学中有 15 位参加了当年毕业生口语测试，成绩均得优良，连测试的教师都不相信这是通过短短一年的学习取得的成绩。语文教学内容杂，授课教师结合教材自编了多本小册子配合教学；寒假期间，语文教师专门对古文学习进行专题教学；平时结合语文教学的特点，安排课前演讲，课本短剧的表演，极大激发了学生的学习兴趣，学生积极参加班内比赛、班级间比赛和校课本剧的比赛，获得了肯定和表扬，学生的学习劲头更足了。老师及时地将学生中好的作文作为课堂范文点评，推荐到校报、校刊上发表，同时班级之间展开比赛，使学生的成就感、自豪感倍增。有了少数民族学生的参与，班级的活动、学习园地搞得有声有色。物理、化学教师则根据学生初中学习时缺少演示实验和大多数学生没有做过学生实验的实际情况，既安排系统全面的复习，又结合复习补做必要的课堂演示实验、学生实验，使得学生在认知、思维能力上得到了提高，与此同时也激发了学生学习的兴趣和内动力。同时，还让学习好的学生利用节假日帮助学习有困难的同学。各科教师，除教学上投入外，还积极寻找和探索让少数民族学生易接受的教学方法，分章节、分阶段性地总结提高，教研气氛十分浓厚，几乎每一位老师都和"在学校教育中传承和发扬民族文化问题研究"课题组的教师交流和探讨，课题组的实验员都结合现状调查撰写了教学论文、研究阶段性总结，并在报纸、杂志发表或参加学科论文的评选。

由于学生努力学习，教师潜心教学，教育教学的效果已有所显示，高一、高二37 名民族学生去年参加会考考试，全部合格，其中有 35 名同学成绩达到优良。期中、期末考试与汉族学生采用一样的试卷，有一位男生两次获全年级物理成绩第 9

名；有一位女生语文成绩获全年级第 5 名，各科考试总分进入前 100 名的有 13 名，进入前 300 名有 30 人（全年级共有 730 多名学生）。民族学生的数学、外语平均成绩都在及格以上。（刚入学时外语几乎没有学过，数学平均成绩在 35 分左右）。这一切都归功于师生的共同奋斗。为了民族的团结，为了民族地区人民的繁荣富强，老师们默默无闻地奉献爱心和智慧，初步赢得良好的效果。

异地办学 8 年以来，敦煌市累计接收肃北、阿克塞县学生 1042 人，其中肃北 569 人、阿克塞 473 人。蒙古族 75 人，哈萨克族 96 人，汉族 816 人，其他少数民族（回族、藏族、土族等）55 人。五届毕业生共 624 人，考入大学 531 人。

截至目前，在敦煌中学就读的肃北、阿克塞两个民族县学生数达到 418 人，其中肃北 221 人、阿克塞 197 人，少数民族学生 83 人。

高一年级 135 人，其中肃北 80 人、阿克塞 55 人，民族生 26 人；高二年级 130 人，其中肃北 58 人、阿克塞 72 人，民族生 28 人；高三年级 153 人，其中肃北 83 人、阿克塞 70 人，民族生 29 人。

表 2-1　2010—2014 年敦煌中学肃北籍、阿克塞籍学生高考情况表

时间	县市	参考人数	重点	本科	专科以上	升学率
2010 年	肃北县	66	4	15	53	80.30%
	阿克塞县	22	0	7	19	86.36%
2011 年	肃北县	83	2	24	70	84.34%
	阿克塞县	50	2	19	44	88.00%
2012 年	肃北县	61	4	24	55	90.16%
	阿克塞县	53	2	16	48	90.57%
2013 年	肃北县	63	12	19	56	88.89%
	阿克塞县	71	10	24	63	88.73%
2014 年	肃北县	66	4	26	62	93.94%
	阿克塞县	65	3	29	61	93.85%

敦煌中学民族学生高考情况（2014 年统计）

（四）参与开办敦煌中学清真食堂的实践总结

在学校就读的学生有汉、回、藏、蒙、哈、土、东乡、侗、苗、满、裕固等民族，其中回族、蒙古族、哈萨克族和维吾尔族等六个少数民族多数信仰伊斯兰教，饮食要求清真食品，对肉制品、餐饮器具、厨卫有着特殊的要求，不能与汉族混同。

2006 年，敦煌市教育系统有二中、三中、市幼儿园、童之梦幼儿园等已经先后开办了清真食堂，分别解决了少数民族师生的饮食生活困难，为少数民族青少年受

教育提供了方便，给予了少数民族师生以非常具体的人文关怀，为敦煌少数民族青少年的教育大业做了好事，也为敦煌市民族和谐做出了贡献，受到了少数民族群众的称赞。

2006 年 2 月，时值开学之际，为了尊重少数民族学生的民族信仰和习俗，结合敦煌中学的少数民族师生饮食不便的实际情况，本课题组特向敦煌市民族宗教事务局、伊斯兰协会、原敦煌中学校长郭法礼分别提出在敦煌中学开办清真食堂的正式申请报告。

报告中提出学校开办清真食堂将会有以下积极意义：

1. 贯彻落实"构建和谐社会，创建和谐校园"的宗旨和少数民族学生秉持民族文化传统，在教育系统首创中学校园开办清真食堂的善举，引领社会各界从实际出发，加强民族团结，为创建和谐的民族关系乃至和谐社会做出表率。

2. 体现敦煌中学领导对少数民族文化传承和发展问题深厚的人文关怀。在学校，从生活方面给予少数民族学生无微不至的关怀，体现着学校厚德载物，仁爱治校的优秀传统和人文化作风，也是对党和国家民族政策的积极落实和具体的创造性工作。

3. 体现对少数民族风俗习惯的尊重，对少数民族学生健康成长的关心。为少数民族学生创造良好的生活、学习和成长环境，使他们和汉族学生友好相处，健康发展，更能避免不良心理的产生，激发他们努力学习、刻苦成才、为校争光、为国效力的信念，走上正确的认识道路。

4. 有利于加强少数民族学生的管理，从根本上消除少数民族学生与汉族学之间由习俗差别而引发的心理距离。甚至对抗心理，改变少数民族学生难管、难教、难成才的局面，有利于培养少数民族人才。

鉴于以上，课题组特向学校提出申请，恳请上级部门和学校领导予以批示。

2006 年 5 月至 6 月间，敦煌市、伊斯兰协会、原敦煌中学校长郭法礼分别予以回复，民族宗教事务局的领导电话中表示赞成和支持，伊斯兰协会会长张彦才亲自到敦煌中学与学校领导接洽促成此事，校长郭法礼亲自批示了申请报告，并邀请课题组主持人和实验员一起商量，指出报告很有研究价值，但是，敦煌中学当时少数民族师生总共才有 69 人，而学校存在经济困难，当时开办可行性不足，提出往后放放再看。

2007 年 3 月，我们再次把报告上呈新任校长曹新。一周之后，曹新校长通过行政会商议后与课题组主持人商议开办事宜。之后，校长亲自勘察地点，规划设计，利用暑假修建了可容纳百人共餐的宽敞明亮的清真餐厅，根据少数民族食堂的要求购置设备，合理布置食堂的格局，并特地通过敦煌市民族宗教事务局聘请了回族专职厨师，餐厅于 2007 年 9 月正式营业，供应清真饮食，为民族学生服务，同时也为全校师生提供服务。学校安排总务处定期听取少数民族师生对饭菜的意见与建议，随时评奖和改进。同时根据敦煌的季节、气候情况及时调整饭菜的品种，尽量让学生多吃新鲜蔬菜，使学生既感到可口，又避免摄入过多肉食而引起的消化不良等情况。

时值阿克塞哈萨克族自治县和肃北蒙古族自治县两地的学生迁入敦煌就读，敦煌两所中学接收了来自两县的一百多名学生，2008 年两县到敦煌上学的学生增至两百多人，至此，敦煌市教育系统从根本上解决了敦煌少数民族青少年的受教育条件不足的问题。课题组实验员们非常欣慰，从此更加积极地投入到对少数民族学生在校教育的研究中来。

（五）汉族地区在校少数民族学生文化心态、文化认同及价值取向调查及研究

通过多种方法结合使用，以酒泉为例，通过实地调查、走访、座谈，对酒泉地区少数民族分布状况、风俗习惯、生存状况、宗教信仰、价值取向、教育状况及文化认同有了初步了解，掌握了汉族地区在校少数民族学生教育的历史发展、现实走向及未来发展取向，从中找到有关于汉族地区在校少数民族学生教育的规律和特点，有针对性地开展民族教育，为汉族地区在校少数民族学生的教育发展提供可参考的依据和可借鉴的经验。

1. 通过调查，初步掌握了酒泉市少数民族分布状况。

采用问卷调查、重点走访、与家长座谈等形式，对敦煌市、肃州区、肃北县、玉门市、瓜州县等地民族教育状况做了初步了解。调查结果显示，汉族地区少数民族教育尚存在一些问题，如少数民族居住过于分散，无法独立设班开展民族教育；少数民族特别是移民地区学生家长，对孩子受教育认识还存在一定误区，与移入地原居民之间还有一定差距。这些问题的形成，有经济原因，也有民族差异原因，有宗教信仰原因，也有民族风俗习惯原因，以及政策导向原因。多种原因造成民族教育发展滞后，阻碍了当地少数民族居民经济水平提高和文化的进步发展。

2. 通过调查和走访，了解和掌握了酒泉市民族教育发展的历史与现状以及民族学校建设的现状。酒泉历史上就是多民族地区，但在新中国建立之前，民族教育发展缓慢，教育设施陈旧，教育观念落后，师资力量严重缺乏，限制了少数民族教育事业的发展。新中国建立之后，在党和政府的大力支持下，民族教育快速发展，教育条件大为改善。特别是改革开放三十年来，酒泉市民族教育得到全面振兴，教育设施更新，教师队伍充实，人员素质提高，教育水平有了全面提升，教育理念、教育模式、教育手段、教育形式诸多方面全面创新，为酒泉民族教育事业的发展，带来了空前的生机和活力。民族教育向人性化、现代化、信息化大步迈进，与汉族地区教育同步发展，共同推进。

3. 对汉族地区在校少数民族学生教育问题做了初步探讨，对散居地区少数民族的民族文化认同有初步的了解，积累了一定研究经验，具有一定实践及现实指导意义。

不同的民族文化形成不同民族心态及价值认同，不同的民族习惯、宗教信仰，形成不同的受教育心理。汉族地区教育以汉族文化教育为核心，以汉族文化心理及价值为主流，使得汉族地区在校少数民族学生，在文化及心理方面处于相对劣势，这明显不利于少数民族学生教育和健康心理的形成，不利于少数民族形成自己的民族文化认同。

通过对以上资料的实证分析，初步形成研究成果，包括以下几方面：

（1）少数民族学生通过对文化的识别为其民族文化认同奠定了基础

调查结果显示，少数民族学生对本民族文化的认同存在较大的差异。这说明，少数民族学生具有较强的文化识别的能力，而且随着年龄的增长，对民族文化的识别能力逐渐增强。少数民族学生生活于特定的文化区域之中，从其出生之时起，其身体、心理、社会性发展特点、人格特征等自然受到所属区域文化特质的影响，正如社会学符号互动论创始人米德所说，人所"表现的人格特征是他们各自生养其间的文化赋予的"。

同时，在民族区域文化和汉族文化影响下，少数民族学生学会了依照文化的"认同"和"排他"的标准形成群体文化意识，并逐步学习、接受了把这个世界的人划分为不同文化特质、不同类型的观念。所以，特定的文化类型决定了特定的文化认同模式，蒙古族文化决定了蒙古族学生的文化认同，回族文化决定了回族学生的文化认同。民族文化之间的差异决定了文化认同的差异。这种差异直接或间接地影响到学生社会性发展的差异。

（2）少数民族学生文化认同是多层面的，其核心是对所属民族文化的认同

本研究发现，少数民族学生对民族价值规范、民族信仰、民族风俗习惯、民族语言、民族艺术的认同存在较大差异，说明在他们头脑中居于不同层面上的文化认同意识表现得十分不同，某一层面上的认同意识趋于强势，而其他层面上的则趋于弱势。

这说明，在少数民族学生多层面的文化认同意识中，其本民族文化的认同总是居于核心地位的，如语言的认同、节日的认同，也可以是习俗的认同、宗教的认同，以及阶层的认同、地域的认同、民族的认同等。

（3）多层面的民族文化认同，有时具有明显的矛盾冲突性

在有些民族的学生中，他们既想保留本民族的某些文化、习俗，而这些民族文化、习俗，又会给他们生活带来一定不方便；他们既想通过民族的特点获得一定的社会利益，同时又不愿意人们更多强调这种特殊性。受到别人更多的同情是好事，但这同时又意味着自己的弱小与落后。这种矛盾的民族文化心态，对他们的受教育带来一定影响。

（4）少数民族学生对本民族文化的认同处于一个转型期

我们以肃北蒙古族自治县中学为单位，对学生、学生家长和老师进行问卷调查，

在所涉及问题的调查问卷中，通过上述主要问题分析，发现少数民族学生对本民族的文化认同正处于一个转型期，且存在一定程度的文化认同性危机。从对学生的调查情况来看，有 56％以上的学生认为不应该开设双语课，而只开设汉语教学。有 47.6％的学生认为没有必要开设民族语言教学课程。有 60％以上的被调查者不愿意对别人谈起自己的民族。有 85.6％的被调查者不愿意接受本民族文化教育，而选择接受汉族教育。89.5％的学生家长愿意让自己的孩子在汉族集中学校上学。有此看来，民族文化认同度都比较低，这可能是因为在现代社会里，"认同性变得多重化、个人化、动态化和具有自我反省的性质，同时还受到变异和革新的影响"。从对一些少数民族老人的采访中也可以得到印证，很多少数民族学生对于本民族的服装、语言、习俗等的认同度不高。

现代，虽然也存在着社会规定与赋予的角色、规范和习俗等，但随着少数民族地区学校教育的普及、各种媒体的影响、民族成员的互动以及学生生活世界的可能性变化，少数民族学生对文化的认同性相应地发生着变化，其社会化进程势必将变得复杂和多变。而从我们调查结果来看，呈现出明显的淡化和文化趋势，民族特点逐渐在淡化，民族文化认同感在现代文明的冲刷下，正在逐渐流失，原本整合的民族文化心态逐渐在加速碎片化。

总体上，少数民族学生对本民族文化认同存在不足，正处于一个转型期且存在一定程度的认同性危机。他们并不愿意人们更多强调自己的少数民族身份，而更愿意淡化这种身份，以求得群体认同和归属。

因此，少数民族学生对本民族文化的识别能力越强，民族文化认同感就越强。少数民族学生文化认同是多层面的，其核心是对所属民族文化的认同。少数民族学生多层面的文化认同，相互之间存在一定的矛盾冲突性，这种文化认同具有多重性特点。

（六）关于校园文化中的交流与融合研究

由于青少年有积极快速接受新生事物尤其是新文化的特点。在汉族地区的校园文化氛围中，各少数民族师生无法保持本民族的独特文化，各民族师生一律穿戴着汉民族服饰，说汉语言，唱流行歌曲，开展学校设置的文体活动，本民族成员之间反而不经常往来，无法保持亲密的关系。例如，在教室，和绝大多数汉族学生一起学习，下课分散到以班级为单位的宿舍，少数民族学生如身在大海，很难保持自己的民族特征。在调查中，我们了解到，少数民族学生和汉族老师、同学相处得很和睦，几乎所有访问到的同学都说他们在学校和其他同学没什么两样，从内心不愿意暴露自己的民族身份，也不希望老师公开关注和同学议论。他们说怕这样会疏远同学们和自己的感情，不想让大家因此而孤立自己。回族和蒙古族的同学说在学校就是吃饭有一点区别，他们自己就可以克服，不用大家来特殊对待。在宗教信仰方面，同学们表示，希望汉族同学多一些民族知识，尊重他们的信仰和习俗，不过，同学们都宽容的表示，如果汉族同学不知道的情况下冒犯了他们，也不会生气。在调查中，我们还了解到，汉族同学们很欢迎少数民族同学，常常被他们独特的个性和平和的心态所吸引。在校园里，除班主任以外，很少有任课老师当众谈论同学的民族问题，而这种态度，同学们尤为喜欢，觉得老师和同学们为他们保守尊严和秘密，大家感觉都很好。有一位土族的同学李雪在接受了访谈后恳求老师千万不要把谈话内容告诉其他老师和同学。我们做了大量的资料记录工作，从中得出结论：在汉族地区的校园文化中，少数民族学生和汉族学生一起形成了以主流文化为特征的统一校园文化特征。与民族地区的校园文化，存在着一定的民族差异性。

（七）关于汉族地区在校少数民族学生民族认同问题探讨

1. 现代社会中的学校已经不仅是正规教育的主要机构，它还是社会文化的信息源和交汇点，一般来说，学校教育实施"普适性"教育，体现主流文化的教育意识，代表主体文化的发展走向，即便是少数民族地区的学校和少数民族学校也大多如此。在少数民族传统文化与外来文化、民族教育理论与实践、文化变迁与教育规律的论争中，学校教育成为关注的焦点。学校是少数民族学生文化适应最主要的场所，无论是何阶段的教育，还是何形式的学校，都将对少数民族学生的文化适应产生重要的影响。目前国内有研究者已注意到了生活和文化环境的变化（进入学校）对少数民族学生的文化归属感和认同感产生的影响，进而出现种种文化适应困难和学业成就低下的情况，分析学校教育中影响少数民族学生文化适应的若干因素，并尝试提出减少少数民族学生文化适应负面影响和增强其文化适应能力的策略。

2. 文化差异给少数民族学生带来的教育压力

教育人类学认为，文化适应属于人生过程的必然，有不同的发展阶段。对于少数民族学生而言，学校教育是文化适应的一个重要阶段。少数民族学生在学校教育中，容易感到因文化差异带来的文化压力，并出现不同程度的文化适应困难现象，如"文化休克"、情感满意度和行为能力降低、排斥和回避学校教育等，从而增加了出现文化边缘化或同化、民族认同弱化、学业成就较低的可能性。那么究竟是哪些因素影响和制约少数民族学生在学校教育中的文化适应？

少数民族与汉族之间、各少数民族之间存在着不同的文化背景是不争的事实。文化背景不同可能使得少数民族学生产生不同的生活经历和生活经验，生活经验丰富和生活技能较高的学生，其自然适应力、文化适应力和社会适应力也会相对较高。反之亦然。少数民族学生进入与原生活环境和文化环境有较大差异的学校，这种表现更加明显。在心理素质方面，如动机、兴趣、情感、意志、人格、道德等，它与文化适应中的心理适应直接相关。

如果学校所制定和执行的规章制度没有体现民族平等、文化平等、以生为本，教学模式忽视少数民族学生的个体和群体差异性，评价机制不健全，势必会对他们的文化认同和学校认同产生负面影响。比如进入学校住校学习的回族学生，如果不考虑到回族学生特殊的生活习惯，对于学生的教育将是很严重的问题。

3. 教师对待少数民族学生态度的重要性

教学过程中，教师的态度是重要的。教师如何看待民族差异问题，会直接影响教育的成功与否。教师在教学过程中应注意避免在无意中受同化主义或民族偏见等观点的影响。同化主义者认为各种民族间心理差异产生的原因在于民族学生成长过程中缺少正常的文化环境，造成心理发展的不健全或滞后，由此将文化差异等同于文化落后性，并主张学校要对学生进行"补偿教育"。他们认为学校的目的是让学生更好地接受主流文化，摆脱本族文化的限制，以便更充分地融入主流社会。他们认为少数民族的群体认同与国家利益发展是不协调的，应给予淡化。这种观点的最直接后果是学校不重视学生的心理发展特点，学校教学以主流文化的内容为主，成绩评估标准只适用于主流民族学生，导致少数民族学生在学校中面临严重的心理调适问题，使他们无法正确认识自己的传统文化，而又不可能完全融合于主流群体中，成为所谓的社会边缘人，这也是他们为什么在学业上成绩低下的重要原因。

少数民族学生在进入学校教育后，校方应通过文化关怀安抚学生的焦虑、紧张、抑郁情绪，进行丰富多彩的"共存教育"活动，建立良好的自我意向，从而树立积极、健康的跨文化交往意识。为此，教师应注意以下两点：

一是进行自我反省，检查自己是否存在有意识或无意识的民族偏见与差生歧视。有自卑感的学生对教师的态度往往极为敏感，他们能从教师无意识的一言一行中判断出教师对他们的态度。教师审视自己的民族观，注意教学过程中自身的言行。

二是掌握少数民族传统文化知识，充分了解少数民族传统习俗，并在情感上与学生沟通，通过一些身体语言与动作语言让学生知道老师在注意他、关心他。师生间良好的情感沟通是知识传递的先决条件。教师要尽可能去了解学生，了解他们的家庭背景、性格爱好、思维特点，以便及进给予帮助。避免使用引起反感的对比，学生容易因为老师将自己与其他同学进行比较而判断自己的不足与缺陷，其结果可能导致自卑、窘迫、嫉妒、痛苦甚至怨恨。

学校应尽力为学生提供改善自我形象的机会，一是让学生了解自己，对自己的长处、短处、优点、缺点有充分认识，学会客观评价自己与别人，建立自尊并尊重别人。二是让学生了解自己的民族文化，尊重本民族历史与传统，树立积极的民族群体认同。

通过学校少数民族学生教育情况的调查和研究，杨亚雄先生认为，影响少数民族学生在学校教育中的文化适应的因素是多种多样的，而且很多影响因素是情境的，很难用一种模式和某几个方面解释和界定全面。关于少数民族学生对本民族以及中华民族的认同心理的问题，少数民族学生有其在心理与生活习惯上的特殊性，要在尊重其特殊性的同时，对少数民族学生与汉族学生一视同仁，不搞区别待遇，重视对他们的心理引导和理想教育，使其特殊性发挥积极的激励作用。只有解决好了少数民族学生对于学校教育的认同感问题，才能切实帮助少数民族学生的学习成绩与学习效果。同时教育少数民族学生不仅对本民族有认同心理，更要加强中华民族的认同心理，使少数民族学生能更好地融入社会之中，成为社会的有用之才。

民族心理与教育研究目前尚处于起步阶段，不少空白领域正有待人们的开拓、耕耘。对于少数民族学生对本民族以及中华民族的认同心理的问题的研究需要深入学生的生活学习当中，通过对少数民族学生的日常表现的研究分析得出结论，并针对此结论做出有利于少数民族学生教育的判断和决定

（八）汉族地区少数民族学生在校心理特征研究

1. 跨文化背景下学生人格特质与适应研究

人格的跨文化研究可以分为两个层次：一是从人格的整体层面入手，进行民族间的调查、比较与分析；二是从人格的某个方面入手，进行局部的调查与研究。

（1）汉族学生与少数民族学生间的比较

汉族学生与少数民族学生间的比较显示，二者在人格层面既有共性又有差异。汉族和回族中小学生智力、性格与品德发展的关系研究发现，品德发展的心理基础既有民族间的共性又有其特殊性。藏、汉族中师生在聪慧性、恃强性、怀疑性、幻想性、独立性、怯懦与果断性、创造力因素和在新环境中的成长能力因素等方面存在差异。以调查问卷为依据，回、汉族中学生在内外向和掩饰性方面差异不显著；在精神质、神经质方面显著性差异。对汉族和哈萨克族学生的认知方式与性格特质的关系研究表明他们的发展趋势大致相同。此外，汉族学生与少数民族学生的人格差异还表现在性别方面。

（2）少数民族学生之间的比较

不同少数民族学生人格发展水平在不同维度既有共同性又有差异性。这方面的研究显示：在成就动机方面，各民族中学生总体上表现出自我取向的成就动机，但在具体维度上又表现出民族和地区差异；民族儿童第二语言学习动机的研究发现，不同文化背景下的少数民族儿童在汉语学习的动机方面存在着共同性和差异性；汉、回族中学生性格差异的比较研究显示，他们在认知风格、态度、生活旨趣、意志品质、情绪特征上存在着差异。

（3）性别间的比较

男女学生人格各方面的发展特征不同。在成就动机方面存在着性别差异，男生更倾向于自我取向的成就动机，而女生倾向于集体取向的成就动机。回族中学生与汉族中学生相比，人格特质的性别差异明显高于汉族中学生。哈族双语教育两类模式的中学生人格特征的比较研究也发现了性别方面的差异。但少数民族优秀小学生与普通小学生的人格发展研究显示，性别差异对少数人格发展的影响显著。

2. 跨文化背景下学生心理健康研究

跨文化背景下少数民族学生心理健康的研究内容可以分为两大类，一类是学生

整体心理健康状况的调查与分析，既可以分析心理健康的整体情况，也可以关注某一局部存在的问题；另一类是专门以某一方面的问卷所进行的研究，只关注学生群体的某个方面，比如焦虑、适应能力、应对方式、抑郁、情绪稳定性、父母教养方式等。

（1）汉族学生与少数民族学生间的比较

这方面的研究存在两种结果：第一，大部分研究显示，民族差异显著。整体而言，汉族学生的心理健康水平要好于少数民族学生。以调查为例，回族学生的心理健康均高于汉族学生，尤其表现在女生方面。藏族学生在躯体化、强迫、人际敏感、抑郁和恐怖部分的得分明显高于汉族学生。蒙古族学生与当地汉族学生相比，各项因子得分均明显偏高，提示民族学生的心理健康问题比当地汉族学生严重。其他方面的研究结果也显示同样的结论：少数民族初中生在学习问题、教师和朋友等方面所面临的压力和汉族初中生相比没有明显差异，但是他们在社会文化、自我身心和文化环境等三个方面所面临的压力远大于汉族学生，总的压力要高于汉族学生。在学习方面，哈族学生所面临的学习困难更多，由此所引发的心理问题也就更多。第二，少数研究表明民族之间的差异并不显著，或少数民族学生的心理健康水平好于汉族学生。

（2）性别间的比较

男女民族学生在心理健康的各方面所存在的问题各不相同，但整体而言，男生好于女生。以调查为依据，其显示结果中女生有四个项目症状比男生严重，说明女生的心理健康状况比男生差。小学生中，男生与女生在抑郁、精神病性两因子上差异显著，在人际关系敏感上差异非常显著；汉族男生与女生在人际关系敏感、抑郁、焦虑、敌对因子上差异显著，在强迫症状上差异非常显著。整体而言，男生心理健康状况优于女生。回族男女生在强迫症状、人际关系、忧郁、焦虑、恐怖五个因子分中有差异，和汉族学生特征相似，女生高于男生。

3. 分析与结论

（1）民族文化背景是形成少数民族中学生人格特征的主要原因。各民族在特定的生态的基础上所形成的独有的生活方式、历史文化传统、风俗习惯、价值观念、道德品质、宗教信仰以及一些约定俗成的在本民族通行的规则、规范等，是各民族人格形成差异的主要原因。这些因素以各种角色期待、社区氛围、一定的组织、榜样的作用等潜移默化地塑造着民族性格。

（2）教育影响到人格的发展这方面的解释可以分为两个方面，即学校教育和家庭教育。学校教育主要包括教学模式、教学方式、教学内容以及学习成绩、学习压力等。此外，语言沟通上存在的困难，以及现行教材相对脱离少数民族生活实际所造成的学习障碍也影响到学生的人格发展。家庭教育，包括家庭结构、父母教养方式、父母对其子女的学习支持及家庭内的文化氛围等，它们对人格的影响分散到人格层面的各个方面。

（3）地域或生态环境也会影响人格发展。主要有民族各居住地的自然生态环境差别，还有城乡差别，它们不仅体现在自然环境的差异上，更重要的体现在社会氛围的差异上。同时，生活在同一地区的不同民族之间的融合又使之在生活方式、观念上有了一些共同的因素，也因此成了民族共同性的解释因素。民族地区相对落后的经济水平等也可能影响学生的人格发展。少数民族学生从自己熟悉的家乡来到比较陌生的敦煌求学，生活、学习环境发生了很大的变化，自然有一个适应的问题，从而影响到人格品质。

（4）现代化进程的影响通过主流文化的传播与影响，以及西方文化的价值观、人生态度等的介入与原有的传统观念之间的冲突和融合也影响着少数民族学生的人格发展。

（5）自身因素如人际关系、学习方式、个人的自我实现与教育，以及自身发展等因素对人格所造成的影响。

（九）汉族地区在校少数民族学生在校行为表现及教育特殊性分析

首先，少数民族学生具有自尊心强、自卑感强的双重性格。任何一个民族都有其自尊心，尤其对于在汉族地区上学的少数民族学生而言，自尊心更强的他们一般都很敏感，其他民族的同学、老师言辞举措上的不经意伤害都会让他们无法接受。而同时，由于文化基础差，大多来自边远贫困山区，再加上远离家乡的孤独感，他们又同时感到深深的自卑。在这种自尊和自卑的双重心理交织下，往往容易形成一个宿舍的小圈子、班级的小圈子或民族的小圈子，久而久之，孤立于大环境之外。

其次，由于心理素质的不同，少数民族同学一般都生性豪爽耿直、热情真诚，可往往就因为小圈子的营造，致使他们在大环境中不愿也害怕太多地与他人接触，一味我行我素，反而给别人以一种拒人于千里之外的冷漠情绪，其他人也不主动去交往。

再者，由于各民族风俗习惯和文化背景、宗教信仰的不同，加上少数民族学生不成熟的心理和狭隘的辨识问题能力，往往各民族同学间不能融洽相处，加上不适时加以沟通，就容易产生对立情绪，甚至于互相攻击排斥。

最后，自我意识太强，致使许多少数民族同学各自为政，各行其是，难以形成一个开放性的大环境。

这四个方面的问题，对教师提出了一个更高的要求。如何正确处理这些问题，适时协调少数民族学生在生活学习中存在的矛盾，达到团结、和谐和发展，这不但是教育方法的问题，更是教育艺术的问题。

因此我们必须处理好以下几方面的关系问题：

（1）正确处理小团体和大环境的关系。

一是必须明确小团体的产生有其客观属性和必然属性，掌握少数民族学生的特殊性，分别正确对待，不能搞一刀切。少数民族学生有其特殊的心理素质和风俗习惯，我们既要看到他们多才多艺、喜动好玩的优良品质，又要清楚他们我行我素的坏毛病。作为教师，在尊重他们的同时要时常引导教育他们走出封闭的心态，走团结之路。要让他们放下包袱，抛弃偏见，和其他民族同学热情交往。同时，也要积极鼓励其他同学主动与少数民族同学交往，继而在交往中倡导互相尊重、团结友爱的原则，最后达到潜移默化、取长补短、取得共识、得到团结。这样，才能让少数民族学生走出小团体的圈子，投入到大环境中来统一要求，这样，教育工作也就好做多了。

（2）正确处理严格要求和适度从宽的关系。

由于客观原因，少数民族学生身上有许多不同于汉族学生之处。譬如性格直爽、爱喝酒、好运动、易冲动等特点。我们既要看到好的一方面，又要制止不良行为的发生。作为教师，首先必须有"敢管"的思想，没有管理不住的学生。在管理上要求他们严格遵守学校的规章制度，绝不能在制度上开"绿灯"，以防给思想和心理尚不完全成熟的少数民族学生养成一种"特殊性"下的纵容。其次，对违反制度的要及时指正、批评、处理，但在处理中不能搞一刀切的效应，应先晓之以理，再动之以情，然后导之以道，引导和教育他们在明白错误的前提下改过自新。制度上开绿灯易放纵错误，而处理上以罚代教更会产生抵触情绪，造成不良影响。严格要求的前提下以教为重，才是学生管理的好方法。这些年来，我们在其他学生管理中也一样犯了个致命的大错误，那就是"以罚代教"。出了事、犯了错一罚代之，而不从多方面去做深究，从而没有真正达到教书育人的目的，反而使个别学生铤而走险，走入更深的误区。

（3）正确处理树立学生骨干和教育后进学生的关系。

在学生管理工作中我们发现，树立学生骨干，发挥"领头羊"的作用，往往可以达到事半而功倍的效果。学生中骨干分子往往是具有威望和信誉的学生代表，在少数民族学生中更是如此。所以，作为一名学生管理工作者，如果能正确找出学生骨干，合理地发挥他们的才能和作用，无疑会在工作中减轻许多负担。在少数民族学生中，一些有才干、有能力的同学往往是一个宿舍、一个班、一个民族的"领头羊"，在同学中有较高的说服力和号召力。因此，这些同学也就成了引导工作、举办活动、协调关系、处理纠纷的积极分子和骨干力量。正确用之，则可能一个宿舍、一个班乃至一个公寓楼、整个校园的管理工作欣欣向荣、团结向上；不正确用之，这些人又恰恰是是非纠纷的生产者。这就是说，作为学生管理工作者，首先要让这些同学明事理、辨是非、守规则、遵制度，然后再去影响、带动其他同学去共同遵守。另外，因为学生管理工作不同于行政管理工作，所以，对于个别违纪学生，要以师者的严厉、长者的宽容、朋友的理解、弟兄的关怀、父母的仁爱去对待。只有这样，才能把学生管理工作做到实处，落到细处。

（4）正确处理教师与少数民族学生的关系。

在我们的工作中，可能会出现两个误点：一是教师与少数民族学生彻底对立，致使工作无法开展；二是教师与少数民族学生关系过于亲近，称兄道弟，甚至成酒肉之交，网开一面，任其放纵，致使教育工作无法按正常渠道进行。这都是十分错误的做法。作为教师，要对学生做到若即若离，不能把关系弄僵，更不能太过暧昧，造成不良后果。在生活中做父母兄长，细心关怀，仁爱必至，以心换心，适时解决少数民族学生的困难，让他们信任你；在教育上做师长，严肃认真，讲道理、摆事实，让他们明白功过是非，尊重你；在日常做朋友，谈心释疑、排忧解难，让他们爱戴你。这样，作为教师，才能让少数民族学生即不因隔阂而产生抵触、不满情绪，甚至发泄私愤，又不会因太过亲近而放纵自己于制度之外，我行我素，违法乱纪。唯其这样，才能让少数民族学生在相互理解、相互尊重、相互帮助的心态下共同把学生教育工作推上一个新台阶。

总之，经过几年的研究探索，了解了许多少数民族文化与汉文化的差异，初步明确了汉族地区在校少数民族学生教育的特殊性，这些研讨成果必将指导我们今后对汉族地区在校少数民族学生的教育工作，取得令人满意的效果。研究过程中，我们通过三条途径展开工作：将民族教育分别渗透在语文、历史等学科之中，结合教材使学生们了解了少数民族生活习俗、宗教信仰，宣讲我国的民族政策，教育全体学生；经常和少数民族学生谈心，并经常与家长取得联系，及时了解他们的学习、生活情况，与家长共同教育学生，促进他们的健康发展；在心理辅导工作中，针对学生一般倾向性心理问题和个别、特殊的心理问题进行更深入的探索、诊断、设计和帮助，使他们克服思想浮躁、轻视文化课学习、厌学逃课、用冷漠自傲的态度掩盖自卑心理等缺点，并将这一活动覆盖学生活动领域，从学习、生活的方方面面进行辅导和帮助。经过教育和帮助，少数民族学生在学校受教育的过程中，都能够认清自己的潜力与特长，确立有价值的生活目标，负起生活责任，扩展生活方式，发展建设性人际关系，发挥主动性、创造性，过积极而有效率的生活，并积极设法适应主体社会的文化特征而和主体社会融合。

（十）尊重汉族地区在校少数民族学生民族个性的教育方法研究

1. 在学校教育中，不能机械地抱着教育机会均等的信条，完全相同地对待每一个学生，应当认真地考虑学生所具有的独特的民族特征。研究和观察表明，少数民族学生，尤其是那些较为贫困的学生，他们的价值观、行为模式、认知方式以及其他文化特征与学校文化背景不同，这样常常会导致学生与教师、与学校目标的冲突。大部分汉族学生会感到学校的文化与他们家庭的文化是一致的，对学校的一切环境非常适应。而少数民族学生则会感到学校文化的异己性，与他们的民族认同不一致，学校的文化以及教学计划应当做必要的调整，以反映和适应来自不同的民族和社会阶层学生的文化和学习风格。教育者要对不同民族的学生及其文化有足够的敏感，在做教学计划时不能对民族的差异性视而不见，如果把所有的学生看作是一样的，便背离了教育机会均等的原则。

2. 注重发挥少数民族学生良好的自我意识

自我意识的发展应该是一个持续的过程，从少数民族学生进入学校开始并贯穿他的整个学习生涯，这种发展至少应该包括三个领域：①帮助学生发展和建立自我同一性，使他们能客观地认识"我是谁？""我为什么这样？"解决他们自我同一性建立过程中的问题。②在自我同一性的基础上发展民族同一性，学生需要认同本民族的文化，包括语言、习俗、宗教信仰等。学校应该使学生认识到，各民族的文化特征不同，但是同样在学业上都可以获得成功。③多元文化教育应使学生发展更为广泛的自我理解，应该坦然地对待"他们为什么是这样？""为什么是这一民族？""民族性在他们日常生活中意味着什么？"这样的自我理解将帮助学生更加有效地应付今后可能发生的民族冲突。只有学生具有了一致的关于他们所属民族群体的知识以及在生活中体会到群体成员的作用，这时学生才能充分理解他们为什么这样，为什么在他们的生活中有一些特定的事情会发生。对这种群体的认同不应以削弱学生的个别性为代价，要使学生认识到在学校和社会上，他属于许多群体，群体的特征与个体的独特性并不矛盾。多元文化教育应该帮助学生理解并欣赏他们的家庭背景与传统文化，建立民族的自豪感。

3. 要充分考虑民族性问题，使学生形成民族多元化的价值观、态度观和行为观

民族性是一个十分重要的问题，它是人们对自己、他人、文化及其精神领域认识的根源，它是一种生活方式、道德规范、价值观念的过滤器。因此，民族性在人们的生活中发挥着重要的功能，它表现出积极和消极两方面，有效的多元文化教育应该考察民族性的所有方面。学生应该知道民族的差别并不意味着有优劣之分，在多元文化的社会中，矛盾是难免的，但是矛盾并不一定要导致冲突或分裂。要从积极的方面来探索民族的矛盾，要使学生明白民族之间的合作并不一定要基于他们共同信仰、行为和价值观。只要在不妨碍其他人的利益的范围之内，每个民族群体都应有权利实践他们自己的宗教、语言、习俗和信仰。

4. 加强对学生跨民族交往技能的培养。不同民族个体之间的相互作用是比较困难的，因为在现实中，人们往往对与其他民族交往的结果抱有消极期待。这种消极的期待是建立在对其他民族带有偏见或歪曲的认识基础之上的，其结果使得跨民族的交往常常被种族中心主义所阻碍。普通高中学校应该帮助学生克服阻碍交往的因素，认清民族偏见，分析各民族的价值观，正确对待相互交往，发展跨民族交往的技巧。同时还要让学生时常反省自己的价值观、态度在言语和非言语行为中的反映，从交往对方的观点来审视相互作用的过程，帮助学生在与他自己群体成员和其他民族群体成员相处时更有效地发挥作用。

（十一）汉族地区在校少数民族学生的教育困境及对策研究

1. 困境的形成

（1）宗教的影响

千百年来，宗教作为分布在敦煌周边地区的少数民族生活中不可缺少的一部分，影响着他们的思想意识、行为模式、生活方式以及道德观念等诸多方面。教育作为传播思想意识、文化知识的重要手段，受宗教的影响则更大。宗教对教育的影响有积极的一面，也有消极的一面。积极的一面表现在宗教的许多经典都蕴涵着各类天文、地理、农业、历史等知识，人们在信仰宗教的同时，学到了知识，宗教对于增强人们的凝聚力，传播有益的价值准则、道德准则等方面发挥着不可忽视的作用。但是宗教所传播的传统观念和知识大部分是陈旧而消极的，与现代文明对知识和思想观念不断更新格格不入，人们笃信神灵，对于现实生活中的贫困和落后则听天由命，而不是穷则思变，改变现状。人们把人力、物力、财力毫不保留地投入到宗教，对于孩子的入学以及入学后的教育疏于管理，使得在校学生的家庭教育不力，家长对孩子在教育中经济支持不够，家庭给在校学生的学习带来了负面影响。

（2）家庭因素的影响

封建残余思想、陈腐落后的习俗是发展教育的精神枷锁，经过了几千年封建统治的中国人民，尤其是老一辈还受到旧礼教的熏陶，在思想深处，知识无用的意识可以说是根深蒂固，不愿送孩子上学、读书，由于这些思想没有彻底根除，不可避免地成为孩子受教育的严重阻碍；家长在教育观念和教育方法上存在较多误区：重考分，轻素质，重物质营养，轻视体育锻炼，教育孩子缺乏文化知识，方法不恰当。调查得知，家长和老师的联系不密切，家长不了解孩子在学校的表现，有的家长甚至不知道孩子的班主任是谁，配合班主任教育孩子无从下手，形成了家庭教育的空白点。

（3）学校因素的影响

由于汉族地区的少数民族学生与汉族学生一起学习，而少数民族大多与汉族有着鲜明的文化差异，教师在课堂教学中起点高，要求高，使少数民族学生一时很难适应教学环境，内心产生焦虑，思想不稳定，在学习中出现的问题如果得不到及时解决，会出现厌学、怕上课、怕考试、甚至逃学的现象，情绪激动时难以控制，甚至激化矛盾，造成不好的影响。教师对少数民族学生的教育方法单一、经验不足，对少数民族学生了解不够，课堂内外出现的各种问题没有及时解决或处理方法不恰当，都会给学生的学习生活带来负面影响。

（4）社会因素的影响

汉族地区的少数民族，人数少，居住相对集中，由于生活习惯以及宗教信仰的不同，少数民族居民与汉民相互来往少，甚至不来往，而一些先进的思想观念和文化意识很难通过人们之间的交谈与来往相互渗透。社会对在校学生、失学的孩子，甚至不上学做生意的孩子关心少；机关干部、社会团体、民营企业等对在校少数民族学生帮扶少，社会对在校学生监管不力。少数民族学生还受到周围亲戚朋友的影响，在亲戚朋友中有的同龄人没有上学，他们用各种方法生存着，有的也事业有成，对在校学生的学习信念冲击大，不想上学，学习中碰到困难时，畏缩不前，心理脆弱，厌恶学习。

2. 汉族地区在校少数民族学生的教育对策

（1）家庭、学校、社会三位一体有机结合构建教育新格局

家庭教育、学校教育、社会教育之间相互联系，教育起始于家庭，学校教育是主体，社会教育是终身教育，任何一个人的成长不是借单一的某个方面的教育，而是相互合作，相互促进的。

家庭教育是教育整体中的有机组成部分，是学校教育和社会教育的基础、助手和补充，家庭教育是奠定人的思想品德的基础，是育人的起点。要提高家庭教育的效果，社会应重视对家长的指导，应多渠道提高家长的教育水平和文化知识，改变家长的思想观念，促使家长关心孩子，重视孩子的教育成长，提高教育孩子的知识水平，使家长对孩子的教育方法得当，取得良好的效果。

学校应加强与家长的联系，建立家校联系本，教师将学生当天或一周的表现情况告知家长，家长则反馈学生在家的表现情况，与老师及时取得联系，将学生出现的错误及时纠正，将问题化解在萌芽状态。

家庭、学校、社会教育相互关联、相互作用、相互制约、相互促进，是缺一不可的有机整体，家庭教育是基础，学校教育是关键，社会教育是保证，因此，学校、家庭、社会三者只有密切配合，齐心协力，齐抓共管，形成合力，才能把这项工作抓好。

（2）促进少数民族学生富有个性的发展

学校教育是关键，首先在教育教学活动中，以尊重少数民族学生的宗教信仰自由、生活习惯和人格尊严为前提，不歧视、讽刺、挖苦，使少数民族学生与汉族学生平等相处。

其次，用耐心细致的关心帮助他们解决思想上、学习上、生活上的问题，鼓励他们努力学习。经常和他们谈心，及时了解他们的学习、生活情况，指导他们认识自己的长处和不足，鼓励他们参加学校组织的各项活动，促进他们与汉族学生的团结，提高自身修养。

（3）教师在上课时对少数民族学生多留心，鼓励他们多回答问题，批阅他们的作业时鼓励的成分要多，用心去发现他们的闪光点，在班干部的录用上可以大胆的让少数民族学生去尝试，树立班级威信，给他们信心，树立起克服种种困难的勇气，使他们在各种环境的磨炼中成长起来，用良好的心态去生活、学习。批评少数民族学生时，先肯定其优点，使其放松心理防线，缓解对立情绪，然后趁热打铁指出其

不足和错误，同时尽量避免当众批评少数民族学生，防止少数民族学生产生逆反情绪，反而把事情搞糟，教师再私下里满怀爱心和理解地倾听少数民族学生的辩解，用平等和气的态度指出少数民族学生的错误，用真情感化少数民族学生的心灵，使之产生自我批评的意识。这样的方式可以避免其产生逆反心理和抵触情绪，往往胜于无数次的严厉责骂。付出爱心，给予真情，春风化雨，润物无声，让少数民族学生的生活空间多姿多彩，使其个性得到充分发展，为成才奠定基础。

六、成果定性分析

从宏观方面，汉族地区的少数民族学生教育问题的引入更新了我们的教学观念；加快了教学内容和教学方法的改革；使我们和学生都获得了最新的和谐共存的思想，使我们的教育工作具有了人文化特征和一定的前瞻性；使我们了解了学生中的特殊群体，使教育教学与国际国内先进理念更加接轨。从微观方面，重视汉族地区的少数民族学生教育问题提高了教育教学效率、开阔了教育者的胸怀；培养和促进了学生综合能力。包括：共存能力、交流能力、融和能力、认同能力和认识能力等；对我们现有的教育资源也进行了科学合理的整合与利用；在学校教育的各个环节中使民族文化得到传承和发展。本课题的研究使我们的校园和课堂变得更加宽阔。

七、未来研究方向

鉴于人们对少数民族教育以及民族文化传承和发展的认识问题，尤其是对汉族地区少数民族教育问题的认识不足，今后我们将继续研究这一课题，进一步关注并探索研究少数民族文化走向、汉族地区少数民族同化问题、民族文化发展有效途径等问题，为汉族地区在校少数民族学生在校教育提供理论指导，为当地政府少数民族教育政策的制定与调整提供决策依据。

本课题将着力点放在汉族地区少数民族学生在校教育管理建设措施探索以及行动实践上，但限于时间精力，对民族学生教育现状的调查，样本数量小，调查结果很难真正反映整个酒泉市民族学生教育现状。教师校本培训、校本课程开发、文化建设、分层走班教学等策略部分的实践检验也显得过于狭窄。

上述问题的出现，除了研究任务繁重，研究时间紧的原因外，还与本研究涉及面广有关，是一个长期的过程，是一个需要几年，甚至几十年不断积淀、总结、提升的长期过程。随着全省民族教育工作的不断深化，我们将不断总结经验，本研究也将继续深入进行。

八、具体措施

1. 加强民族教育理论的学习。要按党的民族政策办事，牢记"民族教育无小事"。首先，要理解什么是民族教育。其次，要把民族传统文化与多元文化整合理论、多元文化教育论、科学发展观等理论指导相结合。再次，民族教育及文化的传承与发展需要理论与实践的结合。多元文化整合理论不仅有助于对民族教育内涵的理解，也为学校教育中民族文化的研究提供了理论支撑。多元文化教育理论启示我们，学校教育应通过丰富多彩的活动使各民族学生接受多元文化理念教育，学会尊重和欣赏其他民族文化，树立民族平等意识，培养学生的跨文化能力。

2. 人才是文化传承的基础。当前民族文化发展工作的一项重要内容就是加强教育、培养人才。第一，我市及周边地区的各级政府及教育行政部门要对民族传统文化教育有整体规划。第二，要重视民族文化进课堂。从孩子们抓起，从中小学的教育做起，让孩子们从小就接触我们的传统艺术，培养他们的艺术情趣。第三，制定规划，聘请民族文化专业人才进学校，为少数民族学生服务。第四，要为民族文化的传承和发展研究提供必要的经费。

3. 走向可持续发展的传统文化。第一，要营造理想的生态环境，这里主要是指在文化传媒、文化教育、文化创作等方面的人为调控。在文化教育上，我们要积极推行多元文化教育，不仅应在中西、古今上保持一定之比例，而且还应在政策上对传统文化给予一定的倾斜。第二，培养全民的生态意识，树立可持续发展的文化观。保护传统文化资源是以"人"为中心来实现的，我们不仅要在成人中，特别是要在青少年中培养热爱传统文化的思想，力求改变青少年对自己的"母语"不熟悉、不了解、不喜欢的不正常状况。要教育青少年，必须像保护珍稀动物、爱护历史文物一样的看待传统文化，并使其成为一种全新的价值观念和道德准则。

4. 积极传承和弘扬民族优秀文化。学校在选修课、校本课程、研究性学习等教育教学活动中，结合民族文化特色，积极开展富有民族特色课改教学活动，丰富学校课程资源。

（1）以开展大型活动为契机，促进民族文化传承。

为促进学生的全面发展，学校每年都会举办一些重大的文体活动，如：文艺会演、庆"七一""国庆"文艺演唱会、新年晚会等。这些活动内容丰富、形式活泼，深受学生的喜爱，把民族文化贯穿于这些大型活动之中，有利于扩大民族文化的影响。这些活动不但鼓励少数民族学生在文艺会演中表演他们本民族的歌舞或乐器，而且极大地推动了学生们学习本民族歌舞的积极性。此外，学校还利用春、夏、秋、冬季运动会来弘扬民族文化，把传统的民族体育或民间游戏纳入运动会的比赛项目。以学校开展大型活动为契机，促进民族文化传承，不但使学生继承了自己本民族的优秀文化，也极大地增强了学生对本民族文化的认同感和自豪感。同时，通过学生和教师的传播，学校的民族文化活动也会波及社区和家庭，从而推动家庭和社会的民族文化教育。

（2）以开展常规活动为契机，促进民族文化的传承。

从某种意义上说，文化的传承是一个不间断的、连续的过程，不是一朝一夕即可实现的，特别是民族文化的精神层次——民族性的传承更具有延续和不可间断性。因此，我们在借助学校大型活动开展民族文化教育的同时，也非常重视学校常规活动在促进民族文化传承方面的作用。在具体实践中，我们做了如下尝试：一方面，积极借助学校的广播、校刊、墙报等媒介，大力宣传民族文化知识，帮助师生树立正确的民族观，为民族文化的传承营造一个良好的校园环境；另一方面，鼓励学校开展连续性的民族文化教育活动，并加强与社区和家庭的合作。通过这一活动，学生可以把在学校学到的民族文化知识传递给家庭和社区成员，也可以把家庭和社区中的文化资源带入到学校中来。这一活动为学校、社区和家庭之间的交流与合作搭建了一个很好的平台，通过这个平台进一步促进了三者的文化交流，促进了三者的和谐发展。

5. 开展民族团结教育，关爱少数民族学生的发展。在行动中通过推进"班主任培养工程""导师工程"，打造民族团结教育网络。通过三个结合，即"课堂教学与课外活动相结合""民族团结教育与良好的行为习惯养成相结合""学校教育与社会教育、家庭教育相结合"形成民族团结教育"合力"。通过三个贴近，即"民族团结教育贴近学生实际""民族团结教育贴近学生情感""民族团结教育贴近学生生活"，使民族团结教育落到实处。通过以上措施形成民族团结教育的整体氛围，引导各族学生健康、文明、和谐发展，使校园成为各族学生成长进步的乐园。

6. 开展多元文化背景下教师能力培训。学校教育中，教师的民族教育知识与技能决定着民族学生的教育教学质量以及文化传承和发展。通过开展民族教育专题培训，提升教师的下列能力：研究了解少数民族学生的生活习惯和文化习俗的能力；将少数民族的历史、文化结合进课堂的能力；与少数民族家长沟通、交流，争取家长支持的能力；在教学中传承优秀民族文化的能力；具备结合当地生产、生活实际来教学的能力；了解民族学生的学习困难并采取针对性教育的能力；了解民族学生的心理特点并采取恰当教育方式的能力。树立"民族教育文化多元、课程文化多元、课堂教学文化多元"的科学理念。学校领导及广大教师要学习掌握少数民族传统文化知识，充分了解少数民族传统习俗，并在情感上与学生沟通，通过一些身体语言与动作语言让学生知道老师在注意他、关心他。师生间良好的情感沟通是知识传递的先决条件。教师要尽可能去了解学生，了解他们的家庭背景、性格爱好、思维特点，以便及时给予帮助。避免使用引起反感的对比，学生容易因为老师将自己与其他同学进行比较而判断自己的不足与缺陷，其结果可能导致自卑、窘迫、嫉妒、痛苦甚至怨恨。

教师应尽力为学生提供改善自我形象的机会，一是让学生了解自己，对自己的长处、短处、优点、缺点有充分认识，学会客观评价自己与别人，建立自尊并尊重别人。二是让学生了解自己的民族文化，尊重本民族历史与传统，树立积极的民族群体认同。

7. 在学校教育中，不能机械地抱着教育机会均等的信条，完全相同地对待每一个学生，应当认真地考虑学生所具有的独特的民族特征。学校的文化以及教学计划应当做必要的调整，以反映和适应来自不同的民族和社会阶层学生的文化和学习风格。教育者要对不同民族的学生及其文化有足够的敏感，在做教学计划时不能对民族的差异性视而不见，如果把所有的学生看作是一样的，便背离了教育机会均等的原则。

8. 注重发挥少数民族学生良好的自我意识。自我意识的发展应该是一个持续的过程，从少数民族学生进入学校开始并贯穿他的整个学习生涯，这种发展至少应该包括三个领域：①帮助学生发展和建立自我同一性，使他们能客观地认识"我是谁？""我为什么这样？"解决他们自我同一性建立过程中的问题。②在自我同一性的基础上发展民族同一性，学生需要认同本民族的文化，包括语言、习俗、宗教信仰等。学校应该使学生认识到，各民族的文化特征不同，但是同样在学业上都可以获得成功。③多元文化教育应使学生发展更为广泛的自我理解，应该坦然地对待"他们为什么是这样？""为什么是这一民族？""民族性在他们日常生活中意味着什么？"这样的自我理解将帮助学生更加有效地应付今后可能发生的民族冲突。只有学生具有了一致的关于他们所属民族群体的知识以及在生活中体会到群体成员的作用，这时学生才能充分理解他们为什么这样，为什么在他们的生活中有一些特定的事情会发生。对这种群体的认同不应以削弱学生的个别性为代价，要使学生认识到在学校和社会上，他属于许多群体，群体的特征与个体的独特性并不矛盾。多元文化教育应该帮助学生理解并欣赏他们的家庭背景与传统文化，建立民族的自豪感。

9. 要充分考虑民族性问题，使学生形成民族多元化的价值观、态度观和行为观。民族性是一个十分重要的问题，它是人们对自己、他人、文化及其精神领域认识的根源，它是一种生活方式、道德规范、价值观念的过滤器。因此，民族性在人们的生活中发挥着重要的功能，它表现出积极和消极两方面，有效的多元文化教育应该考察民族性的所有方面。学生应该知道民族的差别并不意味着有优劣之分，在多元文化的社会中，矛盾是难免的，但是矛盾并不一定要导致冲突或分裂。要从积极的方面来探索民族的矛盾，要使学生明白民族之间的合作并不一定要基于他们共同信仰、行为和价值观。只要在不妨碍其他人的利益的范围之内，每个民族群体都应有权利实践他们自己的宗教、语言、习俗和信仰。

10. 加强对学生跨民族交往技能的培养。不同民族个体之间的相互作用是比较困难的，因为在现实中，人们往往对与其他民族交往的结果抱有消极期待。这种消极的期待是建立在对其他民族带有偏见或歪曲的认识基础之上的，其结果使得跨民族的交往常常被种族中心主义所阻碍。学校教育中应该帮助学生克服阻碍交往的因素，认清民族偏见，分析各民族的价值观，正确对待相互交往，发展跨民族交往的技巧。同时还要让学生时常反省自己的价值观、态度在言语和非言语行为中的反映，从交往对方的观点来审视相互作用的过程。帮助学生在与他自己群体成员和其他民族群体成员相处时更有效地发挥作用。

九、结束语

总之，我们怀着对少数民族学生深厚的人文关怀，在少数民族学生成才教育实践中研究规律，在理论研究中提升文化传承问题和少数民族学生成才问题的实践效果。意在为引领社会各界从实际情况出发加强民族团结，重视培养少数民族人才，关心少数民族文化的传承和发展问题，为创建和谐民族关系及和谐社会做出自己最大的贡献。

十年树木，百年树人，教育文化的传承和发展和民族教育的成败得失至少关乎百年的光阴，教育又是一个不知要耗费教育工作者和受教育者的多少心血和汗水的事业。除了一定的物质条件外，全靠理想的支撑和补充，坚定的理想是人们心中一道不灭的光明，照耀着我们无畏地越过重重黑暗，达到美好的目的地。而民族教育事业就是理想主义者的事业，无论是教育者，还是受教育者，树立和谐共存的远大理想，也仅仅是少数民族文化传承和教育事业得以健康顺利发展的第一步。更多的问题等待我们不断前行。

十、成果与影响

（一）终端成果

学术专著：曹新、沙媛真著《汉族地区民族教育研究》（内部交流资料）

论文专辑：曹新、沙媛真等编著《向上向善，我们的坚守与追求》，中国言实出版社

课题研究总报告《学校教育中民族文化的传承与发展研究》1份；成果公报1份。

（二）阶段性成果

甘肃省"十一五"重点课题结题2项。公开发表与课题相关的论文5篇。调查报告8份，访谈及会议纪要7份，子课题调查报告12份，子课题结题报告30份，理论性研究论文30篇。

主要的调查报告：

1. 马新明、沙媛真：《敦煌市伊协秘书长沙进仁就民族文化传承与民族教育问题的书面答复》

2. 陈肃宏、张晓军：《面向在校少数民族学生关于民俗问题的调查》

3. 沙媛真、王淼、贺海莉、达菊玲、于慧娟：《穆斯林的交友之道》

4. 周晓强、殷清：《穆斯林的经商之道》

5. 沙媛真、付有国：《关于民俗问题的调查》

6. 沙荣真、达菊玲、李小红等：《关于伊斯兰教妇女问题的调查》

7. 沙荣真、杜生、李晓红、达菊玲：《关于回族学生饮食问题的调查》

8. 沙媛真、陈钰业、李晓红、李凤玲：《回族家庭中的妇女道德》

公开发表论文5篇、编著1部：

1. 曹新、沙媛真编著，《向上向善我们的坚守与追求》，2011年10月；

2. 沙媛真，《尊重·共存·成才》，《探索与研究》，2009 年第 9 期；

3. 于振江，《校园文化建设模式、策略、效益评价及研究》，《探索与研究》，2009 年第 9 期；

4. 沙媛真，《人文素质，创新思维，本色作文》，《酒泉教育》，2011 年第 4 期。

（三）课题研究的影响

1.2012 年 2 月，在酒泉市民族教育工作会议上，敦煌中学校长曹新同志介绍了学校民族学生特色教育的经验，参会领导和中小学校长对敦煌中学民族学生特色教育取得的成果给予了充分的肯定。学校被评为"甘肃省民族教育工作先进集体"。

2. 曹新、沙媛真等编著的内部交流资料《汉族地区民族教育研究》得到酒泉市乃至省教育厅领导的好评。

3. 曹新、沙媛真等编著的论文专辑《向上向善，我们的坚守与追求》（中国言实出版社），得到酒泉市乃至省教育厅领导的好评。

4. 在行动中，推进"班主任工程""导师工程"，实现民族团结教育的"三个结合"，深化民族团结教育的内容和拓展民族团结教育的途径；尊重民族学生文化背景差异，实施分层教学改革，为各族学生提供适合的教育；研究者深入课堂听课，探查教师的课程理念、教学方法与策略、对民族学生的关注度等，摸清教师的能力现况，有针对性地开展教师校本培训；在对校内外环境分析的基础上，开发乡土校本课程，传承少数民族优秀文化；在校园文化建设中融入民族元素，彰显民族教育氛围。在行动研究中教师在民族教育观念和教育技能上都有了显著提高，各族学生养成了良好的习惯、学习积极性显著提高，良好的学生素质和"三风"深受人民群众的赞誉，在全市树立了高中教育品牌。在校少数民族学生参加全国高考取得了优异成绩。

5.2012 年曹新校长被酒泉市委、市政府评为"全市民族团结进步模范个人"。

6.2013 年 5 月学校被评为"甘肃省民族团结进步创建活动示范单位"。

7.2013 年 9 月学校被酒泉市委、市政府评为全市"民族团结进步宣传月帮扶工作先进集体"。

8.2014 年曹新校长被评为"全国民族教育先进工作者"。

参考文献：

1.《西北回族教育史——西北少数民族教育研究丛书》张学强著，甘肃教育出版社

2.《西北少数民族地区基础教育均衡发展研究》杨军，民族出版社

3.《西北少数民族基础教育发展现状与对策研究》王嘉毅，民族出版社

4.《国家、社会阶层与教育——教育获得的社会学研究》中国人民大学出版社

5.《试论汉族幼儿园里的少数民族幼儿教育》冯玉昌，中国人民大学出版社

6.《西北民族地区校本课程开发研究》李定仁主编，民族出版社

2.2　民族地区高中异地办学研究

2013 年，甘肃省敦煌市敦煌中学陈肃宏（副高级教师），阿克塞县中学茹作斌（中级教师）共同主持完成了甘肃省"十二五"教育科研规划一般课题，中学综合类，课题立项号 GS〔2013〕GHB1157。课题组主要成员：茹作斌、陈肃宏、杨金娜、吴建军、王其伟、于朝霞、孟玲、何秀玲、阿哈甫等。

《民族地区高中异地办学研究》 课题研究总报告
前　言

《国家中长期教育改革和发展规划纲要（2010—2020）》总体战略提出："我国要基本实现教育现代化，基本形成终身学习型社会，进入人力资源强国行列"的战略目标和"优先发展教育、育人为本、改革创新、促进公平、提高质量"的教育工作方针，规定未来要"基本普及学前教育、基本实现区域教育均衡发展、加快普及高中阶段教育、形成现代化职业教育体系、全面提高高等教育质量、构建灵活开放的教育体系、重视支持民族教育事业"，教育对于培养我国未来社会的建设者和接班人具有极为重要的意义。

我们进行的《民族地区高中异地办学研究》课题，正是为了探究民族地区高中阶段教育存在的问题及对策，符合国家的教育战略目标和"促进教育公平""基本实现区域教育均衡发展""构建灵活开放的教育体系""重视支持民族教育事业发展"的教育方针。

该课题是阿克塞县中学茹作斌老师负责承担并完成的研究课题，是甘肃省教育科学规划领导小组立项的甘肃省"十二五"教育科研规划一般课题，中学综合类，课题立项号 GS〔2013〕GHB1157。

课题本应 2014 年申请通过鉴定，但由于课题负责人茹作斌老师第一次主持课题研究，经验不足，导致课题研究目标偏大、研究成果不够突出、可借鉴推广应用的观点和实践经验太少、研究总报告比较简单、不够系统等问题。所以，2014、2015年因为研究成果和鉴定条件没有达到课题通过的标准，没有被专家组通过鉴定。2016 年 1 月 6 日，我们又召开了一次课题组会议，就课题没被通过的问题进行了商讨，要求课题组成员根据专家的建议有重点地将自己的研究项目进一步完善。故本课题实际历时三年才完成研究任务。

对课题的整体评价：

本课题是我们在借鉴先行者探究的基础上，结合自己所在的民族县高中异地办学实践经验基础上的继续探索，正如科学家牛顿所言一样，我们是"站在巨人的肩膀上"的。

研究过程中，我们认真参阅了大量新疆、西藏自治区在内地成功办高中班的经验，将阿克塞哈萨克族自治县和肃北蒙古族自治县的高中学生、学生家长、生活管理老师和敦煌中学及老师作为研究对象。认真研究了两个民族县学生的生活、学习、心理、思想、安全以及学校的师资力量、办学条件、师生关系、生活管理老师、家校联系等诸多问题，研究分析了民族县高中异地办学的利与弊、优势与问题、对策与经验等。通过对研究材料的归类、提炼、分析、整合，撰写了一系列研究性论文或报告，从中探索出了一套旨在提高民族县高中教育质量的办学模式、教育和管理的新策略。这些研究，基本上完成了当初的目标预设，具有一定的实用性和推广价值。

课题研究中我们提出的一些对策有其重要意义和作用：

1. 高中招生方面，建议学校提高民族县学生上高中的门槛，这有利于保障生源质量，使高中教育质量进一步提升。

2. 生活方面，建议学校持续尊重民族宗教信仰、风俗习惯，办好清真食堂，这有利于学校为民族学生提供良好服务。

3. 要求生活管理老师制作请假、查寝、回家返校登记表格，及时了解学生去向和事由，进行精细化管理，这有利于保障学生安全。

4. 教育教学方面，建议学校继续坚持混合编班、分层教学、"一对一"帮扶、阶段性目标发展等具体措施，这有利于构建良好师生关系和生生关系，有利于提高民族县学生的学习质量。

5. 校园文化建设方面，建议学校创建具有民族特色的主流校园文化，这有利于培养学生的民族自豪感、学校主流文化的认同感、构建和谐校园环境。

6. 建议学校发挥心理咨询中心的作用，注重对民族县学生进行心理健康教育和行为品质教育，这有利于其健康成长和学习进步。

课题研究总报告摘要：

本课题研究基于进一步完善阿克塞哈萨克族自治县和肃北蒙古族自治县高中异地办学制度，了解民族县高中异地办学之现状，探究民族县高中异地办学的利与弊、优势与问题、对策与经验，及时向民族县教育主管部门和相关学校提出宝贵的意见和建议，解决民族县高中异地办学以来存在的一些"瓶颈"问题，构建实际的、具体的、具有可操作性的民族地区高中异地办学模式，努力提高民族县高中学生的整体素质，特别是在学习方面有较大的收获，以真正体现民族地区高中异地办学的价值。

研究过程中，我们采用文献资料法、行动研究法、案例研究法、经验总结法、调查问卷法等主要的研究方法。通过研究相关文献、生活管理老师工作经验以及向民族县学生、家长和敦煌中学老师发放调查问卷等方式，对民族县高中异地办学以来学生的学习、生活、思想、心理等进行了深入细致的调查研究，并就如何提高民族县高中教育质量广泛征求意见和建议。通过研究，我们逐步总结出了一套民族县高中异地办学模式，并认为民族县从自身实际出发，走高中异地办学之路，依托内地优质的教育资源带动自身教育事业快速发展，实践证明这条道路是可行的，有继续坚持下去的必要和价值。

关键词：民族县高中　异地办学

一、课题的提出

（一）课题提出的背景

异地办学的教育理念，国内已经有二十多年的实践，20 世纪 80 年代，国家在教育上对西藏进行大力支援，西藏学生可以在内地一些城市上学，后来陆续出现内地西藏高中班、内地新疆高中班等，这对教育相对落后的西藏和新疆，无疑是有很大的促进作用的。凭借内地发达的优质教育资源、良好的生活环境、浓郁的育人氛围，推动了边疆地区教育水平的大幅度提高，为边疆的经济建设和社会发展培养了大批的人才，极大了地促进了边疆的经济发展、社会繁荣进步和各民族之间团结和谐，维护了国家统一。

异地办学就是借助异地优质的教育资源为本地区经济社会发展培养高素质人才。民族地区由于地域偏僻、信息闭塞，优质教育资源匮乏，教育发展水平相对落后，为了促进本地区经济和社会发展，首先在教育上要大力推行改革，西藏、新疆成功的异地办学模式和成功经验也越来越多的为其他民族地区所借鉴。

阿克塞县是甘肃省酒泉市下属的一个以哈萨克族为主体的自治县，地处甘肃、青海、新疆三省交界处，成立于 1954 年。阿克塞县风光秀美，资源丰富，被誉为"百里黄金地，塞外聚宝盆"，全县面积 3.1 万平方公里，辖 5 乡 1 镇，近 1 万人口。至今保留着古朴的民族文化和独具特色的民族风俗，建县 60 多年来，在党的民族政策的指引下，历届县委、县政府和全县各族人民战天斗地，发愤图强，用汗水和智慧书写了艰苦创业、治穷奔小康的辉煌历史。但是由于受历史、地理等因素的影响，阿克塞县的教育事业相对落后，制约了自治县经济社会的长足发展。为了顺应时代的变化，跟上时代的步伐，促进自治县教育事业的长足发展，自治县想尽办法吸引人才，并且于 2003—2006 年与兰州三十三中结成"一对一"帮扶关系，由三十三中派遣优质教师到阿克塞自治县中学任教和帮扶，同时自治县中学也选送部分教师到兰州三十三中深造，但是三年下来却没有达到预期的效果。所以，在多方调研的基础上，自治县委和县政府决定从 2007 年开始实行高中异地办学，酒泉市委和市政府也多次组织阿克塞自治县和肃北自治县主管教育的领导外出考察和调研，2007 年 7 月，酒泉市政府召开会议，形成了《酒泉市人民政府办公室关于肃北县、阿克塞县高中教育适当集中在敦煌市举办的会议纪要》，根据会议精神，阿克塞自治县在当年秋季就把高一学生分流到敦煌一中和敦煌三中就读（2014 年秋季两校合并为敦煌中学），至今已历时八年时间，在实践中我们探索出了一些高中异地办学的成功经验，但在办学中也存在一些不足之处。

为了从根本上解决这些不足之处，优化办学模式，及时向自治县教育主管部门和相关学校提出意见和建议，我们进行本课题研究，希望能为民族县高中教育贡献微薄之力。

（二）课题涉及的外延

随着经济社会的发展，高中教育在人才培养、服务社会的功能越来越突出。因此，高中教育的办学思想必须与经济社会协调发展。一方面，高中教育要拓宽办学渠道，争取优质教育资源，争取社会力量的扶持，使优质教育资源共享，实现教育公平之目的，提高自身教育质量。另一方面，高中教育要主动适应社会、融于社会、服务社会，与经济社会发展相协调，为经济社会发展培养高素质人才，以此成为自身发展的生命力。民族地区在自身高中教育质量不高的情况下，走异地办学之路符合自身经济社会发展的需要。

二、课题的研究价值与创新之处

（一）研究价值

1. 理论价值

民族地区的高中实行异地办学基于民族地区经济相对落后、优质教育资源相对不足的实际，出于一种良好的愿望而实行的。但是，期间还存在一些需要进一步解决的实际问题，如民族县有的学生的学习还是相当困难，学习缺乏动力，主动性不强，成绩低迷等。

在汉族地区学校就读的民族县学生，其人格品质、学习状况、生活习惯等深受其民族文化的影响，他们在文化及心理素质方面处于相对特殊的境地，在学习和生活中往往会出现一些不利于自己教育和成长的问题，使自己呈现出强烈的自尊心、自卑感和排他性等特征。

少数民族与汉族之间、各少数民族之间存在着不同的文化背景是客观存在的事实。以汉族主流文化教育为主的学校在制定和执行的规章制度中要体现民族平等、文化平等、以学生为本，教学模式重视少数民族学生的个性差异和群体性差异，处理好汉族文化普遍性和少数民族文化特殊性的关系，切忌因为搞"一刀切"而让民族学生的文化认同和学校认同产生负面影响。

本课题的研究旨在力图找到普遍性与特殊性两者之间的契合点，查找根源，探讨解决问题的方法，构建和谐校园教育文化氛围；同时，也为两县教育主管部门和相关学校的教育决策、制度措施制定提供参考和理论依据。

总之，我们通过研究来找到一条有效的民族县学生的教育途径，有助于民族地区高中教育事业的长足发展，培养更多的合格人才。

2. 现实意义

（1）通过研究民族县高中异地办学中存在的问题及对应措施，使学校及老师在民族县学生的教育问题上引起了足够重视。

（2）通过调查分析，我们掌握了民族县学生在敦煌中学的生活、学习情况和学校对民族县学生的教育现状，配合学校找到了对民族县学生正确的教育和教学方法。

（3）通过调查研究，我们了解了民族文化差异及其对民族学生造成的影响，并结合学校实际，找到了一些民族心理健康教育的有效方法，特别是文化认同方面为学校提出了一些好建议。

（4）在研究中，我们通过纵向、横向对比，认为民族县自高中异地办学以来，学生的学业成绩在不断提高，高中教育质量明显好转，异地办学之路有继续坚持下去的必要和价值。

（二）创新之处

本课题注重从制度建设和民族地区学生的心理特点、民族文化入手，探讨民族地区高中异地办学以来学生学习成绩如何摆脱低迷的根源。探究民族县高中异地办学的利与弊、优势与问题，从中找到相关对策与经验。通过研究使师生树立了"尊重特征、求同存异、和谐共存、旨在成才"的思想。学生有了对自己民族文化的认同感和归属感，产生了强烈的民族自尊心和为本民族争光的上进心；教师重新审视了自己对民族县学生的教育观念和教学策略，开阔了自己的胸怀，勇于接纳民族县学生现实情况，根据民族县学生的特点适时调整自己的教育教学方法；学校也从自治县高中异地办学的期望出发，根据对民族县学生的管理和教学中存在的实际问题，制定相应措施与制度。

三、研究的目标、内容和重点

（一）研究目标

1. 通过研究，掌握民族县高中异地办学以来存在的一些"瓶颈"问题，探究相应对策与经验。

2. 以现代科学教育思想为指导，构建起实际的、具体的、具有可操作性的民族地区高中异地办学模式。

3. 通过实践和研究，努力寻找一条对民族县学生教育的有效途径，努力提高民族县高中学生的整体素质，特别是在学习方面有较大的收获，以真正体现民族地区高中异地办学的价值。

（二）研究内容

1. 民族地区高中异地办学的政策措施

2. 阿克塞县高中异地办学的成因及现状调查报告

3. 民族地区学生的食宿管理

4. 承担学校如何提高民族地区学生的学业水平

5. 高中异地办学中的家校联系问题

6. 对高中异地办学生活老师的管理

7. 民族地区学生的心理健康教育

8. 哈萨克族学生心理特点分析

9. 民族文化对民族学生成长的影响

10. 班主任如何管理民族地区的学生

11. 民族学生管理工作实践探索

（三）研究重点

本课题重点从制度建设和民族地区学生的心理特点、民族文化入手，探讨民族地区高中异地办学以来学生学习成绩如何摆脱低迷的根源。探究民族县高中异地办学的利与弊、优势与问题，从中找到相关对策与经验，提高承办学校对民族县学生的管理水平和教学能力，为异地办学提供良好保障机制，努力提高民族县学生的学业水平，提高高中异地办学质量。

四、课题研究的条件

1. 西藏、新疆在内地的高中班成功的办学模式以及其他地区民族教育改革的成功经验为我们提供了实施课题的理论保障和借鉴。

2. 酒泉市主管教育工作的领导，经常来敦煌中学检查指导民族教育工作，对高中异地办学比较重视。

3. 阿克塞哈萨克族自治县和肃北蒙古族自治县县委、县人大和县政府对高中异地办学比较重视，从人力到经费对课题研究给予大力扶持。

4. 两个自治县的县教育局、县中学领导经常来敦煌中学调研、座谈，并提供相关资金用于课题研究。

5. 民族地区高中异地办学的承办单位——敦煌中学的校领导和老师给予积极配合和帮助，为课题研究提供方便。

6. 学生家长为了使孩子持续享受到敦煌中学优质的教育资源，全力支持高中异地办学工作，为提高高中教育质量献计献策，共同努力，为课题研究提供了一些宝贵意见和建议。

7. 课题参与者都有多年的教育教学经验，擅长组织管理、思想教育和心理辅导，有高中异地办学的工作实践经验，都有很强的研究能力，对该课题比较感兴趣，热衷于对民族地区高中异地办学中存在的问题的探究，在课题申报前做了充分的准备和论证，对课题前景充满信心，都想在此课题研究方面有所建树。

8. 单就课题组成员的年龄来说，正值年富力强，是做课题研究的最佳阶段，丰富的教育教学经验、高中异地办学工作实践经验和教科研水平，为课题研究提供了知识、专业、热情、精力、能力的有力保障。

五、研究的基本思路及研究过程

（一）研究的基本思路

对民族地区高中异地办学的研究，采用文献调研法、行动研究法、案例研究法、经验总结法、调查问卷法等主要的研究方法，了解民族县高中异地办学的现状，如民族县高中学生的生活、学习、安全、文化差异、心理健康、承担民族地区高中异地办学的学校的办学条件、师资力量以及师生关系等，依据本课题一定理论假说，制定切实可行的研究方案与措施。由于学生都是一个个活的生命有机体，其心理、行为、学习一直处于变化之中，需要我们在动态中去研究他们，在实践中不断探究新的研究思路与方法，对课题研究进行及时的反思与调整，不断改进研究的思路方法，探索、发现其中的内在规律，找到一条对民族县学生教育的有效途径，在此基础上形成民族地区高中异地办学的策略和基本模式。

（二）研究过程

整个课题研究计划实施一年多的时间，分四个阶段进行：

第一阶段——准备和申报（2013.3—2013.4）

主要工作：

（1）召开课题研究准备工作会议，明确课题研究的基本方向及内容，收集整理与课题相关的文献资料。

（2）明确课题研究的目标，确定课题研究的基本内容，撰写课题设计方案。

（3）向专家请教，论证课题方案，填写课题申报书。

第一阶段研究过程：

茹作斌老师作为课题谋划者、阿克塞县赴敦煌中学的生活管理老师，首先与敦煌中学民族教育联络办陈主任以及阿克塞县的另外两位生活管理老师、肃北县赴敦煌中学的生活管理老师取得联系，商量并确定了课题研究题目，明确了本课题研究的基本方向和目标是探讨民族县高中异地办学以来取得的成绩及存在的问题，力求找到解决这些问题的策略和经验。之后，又邀请敦煌中学心理咨询老师、几位班主任、任课老师和阿克塞县中学校领导加盟，至此共有九位老师参与，都愿为民族县高中异地办学献计献策。

2013年3月12日的课题组会议上，我们又专门讨论了课题研究的方向、内容和目标等问题，最后确定课题研究内容将涉及民族县高中学生的生活、学习、安全、文化差异、心理健康、承担民族地区高中异地办学的学校的办学条件、师资力量以及师生关系等方面。

课题研究的基本方向、目标和内容确定下来之后，负责人又指导课题组成员搜集与课题相关的文献资料，并将自己当生活管理老师或对异地办学的所见、所想撰写成文以便相互学习、丰富课题资料。完成这些工作之后，我们请阿克塞县中学主持完成过省级课题研究的两位老师对课题提出了一些指导性建议。

在此基础上，课题组精心设计课题方案，填写申报书并上报。2013年10月省教育科学规划领导小组下文，确定本课题为"甘肃省教育科学十二五规划课题"。

第二阶段——理论研究学习（2013.5—2013.6）

主要工作：

（1）参加课题培训会，明确责任分工。

（2）学习各地异地办学的成功经验介绍，特别是学习西藏、新疆和其他民族地区在内地成功办学的实践经验，并把相关的理念和经验与蒙古族自治县和阿克塞哈萨克族自治县高中异地办学的实践结合起来。

（3）收集整理两个民族县高中异地办学以来的原始材料，进行归类分析，初步形成民族县高中异地办学的概念，撰写有价值的文章，完成本阶段论文。

第二阶段研究过程及成果：

在理论学习阶段，我们召开课题组成员会议，明确各成员研究项目及注意事项，如研究性文字材料的撰写、保存、使用等事项。

2013年5月下旬、6月上旬分两个阶段学习了从"中国期刊全文数据库"网页检索到的相关文献《我国藏族的民族教育政策研究——基于内地西藏班的实例分析》，中国知网检索到的文献《内地西藏班民族教育政策的流变及成效》《关于完善内地边疆班（校）办学模式的思考》，从"CNKI数据库"及"百度文库"检索到的《异地高中办学新模式》《少数民族地区教育发展问题》《内地新疆班高中班办学模式的实践与探索》《关于内地西藏班成功教育的实践与思考》《内地新疆高中班管理办法（试行）》等文献。

在学习了新疆、西藏地区在内地成功办高中的经验材料之后，课题组成员以座谈会的形式初步交流了自己对异地办学的所见所想，研讨如何使本民族县高中异地办学也取得成功，都提出了自己的可行性建议和好办法。通过学习、交流，课题组成员对民族县高中异地办学有了全新的认识。之后，课题负责人指导课题组成员将自己现有的、与课题研究有关的原始材料作进一步的补充，准备相关研究性论文的撰写工作，以提高自身理论水平。

课题参与人、阿克塞县中学副校长吴建军老师于2013年6月底完成了自己所承担的研究项目"对高中异地办学生活老师的管理"并撰写了《健全制度，加强高中异地办学生活指导教师管理》相关研究性论文一篇，阐述了对派驻敦煌中学担任生活指导教师的管理、考核、职责等问题。

阿克塞县中学校长冯晓梅老师自本县高中异地办学以来，特别重视高中教育质量问题，经常去敦煌中学调研考察，每学期通过生活指导老师汇报工作的方式了解本县高中学生的学习现状及存在的问题，她虽不是课题组成员，但为了我们的课题研究能顺利开展并取得成效，将自己几年积累的心得撰写成调查报告提供给课题组借鉴，报告题目是《加强精细化管理，重视过程化效益关于自治县高中异地办学的思考和建议》，文中详细分析了阿克塞县高中异地办学中存在的问题，如生活老师监管断层、职责不清、费用发放不科学、激励机制不全等问题，并提出了相应建议，如加大专项管理、改革高中学生费用发放办法、提高上高中门槛等等，为课题研究给予了有益指导。

茹作斌老师根据自己当生活管理老师的经历，就生活管理老师自身存在的问题、生活老师队伍建设、工作流程、工作方法、职责等方面进行了研究，总结经验，撰写了《加强生活老师队伍建设，提高服务质量》的研究性论文，为今后的生活老师管理提供了宝贵经验。

第三阶段——实施探索（2013.8—2013.12）

主要工作：

（1）将前期阶段性研究成果与学校对民族县学生的教育和管理实践结合起来，定期召开总结会，研讨解决实践中存在的问题，完善课题研究。

（2）两个民族县生活管理老师向各自县教育局领导、县中学校领导汇报情况，交流探讨高中异地办学中存在的实际问题，总结经验。

（3）民族县教育局组织相关人员与敦煌中学的校领导和老师就高中异地办学中存在的问题及长远打算进行交流，总结经验，提出设想。

（4）在实践运用的基础上，完善课题研究，将资料性、过程性课题研究成果加以提炼，去粗取精，去伪存真，使之理论化、系统化，初步形成民族县高中异地办学的基本模式和策略。

（5）对课题研究的整体情况做细致的分析，以案例、课题研究报告、论文和经验总结等成果形式进行汇报交流或发表，并在实践中加以推广应用和深化。

第三阶段研究过程及成果：

实践出真知，为了检验课题目标的可靠性和可操作性，课题负责人和敦煌中学民族教育联络办陈肃宏主任与敦煌中学曹新校长协商，将各研究项目在学校管理和教育实践中进行实际操作，探究其可行性，在实践中将其进一步完善，得到了曹新校长的同意和支持。之后，课题组利用学校召开教职工例会的机会向敦煌中学老师汇报了课题研究目前进展情况及将在学校进行实验的意图，得到了全体老师的理解和支持，并抽样向一部分老师发放了调查问卷，向他们征求目前异地办学中存在的问题、经验和对策；利用召开生活管理老师和后勤部门专题会议的机会向其他生活管理老师及宿舍管理人员、食堂负责人说明了我们的实验意图，他们都表示大力支持；利用召开民族县学生家长会的机会向民族县学生家长和学生说明了我们正在进行的课题研究目的，并抽样向一部分家长和学生发放了调查问卷。用调查问卷的形式了解他们对异地办学的看法、目前存在的困难、对学校和老师的要求及建议等。本次调查共发放调查问卷 230 份，问卷收齐之后，我们进行了归类分析，并将征集到的问题及建议转交校领导、生活管理老师、宿舍负责人等相关人员去落实。

2013 年 10 月 16 日，课题组召开会议，就前期研究情况进行了汇报交流，共同商讨解决了在研究中遇到的问题，并就本阶段后期工作陈述了各自的计划和目标；10 月 25 日借阿克塞县教育局领导、县中学领导来敦煌中学调研异地办学工作的机会，敦煌中学曹校长、张校长、民族教育联络办陈主任、生活管理老师就当前异地办学学情况做了交流发言，他们提出的问题及好建议为课题研究提供了好素材；之后，作为课题组成员的生活管理老师利用和敦煌中学老师交流学生情况的机会，就课题研究中自己还不太确定的问题征求了他们的意见和建议。

在全面准备好第一手资料后，课题组成员根据自己所承担的研究项目内容，对资料进行归类、提炼、整合、升华，提出了如下一些很有价值的异地办学思路、建议及对策，并撰写相关研究性论文。

本阶段研究成果：

（一）招生制度、生源质量方面

在调查和观察中发现，民族县个别学生特别不适合上高中，因为其学习基础太差、学习态度又极不端正，学而无望。为此，在调查研究的基础上，茹作斌老师撰写了《阿克塞县高中异地办学的成因及现状调查报告》，报告中介绍了民族县个别学生不好好学习的极端表现，指出民族县学生学习低迷的根源，提出根治措施，其中一条就是规范招生制度，提高上高中的门槛，保证生源质量。2013 年以前，无论民族县学生中考成绩如何都可以上高中，敦煌中学和民族县教育局采纳我们的建议，规定从 2014 年开始划定录取分数线，凡是中考成绩在 370 分以下者，敦煌中学不再予以录取。这不仅对敦煌中学有利，对民族县初中教育也是一种促进。

（二）对民族县学生的管理和教育方面

敦煌中学应本次调查中民族县学生家长的要求和提高民族县高中教育质量的需要，正确处理学生特殊性和普遍性的关系，对民族县学生和本地学生的管理上坚持统一的格式要求，不搞特殊化。

这方面的研究成果主要是陈肃宏老师以多年担任民族教育工作心得为基础，总结经验而撰写的《加强管理，提高民族地区学生的学业水平——敦煌中学民族教育工作探索》研究性论文，其中阐述了异地办学思路、组织领导、协调机制、帮扶措施、个性教育、特色文化、家校联系机制等；还有敦煌中学王其伟老师以担任班主任工作经验为基础，总结经验而撰写的《重视行为养成教育，提高民族学生素质》研究性论文，其中谈到了养成教育对民族县学生的重要意义、养成教育的内容、养成教育的方法及实施办法；阿克塞县生活管理老师阿哈甫·叶金汉的《民族学生管理工作实践探索》研究性论文，论述了民族学生的特殊性问题、生活与学习适应性问题、对民族学生教育的侧重点问题，如语言适应、"一对一"帮扶等。

（三）生活方面

学校召开了由生活管理老师、宿舍管理员、食堂管理员参加的专题会议，就目前民族县学生生活中存在的问题进行集中讨论，明确各方责任和措施，提高了管理人员的责任意识和服务意识。生活管理老师在家校联系、学生生活日常服务、思想教育、安全方面做得更好、更到位，如制作请假表格、查寝表格、回家返校登记表格等，一天一清，及时了解学生去向和事由，做到了精细化管理；宿舍管理员开始配合生活管理老师每天都做民族县学生的查寝登记工作，耐心处理学生之间的矛盾和冲突，指导解决学生在生活中遇到的问题，使学生有了家的感觉；饮食上，学校对清真食堂进行了整顿，卫生条件、饭菜口味较过去有了较大改进，学生吃得放心。

陈肃宏老师就民族地区学生的食宿问题进行了专门调查研究，撰写了《浅谈对民族地区学生的食宿管理问题》研究论文，详细论述了一个多民族学生就读的汉族学校如何做好学生的食宿管理问题，如食宿基础设施建设、制度制定、员工培训、服务质量、食宿安全等。

（四）教育教学方面

我们将家长和学生调查问卷中反映出来的问题及时汇报曹新校长，学校为此一方面要求教师努力提高专业素养，特别是在民族县学生的学习上多想办法，进行分层教学，"一对一"帮扶，尽最大努力提高其成绩；另一方面专门印制民族文化知识宣传册，要求教师必须了解民族宗教信仰、风俗习惯等民族特质的文化知识，了解民族学生人格特点，避免产生一些民族矛盾；在工作中要树立平等观念，对民族县学生和本地学生要一视同仁，积极构建和谐师生关系。老师在学习和与民族县学生交流中，开阔了自己的胸怀，以人文情怀真心接纳民族县学生，对他们更加多了份关心、爱心、耐心和细心，有针对性的改变自己的教学方式，根据民族县学生基础对其提出不同阶段的发展目标，课堂上能格外关注他们，课后与他们交流学习和思想，指导他们的学习方法，培育其学习能力，从而增进了师生情感，融洽了师生关系。学生也感受到了老师对自己的关心、爱心、帮助和期望，能主动与老师沟通，转变学习态度，课堂上专心听讲，课后主动向老师请教问题，真正将老师当成自己的良师益友，学习稳步提高。

（五）学校文化建设方面

关于民族文化对民族学生产生影响的问题，阿克塞县中学孟玲老师在自己四年生活管理老师经历中有所研究，认为民族文化会影响民族学生的思想观念、价值取向和行为习惯；茹作斌老师的论文《文化差异对汉族地区就读的民族学生教育问题影响的调查与研究》更深刻论述了民族文化的特殊性、学校多元文化下民族学生的适应性问题及具体应对措施。

学校根据我们调查研究的建议，在构建具有民族文化特色的主流校园文化创建活动中有四点计划：一是日常生活中有意识地举办民族文化交流活动，以此增进民族交流，将民族学生融入学校的集体生活中来；二是坚持混合编班制，将民族学生分散到各班和各宿舍，为民族学生提供更多机会与本地学生共同学习、活动和交流；三是创建多元校园文化，增进少数民族地区学生和汉族学生之间的彼此了解。如学校比较重视节日的庆祝活动，不管是汉族节日还是少数民族节日如肉孜节、古尔邦节等，学校领导和教师都会精心策划和准备，给学生准备具有民族特色的小礼品、食物等，学生也会自发的身穿民族特色服装、表演歌舞、组织联欢会，不仅让学生有家乡的感觉，更重要的是让学生感受到中华民族是一个多元文化的组合体，谁也离不开谁；四是学校尽力为学生提供改善自我形象的机会，让学生了解自己，对自己的长处、短处、优点、缺点有充分认识，学会客观的评价自己与别人，建立自尊并尊重别人，引导学生了解自己的民族文化和其他民族文化，学会尊重各民族文化，树立积极的民族认同感和形象感，在潜移默化中影响学生向良性方向发展。

（六）心理健康教育方面

阿克塞县中学杨金娜老师依据自己两年生活管理工作经验，总结并撰写了《浅议高中寄宿生教育缺失表现与对策》研究性论文，论述了民族县高中学生教育缺失的表现及相应对策，如教师要关爱学生、加强家校联系等，通过心理健康教育和情感交流方式，促进学生健康人格的形成；敦煌中学心理咨询室何秀玲老师，将自己多年对民族县学生进行心理咨询的资料加以总结、整理提炼，完成了自己的研究项目，撰写了《民族地区学生心理调适》研究性论文，其中论述了高中学生容易产生心理问题的特殊性、民族县高中学生在敦煌中学就读产生的主要心理问题表现及其原因和针对性的应对措施，如学校开展对教师和民族县学生的心理辅导、开展特色活动，将心理健康教育与学校日常教育教学活动结合起来、对不健康心理要及时调适等；肃北县生活管理老师于朝霞通过文献资料法和案例研究法完成了自己的研究项目，撰写了《浅议高中异地办学寄宿生心理成因及疏导》和《异地办学高一新生的管理和疏导对策》两篇研究性论文，谈到了寄宿生中普遍存在的不良心理特征表现及疏导策略，如培养学生的交往能力、抗挫能力、心理适应能力、自我管理能力、人生观价值观教育等；课题负责人茹作斌老师自课题申报以来，一直积极探索民族县学生学习成绩低迷的根源，根据自己多年当班主任的经验和两年生活管理老师经验，认为学生成绩低迷的根源在于其思想问题和心理问题，通过经验总结法撰写了《培养健康心理，追求优异成绩——民族地区高中学生心理健康教育探索》一文，介绍了对学生心理健康教育的着力点、重要意义及方法，如培育学生人生目标、良好品行，开展针对性、实用性、丰富多彩的文体活动、因势利导、无意识教育、增强师生亲和力等。

总之，需要学校加强对民族县学生的思想教育、民族文化教育和心理健康辅导，进行心理疏导和干预。只有消除其心理障碍，端正其思想意识，健全他们的心智，才能使他们能"既来之，则安之"，安心学习，健康成长。

在本阶段研究中，我们还借鉴了敦煌中学付有斌老师《发挥民族县学生特长，培养各方面人才》和张晓军老师《关于异地学生管理的一些体会》两篇论文中的一些观点，如对民族县学生的赏识教育、理性评价、特色培养、情感教育等。

第四阶段——成果汇总、撰写研究总报告（2014.2—2014.4）

主要工作：

（1）整理和归纳课题研究资料，收集实验数据，佐证课题理论，并撰写成研究论文在课题组研讨会上交流。

（2）继续推进本课题研究的同时，撰写课题研究总报告。

（3）将研究成果汇编成册。

（4）申请课题鉴定，推广课题研究成果。

课题组成员从搜集第一手资料、对资料进行分类、加工、提炼、验证，到研究成果出台，每一个环节都付出了辛勤的努力，于2014年1月底之前都基本完成了各自承担的研究项目，撰写了研究性论文或报告。

最终成熟的论文、调查报告或研究报告有：茹作斌老师的《"他山之石，攻己之玉"谈民族地区高中异地办学的必要性》《完善政策措施，规范异地办学》《加强生活老师队伍建设，提高服务质量》《培养健康心理，追求优异成绩——民族地区高中学生心理健康教育探索》《阿克塞县高中异地办学的成因及现状》调查报告、《打破区域界限，实现资源共享，大力推进民族教育健康快速和谐发展》调查报告、《文化差异对汉族地区就读的民族学生教育问题影响的调查与研究》；茹作斌老师与陈肃宏老师合著的《民族地区高中异地办学现状分析：成效、问题与对策》；陈肃宏老师的《浅谈对民族地区学生的食宿管理问题》《加强管理，提高民族地区学生的学业水平——敦煌中学民族教育工作探索》；杨金娜老师的《浅析高中寄宿生教育缺失表现与对策》；吴建军老师的《健全制度，加强高中异地办学生活指导教师管理》；于朝霞老师的《浅议高中异地办学寄宿生心理成因及疏导》《异地办学高一新生的管理和疏导对策》；何秀玲老师的《民族地区学生的心理调适》；孟玲老师的《浅议民族文化对民族学生成长的影响》；王其伟老师的《重视行为养成教育，提高民族学生素质》；阿哈甫·叶金汉老师的《民族学生管理工作实践探索》。其中茹作斌的论文《"他山之石，攻己之玉"谈民族地区高中异地办学的必要性》发表在《读与写》2014年第十三期、《完善政策措施，规范异地办学》发表在《西部教育》2015年第一期；阿哈甫·叶金汉老师的论文《民族学生管理工作实践探索》发表在《西部教育》2015年第三期。

2014年3月19日，在阿克塞县中学组织下，课题组全体成员以论文交流的形式汇报各项目研究成果；活动之后，课题负责人统一收齐各项目成果的纸制版和电子版。

在此基础上，由课题负责人茹作斌老师统一整理、编辑、排版、撰写课题研究总报告、填写课题鉴定申请书。期间得到了陈肃宏老师的大力协助，如总报告书写格式、注意事项、报告要求、常见问题及对策等方面都广泛征求了他的意见。由杨金娜老师负责打印装订成册。

六、课题研究主要成果表达

本课题研究的表达形式，主要是系列论文、阶段性调查报告或研究报告、《民族地区高中异地办学策略和模式》研究报告和课题研究总报告。

无论是系列论文、调查报告和研究报告都围绕如何进一步提高民族县学生学业水平这个中心问题，研究中所涉及的各项工作都服务于这个中心。所以，各项目研究成果之间都有其内在的、必然的、本质的联系，融会贯通后会形成系统性的研究成果，这个成果就是我们的最终研究成果《民族县高中异地办学策略和基本模式》研究报告。

<h2 style="text-align:center">《民族地区高中异地办学策略和基本模式》
研究报告</h2>

一、关于民族县高中学生招生制度

学生上高中的目的，就是为了考入自己理想的大学，使自己在高一级学校能学习更多、更好的文化知识，掌握更多技能，全面提高自身素质，更好地适应现代社会对人才的需要，为自己将来的发展开拓更广阔的空间。但是，高中教育必然有它的特殊性，并非人人都有上高中考大学的能力，特别是那些好大学。考大学一方面需要有很好的学习基础，另一方面还需要个人天资聪慧和拼搏精神。所以，初中阶段的学习任务完成之后，学生要根据自身实际情况做出合理选择，确实有能力读高中者则继续就读高中，否则就不要浪费自己宝贵的时间和青春，俗话说："三百六十行，行行出状元"，可以选择其他成长之路。因此，民族县教育主管部门和承担高中异地办学的学校，要根据学生实际情况制定合理的招生计划和招生制度。

首先，民族县教育主管部门要认真贯彻执行国家有关政策，严格落实高中招生工作制度，坚持公正、公平原则和公示、诚信、监督制度，确保自治县普通高中招生录取工作有序、平稳、顺利进行。自治县要继续落实高中异地办学八年以来的高中学生录取工作政策，并在某些方面加强工作力度和政策引导：一是敦煌中学普通高中在民族县招录的计划内新生限招户籍在本县且父母户籍至少有一方也在本县的各民族学生。学生及父母户籍均不在本县的初中毕业生，在普通高中录取时，不纳入本县普通高中统一录取，不得享受本县在敦煌中学异地办学的各项优惠政策，不得参与酒泉中学定向招生计划的录取。二是民族县普通高中新生录取工作根据考生所填报志愿进行录取，按考生中考成绩由高分到低分依次先进行酒泉中学的录取，其次进行敦煌中学的录取，所有录取工作均由自治县教育局统一负责，学生入学编班由所在学校负责实行混合编班制。三是被录取到敦煌中学普通高中的民族县计划内学生须全面遵守该校各项规章制度，其学籍将建立并保留在县中学，年报、会考成绩统计等数据仍计入县中学。四是被录取到敦煌中学的民族县计划内学生不得私自转学，转往其他学校或休学必须先由个人提出书面申请，经所在学校同意后报县教育局批准，再报市教育局批准后方可执行。

其次，提高入学门槛，确保生源质量。承担民族县高中异地办学的敦煌中学，对民族县高中招生要有一套完整的工作制度，要有一定的计划，有一定的配额限制，有一定的分数线标准制约，适当提高民族县学生上高中的门槛，不要认为只要是民族县学生就招收，从而优化自己的生源质量，保障高中教育质量。如：初中毕业会考成绩必须达到敦煌中学、酒泉中学的高中录取线的考生方可录取，成绩达不到的考生要么按敦煌中学相关政策自费联系就读，要么进行分流，从源头上限制不适宜读高中的学生。

二、对就读于敦煌中学民族县高中学生的管理制度

首先，敦煌中学对民族县学生和本地学生要有统一的要求。被录取到敦煌中学普通高中的民族县学生，享受与本地学生同等的待遇，该校不得对其实行特殊化，不得歧视，应和其他学生一样实行统一要求，并统一遵守敦煌中学的各项管理制度，认真接受班主任、任课老师和生活管理老师的管理和教育，正常地进行生活和学习，不得因为自己是民族县学生的特殊性，而放任自流，不思进取，做出违反校纪校规的事。

其次，发挥财政补贴的独特作用，用物质利益引导学生的日常行为。由于民族县高中学生在外就读的费用，除生活费用之外的其他费用都由县财政统一负担，并绝对平均地分配给每一个学生，不论该生学习成绩优劣、品行好坏，学期末都能得到同等数量的补助，使得成绩突出、不断进步的学生感受不到努力的骄傲和自豪，成绩低迷的学生感受不到不去努力的羞耻和惭愧，行为不够规范的学生感受不到应有的惩戒和警示。也使生活管理老师和班主任只能是婆婆妈妈地去说教训导，缺乏管理的切口和强制威力。

所以，为了发挥生活等费用财政补助的独特功效，对学生的管理还是要采取"胡萝卜加大棒"的政策，建议敦煌中学和民族县教育主管部门、生活管理老师联手，加强协同，对民族县高中学生进行精细化管理，制定严格的考核制度，将学费和生活补助与学生的成绩和日常行为表现挂钩，实行等级制发放。例如，可以将费用分为三块，严格遵守《中学生日常行为规范》的学生以学期为单位，成绩进退以学月为单位，特长或创新以学年为单位，按"4：4：2"的比例等比分割学费及生活补助，让这些关系学生切身利益的物质条件刺激学生的感官，引导其能严格要求自己，自觉地遵守学校的各项规章制度，自觉的学习文化知识，努力提高学业水平，实现民族县高中异地办学之目的。

最后，制定中途退出机制。敦煌中学为了加强对民族县高中学生的管理和教育，除细化管理制度外，还要和民族县教育主管部门联手，对那些学习不思上进、将来考学毫无希望，而且不服从管理，品质恶劣的学生要取消其学籍，勒令其回家，净化自己的教学环境。敦煌中学通过这样严格的管理制度，也可以给民族县初中教育造成一定压力和动力，迫使其强化学生管理，努力提高学科教学质量，才能进一步提高民族县基础教育质量，这对提升自身教育质量和民族县教育的长久发展都是有利的。

三、加强民族文化教育和心理品质教育，构建和谐校园学习环境，为提高民族县学生的学业水平、完成高考教学任务保驾护航

（一）民族文化的特质及作用。民族是人们在长期的共同社会生活实践中形成的一种有共同语言、共同地域、共同文化传统的稳定的成员联合体。民族文化是一个民族在社会发展过程中所创造和发展起来的具有民族特点的物质、精神文化的总和。任何一种民族文化都是该民族在特定的环境和历史条件下创造的，表现出特定的类型和与其他民族文化的本质区别。民族心理和民族情感是民族文化最本质的体现。民族心理和民族情感作为一个相当复杂的社会现象，是客观世界在特定的民族头脑中的反映，有着一定的民族特性，它主要是由这个民族所居住的自然环境、经济生活条件及发展历史决定的，它与一个民族在长期发展过程中形成的心理素质、生活方式、风俗习惯有着密切的关系。民族文化对一个民族人民的精神生活质量、人口素质，以至民族团结、社会稳定等都会产生重要影响，对当地学生的成长和发展也有着不可忽视的重大影响。

（二）进行民族文化和民族优秀品质教育，塑造学生健全完善的人格，为提高民族县学生的学业水平、完成高考教学任务提供强有力保障。民族县学生在异地学习和生活以来，由于受自身民族文化的影响，心理上有比较多的应激源，比如学习上的压力、人际关系的压力、生活习俗的不同、看问题的观念不同等等，容易导致一些偏激的心理问题的产生。为了解决上述问题，学校就要做好以下工作：

首先，营造正确良好的舆论环境。班主任和任课老师在日常工作中要统一认识、统一口径、一视同仁，不再分敦煌和民族县的学生，都统一称敦煌中学的学生，以消除学生之间的隔阂矛盾，公平、公正地对待每个学生，让民族县学生能尽快融入新的学习生活环境，融入新的大家庭。如果有问题时，要对事不对人，不要张口闭口都是"民族县的学生如何长如何短"，避免矛盾激化，消除民族县学生异地求学、寄人篱下、受歧视的敏感心理。

其次，举办心理讲座，对个别学生进行心理健康疏导。民族县学生初到一个新的环境里生活和学习，面对生活上的相对独立，学习上的巨大压力，有相当一部分学生产生了许多不适应感，一是不适应敦煌的气候，二是不适应学校严格的管理，三是不适应快的学习生活节奏，四是远离父母朋友感到孤独。所以有些学生不安心在敦煌中学学习生活，甚至打退堂鼓，想退学，或稍有不舒服就找借口请假，赖在宿舍不上课。特别是学习上的压力导致民族县的个别学生对学习产生了巨大恐慌和焦虑。为此，班主任和生活管理老师要做大量的工作，耐心细致地教育、谈心，动之以情，晓之以理，使他们安心学习、生活。学校心理咨询室定期对他们进行心理辅导，舒缓学生焦躁紧张的情绪，帮助他们融入新环境。学校还要开设心理健康教育课程，帮助学生了解心理知识，掌握一定的心理调节技能，并能自觉地进行自我调节，以积极的心态去面对新的生活，新的挑战。

再次，加强多元文化和民族团结教育，增进各民族之间的情感，促进和谐校园建设。来敦煌中学就读的民族县学生，既有汉族学生又有少数民族学生，信仰不同，风俗习惯不同，在共同的生活和学习中，由于文化差异，难免产生一些矛盾和隔阂。为了化解各民族之间的隔阂，学校要通过合适的方式进行多元文化和民族团结教育，反复强调加强各民族学生团结的重要性，本着"平等、团结、互助、和谐"的原则，在日常学习生活中，引导各民族同学之间要建立平等互助的同学关系，互相帮助，互相尊重，互相理解，搞好团结，共同进步，共同提高，促进和谐班级、和谐校园的建设。学校还要把民族文化教育和民族团结教育融入特色活动中，如民族精神座谈会，节日联欢晚会，"五个一"活动：即一次民族团结教育主题班会、一次成绩回顾展、一次寻找学生亮点活动、一次民族学生特长展示会、一次民族县学生家长会。引导学生积极参与，大胆展示才华，增强自信心，有力支持学校民族教育工作的健康发展。

第四，培养学生良好的自我意识，正确认识自我，正确处理同学之间、师生之间的关系，构建和谐学习氛围。

一是帮助学生发展和建立自我同一性，使他们客观地认识到"我是谁？""我来这干什么？"，使学生能正确认识自我。为此，学校要尽力为学生提供改善自我形象的机会。一是让学生了解自己，对自己的长处、短处、优点、缺点有充分认识，学会客观的评价自己与别人，建立自尊并尊重别人；二是让学生了解自己的民族文化，尊重本民族文化，树立积极的民族认同感和形象感，在潜移默化中影响学生向良性方向发展。

二是在自我同一性的基础上发展民族同一性，引导学生认同本民族的文化，包括语言文字、风俗习惯、宗教信仰等。使学生认识到，虽然各民族文化特征不同，但是在学习科学文化知识方面都可以获得成功，树立学习的自信心。

三是帮助学生建立多元文化的认同性。汉族地区学校接纳民族县学生前来就读，就使学校文化具有了多元性特征。多元文化教育可以使民族学生发展更广泛的自我认识，完善自我，理解各民族特性及其作用，懂得自己的民族也是中华民族大家庭的一员，各民族应该相互尊重，相互帮助，共同发展，懂得民族特性在他们的日常生活中意味着什么，这样的自我理解将帮助学生更加有效地应对今后学习生活中可能遇到的民族冲突。只有学生有了一致的关于他们所属民族群体的认识和其他民族文化的认识，才能理解自己为什么会这样，为什么在自己的生活中会发生一些特殊的事情，让学生珍惜共同拥有的生活和学习环境，从而正确理解和化解不同民族同学之间、师生之间的矛盾和问题。

第五，提高教师对民族教育的责任意识，对一线教师民族问题的培训常态化。

民族县高中异地办学成功与否，关键还在于教师的认识问题和责任问题，学校要采取以下措施提高教师对民族教育重要性的认识，强化他们的责任意识。具体方法主要有两点：

一是通过召开例会等形式，反复强调民族教育问题，要求教师经常进行自我反省，检查自己是否存在有意识或无意识的民族偏见与差生歧视。有自卑感的学生对教师的态度往往比较敏感，他们能从教师无意识的一言一行中判断教师对他们的态度，教师要审视自己的民族观，注意教学过程中自身的言行，避免使用引起学生反感的语言。

二是通过专题讲座等形式，让教师掌握民族传统文化知识，充分了解民族传统风俗习惯，给予民族县学生更多的人文关怀，在情感上多与学生沟通，通过一些身体语言与动作语言让学生知道老师在注意他、关心他、帮助他，在精心呵护下构建良好的师生关系。

最后，学生自己要顾全大局，抓住本质，安心学习。为了激发学生的学习精神和学习斗志，生活管理老师和班主任及任课老师，要经常告诫民族县学生：我们来这儿是为了更好的学习，不是来享受的，不是来表现和发展自己特性的。学生自己为了更好地适应学校的人文环境，要学会顾全大局，适应大众化的生活方式，在保持自己民族特性和民族自尊心的前提下，改变过去的某些生活态度和生活习惯，生活上不要挑三拣四，不要做一些丢人现眼的事，要把时间和精力主要用在如何提高自己的学业水平上，毕竟十全十美的事情在世界上是不存在的。

四、遵循教育规律，因材施教，对民族地区学生坚持个性化教育原则

因材施教是教育的一个根本原则。民族县学生基于其民族文化特点，其学习能力、学习方法、学习基础等不同于汉族地区学生，在教学中老师要根据民族县学生学习特点进行因材施教，有的放矢，不要搞"一刀切"。

学校在教育教学活动中，不能机械地抱着教育机会均等的信条，方法完全相同地对待每一个学生，应当照顾到民族学生所具有的民族特征和学习能力。民族县学生由于他们的价值观、行为方式、认知方式以及他们文化特征与汉族学校文化背景不同，常常会导致学生与老师、与学校目标的冲突，会感到学校文化的异己性。因此，学校要正确处理好普遍性与差异性的关系，在学校主流文化的基础上，学校的文化建设以及教学计划、教学方法要做适当的必要调整。文化建设上体现出一些民族特征的文化，以反映和适应民族学生的文化需求；教学计划和教学方法上要有针对性，适应民族县学生的学习能力。学校要坚持混合编班、分层教学、一对一帮扶、阶段性发展等方法进行管理和教学，让他们能跟得上、学得懂。

五、关于民族县高中学生的食宿问题

食宿管理是寄宿制学校重要的后勤保障，它关系着每个师生的身体健康，关系着千家万户，半点疏忽不得，管理成功与否，直接影响学生在校期间的生活与学习，同时寄宿生食宿等后勤管理也是家长、社会关注的热点。为了保证学校寄宿生管理工作的正规化，维持良好的食宿秩序，为教学这个中心工作提供良好的后勤服务，学校要做好以下工作：

（一）建立健全岗位责任制，提高专职人员的责任意识。学校要培养一批责任心强、敢抓敢管的专业的寄宿生管理员，建立健全岗位责任制，按照谁主管、谁负责的原则，切实把学生的食宿管理工作落到实处，办好清真食堂，尊重民族学生的饮食文化。

（二）规范食宿专职人员的行为，提高服务水平。学校每学期都要通过各种措施，规范和强化对学生的食宿管理，从健康和科学两个方面规范食宿专职人员的行为，细化其工作流程，增强他们的责任意识和服务意识，提高服务质量，使师生们吃得放心，吃得健康，住得安全，食宿舒畅。

（三）加强民族学生的食宿管理工作，形成一整套精细化、家庭化、人性化的管理模式。所谓精细化就是指注重工作细节，按规律和工作程序办事。所谓家庭化就是指通过对食宿生的科学管理，使其产生一种家庭的感觉。所谓人性化管理就是指食宿专职人员对学生的人文关怀。俗话说，"金窝银窝不如自己的狗窝"，即便学校对民族县学生在食宿方面给予了一定的关心，但稍有不慎也容易使他们产生寄人篱下、受歧视的敏感心理。因此，学校对民族县学生的食宿管理要再做得精细一点，同时要认真贯彻落实党的民族政策，尊重民族的风俗习惯及禁忌，让学生有家的感觉。

六、对民族县派驻敦煌中学的生活管理老师的管理制度

自 2007 年民族县高中异地办学以来，随着就读学生数量的增加，阿克塞县派遣的生活管理老师也在逐年增多，2013 年敦煌中学和敦煌三中合并，统一成立为敦煌中学后，阿克塞县就读于敦煌中学的学生近 200 人，生活管理老师相应增加到 5 人（按敦煌中学要求应为 6 人，三男三女，其中必须一名民族老师）。生活管理老师肩负着"老师和父母"的双重使命，他们的工作涉及学生的学习、生活、安全等方方面面，比较细致，比较繁重，关系到学生和家长的切身利益，是一种繁杂且责任重大的工作。所以，为了更好地发挥生活管理老师的职责，建议民族县教育主管部门做好以下工作：

1. 设置专门管理机构，统一领导高中异地办学工作

民族县要成立专门的高中异地办学管理办公室，隶属县政府督导或县教育局，专门负责民族县高中异地办学工作，并且在敦煌中学有专门的工作场所，定期召集包括县教育局主管领导、生活管理老师、敦煌中学民族教育联络员及学校领导在内的相关工作人员研究会，共同讨论分析一定时期的工作得失，制定工作前景和目标，搞好高中异地办学研究，随时为县教育主管部门和敦煌中学提供可行性建议，进一步优化民族县高中异地办学模式。

2. 配置专门的高中异地办学主管领导和专职生活管理老师

成立高中异地办学机构后，就要任命具有高中办学经验、熟知高中办学规律、

责任心强、具有很强的研究能力的同志担任负责人，这样的人选必须是能够对等地与敦煌中学领导对话的人，以增强工作的说服力和执行力，同时能够有效领导生活管理老师开展生活服务管理、行为规范教育、心理健康教育等异地育人专项课题研究工作，从实践中细化学生教养教育规程，优化阶段性目标，逐步创造性地将其完善为制度型书面管理经验。

另外，对生活管理老师的选派也要有系统性和稳定性，不能"打一枪换一个地方"，不要一年一轮换，尽可能三年为一个工作周期，让生活管理老师队伍在一定时期内能稳定下来，因为生活老师的管理经验是在长期的工作实践中摸索出来的。在三年之中，生活管理老师要经历一个未知、知之、成熟的发展过程，才能更好地研究学生、研究高中异地办学中存在的问题，发现一些带有规律性的东西，更好地服务于教育管理工作。每个学年，相对于近 200 个高中学生，从学生姓名、家长姓名、家庭住址、联系方法、生活习性、学习状况、思想观念、道德品质等个人信息，生活管理老师要花费几周时间去了解，要花费一定精力才能掌握。有时，在经过相当长一段时间后，生活老师对个别学生也可能是只知其名不识其面，师生之间的认识都是一个问题，因为民族县学生和敦煌本地学生被混合编班，全校近四千名学生，而且穿的是统一的校服，生活管理老师从这么多的学生中认出本县的学生确实不是一件容易的事；另外，生活管理老师的工作内容、工作流程、工作方法等也需要在长期的工作实践中去掌握和摸索。

3. 制定相应措施加强对生活管理老师的管理，增强其责任心

首先，经费保障。对派驻敦煌中学担任生活管理的老师在经费上要给予一定优惠政策：为派往敦煌中学的生活管理教师在承担全额工资的基础上，承担交通费（24 元/人/月）、通讯费（30 元/人/月）和伙食补助费（10 元/人/天），交通费和通讯费按每年 10 个月计，伙食补助费按每年 300 天计算。并且随着经济发展和物价上涨情况，各项补助也要适当提高，使他们在生活上无后顾之忧，全身心投入到学生管理和服务当中。

其次，工作总结。生活管理老师是由阿克塞县中学直接派遣的，县中学是生活管理老师的直接管理者和责任人，生活管理老师每学期要参加县中学、家长代表和县教育局相关科室组成的会议并述职，通过述职方式让大家了解本县高中学生的近期状况，总结经验，发现不足，共同寻找解决问题的办法。

再次，定期考核。组成由阿克塞县教育局主管部门负责，县中学领导和敦煌中学主管领导、民族教育联络负责人参加的考核小组，对生活管理老师的工作进行一学期一次的量化考核，并纳入县中学综合考核之中。考核内容包括生活管理老师的工作量、责任心、工作成果、创新思想等等，其中还要增加学生对生活管理老师的评议，让学生对生活管理老师进行民主监督，更好地服务于自己。

最后，评优树模和奖励制度。对生活管理老师的工作，敦煌中学和阿克塞县中

学要高度重视，充分肯定，全力支持，在每年的评优树模和职称评定活动中要给予一定的照顾，给他们分配一定名额，对在工作中取得优异成绩的生活管理老师进行褒奖，用奖励的办法推动他们的工作积极性，增强工作的责任心。

4. 明确生活管理老师的工作责任

生活管理老师是民族县派驻敦煌中学专门从事民族县籍贯学生的管理和生活服务的专职老师，是既有一定的专业知识，又有一定的教育管理知识的人。生活管理老师要接受县教育主管部门、县中学和敦煌中学的"双重"管理，承担起"老师和父母"双重使命，要以高度的责任心，认真做好本职工作，为本县学生搞好后勤保障。因此，民族县教育主管部门和学校对每年派驻敦煌中学的生活管理老师，要有明确的业务要求：规定每天必须督促检查民族县籍学生的上课情况；日常学生行为出现偏差时要及时与学生家长联系、沟通；随时随地处理学生自己不能处理的一些问题；每晚必须检查本县学生的就寝情况和安全；每次考试结束后要及时统计本县学生的考试成绩以备家长询问；学生有病时要及时陪伴学生去看医生，病情严重时要及时告知学校和家长；学生请假时要及时联系家长，得到家长的确认方可批准，以保障学生的安全；要配合县招生办做好学生的高考体检和报名等工作；每周末学生集中回家时，要提前统计回家学生数量，提前联系车辆，并随车将学生安全送回本县。

七、确定敦煌中学对民族县高中学生的培养目标

民族县高中异地办学的目的是借助敦煌中学优质的教育资源提高本县高中学生的学业水平，为自治县培养合格人才。衡量学生学业水平高低的唯一标尺是学生的考试成绩，特别是会考和高考成绩。因此为了达到这样的目的，民族县教育主管部门要给敦煌中学下达一定的高考任务。

首先，明确敦煌中学对民族县的高考培养目标。当前我国衡量任何一所高中学校教育质量高低的标准仍然是高考上线率，民族县高中异地办学之前，之所以说民族县高中教育质量差就是因为高考上线率比内地低得多的缘故。因此，民族县高中异地办学之后，作为民族县教育主管部门也应该相应地给承担异地办学的敦煌中学下达一定的高考教学任务，明确高考上线率，从成绩对比中看高中异地办学之成败。这对敦煌中学来说是一种压力和动力，使其能对民族县的高中学生高度重视起来，想尽办法加强民族县高中学生的管理和教学，提高其学习质量，确保高考上线率。

其次，明确针对敦煌中学的奖励办法。民族县人民政府每年按照在敦煌中学就读学生的人数拨付教育经费，缺编的教师由敦煌中学聘任，工资由民族县拨付。每年教师节，对为民族县教育做出突出贡献的敦煌中学予以集体和个人表彰奖励。

八、高考奖励制度

民族县要继续落实自高中异地办学以来的高考奖励政策，采用阶梯式奖励措施，扩大奖励范围，提高奖励标准，对考入二本以上院校的在籍学生给予一定的物质奖

励，激励学生的上进心，引导不同层级的学生在三年后都能有所作为，有所成效，考入自己向往的院校。

总之，通过本课题的研究，我们找到了民族县高中异地办学中存在的问题及解决问题的办法，为民族县制定高中异地办学政策、确定高中异地办学基本模式提供了依据，为承办学校如何管理教育民族县学生提供了有价值的参考。另外，从近几年高考成绩纵向对比来看，民族县自高中异地办学以来高考成绩呈逐年上升趋势，说明异地办学的思路是正确的，是行之有效的，有继续坚持下去的必要和价值。

九、课题研究的分析与结论

（一）调查问卷情况分析及结论

本课题研究过程中，我们主要将阿克塞县在敦煌中学就读的高中三个年级的学生、敦煌中学老师、阿克塞县派驻敦煌中学的生活管理老师和部分学生家长作为研究对象，通过随机抽样调查方式向他们发放调查问卷征集课题需要的问题。发放老师问卷 30 份，家长问卷 80 份，学生问卷 120 份，所有发放的问卷全部收回。问卷内容涉及异地办学以来老师、家长和学生遇到的一些实际问题及本人对问题的看法或解决办法，以及异地办学中需要进一步完善的环节和措施。问卷情况汇总：从敦煌中学老师方面看，87％的老师对民族县高中异地办学持乐观态度，对异地办学工作比较满意，能耐心教育、辅导民族县学生，有一定的成就感，同时认为民族县 65％的学生与内地学生相比只是学习基础较差、学习不够刻苦，通过老师的帮助和自身努力，学习会有一定进步，希望学校能进一步细化、强化对民族县学生的管理措施，为民族县学生进步提供有力保障。从学生家长方面看，11％的学生家长因孩子学习基础太差、自控能力差，再让学生每个星期都要回家，来来去去比较麻烦，也会影响孩子的学习，希望将高中撤回本县；89％的学生家长支持异地办学，对敦煌中学的老师和管理比较满意，希望老师再多一点细心和耐心，抓紧抓好孩子的学习，指导孩子在学校完成学习任务，同时承诺认真配合老师的教育，对孩子将来的高考充满期待；从学生方面看，95％以上的学生学习目标明确，都有通过自身努力考大学的想法，学习能力、学习习惯在周围大环境的影响之下确实有很大的改观，成绩提高者占 70％以上；对敦煌中学的食宿环境和质量满意程度达 80％以上；92％的民族县学生对敦煌中学老师渊博的知识、有效的教学方法比较佩服，希望通过自身努力提高成绩；部分学生自感有被敦煌老师边缘化的感觉，有不被重视的感觉；除此之外，30％的民族县学生虽有下决心好好学习的想法，有一定的学习压力，但鉴于英语、数理化课程较难，所以不能很好地把压力转化为动力，成绩提高缓慢。

通过对问卷的分析，我们得出以下结论：异地办学利多于弊，问题和成绩是"一个指头和九个指头"的关系，存在的问题也是通过努力能够解决的问题，民族县学生在敦煌中学良好的学习环境熏陶下，学习态度会更认真，学习成绩会进一步提高，异地办学有继续坚持办下去的必要和价值。

（二）研究成果在实践中运用情况的分析与结论

在课题研究中，我们将民族县高中三个年级的学生、敦煌中学老师和民族县生活管理老师及部分家长作为研究对象，研究他们的生活、学习、心理、思想、安全以及学校的师资力量、师生关系、老师对民族县学生的态度和教学策略、生活管理老师、家校联系、对异地办学的态度等诸多问题，这是一个动态的复杂的研究过程，是一个从感性认识到理性认识再回到实践接受实践检验的认识过程。通过课题研究成果在实践中的应用，无论是对学生而言，还是对敦煌中学的教师而言，还是对民族县生活管理老师而言，都有不同程度的意义。

实验后的学生状况：自课题研究以来，根据课题的需要和学生管理教育实践的需要，我们将课题研究阶段性成果运用于实践当中，用研究成果对学生进行指导和帮助，通过实验，学生能客观地评价自己和自己的老师，能更进一步规范自己的日常行为，有了自己的民族文化认同感和归属感，尊重本民族的历史与文化，树立积极向上的民族群体认同，产生了强烈的民族自尊心和上进心；对学校多元文化也有了认同感；学习上能正确认识到自己的不足，产生了一定要学好、为本民族争光的愿望，学生的人格塑造得到了更好的提升。

实验后的教师状况：将征集到的有关敦煌中学老师针对民族县高中学生教育和教学中存在的问题反馈给他们，教师了解了存在问题后及时反思了自己对民族县学生的态度和教学策略并加以改进，对民族县学生多了一份理解，能从换位的角度接纳他们，更加注重尊重民族县学生的生活习惯和宗教信仰，不歧视、讽刺、挖苦他们，和民族县学生平等和谐相处；在教学中，教师对民族县学生进行"一对一"的帮扶，给予他们更多的关心和耐心。对学习比较差的民族县学生，老师能经常和他们谈心，从学习态度、学习方法上给以指导和帮助，让他们树立学习的信心，努力提高学习成绩，消除他们内心深处的自卑感，消除他们被边缘化的感觉。

（三）异地办学前后高考成绩对比分析与结论

民族县高中异地办学成功与否，检验它成败的最好标准就是异地办学八年以来的高考成绩变化情况。

表 2-2　肃北县 2005—2009 年普通高考报考及录取情况统计表

年份	参考人数	录取情况					
		小计	二本	三本	大专	高职	录取率
2005	109	65	24	3	19	19	59.63%
2006	112	56	26	5	10	15	50.00%
2007	126	71	32	12	18	9	56.35%

续表

年份	参考人数	录取情况					
		小计	二本	三本	大专	高职	录取率
2008	107	67	25	11	16	15	62.62%
2009	123	83	29	10	12	32	67.48%

表 2-3　阿克塞县中学 2005—2007 年高考成绩统计分析表

年度	参考人数	升学人数	升学率	本科人数	专科高职人数	高职以下上线人数	上线率
2005	84	46	54.7%	7	39	10	11.9%
2006	86	50	58.1%	19	31	21	24.4%
2007	96	30	31.3%			22	22.9%

表 2-4　2010 年—2014 年敦煌中学肃北籍、阿克塞籍学生高考情况表

时间	县市	参考人数	重点	本科	专科以上	升学率
2010 年	肃北县	66	4	15	53	80.3%
	阿克塞县	22	0	7	19	86.36%
2011 年	肃北县	83	2	24	70	84.34%
	阿克塞县	50	2	19	44	88.00%
2012 年	肃北县	61	4	24	55	90.16%
	阿克塞县	53	2	16	48	90.57%
2013 年	肃北县	63	12	19	56	88.89%
	阿克塞县	71	10	24	63	88.73%
2014 年	肃北县	66	4	26	62	93.94%
	阿克塞县	65	3	29	61	93.85%

　　2007 年 6 月，酒泉市委、市政府就肃北、阿克塞两个民族县的高中教育适当集中在敦煌举办的有关问题进行了考察，同年 7 月 18 日，主管领导再次召集相关负责人开会，制定了民族教育工作的相关措施。敦煌中学从 2007 年 7 月 18 日接受使命，本着"平等、团结、互助、和谐"的宗旨，按照"精心管理、耐心教育、细心照顾、热心关注"的思路，根据《酒泉市人民政府办公室会议纪要》的通知，认真落实利

用敦煌优质教育资源来帮助带动少数民族地区的教育发展，开拓创新地完成了"异地办高中"的办学模式。

九年来，敦煌中学一共接受肃北、阿克塞两个民族县学生1180人，其中肃北学生644人，阿克塞学生536人，有少数民族学生257人，包括蒙古族、哈萨克族、藏族、土族、维吾尔族、回族、满族、裕固族、东乡族等。目前，在校人数394人，肃北县208人，阿克塞县186人，有少数民族学生85人。

自承担民族县高中教育以来，敦煌中学坚定执行各级政府关于民族教育工作的各项政策，做到"留得住，站得稳，学得好"，全面提升了民族教育工作的质量，为社会培养了624名合格的高中毕业生，其中考入大学有531人，有力地促进了民族大团结局面的繁荣。

2010年是异地办高中以来第一年高考，就交出来满意的答卷，高考升学率达到80％以上，随后，每年高考升学率稳步增长。2013年高考取得了辉煌的成绩，重点升学率肃北县达19.05％、阿克塞县达14.08％，二本升学率肃北达30.2％、阿克塞县达33.81％，大专以上升学率肃北县达88.91％、阿克塞县达88.70％，二本以上升学率肃北县高达49，21％、阿克塞县高达47.88％。2014年、2015年高考，肃北、阿克塞县的高考升学率都达到90％以上。高考质量大幅度提高，受到社会各界的广泛好评，为民族县人民交上了非常满意的答卷，部分学生分别考入中南财经政法大学、中央民族大学、北京体育大学、西南政法大学、中国民航大学、四川大学、上海外国语大学、华东师大、山东大学、南昌大学、中国石油大学、海南大学、西南交通大学、苏州大学、内蒙古大学、西北师大等名校。

2013年5月，敦煌中学还被中共甘肃省委宣传部、中共甘肃省委统战部、甘肃省民族事务委员会评为"甘肃省民族团结进步创建活动"示范单位；2013年9月，敦煌中学被中共酒泉市委、酒泉市人民政府评为"全市民族团结进步宣传月项目帮扶工作"先进集体。

所以，从近几年异地办学以来与异地办学之前的高考成绩纵向对比来看，民族县从自身实际出发，走高中异地办学之路，依托内地优质的教育资源带动了自身教育事业的快速发展，更为民族地区教育发展和培养人才提供了一条新路子，值得其他民族地区学习和借鉴。

课题研究基本结论

一、本课题研究旨在探究民族县高中异地办学中存在的问题及经验与对策，但在课题研究期间，阿克塞县新一届政府领导一直有把本县高中撤回去自己办的想法，这又为课题研究增添了新的研究价值。通过课题研究，我们针对这两个研究目标可以得出以下结论：

（一）民族县完全没有必要走回头路将高中撤回去自己办。因为，自2007年秋季阿克塞县将自己的高中托管给敦煌市代办至今已有八年时间，本县高中教师的业务已经荒废，假如撤回去自己办，仅高中教师的培训培养都必须经过一个很长时间，高中教育重新站起来、取得现在这样的成绩至少需要几年时间，甚至还可能会回到以前的状况。

（二）民族县高中异地办学已得到本县学生、学生家长及社会的认可。经过我们的实地考察、问卷调查、学生高考成绩纵向对比分析和当前民族县学生的日常表现来看，经过八年时间的磨合，无论敦煌中学的教育质量，还是民族县学生的生活、学习，都处于一个良性发展状态，学生和家长都认可了这种办学模式，民族县高中已无撤回去自己办的必要。

（三）敦煌中学有优质的教育资源和雄厚的办学条件，能完全满足民族县高中教育发展的需要。

1. 从师资力量上看，敦煌中学有庞大的教师队伍，其中不乏硕士、特级教师、省优秀专家、省部级优秀教师、省级学科带头人等等优秀人才。教师普遍年轻，精力充沛，工作积极性高，责任心强。

2. 学校硬件设施已经很完善，如清真食堂、图书馆、实验室等完全能满足学生的生活和学习需要。

3. 敦煌市教育主管部门树立和落实了"三种意识、确保四个到位"的思想。鉴于肃北、阿克塞两县学生在生活环境、饮食习惯、学习能力等方面与本地学生均存在一定差异，为了让民族县干部群众对子女在异地上学安心，让学生在敦煌的学习和生活顺心，在具体工作中，敦煌市教育主管部门树立三种意识，即"树立责任意识、服务意识和'一家人'意识"，从市政府各部门到学校和教师，把在敦煌办好民族教育、培养民族人才，作为义不容辞的一份责任、一种义务，努力为民族学生的学习和生活提供最优质的服务，营造最优良的环境，杜绝排外思想，将民族县学生与本地学生一样对待、一样关心、一样爱护。"确保四个到位"：一是确保优惠政策到位。对在敦煌就学的民族县高中学生，不收借读费，与本市学生一视同仁对待；二是确保师资配备到位，满足了教育教学工作需要；三是确保服务管理措施到位。为了帮助民族县学生能够尽快适应新的学习、生活环境，敦煌中学将民族县学生与本市学生混合编班，并配备能力强、素质高、善于做学生思想工作的教师担任班主任，与肃北、阿克塞县调派过来的生活老师一起，通过多谈心、多指导、多交流、多帮助，使民族县学生在最短的时间里，生活上能够自理，心理上能够适应，学习和行为习惯上能够自觉自律。学校为此成立了专门的服务机构，及时处理民族学生学习、生活中遇到的困难和问题，及时与民族县学生家长取得联系，并定期召开家长会，互通情况，加强配合，提高教育效果；四是确保对民族学生的关心帮助到位。九年多来，两所高中学校在教师和学生中大力开展民族政策、民族知识和民族习俗的宣传教育，引导师生正确处理民族关系，教育本地学生与民族县学生建立相互尊重、相互学习、相互合作、相互帮助的良好关系。凡涉及民族县学生的事项，学校优先考虑、优先照顾、优先解决。在生活上，开设了专门的清真餐厅，安排了专门的生活辅导老师，对他们给予及时的关心、帮助和指导，及时解决他们遇到的困难和问题，最大限度地为他们提供安全、便利的生活条件。在教学上，要求课任老师放低起点、降低难度，多给予个别辅导和帮教。同时，还安排成绩优秀的学生与民族县学生"结对子"，进行"一对一"帮扶，真正使民族县学生能够"进得来、留得住、学得好"。

由于承办学校采取行之有效的管理机制，每年到敦煌就读的学生能很快适应本地的生活、学习环境，心理稳定、生活正常、学习上进，大部分学生的学习成绩普遍有所提高，个别学生成绩甚至提升到班级前 20 名，民族高中教育在敦煌的举办取得了阶段性成果。

我们研究认为，只要民族县学生能端正学习态度，有认真学习的想法和行动，善于竞争，完全可以充分利用敦煌中学优质的教育资源、浓厚的学习环境，他们一样可以学好，一样可以比较优秀，民族县高中教育会有一个崭新的明天。

总之，从近几年异地办学以来与异地办学之前的高考成绩纵向对比、敦煌中学办学实力和现实情况来看，认为异地办学利大于弊，存在的问题不是根本性问题，不会从根本上影响民族县学生的学习。民族县从自身实际出发，走高中异地办学之路，依托内地优质的教育资源带动了自身教育事业的快速发展，更为民族地区教育发展和培养人才提供了一条新路子。这种办学思路通过了高考成绩的验证，实践证明这条办学道路是可行的，有继续坚持下去的必要和价值。

二、课题研究中存在的问题和有待于进一步提高的问题

这个课题的研究在借鉴先行者探究的基础上，结合自己所在的民族县高中异地办学实践的基础上的继续探索，将民族县学生的生活、学习、心理、思想、安全以及学校的师资力量、师生关系、生活管理老师、家校联系等诸多问题进一步整合，探索出了一套旨在提高民族县高中教育质量的办学模式和管理方法的路子。这些构建基本完成了当初的目标预设，对指导教育教学实践、提高民族县学生学业质量、加强民族县学生管理都产生了较显著的作用，给我们的工作带来了很多有益的启示，但是期间也存在一些问题和有待于值得进一步思考的问题。

（一）课题缺乏一定的理论引导和支持。从目前占有的资料来看，与本课题直接有关系的资料不多，仅限于新疆、西藏内地高中班办学经验，可借鉴的理论太少。这就决定了我们的课题研究在理论上的低起点，有待于专家学者给予强有力的理论帮助。

（二）缺乏足够的实践验证。由于学生具有流动性和分散性特点，有些实验无法统一进行，这注定了本课题是一个动态的复杂的研究过程，研究中总是感到工作经验、材料分析多于实践检验，学生参与率也不太高。所以，有待于课题研究成果在

敦煌中学民族教育工作与学校思想政治教育工作双融合调研资料

更多的实践中去检验。

（三）课题研究的理论水平有待于进一步提高。我们在研究过程中，对某些问题也可能只看到了它的现象，没有看到事情的本质，在成文或总结时，没能上升到更高的理论层面。所以，有待于专家指点，以提高自己的研究能力和理论水平。

课题重要的阶段性文档

《民族地区高中异地办学研究》
课题开题计划

经省教育科学规划领导小组批准，"民族地区文中异地办学研究"被列为甘肃省教育科研"十二五"规划2013年度第二批教育科研课题，并纳入甘肃省教育科学"十二五"课题管理序列，根据上级文件精神，我们制订课题研究计划以及实施方案。

参加研究学校：敦煌中学　　　　科目：教育管理

研究对象：在敦煌中学就读的阿克塞哈萨克族自治县和肃北蒙古族自治县高中年级的学生。

（一）课题研究项目及承担人

（1）民族地区高中异地办学的政策措施（茹作斌）

（2）民族地区高中异地办学的成因和现状（茹作斌）

（3）民族地区学生的食宿管理（陈肃宏）

（4）承担学校如何提高提高民族地区学生的学业水平（陈肃宏）

（5）高中异地办学中的家校联系问题（杨金娜）

（6）对高中异地办学生活老师的管理（吴建军）

（7）民族地区学生的心理健康教育（于朝霞）

（8）哈萨克族学生心理特点分析（何秀玲）

（9）民族文化对民族学生成长的影响（孟玲）

（10）班主任如何管理民族地区的学生（王其伟）

（11）民族学生管理工作实践探索（阿哈甫·叶金汉）

（二）课题研究时间：2013年3月—2014年4月

（三）课题的提出

1. 课题提出的背景及实施目标

阿克塞哈萨克族自治县和肃北蒙古族自治县地处甘肃、新疆、青海三省（区）交汇处，属甘肃省边远地区，由于受历史、地理等因素的影响，教育事业相对落后，制约了两个民族自治县经济社会的长足发展。为了顺应时代的变化，跟上时代前进的步伐，促进自治县教育事业的长远发展，自治县想方设法提高自己的教育质量。尤其是阿克塞哈萨克族自治县近几年一直通过招聘教师的方式吸引人才，并于2003

至 2006 年与兰州三十三中结成"一对一"帮扶关系，由三十三中派遣优质教师到阿克塞哈萨克族自治县中学任教和帮扶，同时自治县中学也选送部分教师到兰州三十三中深造，但因财力等问题，几年下来都没有达到预期的效果。所以，在多方调研的基础上，自治县县委和县政府决定从 2007 年开始高中阶段教育实行异地办学，酒泉市委和市政府也多次组织阿克塞哈萨克族自治县和肃北蒙古族自治县主管教育的领导外出考察和调研，2007 年 7 月，酒泉市政府召开会议，形成了《酒泉市人民政府办公室关于肃北县、阿克塞县高中教育适当集中在敦煌市举办的会议纪要》，根据会议精神，阿克塞哈萨克族自治县和肃北蒙古族自治县在当年秋季就把高一学生分流到酒泉中学和敦煌中学就读，至今已历时八年时间，在异地办学实践中我们探索出了一些高中异地办学的成功经验，但也存在一些不足之处，有待于进一步解决。

通过本课题的研究，使我们能找出高中异地办学中存在的问题和解决问题的办法，探讨民族地区高中异地办学的策略和基本模式，使异地办学更加规范化、合理化，真正体现出高中异地办学的价值。

2. 课题的实施条件

（1）西藏、新疆内地高中班成功的办学模式以及其他地区民族教育改革的成功经验为我们提供了实施课题的理论保障和借鉴。

（2）酒泉市主管教育工作的领导，经常来敦煌中学检查指导民族教育工作，对高中异地办学比较重视。

（3）阿克塞哈萨克族自治县和肃北蒙古族自治县县委、县政府和县人大对高中异地办学比较重视，从人力到经费对课题研究给予大力扶持。

（4）两个民族县的县教育局、县中学领导经常来敦煌中学调研、座谈，并提供相关资金用于课题研究。

（5）民族地区高中异地办学的承办单位——敦煌中学的校领导和老师给予积极配合和帮助，为课题研究提供方便。

（6）学生家长为了使孩子持续享受到敦煌中学优质的教育资源，全力支持高中异地办学工作，为进一步提高高中教育质量献计献策，共同努力，为课题研究提供了一些宝贵意见和建议。

（7）课题参与者都有多年的教育教学经验，擅长组织管理、思想教育和心理辅导，有高中异地办学的工作实践经验，都有很强的研究能力，对该课题比较感兴趣，热衷于对民族地区高中异地办学中存在的问题的探究，在课题申报前做了充分的准备和论证，对课题前景充满信心，都想在此课题研究方面有所建树。

（8）课题组成员，正值年富力强，是做课题研究的最佳阶段，丰富的教育教学经验、高中异地办学工作实践经验和教科研水平，为课题研究提供了知识、专业、热情、精力、能力的有力保障。

3. 课题研究步骤

课题计划实施一年多时间，分四个阶段进行：

第一阶段——准备和申报（2013.3—2013.4）

主要工作：

（1）召开课题研究准备工作会议，明确课题研究的基本方向及内容，收集整理与课题相关的文献资料。

（2）明确课题研究的目标，确定课题研究的基本内容，撰写课题设计方案。

（3）向专家请教，论证课题方案，填写课题申报书。

第二阶段——理论研究学习（2013.5—2013.6）

主要工作：

（1）参加课题培训会，明确责任分工。

（2）学习各地异地办学的成功经验介绍，特别是学习西藏、新疆和其他民族地区在内地成功办学的实践经验，并把相关的理念和经验与蒙古族自治县和阿克塞哈萨克族自治县高中异地办学的实践结合起来。

（3）收集整理两个民族县高中异地办学以来的原始材料，进行归类分析，初步形成民族县高中异地办学的概念，撰写有价值的文章，完成本阶段论文。

第三阶段——实施探索（2013.8—2013.12）

主要工作：

（1）将前期阶段性研究成果与学校对民族县学生的教育和管理实践结合起来，定期召开总结会，研讨解决实践中存在的问题，完善课题研究。

（2）两个民族县生活管理老师向各自县教育局领导、县中学校领导汇报情况交流探讨高中异地办学中存在的实际问题，总结经验。

（3）民族县教育局组织相关人员与敦煌中学的校领导和老师就高中异地办学中存在的问题及长远打算进行交流，总结经验，提出设想。

（4）在实践运用的基础上，完善课题研究，将资料性、过程性课题研究成果加以提炼，去粗取精，去伪存真，使之理论化、系统化，初步形成民族县高中异地办学的基本模式和策略。

（5）对课题研究的整体情况做细致的分析，以案例、课题研究报告、论文和经验总结等成果形式进行汇报交流或发表，并在实践中加以推广应用和深化。

第四阶段——成果汇总、撰写研究总报告（2014.2—2014.4）

主要工作：

（1）整理和归纳课题研究资料，收集实验数据，佐证课题理论，并撰写成研究论文在课题组研讨会上交流。

（2）继续推进本课题研究的同时，撰写课题研究总报告。

（3）将研究成果汇编成册。

（4）申请课题鉴定，推广课题研究成果。

4．操作方法与目标检验

（1）根据在敦煌中学就读的两个民族县学生的思想、学习、生活、心理变化等实际需要，制订课题研究项目。

（2）利用一切时间、空间围绕课题研究项目开展各种活动，定期小结，汇集资料，整理归纳为研究报告或论文。

（3）定期召开课题组会议，分析、讨论课题研究项目阶段性进展情况，使各课题研究项目逐步达到目的。

（4）争取在各级刊物上发表几篇与课题相关的论文。

（5）将各项目研究成果应用于教育管理实践中。

（6）整理、汇总课题各项目研究成果，撰写总结题报告，并汇编成册。

《民族地区高中异地办学研究》
课题实施方案

该课题经过 2013 年 3 月—2013 年 4 月的前期准备，申报获得批准。经过全体课题组成员的讨论，决定按如下步骤实施课题研究：

1．健全机构，明确研究对象（在敦煌中学就读的阿克塞哈萨克族自治县和肃北蒙古族自治县高中年级的学生）。

2．要求课题各研究项目负责人作好详细的实施计划。

3．2013 年 5 月，课题组各成员完成项目研究实施计划、情况的详细调查和初步汇总，并以文字的形式呈现相关成果。

4．2013 年 6 月，各成员通过理论学习、经验交流、资料收集，初步提交各项目阶段性情况小结。

5．2013 年 8 月—2013 年 9 月，将第一阶段的研究成果应用于教育教学实践中，去粗取精，去虚取实，将合理、科学、实用的方法提取出来，形成论文或研究报告进行交流。

6．2013 年 10 月—2013 年 11 月，将各研究项目进展情况汇总、反馈，并撰写项目阶段性报告或者论文。

7．2013 年 12 月—2014 年 1 月将各项目研究成果在实践中进一步完善，使之理论化、系统化，具有一定的实践可操作性，并撰写项目阶段性报告或者论文，争取在各级刊物上发表。

8．2014 年 2 月底—2014 年 3 月，交流研究成果，将课题各项目阶段性成果再应用于教育教学实践当中，在实践中加以完善。

9．2014 年 3 月各课题组成员完成各自的课题研究项目，并参加上级教研部门的验收。

10．2014 年 4 月课题组负责人撰写课题总报告，申请课题鉴定。

对课题组各成员的基本要求：

1. 认真做好课题资料的收集和整理工作。

2. 按实施计划，认真完成各自承担的研究项目的阶段性小结或者相关研究成果。（各种文字小结或者研究成果一律用 A4 打印，并保存好电子版）

3. 研究期间提倡将个人成果在各级刊物上发表，但涉及大家共同的研究成果的内容不经课题组全体成员同意不得私自整理发表。

4. 各项目的阶段性小结或者相关成果统一交课题组负责人茹作斌老师。

《民族地区高中异地办学研究》

课题组负责人：茹作斌

二〇一三年二月二十七日

附件 1：　课题文献检索报告
《民族地区高中异地办学研究》

课题组负责人　茹作斌

检索课题：《民族地区异地办学成功经验》

一、检索目的分析

阿克塞哈萨克族自治县和肃北蒙古族自治县因自身高中教育质量较低，于 2007 年走上了高中异地办学之路，由敦煌中学统一承担两个民族自治县的高中阶段教育，现已历时七年多时间，期间取得了一定成绩，也存在一些问题。为了进一步规范自治县高中异地办学行为，促进高中教育质量的进一步提升，我们课题组进行《民族地区高中异地办学研究》。相对我们课题组成员来说，高中异地办学是新生事物，没有现成的成果可直接采用，我们只能在实践中探索，在探索中实践，并通过学习西藏、新疆等民族地区在内地异地办学相关文献，借鉴他人做法，提升自己的理论功底和研究能力。

二、检索文献区域范围

西藏、新疆等民族地区在内地异地办学的相关论文、研究成果等。

三、制定检索策略

1. 选择检索手段

本课题的检索手段以通过互联网检索工具数据库为主，检索数据库中与课题"民族地区高中异地办学研究"相关的文献资料。

2. 选择检索工具：

欲查找"民族地区异地办学成功经验"方面的文献，必须选用恰当的检索工具。根据课题要求及检索工具的文献，本课题选用综合性检索工具和数据库。具体选用下列检索工具和数据库：

（1）中国期刊全文数据库

（2）CNKI 数据库

（3）检索结果

检索到相接近性论文 46 篇和相关课题研究阶段性成果。选择课题需要的下列篇目：

《我国藏族的民族教育政策研究 ——基于"内地西藏班"的实例分析》

《内地西藏班民族教育政策的流变及成效》

《关于完善内地边疆班（校）办学模式的思考》

《异地高中办学新模式 》

《少数民族地区教育发展问题》

《内地新疆高中班办学模式的实践与探索》

《关于内地西藏班成功教育的实践与思考》

《内地新疆高中班管理办法（试行）》

3. 选择检索方法

本课题主要是为了吸取西藏、新疆等民族地区在内地异地办学取得的成功经验，为阿克塞哈萨克族自治县和肃北蒙古族自治县高中异地办学提供可借鉴的经验，检索方法选择直接法。

4. 检索主题词：民族地区　异地办学　经验

5. 检索过程（略）

四、文献检索对本课题研究的作用分析

为了提高《民族地区高中异地办学研究》课题组成员的理论素养和研究能力，我们进行了课题《民族地区异地办学成功经验》文献检索，下载、打印、学习其中与本课题有关的文献资料，从中提取有效信息，以备课题研究之用。

文献检索中我们使用中国期刊全文数据库、CNKI 数据库等检索工具和数据库，选择直接法检索方法，检索到了"西藏、新疆等民族地区在内地异地办学取得的成功经验"方面的论文和办学实例，分工协作进行研究，将其中异地办学的成功经验与阿克塞县和肃北县高中异地办学中急需要解决的问题结合起来，进行内化和提高，集众家智慧探索出了一套适合本区两个民族自治县实际的高中异地办学模式和策略。

3. 顶层设计制度保障

2017 年 5 月，《甘肃省教育厅支持肃南、肃北、阿克塞、天祝、张家川五个自治县教育跨越发展行动计划（2017－2020 年）》（简称《行动计划》）印发。《行动计划》从学前教育、义务教育、高中教育、职业教育、双语教育、民族团结教育、教师队伍建设、对口支援、保障措施等方面进行规划，将依托全省、全社会的力量全面提升肃南裕固族自治县、肃北蒙古族自治县、阿克塞哈萨克族自治县、天祝藏族自治县、张家川回族自治县等五个少数民族自治县的教育品质。

《行动计划》指出，争取为农牧区在园儿童免费提供营养餐。支持肃南县乡镇幼儿园开设学前三年教育，增加幼儿园教职工人数。在兰州、张掖等地的示范性高中每年从肃南县择优招收少数民族初中应届毕业生，实行混合编班、混合寄宿，帮助肃南一中创办省级示范性普通高中。到 2020 年帮助肃北县实现学前教育基本普及，优质学前教育资源明显扩大，学前三年毛入园率达到 95％以上。争取省财政支持，将阿克塞县教师列入乡村教师生活补助实施范围，与全省 58 个集中连片特困县和 17 个插花型贫困县乡村中小学校和幼儿园教师一样享受生活补助，大力提高阿克塞县教师各项待遇。

《行动计划》指出，免除天祝县学前教育幼儿保教费。力争到 2020 年，天祝县学前三年毛入园率达到 90％以上。积极争取省政府政策支持，在天祝县实行 15 年免费教育，各类教育项目和资金向天祝县适当倾斜，并免除地方配套资金，将中小学炊事员工资和乡村教师生活补助资金纳入省财政预算。允许张家川县在编制范围内根据实际需要，适当降低学前教育专任教师招录标准，支持中小学富裕教师转岗，在幼儿园任教。支持张家川县中职学生实行免学费教育并补助生活费和住宿费等，将"两后生^①"全部纳入免费中职教育范围。拓宽升学渠道，对成绩优秀且希望继续深造的中职毕业生，每年按高于 50％左右的比例对口升入高职院校。

---

①指扶贫政策中的农村贫困户，即初中、高中毕业后未考取大、中专院校，又不愿意再复读的农村贫困家庭中的学生。

附：

关于印发《甘肃省教育厅支持肃南、肃北、阿克塞、天祝、张家川等五个自治县教育跨越发展行动计划（2017-2020年）》的通知

（甘教民〔2017〕2号）

有关市（县）教育局，有关高校，厅直有关单位：

为进一步贯彻落实《甘肃省加快发展民族教育专项规划》，促进肃南、肃北、阿克塞、天祝、张家川等五个自治县教育事业跨越发展，我厅制定了《甘肃省教育厅支持肃南、肃北、阿克塞、天祝、张家川等五个自治县教育跨越发展行动计划（2017—2020年）》（以下简称《行动计划》）。现印发你们，请遵照执行，并就有关事宜通知如下。

一、有关县教育局要向县委、县政府做好汇报，与县发改委、财政局等有关部门做好协调沟通，在年底前拿出贯彻落实《行动计划》的意见，并就有关情况向市委市政府汇报，积极争取市委和政府及相关部门的支持；要主动加强与省、市有关部门、有关市教育局、有关高校、省考试院等单位（部门）的沟通联系，推动《行动计划》的顺利实施。

二、有关市州教育局、有关高校、省考试院和厅直有关单位要从全省教育均衡发展和民族地区长治久安的大局出发，全力支持和配合五个自治县完成《行动计划》。

三、省教育厅将就贯彻落实行动计划事宜召开专题会议，并就组织实施《行动计划》予以任务分解。有关市州教育局、有关高校、省考试院、厅机关处室和厅直有关单位要根据任务要求，协同五个自治县教育局共同组织实施，促进五个自治县教育跨越发展。

甘肃省教育厅

2017年5月9日

附：1. 甘肃省教育厅支持肃南裕固族自治县教育跨越发展行动计划（2017—2020年）（略）

2. 甘肃省教育厅支持肃北蒙古族自治县教育跨越发展行动计划（2017-2020年）

3. 甘肃省教育厅支持阿克塞哈萨克族自治县教育跨越发展行动计划（2017—2020年）

4. 甘肃省教育厅支持天祝藏族自治县教育跨越发展行动计划（2017—2020年）（略）

5. 甘肃省教育厅支持张家川回族自治县教育跨越发展行动计划（2017—2020年）（略）

甘肃省教育厅支持肃北蒙古族自治县
教育跨越发展行动计划（2017－2020 年）

为贯彻第六次全国民族教育工作会议精神，落实《国务院关于加快发展民族教育的决定》和《甘肃省加快发展民族教育专项规划（2016—2020 年）》的文件要求，促进肃北县教育事业跨越发展，与全省同步实现《国家中长期教育改革和发展规划纲要（2010—2020 年）》提出的奋斗目标，结合肃北县教育实际，制定本行动计划。

一、当前形势

改革开放特别是西部大开发战略实施以来，在党中央、国务院正确领导和省委、省政府高度重视下，肃北县教育事业取得长足发展，形成了从学前教育到高中阶段的教育体系，特别是 2011 年，肃北县"两基"工作顺利通过国家检查验收。2014年顺利通过"甘肃省县域义务教育均衡发展暨政府教育工作督导评估"，2015 年 9月国家督导评估组对肃北县义务教育均衡发展进行了评估认定，成为肃北县教育发展史上重要的里程碑。

但由于受历史、地理、自然等因素制约，肃北县教育发展仍面临一些特殊困难、短板问题和薄弱环节，实现跨越发展还有不少亟待解决的困难和问题。地方财政相对困难，教育投入不足；教师整体水平不高与学科结构短缺成为影响肃北县教育质量的关键因素；教育资源、教师编制、寄宿制学校附属设施短缺，职业教育生源不足，民族教育科研力量薄弱，教学设备陈旧、信息化建设滞后，双语教师人才短缺等制约着肃北县教育的发展。

党的十八大做出了促进教育公平、合理配置教育资源、重点向民族地区倾斜的战略部署，为推进肃北县教育事业跨越发展提供了强有力的政策保障。我省第十二次党代会提出了与全国同步进入全面小康社会的奋斗目标，对肃北县教育发展提出了新要求、提供了新机遇。省教育厅全面统筹、科学谋划，采取特殊措施，加大对民族自治县的扶持力度，增强教育发展能力，努力推进民族地区教育事业跨越发展。

二、学前教育

1. 在实施学前教育重大工程项目过程中向肃北县倾斜。支持肃北县政府实施《第三期学前教育行动计划（2017－2020 年）》，在项目安排中予以倾斜，基本满足当地牧农民群众对学前教育的需求。积极争取国家、省政府经费支持，加快双语幼儿园建设步伐。到 2020 年，实现学前教育基本普及，优质学前教育资源明显扩大，三年毛入园率达到 95％以上。

2. 协调有关部门，按照国家规定的幼儿园基本办园标准，核定下达幼儿园教职工编制，解决学前教育教职工严重不足的问题。委托省内外师范类高校，为肃北县培养培训幼儿教师。

3. 支持肃北县幼儿园进行室外活动场地硬化、室内弱电项目建设、室内教学、办公设施设备的购置、户外活动配套设施、器械购置等项目的实施。

三、义务教育

4. 健全义务教育均衡发展保障机制，推进义务教育学校标准化建设，提高学校整体办学水平和办学质量，缩小城乡、校际差距。加强中小学标准化建设和双语寄宿制学校建设，巩固提高义务教育均衡发展成果。

5. 指导肃北县实施学校特色内涵提升和文化传承工程，支持肃北县与省内外大中专院校开展民族特色文化研究，帮助制定学校特色发展规划，深入挖掘蒙古族优秀文化，建立学校校本课程方案，全力推动全县教育质量内涵整体提升。

6. 积极支持《肃北蒙古族自治县教育事业发展"十三五"规划》学校建设工程项目，切实加强对项目实施的指导和监管，确保按时、保质、保量完成建设任务。

7. 指导肃北县制定并实施义务教育长效机制。指导肃北县建立完善目标管理责任制度。依法保障农牧业转移人口和其他进城务工人员随迁子女平等接受义务教育的权利。建立健全农牧区留守儿童关爱服务机制，重视少数民族学生亲情教育、心理健康教育，促进学生快乐成长。

四、普通高中教育

8. 支持肃北县完善双语普通高中办学条件，积极推进普通高中标准化建设。全面实施素质教育，深化新课程改革，不断提高教育质量，特别是数学、物理、化学、英语等薄弱学科的教学质量。做好异地办学学生学籍管理工作，探索和完善学生异地接受优质高中教育的办学模式和先进经验。继续支持肃北县高中学生在敦煌中学接受优质普通高中教育的办学模式。

9. 招生政策向肃北县倾斜。对等招生协作计划、少数民族专项计划、高职院校单独招生和推免招生计划有针对性地向肃北县倾斜，提高民族地区高考录取率，向接受双语教育的学生升学、考试提供政策支持。实施普通高中民族班扩招，继续在西北师大附中、酒泉中学等示范性高中举办民族班，招收肃北籍少数民族初中应届毕业生，实行混合编班、混合寄宿。

五、职业教育

10. 支持肃北县办好县级职业学校（职教中心），重点开展"两后生"职业技能培训和牧农民短期技能培训。加强实训基地建设，到 2020 年，建立 1 个县级综合性、开放式、共享型职业教育实训基地，依托兰州新区教育园区设立职教园区招收肃北籍学生，实行联合培养。支持建档立卡贫困家庭中职毕业生到基层医疗卫生、教育等事业单位和内地大中型企业就业。

11. 争取省财政补助资金和肃北县"出彩工程"项目，聘请有经验的行业专家、工程技术人员和社会能工巧匠担任兼职教师。加强面向现代农牧业、生态旅游业、民族文化艺术（如民族服饰制作专业）、蒙医药、民间工艺、畜产品加工等专业建设，发展具有民族特色和区域特色的现代职业教育，培养民族传统特色手工艺传承人和技能人才。

12. 拓宽升学渠道，对成绩优秀且希望继续深造的中职毕业生，对口升入高职院校。

六、双语教育

13. 争取国家和省直部门支持，实施双语教师培养培训工程，努力建设一支高素质的双语教师队伍。通过对等招生和免费师范生培养计划，为肃北县培养和引进足量的双语教师。积极向省外（内蒙古）招聘，大力引进高素质人才充实高中阶段双语教师队伍，选拔一批"下得去、留得住、教得好"的双语教师，改善双语教师结构，提升双语教师整体素质和能力。全面开展双语教师培训。积极支持少数民族双语教师培训列入"国培计划"。

14. 积极支持肃北县建立双语资源库和教学、培训平台，建成以国家教材为主、地方和校本教材为补充，学科教学与专题教育相结合，文本教材与多媒体资源相配套的双语教材体系。加强编译与课程要求相结合的双语教材和教辅资料，努力开发并推广使用国家标准化蒙汉双语智能语音教学系统。加强双语教育教学研究，提高双语教研水平。

七、民族团结教育

15. 坚持不懈开展爱国主义教育和民族团结教育，在各级各类学校和各族师生中继续推进"三个离不开"思想意识教育，不断增强对伟大祖国、中华民族、中华文化、中国共产党、中国特色社会主义的认同，筑牢中华民族共同体思想基础。深入推进党的民族理论、民族政策和社会主义新型民族关系相关知识进教材、进课堂、进头脑工作。引导各族学生增强中国特色社会主义道路自信、理论自信、制度自信，树立正确的国家观、民族观、宗教观、历史观、文化观，构筑中华民族共有的精神家园。

16. 充分发挥教育在各民族文化交融创新中的基础性作用，把中华优秀传统文化融入中小学教材和课堂教学，开展教学和研究，做好民族传统文化资源发掘、非物质文化遗产抢救、少数民族语言文字科学保护工作。

八、教师队伍

17. 在组织实施全省教师招聘考试过程中，每年从招聘指标上给予肃北县倾斜照顾，解决中小学、幼儿园教师的紧缺问题。

18. 争取省内外师范院校和八省区协作支持，采取定向招生的方式，优先解决肃北县双语教师紧缺问题。争取内蒙古师范大学、内蒙古民族大学等省外高校，五年为肃北县培养 15 名双语教师。努力建成一支满足民族地区教育发展需求的高素质教师队伍。

19. 实施优质师资引进工程，建立省、市、县分担机制，开辟绿色通道，提供优厚条件，为肃北县引进紧缺学科教师和骨干教师。

20. 通过"国培计划"、省级培训及县级、校本培训等教师培训，进一步加大对肃北县的扶持力度，在安排各类教师培训项目资金和培训名额时向肃北县倾斜，落实好五年一周期全员培训制度。

21. 教师职称评聘时对肃北县予以倾斜照顾，适当增加中高级职称教师的比例。积极争取出台政策，建立肃北县教职工定期体检机制。依据边远程度和工作量，实行差别化班主任津贴和寄宿制学校双岗教师岗位补助。对为肃北县教育事业改革发展做出突出贡献的教师给予表彰奖励并大力宣传。

九、教育信息化

22. 依托国家教育信息化项目，支持肃北县到 2020 年建成包括学校维稳指挥、网络服务、教育资源共享和教学管理 4 大平台的肃北县教育信息中心。利用改薄资金全面更新小学各班电子白板，宽带网全面实现"宽带网络校校通""优质资源班班通"和"网络学习空间人人通"的"三通"建设目标。

23. 加强教育信息化基础设施建设，建设校园网、录播教室、校园数字广播系统，构建"互联网＋"信息化建设新模式，建立教育云资源，实现优质教育资源共享。加强蒙古语言数字学校资源库建设，进一步充实"内蒙古基础教育资源网"（蒙古文版）学科教学资源内容，推进蒙汉双语授课中小学"同频互动课堂"建设与应用。继续对肃北县中小学、幼儿园信息技术教师进行应用能力培训，推动信息教师与课程教学深度融合。

十、对口支援

24. 落实国家和八省区蒙语文协作小组对口支援政策，深入推进蒙古语文协作省区的相互学习、交流协作关系。积极发展国际交流与合作，响应国家沿边开放战略，服务"一带一路"建设，支持民族学校利用地缘优势和语言文字条件开展有关活动。扩大八省区对换招生计划任务，加强八省区蒙古族学校和幼儿园教师的培训力度。

25. 积极做好八省区蒙古语授课中小学青年教师创新课教学观摩评选等活动，继续发挥八省区蒙古族中学校长协作会和八省区蒙古语基础教育研究的作用，加快八省区蒙古语授课教育的创新和发展，健全和完善教育对口支援长效机制，进一步加大帮扶力度，推进肃北民族教育跨越发展。

26. 组织省内一批省属高校、优质中小学和重点职业学校，建立"一对一"帮扶机制，帮助肃北县受援学校解决实际困难。组织由省级示范性中小学骨干教师组成的"教育支教队伍"，开展对口支教活动。

27. 积极帮助促成肃北县学校与内蒙古自治区中小学建立友好学校关系。每年安排骨干教师和校长（园长）到内蒙古各盟市优质学校开展一学期挂职学习，充分发挥"帮、传、带"作用，强化双语教师的培训力度。

十一、保障措施

28. 积极争取政策支持，实行免费教育。全面落实"两免一补"政策，实施农村义务教育学生营养餐改善计划和全免费教育，并为农牧区学前教育免费提供营养餐。全面提高义务教育公用经费、寄宿生生活费补助标准，提高义务教育经费保障水平，提高学前教育、普通高中、中等职业学校和普通高校学生生均综合定额基本标准和学生人均财政拨款标准。县政府在安排财政转移支付资金和本级财力时对民族教育给予倾斜。进一步完善家庭经济困难学生资助体系，加大资助力度，确保每一个学生顺利完成学业。

29. 充分认识民族教育在促进少数民族地区经济繁荣发展和边防地区和谐稳定中具有基础性、先导性、全局性作用。各相关部门加强对民族教育发展的统筹协调和分类指导。省教育厅和酒泉市委、市政府每年召开1次民族教育工作专题座谈会，研究解决少数民族自治县教育改革发展面临的困难和问题。按照《国家教育督导条例》健全督导机制，保证教育法律、法规、规章和国家教育方针、政策的贯彻执行，落实各级政府发展教育的责任。

30. 积极争取资金支持。优先支持肃北县中小学功能用房、体育场馆、附属设施建设，购置更新各类教学仪器设备和图书，加快中小学标准化建设步伐。争取教育部、财政部和省财政厅的支持，利用中央专项彩票公益金为肃北县建立青少年示范性综合实践基地，为实施素质教育提供条件保障。

31. 省教育厅在全面实施本行动计划的同时，将认真贯彻落实国家和我省后续出台的有关政策与措施，推进肃北教育事业跨越发展。

甘肃省教育厅支持阿克塞哈萨克族自治县
教育跨越发展行动计划（2017—2020 年）

为贯彻第六次全国民族教育工作会议精神，落实《国务院关于加快发展民族教育的决定》和《甘肃省加快发展民族教育专项规划（2016—2020 年）》的文件要求，促进阿克塞县教育事业跨越发展，与全省同步实现《国家中长期教育改革和发展规划纲要（2010—2020 年）》提出的奋斗目标，结合阿克塞县教育实际，制定本行动计划。

一、当前形势

改革开放特别是西部大开发战略实施以来，在党中央、国务院正确领导和省委、省政府高度重视下，阿克塞县教育事业取得长足发展，形成了从学前教育到义务教育的现代化教育体系,进入了新的历史发展阶段,特别是 2014 年义务教育均衡发展如期通过国家评估认定,成为阿克塞县教育发展史上重要的里程碑。

但由于受自然、地理、经济和历史等因素制约,阿克塞县教育发展水平总体落后的局面还没有根本扭转,主要发展指标与全省、全国平均水平还存在较大差距,实现跨越发展还有不少亟待解决的困难与问题。地方经济总量小,财政相对困难、教育投入不足成为制约阿克塞县教育发展的根本原因;教师整体素质不高与学科结构短缺成为影响阿克塞县教育质量的关键因素;学校基础设施相对落后,教学仪器设备陈旧、信息化建设滞后、寄宿制学校附属设施紧缺、引进教育急需人才尤其是双语教师困难等问题亟待解决。

党的十八大做出了促进教育公平、合理配置教育资源、重点向民族地区倾斜的战略部署,为推进阿克塞县教育事业跨越发展提供了强有力的政策保障。我省第十二次党代会提出了与全国同步进入全面小康社会的奋斗目标,对阿克塞县教育发展提出了新要求、提供了新机遇。省教育厅全面统筹、科学谋划,采取特殊措施,加大对民族自治县的扶持力度,增强教育发展能力,努力推进民族地区教育事业跨越发展。

二、学前教育

1. 在实施学前教育重大工程项目过程中向阿克塞县倾斜。支持阿克塞县实施《第三期学前教育行动计划》,加强基础能力建设,推进学前教育快速发展。鼓励和支持发展具有民族特色的民办幼儿园。

2. 积极争取国家、省财政经费支持,加快阿克塞县双语幼儿园建设步伐。解决幼儿园"大班额"问题,满足当地群众对学前教育的需求。力争到 2020 年,学前三年毛入园率分别达到 95% 以上。

3. 协调省编办、人社等相关部门,按照国家规定的幼儿园基本办园标准,为双语教学班每班再增加 1 名双语师资编制。

4. 积极与新疆维吾尔自治区开展对等招生,采取定向培养方式,每年为阿克塞县培养 2~3 名民族语和汉语兼通的双语幼儿教师。

三、义务教育

5. 指导阿克塞县建立健全义务教育均衡发展保障长效机制,倡导与省内优质特色学校捆绑式、强弱校连片结对等合作办学模式,合理配置教育资源,进一步提升义务教育学校标准化、现代化建设水平,提高学校整体办学水平和办学质量。到 2020 年,在推进县域内义务教育基本均衡发展的基础上,实现义务教育优质高效发展目标。

6. 指导阿克塞县健全完善义务教育"控辍保学"方案,加强组织领导,健全长效机制。强化控辍劝返复学措施,把留守、流动儿童作为"控辍保学"的工作重点。加强法制宣传,增强家长(监护人)依法送孩子入学的自觉性,确保"控辍保学"

目标全面实现。

四、普通高中教育

7. 支持阿克塞县加快改善普通高中办学条件，积极推进普通高中标准化建设。深化新课程改革，不断提高教育教学质量，特别是英语、数学、物理和化学等薄弱学科的教学质量。

8. 积极协调省内优质高中实施"内地普通高中民族班扩招工程"。在兰州、酒泉等省级示范性高中设置民族班，每年招收阿克塞籍少数民族初中应届毕业生，实行混合编班、混合寄宿。

9. 继续支持阿克塞县学生在敦煌中学异地接受优质普通高中教育的办学模式。

五、职业教育

10. 积极争取国家和省直有关部门支持，加强省内外高职院校的现代农牧业、生态旅游业、民族文化艺术、哈萨克族医药、民间工艺、畜产品加工等专业建设，增加阿克塞籍学生招收名额，为阿克塞县培养民族传统特色手工艺传承人和技能人才。

11. 协调发达地区教育部门，组织省内外示范性职业学校，采取校校联合、校企合作等办学模式，通过"1＋2"① "2＋1"② "1＋1＋1"③ 等办学形式，每年选送5～10名阿克塞哈萨克族自治县籍初中毕业生到省内外重点职业学校接受中职教育，并协调落实各项优惠政策。

12. 拓宽升学渠道，对成绩优秀且希望继续深造的中职毕业生，每年按50％左右的比例对口升入高职院校。从2017年秋季开始，在"三校生"考试和五年一贯制、专升本等现代职业教育办学模式改革试点中，对阿克塞县籍学生予以政策倾斜。

13. 协调省人社厅积极支持阿克塞县建档立卡贫困家庭中职毕业生到基层医疗卫生、教育等事业单位和内地大中型企业就业。积极推进教育精准扶贫，实施职业技能提升计划和贫困户教育培训工程，加强未升学初高中毕业生和贫困家庭青壮年职业技术技能培训，帮助有需求的贫困家庭劳动力掌握致富技能，实现靠技能脱贫。

14. 支持阿克塞县将劳动力转移培训、职业技能培训与继续教育结合起来，大力开展对农牧民继续教育和技能培训，提高劳动力素质和脱贫致富能力。

六、双语教育

15. 建立以培养哈汉双语兼通和全面发展人才为目标的双语教育体系。指导阿克塞县幼儿园、中小学开展双语教学，在全面推广国家通用语言文字的基础上，加

---

①"1"：第一年是预科，在学校学习基础专业知识；"2"：后两年根据学生的基础和爱好，再系统学习专业知识和专业技能。

②"2"：校内学习培训两年；"1"：最后一年在校外顶岗实习或者毕业实习一年。

③"1＋1＋1"：职业学校学生在校三年分为三个阶段，第一年是第一个阶段，主要是加强基础理论和基础技能培训；第二年是第二个阶段，主要是对专业技能强化训练和提升培训阶段；第三年是第三个阶段，主要是把学生安排在校外校企合作学校参加顶岗实习或毕业实习。

强双语教学，提高双语教育质量。

16. 建设一支高素质的双语教师队伍。为阿克塞县学校配齐双语教师。通过定向培养、集中培训与进修等措施，强化双语教师特别是学前教育双语教师培养与培训。加强与新疆维吾尔自治区对等协作，委托新疆设有哈语文专业的高校，对阿克塞县开展双语继续教育培训。

17. 支持阿克塞县建立哈汉双语资源库和教学、培训平台，建成以国家教材为主、地方和校本教材为补充，学科教学与专题教育相结合，文本教材与多媒体资源相配套的哈汉双语教材体系。加强双语教育教学研究，提高双语教研水平。

18. 提高现代信息技术在双语教育中的应用水平。形成具有民族特色、适应双语教育需要的现代远程教育网络，所有校园实现远程直播课堂进教室，为教师和学生提供优质远程教育资源。

七、民族团结教育

19. 按照全省《关于贯彻落实〈学校民族团结教育指导纲要（试行）〉的实施意见》要求，指导阿克塞县在各级各类学校开设民族团结教育课程，把社会主义核心价值体系融入教育教学全过程，积极开展爱国主义、社会主义荣辱观、"五个认同"和"三个离不开"思想等主题教育活动，引导广大师生牢固树立马克思主义祖国观、民族观、宗教观、历史观和文化观，全面提升师生的思想道德素质，增强中华民族自豪感和凝聚力。

20. 指导阿克塞县建立民族团结教育常态化机制。在阿克塞县小学高年级、初中开设民族团结教育专题课，推动党的民族理论、民族政策和国家法律法规进学校、进课堂、进头脑。充分发挥教育在各民族文化交融创新中的基础性作用，把中华优秀传统文化融入中小学教材和课堂教学，在民族地区学校开设民族艺术和民族体育选修课程，开展民族优秀传统文化传承活动。加强民族团结教育资源库特别是双语教育资源库建设。开发具有民族与地域特色的民族团结教育教材和教辅资料，将义务教育阶段学生民族团结教育教材纳入地方课程免费教科书。加强民族团结教育教师培养培训工作，依托西北师范大学民族培训中心，每年为阿克塞县培训 2～3 名民族团结教育教师。

21. 支持阿克塞县和对口支援省市之间建立各族学生交流交往平台，通过"手拉手心连心"、夏令营等主题活动积极开展各族学生体育、文艺、联谊等活动，增进相互了解，促进不同民族学生共学共进。

八、教师队伍

22. 争取省财政支持，将阿克塞县教师列入乡村教师生活补助实施范围，与全省 58 个集中连片特困县和 17 个插花型贫困县乡村中小学校和幼儿园教师一样享受生活补助，大力提高阿克塞县教师各项待遇。

23. 争取省编办等相关部门支持，结合民族地区双语教学实际，重新核定阿克塞县学校教师岗位编制，在核定教师编制总额上给予适度倾斜，解决阿克塞县双语师资总量不足问题。

24. 实施优质师资引进工程，建立省、市（县）分担机制，开辟绿色通道，提供优厚条件，为阿克塞县引进紧缺学科教师和骨干教师。

25. 争取省内外师范院校支持，为阿克塞县培养优质师资和紧缺专业教师。

26. 通过"国培计划"和省级培训等教师培训计划，进一步加大阿克塞县的扶持力度，在安排各类教师培训项目资金和培训名额时向阿克塞县倾斜。到 2020 年，完成全县骨干教师全员培训。

27. 积极争取省人社厅政策支持，阿克塞县教师在职称评聘时对论文发表、计算机及荣誉等各项评定标准不做硬性要求，对符合条件的在职教师按时评审，对评审取得资格的教师及时按岗聘用，不再受岗位结构比例的限制。积极争取出台政策，建立阿克塞县教职工定期体检机制。对为阿克塞县教育事业改革发展做出突出贡献的教师给予表彰奖励并大力宣传。适当扩大省政府"园丁奖"表彰数量，名额分配重点向民族地区教师倾斜。

九、教育信息化

28. 积极落实教育部《教育信息化十年发展规划（2011—2020 年）》。依托国家教育信息化项目，力争到 2020 年，建成包括学校维稳指挥、网络服务、教育资源共享和教学管理 4 大平台的阿克塞县教育信息中心。各校园建有校园网络、教学辅助系统和教育管理系统，"三通两平台"信息化建设水平达 100%。

29. 积极争取国家和省财政支持，为阿克塞县各级各类学校配齐教育图书实验装备、计算机、教学触摸一体机等基础设施设备，建设校园网、录播教室、校园数字广播系统，构建"互联网＋"信息化建设新模式，建立教育云资源，实现优质教育资源共享。加强哈萨克族语言数字信息资源库建设，每年安排 1～2 名阿克塞县中小学、幼儿园信息技术教师开展应用能力培训，不断提高信息技术教师应用能力，实现信息技术与课程教学深度融合。

十、对口支援

30. 在组织实施"东部地区学校对口支援西部贫困地区学校工程""省内大中城市学校对口支援贫困地区学校工程""省直机关和企事业单位支援贫困地区学校工程"等项目时，进一步向阿克塞县倾斜。

31. 组织省内一批省属高校、优质中小学和重点职业学校，建立"一对一"帮扶机制，帮助阿克塞县受援学校解决实际困难。组织由省级示范性幼儿园骨干教师组成的"学前教育支教团队"，开展对口支教活动。每年安排 5 名骨干教师和校（园）长到省内外优质学校开展一学期的挂职学习。

十一、保障措施

32. 积极争取省政府政策支持，将阿克塞县幼儿园儿童列入营养餐改善计划。

逐步提高义务教育公用经费、寄宿生生活费和取暖费补助标准。逐步提高义务教育经费保障水平，逐步提高学前教育、普通高中、中等职业学校和普通高校学生生均综合定额基本标准和学生人均财政拨款标准。进一步完善家庭经济困难学生资助体系，加大资助力度，确保每一个学生顺利完成学业。

33. 各类教育项目和资金向阿克塞县倾斜。加强阿克塞哈萨克族自治县中小学、幼儿园功能用房、体育场馆、附属设施建设，购置更新各类教学仪器设备和图书。积极协调有关部门落实《中共中央国务院关于加快四川、云南、甘肃、青海省、藏区经济社会发展的意见》等文件精神，取消各类教育项目县级政府配套资金。争取教育部、财政部和省财政厅的支持，利用中央专项彩票公益金为阿克塞县建立青少年示范性综合实践基地，为实施素质教育提供条件保障。

34. 协同阿克塞县政府积极争取国家和省财政支持，改善学前教育、双语教育、职业教育和教师队伍建设，解决制约阿克塞哈萨克族自治县教育发展最紧迫、最重要的困难和问题。

35. 建立健全定期协商机制。省教育厅和阿克塞县委、县政府每年召开1次教育工作专题座谈会，研究解决阿克塞县教育改革发展面临的困难和问题。

36. 切实加强教育督导和教育科研工作。督促阿克塞县尽快按照《国家教育督导条例》健全督导机制，保证教育法律、法规、规章和国家教育方针、政策的贯彻执行，落实各级政府发展教育的责任。

4. 民族团结及异地办学模范事迹

诗人泰戈尔说过："花的事业是甜蜜的，果的事业是珍贵的，让我们做叶的事业吧，因为叶总是谦逊的垂着她的绿荫的。"教育事业就是叶的事业，每一名教师就是一片绿叶，孕育着祖国的花朵。看着孩子们快乐地成长和获得的成功，我们心中荡漾着说不出的喜悦。但我们还要继续努力，只有通过不断反思、探索、创新，才能更好地培养下一代，更好地再创辉煌。

自从肃北蒙古族自治县和阿克塞哈萨克族自治县高中异地办学以来，这项惠及两县百姓的重大民生工程，受到来自各方面的高度关注和大力支持，上至甘肃省教育厅、酒泉市委市政府市教育局，中到敦煌市委市政府教育局、两个民族县委县人民政府县教育局，下至敦煌中学，各级领导的深切关怀和广大教师的辛勤工作，为民族县教育事业发展提高，做出了积极贡献，被民族县的广大百姓所交口称赞。酒泉市人大常委会主任塞力克，敦煌中学党委书记、校长曹新，敦煌中学民族教育联络办公室陈肃宏老师以及许许多多的默默奉献的敦煌中学的老师们……

开拓创新促发展 因势利导泽后世

——记为民族教育发展做出卓越贡献的好领导塞力克

塞力克，哈萨克族，阿克塞哈萨克族自治县人。原酒泉市人大常委会党组书记、主任，曾任阿克塞哈萨克族自治县人民政府县长，酒泉市人民政府副市长，酒泉市统战部部长，现已退休。

高瞻远瞩为家乡教育绘蓝图

阿克塞县是甘肃省酒泉市下属的一个以哈萨克族为主体的民族自治县，地处甘肃、青海、新疆三省交界处，成立于 1954 年。阿克塞县风光秀美，资源丰富，被誉为"百里黄金地，塞外聚宝盆"，全县面积 3.1 万平方公里，辖 5 乡 1 镇，近 1 万人口。至今保留着古朴的民族文化和独具特色的民族风俗，建县 60 多年来，在党的民族政策的指引下，历届县委、县政府和全县各族人民战天斗地，发愤图强，用汗水和智慧书写了艰苦创业、治穷奔小康的辉煌历史。但是由于受历史、地理等因素的影响，阿克塞县的教育事业相对落后，制约了自治县经济社会的长足发展。为了顺应时代的变化，跟上时代的步伐，促进自治县教育事业的长足发展，时任自治县人民政府县长的塞力克带领政府班子成员想尽办法吸引人才，并于 2003 至 2006 年与兰州三十三中结成"一对一"帮扶关系，由三十三中派遣优质教师到阿克塞自治县中学任教和帮扶，同时自治县中学也选送部分教师到兰州三十三中深造，但是三年下来却没有达到预期的效果。

肃北蒙古族自治县隶属于甘肃省酒泉市，位于甘肃省西北部，河西走廊西端南北两侧，县域分南山和北山两个不相连的区域，总面积 66748 平方公里，下辖 2 个镇、2 个乡，总人口 11741 人，其中蒙古族 4446 人，占 37.9%。肃北县南北自然环境差异极大，南山地区南部祁连山区平均海拔 3500 米以上，团结峰海拔 5826.8 米，为甘肃省最高峰；山麓为沙砾戈壁倾斜高平原区。北山地区为中低山和残丘地貌，戈壁广布。肃北县有天然草场 4676 万亩，主要饲养绒山羊、牦牛、骆驼等牲畜，另有少量耕地；矿产资源比较丰富，是肃北的主要经济支柱。但是由于自然环境的制约，游牧民族的习俗，肃北县的教育相对落后。和阿克塞县一样，家庭经济条件相对好一点的，把孩子都送到周边的酒中、敦煌中学等学校就读，当然这只是极少部分，因此肃北、阿克塞两县的高考升学率极低，考大学成了家长孩子的奢望，久而久之他们对考学失去了信心。无论走到哪里，塞力克一直心系家乡教育，为家乡的教育发展殚精竭虑。

2007 年，时任酒泉市人民政府副市长的塞力克，主管教育部门。他在广泛调研肃北蒙古族自治县和阿克塞哈萨克族自治县教育情况后，提出把肃北县和阿克塞县的高中教育办到具有优质教育资源的敦煌市，开创了一条探索少数民族地区教育高质量发展的新路子——"异地办高中"。经过塞力克副市长牵头，酒泉市人民政府、敦煌市人民政府、肃北蒙古族自治县人民政府、阿克塞哈萨克族自治县人民政府多次协商沟通，由酒泉市人民政府出台《酒泉市人民政府办公室关于肃北县阿克塞县高中教育适当集中在敦煌市举办的会议纪要》，当年秋季，肃北蒙古族自治县和阿克塞哈萨克族自治县的高一新生80余名，分别进入敦煌中学和敦煌三中就读，开创了"异地办学"的新局面。

不遗余力为家乡教育发展运筹帷幄

在他担任酒泉市人民政府副市长期间，格外关心敦煌中学的民族教育事业的发展，数十次深入到敦煌中学，入宿舍、下餐厅、搞座谈，了解民族县学生的生活学习情况，把学生反映的问题集中起来，及时反馈到各县政府及教育部门，共同协商解决。面对教育经费紧张的情况，塞力克积极与肃北蒙古族自治县和阿克塞哈萨克族自治县政府部门协调，制定相关政策，给予财力上的极大支持，保障民族县学生在敦煌中学的正常学习和生活，解决家长的后顾之忧。2007年8月初，第一批肃北、阿克塞学生报到入学进行入学教育及军训。当时主管教育的赛力克副市长多次与肃北、阿克塞两县的领导沟通协商制定了"两免一补"政策，即免学杂费、课本费，补助部分生活费，这一政策的施行解除了大部分学生上学难的问题，极大地调动了少数民族学生求学的积极性，为少数民族教育的发展奠定了雄厚的基础。2007年8月28日晚8点，塞力克副市长在教育局张新生局长的陪同下来到敦煌中学检查工作，在教室、餐厅、公寓楼都留下了他的脚印，尤其对肃北、阿克塞的学生还有生活老师嘘寒问暖，了解入校的情况，及时解决存在的问题，稳定了他们的情绪，温暖了他们远离家园、异地求学的孤独之心。当他得知肃阿两地学生入学、住宿、上课一切就绪后，又提出了今后工作的重点以及注意事项，事无巨细，全面周到细致，对少数民族教育发展的拳拳之心溢于言表。

由于就学学生数量的增加，为了改善教学住宿就餐的条件，在塞力克副市长的关心下，在上级部门的支持下，学校先后修建了综合楼、餐厅、体育馆、公寓楼。塞力克副市长经常过问，只要到周边县市有公干，他就特意绕道敦煌来敦煌中学，看望在异地求学的学子，关心敦煌中学的基建工程。2008年10月13日，塞副市长和地区教育局郝局长一行又一次来到敦煌中学，检查基建工程和冬季供暖的前期准备工作，亲临学生就餐的清真餐厅，少数民族住宿的公寓，并召开肃阿两地学生座谈会，倾听学生的心声，现场解决存在的问题，叮咛学生们要搞好团结，鼓励学生努力学习，走出大山、走出戈壁草原，学成归来建设家园，孝敬父母。

2012年，敦煌中学与敦煌三中高中部合校搬迁至新校区，时任酒泉市委统战部部长的塞力克更是关注敦煌中学民族教育这块阵地，多次调研，出谋划策，狠抓落实。2013年3月12日塞力克部长来敦煌中学调研，听取汇报，实地考察，肯定成绩，指出不足，高屋建瓴为民族教育发展更上一层楼明确了努力的方向。2014年7月7日塞力克部长在敦煌中学召开了由领导、教师代表、生活老师、不同民族学生代表参加的座谈会，会上大家畅所欲言，回顾过往，展望未来，气氛热烈。肃北县和阿克塞县的县长都做了表态发言，塞力克部长作了总结发言，他肯定了民族教育取得的长足发展，肯定异地办学取得了成功，赞扬了在困难重重的情况下敦煌中学的领导老师顾全大局，勇于担当……再一次对敦煌中学的民族教育提出了更高的要求，要继续把民族政策落到实处，做到"三个离不开""五个认同"，思想要高度统一，民族融合发展形成共识，异地办学办出特色、办出新意。

民族县"异地办高中"这项政策出台之后，肃北蒙古族自治县和阿克塞哈萨克族自治县绝大部分干部群众对这项举措交口称赞，但也有部分群众对此持不同的意见和反映。塞力克副市长为此专门到肃北蒙古族自治县和阿克塞哈萨克族自治县，召开全县干部大会，进一步统一思想认识，提高政治觉悟，号召干部群众，放眼未来，提高民族县教育质量，为民族县培养更多高素质人才。又召集部分群众进行座谈，倾听群众的心声，解释政策福利，打消群众心中的疑虑，为这项惠民政策的实施做出了巨大贡献。

从2007年8月"异地办学"政策实施以来，肃北、阿克塞在敦煌就读的学生就享受到了"两免一补"的优惠政策：免学杂费、课本费；补助部分生活费。还报销交通费。生活费补助由原来的每人每天四元涨到每人每天八元。另外决定增加10名教师，新增教师的工资分别由肃北、阿克塞两县按照敦煌市同类高中教师的供给标准承担，每年九月份由两县政府拨付到敦煌市教育局。两地学生到敦煌就读新增公用经费，按照酒泉市政府核定的敦煌市学生公用经费标准计算，拨到学生就读的学校。为了解决教室紧张的问题，由酒泉市和肃北县、阿克塞县、敦煌市共同出资，修建教学楼。酒泉市安排60万，肃北县、阿克塞县、敦煌市各安排100万，敦煌市教育局从省上争取100万元。酒泉市人民政府从2007年开始，每年从民族事业经费中给敦煌教育补助20万元。2007年的补助用于住宿、餐厅设施购置费，从2008年开始用于补助教育支出。这一系列惠及民族教育的政策酝酿出台无不凝聚着塞力克副市长的心血。他就是这样一个权为民所用，情为民所系，利为民所谋的好领导。

教育惠民　促进三地经济发展

一分耕耘，一分收获。对肃北蒙古自治县和阿克塞哈萨克族自治县的百姓来说，吃水不忘挖井人，每每提起他们的老领导塞力克，都交口称赞，塞力克就是他们的挖井人。从2007年开始肃北蒙古自治县和阿克塞哈萨克族自治县高中学生到敦煌就读开始，由于科学合理的管理机制、优质的教育资源，各民族学生间的团结和睦相处，少数民族学生优良学习生活习惯的养成，学习成绩大幅提高，异地就读取得的初步成功，入学率一年比一年高，从 2007 年的民族县学生 50 人增加到 2019 年 486 人。十四年来敦煌中学就读的肃北学生有 942 人，阿克塞学生有 989 人，合计 1931 人，其中 9 个少数民族，共 392 人。目前，敦煌中学在校民族县学生 454 人，肃北 168 人，阿克塞 286 人。其中少数民族学生 96 人。少数民族地区高中入学率的大幅度提高，极大地提高了本地区、本民族的整体居民素质，开阔了他们的眼界，增强了他们的自信。

2010 年是肃北、阿克塞两县异地办学的第一年高考，到 2020 年整十一年，两县高考升学率突飞猛进，从 2016 开始到现在肃北、阿克塞两县的升学率都是 100％，有许多学生考入了 985、211 名校。"异地办学"对塞力克来说研精覃思已久，起步是艰难的，过程是曲折的，成绩是显著的。

"谁言寸草心，报得三春晖"，从高等院校毕业的大学生有 90％都回到自己的家乡，他们在不同的工作岗位上，用自己所学为建设家乡出力，促进了家乡经济建设的发展。塞力克在任期间，真正做到了为官一任，造福一方，为少数民族教育事业进步发展呕心沥血，鞠躬尽瘁。

塞力克同志不论在哪个领导岗位上都时刻不忘民族教育这项惠民工程，2019 年，时任酒泉市人大常委会主任的赛力克即将退休，他又一次来到敦煌中学，看到自己多年筹划、亲力亲为并取得的成绩激动不已，即兴挥诗一首："不图虚名干实事，教育教学办法多。民族学生成绩好，领导家长评价高。"这首诗是在赞扬敦煌中学，又何尝不是他自己的写照？

让民族教育之花更加鲜艳
——全国民族团结进步模范个人曹新同志事迹

曹新，汉族，甘肃省敦煌市人，出生于 1963 年 4 月，大学本科学历，1979 年参加工作，先后在敦煌市杨家桥中学、敦煌县教师进修学校、敦煌中学任教。他热爱党的教育事业，干一行、爱一行、钻一行，工作表现一直很优秀，成绩特别突出。他先后获得甘肃省"园丁奖"，省级骨干教师、学科带头人，省级青年专家，正高级教师，特级教师，苏步青数学奖，享受省政府特殊津贴，是"三结合"德育创新研究先进实验工作者、教育部中国中小学幼儿教师奖励基金会"全国教育科研杰出校长"、中国教育学会中学语文教学专业委员会"创新写作教学研究与实验"课题组课题实验学校优秀校长；是酒泉市专业技术拔尖人才、酒泉市民族团结进步模范个人。

在他的身上有一种"不干则已、干则一流"的拼搏意识，他以一个普通教育工作者的崇高师德和奉献精神，为学生和学校的发展奉献出自己全部的爱，他以默默无闻的奉献精神，担当起了一位教育园丁的责任、坚守住了一位教育园丁的职业操守。

创新异地办学模式 促进教育融合发展
——敦煌中学承办异地高中教育之纪实

自 2007 年 3 月起担任敦煌中学校长以来，曹新同志从创新升级学校的办学理念和办学思路入手，以学生成才、教师成长、学校成功为目标，团结和带领全体师生锐意进取，不懈开拓，不断深化教学改革，大力推进素质教育，教育教学成绩显著提升，取得了良好的办学效益，获得了社会各界的普遍认可。尤其是在 2013 年高考中，学校一本上线 205 人，上线率为 15.5%，比全省一本平均上线率高出 7.7 个百分点，增幅为 91.6%；二本上线 534 人，上线率为 40.4%，增幅为 3%；高考录取率达 87.3%，有 2 名同学被清华大学录取，这是敦煌市自国家恢复高考制度以来取得的最好成绩，实现了敦煌教育新的里程碑式的突破。2014 年高考中，文化课一本、二本上线人数比 2013 年分别增加 1 人、21 人，再次刷新了敦煌高考记录。

他是民族教育的模范

2007 年 7 月，学校积极响应酒泉市教育结构布局调整，发展民族教育事业，把肃北蒙古族自治县和阿克塞哈萨克族自治县高中办到了敦煌中学，于是民族教育工作又成为敦煌中学的重要工作之一。作为校长的曹新，始终坚持"学校民族教育工作重中之重地位不动摇，坚持把维护民族团结、共同进步发展作为学校教育工作的出发点"的原则，初步确立了"以促进民族县学生身心健康发展为中心，以尊重民族县学生宗教信仰、尊重民族县学生生活习惯"为中心，以"团结、包容、融合、发展"为实施步骤的"融入式"管理教育办法，不断强化教育行为，落实教育责任。营造了团结、尚学、文明、上进的民族教育氛围。作为校长，他身体力行，关注民族学生与汉族学生的融合、交往。一天，曹校长到清真餐厅吃饭，看到高一（3）班的哈萨克族学生来扎提正在吃饭，同班的一名汉族学生端着牛肉面从外面进来，坐在了来扎提的对面，两人一边吃一边聊，突然，汉族同学用自己的筷子动了来扎提的碗，来扎提一下子站了起来，满脸怒色，离开餐厅走了，这个汉族同学愣在了那里，不知道怎么回事。事后，曹校长找到这位同学，告诉他少数民族的风俗习惯，并在全校集会上讲了如何尊重民族生活习惯、尊重民族宗教信仰，彼此交流，学会尊重等问题。要求班主任一定要做好民族团结工作，之后，民族学生与汉族学生的交往、交流、交融逐渐展开，民族融合顺利开展，全校师生亲如一家。

从民族县学生开始进入敦煌中学就读到现在，曹校长非常重视教师队伍中可能出现的责任感不强、主动性不高、工作投入不足、对少数民族县学生管理不力等问题，通过打预防针防、制度管理、年终考核评议、家长学生评价等方式，不断强化师德师风建设，优化教师评价机制，使全体教师充分认识到民族团结进步教育的重要意义，不断提高做好此项工作的自觉性和主动性，打造教师"质量立身、以德树人"的新形象。期中考试后，曹校长看了学校民族教育联络办公室送来的民族县学生征求意见表之后，抽出来其中的一张，特意地在学生意见背后打了个问号，原来这位叫巴雅尔的学生反映说有老师歧视民族县学生。曹校长找来这个学生，询问了情况，这个学生说老师点名批评了他，他觉得伤了自尊，认为老师歧视他，并顶撞了老师。曹校长耐心地告诉这个学生，老师为什么批评？批评得有没有理由？学生应该如何对待老师的批评？语重心长的分析引导，让这个学生认识到自己的错误。最后，巴雅尔深深地向曹校长鞠了一躬，说了声"谢谢校长"。事后，曹校长在班主任大会上，要求班主任，工作要做到爱心、细心、耐心、公心，特别是对待少数民族县学生，一定给予他们更多的关心爱护，让他们学在敦煌中学、乐在敦煌中学、长在敦煌中学。

曹校长高度重视民族团结进步氛围的营造工作，担任专项工作小组领导，负责民族团结教育各项工作的筹划部署和开展推进。通过民族特色文体活动开展、校园文化布置展示、集会宣讲、民族县学生家长会、民族常识知识教育主题班团会、校园广播宣传等形式对全体学生进行教育和引导，不断夯实民族团结进步工作的思想基础和群众基础，切实尊重少数民族学生风俗习惯，强化民族意识，促进民族团结进步，形成了不同民族学生之间相互关爱、彼此尊重、共同进步的良好校园氛围。一次，在全校的大家乐活动上，曹校长看到了几个身着少数民族服饰的女孩子在舞台上跳着优美民族舞蹈，唱着悦耳的民族歌曲，他非常高兴。活动结束后，曹校长把这几个女孩子叫到办公室，详细地询问了她们的情况。原来这是阿克塞的几位哈萨克族学生，她们利用学校的大家乐这个活动平台，把自己家乡的民族歌舞搬到了学校，展示给全校同学。曹校长充分肯定了她们的做法，表扬了同学们积极展示民族特色才艺，体现民族学生精神风貌的行为。之后又询问了他们的学习生活情况：能否适应在敦煌中学生活？上课能否跟上？吃饭是否习惯？和班上同学相处怎么样？并鼓励她们好好学习，孩子们的肯定回答，让校长脸上露出了满意的笑容。

为做好少数民族县学生教育管理工作，他协调设立了少数民族教育管理联络办公室，亲自指导相关人员开展工作，做到"六个一"，形成了较为系统的工作规范。

"六个一"，即：

"管住一张嘴"：全体教师统一口径，对学生不分区域，不讲来源，都是敦煌中学的学生、我们的孩子，公平公正，一视同仁，尤其做到尊重少数族习惯，尊重个体差异。

"捧上一颗心"：由于民族县学生远离家乡，加上普遍性的生活自理能力不强，我校班主任和生活管理老师都亲自帮助学生叠被子、摆用具，做卫生，不厌其烦，耐心指导，直到他们形成习惯。学校还专门安装了消费刷卡系统，限制了过度消费。现在来看，民族县学生有半学期就能养成生活自理的习惯。

"绷紧一根绳"：为了帮助民族县学生彻底融入快节奏高强度的高中学习生活，学校除在作息、饮食、仪容、住行等方面统一要求每个学生外，还在纪律方面对他们严格要求，对违纪学生加强教育引导，用理解宽容感动学生，用关爱和交流感化学生，做到不放弃、不抛弃。

"引好一条线"：针对民族县部分学生学习基础相对薄弱的情况，我们采取任课教师和班级中的民族县学生"一帮一结对子"的方法，要求每个老师充分了解每个民族县学生的情况，根据他们的习惯、特点、性格等，个别辅导时降低难度不赶进度，打牢基础横向拓展，力争让每一个同学跟得上，不掉队。

"撒开一面网"：主管校长每月召集政教、教务和民族教育联络办公室、班主任召开民族县学生教育管理工作会，修订教育管理办法，研究解决出现的新问题；民族教育联络办公室每周召集民族县生活老师召开一次联席会议，互通情况，商量办法，解决问题；学校领导不定期召开生活管理老师会议，交换意见，关心生活；每周，生活管理老师参加一次学校的安全例会，形成齐抓共管的教育管理网络。

"用好一个标准"：不论是对敦煌籍学生，还是对民族县学生，我们都是用统一的评价体系，成绩核算是这样，评优树模是这样，让学生朝前看有盼头、向前走有劲头。

十四年来，敦煌中学一共有肃北、阿克塞两个民族县学生 1931 人就读，其中肃北学生 942 人，阿克塞学生 989 人，有少数民族学生 392 人，包括蒙古族、哈萨克族、藏族、土族、维吾尔族、回族、满族、锡伯族、东乡族、裕固族等，为社会培养了 1471 名合格的高中毕业生，其中考入大学有 1336 人。从平时考核和高考成绩来看，少数民族县学生升学率逐年稳步上升，从 2010 年到 2015 年，高考升学率，分别达到 83.3％、86.2％、90.4％、88.8％、93.9％、92.2％（肃北县和阿克塞县升学率的平均值），从 2016 年开始少数民族学生的升学率达 100％，学生的综合素质得到提高，受到社会各界的广泛好评，为民族县人民交上了非常满意的答卷，有力地促进了民族大团结局面的繁荣。学校也在 2013 年 5 月被中共甘肃省委宣传部、中共甘肃省委统战部、甘肃省民族事务委员会评为"甘肃省民族团结进步创建活动示范单位"，2013 年 9 月被酒泉市委市政府评为"全市民族团结进步宣传月项目帮扶工作先进集体"。

他是学校安全的卫士

2012 年 8 月以来，他根据学校新迁实际，主持制定了《敦煌中学校园安全工作管理实施办法》，细化了各类突发性事件预防应急预案，确定了安全工作一级抓一级、一级管一级、谁主管谁负责的管理体制，克服畏难思想，创立了定期不定期的法律知识讲座和应急疏散逃生演练制度，不断加强安全管理网络建设，将其覆盖至校园的每一个区域，每一个角落，每一个时段，做到"五个保证"和"五个挂钩"，实现了校园安全工作的制度化、规范化、常态化。

因为各种原因，学校师生和家长对安全工作总是不重视，认为安全事故离自己还很远很远。每当靠说理不能说服对方而又不能松口子的时候，他不得不拉下脸，按照原则要求来办，好多人都称他叫作"曹黑脸"。等到大家都理解了他的工作，明白了他的要求是对所有人负责时，他只是嘿嘿一笑，好像这件事和他没什么关系一样。

每个周末，民族县学生回家，乘车安全是头等大事。曹校长每次都和主管安全的副校长、政教处主任、民族教育管理联络办公室老师一起，强调学生的回家安全问题，安排专人和少数民族县生活老师一起，买票、清点人数、监管、跟车等等，确保少数民族县学生安全回家。

他是少数民族县学生生活的保姆

他经常说："公寓楼管理工作，要讲求一个'细'字，要做到一个'精'字。只要有良好的住宿条件，学生才能住得下来，才能住得舒心，家长才能放心。"

2012年8月，敦煌中学和敦煌三中高中部合并，组成新的敦煌中学，并搬迁到远离市区新的校区。合并后的敦煌中学，民族县学生达到400多人，各项事务繁复庞杂、千头万绪，尽快安排好民族县学生住宿显得尤为迫切和重要。他会同政教处和公寓楼管理负责人，夜以继日，废寝忘食，不辞辛苦，排除万难，在短短的三天时间里安顿好了所有学生的住宿，初步做好了相关工作。2012年8月24日至27日，曹校长没有回过家。白天要做很多事，饿了，泡一包方便面应付一下；累了，就在沙发上窝一窝。夜已深了，他仍和相关人员研究解决学生的住宿问题。只有两栋公寓楼，每个宿舍住几个人，摆几张床，能摆几张床？一次，又一次；一遍，又一遍……学生的住宿问题终于得以解决，他累得瘫坐在椅子上，脸上露出的却是轻松的笑容。

为了解决信仰伊斯兰教的少数民族学生的吃饭问题，他派人积极与敦煌市伊斯兰教协会联系，从民族宗教信仰和生活习俗等方面，聘请从事清真餐饮的工作人员，开办了学校的清真餐厅，解决了哈萨克族和回族学生的吃饭问题。还指示餐厅管理人员严格把关，从进货渠道、销售、饭菜价格、卫生环境等等方面，制定制度，强化监管，保证学生食品安全。他要求餐厅管理人员定期召开少数民族学生座谈会，征求学生对清真餐厅服务管理的意见，不断改进清真餐厅的服务，提高饭菜质量，更好地服务少数民族学生，确保民族学生吃饱吃好，打消了家长的顾虑。为了方便学生的生活，还修建了浴室、洗衣房、水果店、超市等。

他是思想教育的尖兵

自参加工作以来，他担任班主任工作二十余年，他也总结了自己的一套经验。他说：对学生出现的违规违纪行为，坚决杜绝"一棒子打死"的做法。首先把学生之前的表现与现在的状况做以对比，寻找问题发生的原因，是偶尔为之还是一贯表现，是内因主导还是外因诱惑，是波动反复还是应激反应。通过细致分析找到问题出现的症结所在，再找学生进行耐心细致的谈话，晓之以理，动之以情，帮助学生认识到问题所在，分析那样做会对自己和他人产生怎样的影响，引导学生认识到不良行为"由小及大"的危害，然后共同找出现在该怎样做才能被大家认可。对由于无知犯错误的，要做到说道理、摆事实，提高其认识能力；对意志薄弱经不起诱惑而反复犯错的，要给机会让其锻炼；对调皮捣蛋而有能力的，要委以具体的工作，一方面发挥他的积极性，另一方面也要严格要求，让他在实际中得以提高。尤其是对学生第一次违纪、第一次迟到能做到充分重视，处理问题既严肃认真，又留有余地，坚决避免过于粗暴和武断。

曹校长有个教育理念：教育即沟通，矛盾的 99% 是不沟通。高一学生维吾尔族姑娘古丽，家境困难，性格孤僻，离群索居，不愿和同学老师交流，学习成绩很不理想。班主任老师向曹校长请教如何处理这样的事情。曹校长要班主任老师去了解一下该学生的家庭及初中表现，发现她以前是一个开朗向上、积极好学的学生，仅仅是开学时与同学发生了一些矛盾，没有及时沟通消解误会，导致矛盾双方过于自责引发的。针对这一情况，曹校长让班主任在班级活动时特意设计了一个让矛盾双方都参与且增进彼此好感的活动环节，让她们再一次有了言语交流，化解了矛盾。接下来发生的就像他希望看到的那样：灿烂的笑容重新回到了古丽的脸上。

他尤其重视少数民族学生的心理健康教育。他指导政教处从学习、人际交往、青春期问题和挫折适应等四方面着眼，从设立心理热线信箱、建立心理健康咨询疏导室、兼顾对学生家长及其他方面的宣传入手，帮助学生克服心理压力和心理障碍，引导他们保持健康的心理状态。阿克塞学生拉哈曼提，他的成绩处在阿克塞学生前3名，老师和同学都认为他是考重点大学的苗子。但过于自信的他在高二开始认真地谈起了恋爱，成绩迅速大幅度下滑。后因一位男生在宿舍对他说了一句"爱美人不爱大学"的话，他便感到很恼火，认为让他"丢了面子"，于是对这位同学大打出手，幸被同学及时拉开，没有造成严重的后果。曹校长得知此事后，安排班主任和心理老师给拉哈曼提去做心理疏导。经过心理咨询老师的悉心疏导，拉哈曼提清醒地认识到了自己的错误，主动向同学道了歉，还在班上做了题为"怎样做才是真正的敦中学子"的主题演讲。从那以后，我们在教室又看到了拉哈曼提的埋头苦学的身影，一年后拉哈曼提考上了心仪的大学。

"雄关漫道真如铁，而今迈步从头越。"近四十年，他在平凡的岗位上尽着自己的一份责，出着自己的一份力。虽没有豪言壮语，但他却以一种孜孜以求、任劳任怨、甘于奉献的精神，实现着自己的人生价值，诠释了一名人民教师的追求，谱写出人生中一段辉煌的乐章。

曹新同志就是这样一个为民族教育事业倾其所能、无怨无悔，一心扑在教育上、全心全意为师生服务的好校长，他把心中所有的温情都化作无私的爱心奉献给了全校师生，他把全部的心血都浇灌在了民族教育事业上，他用自己心中对党的忠诚、对教育的挚爱铸就了民族团结之魂，绽放了民族教育之花。相信凭着曹校长对教育的热爱，对民族教育的重视，敦煌中学的教育教学一定会百尺竿头更进一步，敦煌中学的民族教育一定会芝麻开花节节高，敦煌的教育事业一定会长风破浪会有时，直挂云帆济沧海！

民族团结谱新曲
——全市民族团结进步创建活动示范家庭曹新家庭事迹

曹新，男，1963 年 4 月生于敦煌，中共党员。1981 年参加工作，毕业于甘肃省教育学院数学系（本科）。1989 年调入敦煌中学任教，1996 年破格晋升中学高级教师，1998 年任敦煌中学副校长，2007 年 3 月任敦煌中学校长至今。

如果包括已经出嫁的女儿在内，曹新全家共三口人，三口人都是政治立场坚定、自觉维护民族团结、维护社会稳定的优秀共产党员。妻子李晓红现任工商银行敦煌市支行副行长。女儿曹艳蓉大学毕业后在兰州市安宁区财政局工作，于今年 9 月结婚。女婿杨亚雄先生是甘肃理工大学教师。

曹新一家不仅在单位积极参加民族团结进步创建工作，还热心公益事业，积极向亲朋好友宣传党的民族宗教政策法规。受父母的熏陶，其女不论是在大学就读期间，还是参加工作之后，都能坚持正确的政治立场，积极团结各民族群众共同进步。

参加工作三十余年以来，曹新同志始终忠诚党的教育事业，爱岗敬业，为人师表，在工作中做出了突出成绩，受到上级领导和教师们的高度赞扬，同时也受到学生和家长的好评。1998 年获甘肃省"园丁奖"，2001 年被评为"甘肃省优秀专家"（编号 GSU0000299），2002 年被评为"甘肃省骨干教师"，2003 年被评为"甘肃省学科带头人"，2005 年被评为甘肃省"中学特级教师"，2008 年被评为"全国教育科研杰出校长"，2013 年被评为中学正高级教师，2014 年先后获得"全国民族团结进步模范个人""全国教育系统优秀教育工作者"称号。

民族互助暖人心

梨园社区，年近岁终的一天，鞭炮声已处处响起，渲染出一派年节将近的喜庆气氛。

社区里的一栋居民楼下，两个哈萨克妇女提着大包小包的东西，逢人就问曹新校长家住在哪里。熟知曹新性格的人不敢直接告知，而是打电话告诉了曹新。曹新夫妇很快就从楼上下来，两位哈萨克妇女一见到曹新，就赶快把早早准备好的大包小包民族食品往曹新夫妇手里塞。

原来，两位哈萨克妇女的孩子都在敦煌就读，并于今年 7 月以优异的成绩考入了理想中的大学，两位哈萨克妇女作为家长一定要向敦煌中学校长——曹新表达谢意。便在汉族春节前，特意亲手做了许多民族食品，要送给曹新。

　　弄明白来意后，曹新夫妇一脸笑意，将两位哈萨克妇女请到小区门前的清真饭馆里，请他们吃了一顿热腾腾的手抓饭，并感谢了他们的好意。他们没有拒绝两位哈萨克妇女的盛情，而是偷偷将五百元钱放到了她们的包里。并通过手机短信表达了对她们的感谢之情。

　　从此，两位哈萨克妇女逢人就说：孩子到敦煌，遇到了好老师，好校长。

巧解难题促团结

　　2007 年 3 月，曹新就任敦煌中学校长，就任后面临的第一个挑战就是肃北、阿克塞两县的高中生集中在敦煌办学的问题。如何解决好民族学生在敦煌尽快适应并顺利就读问题，是关系到民族团结的大事。本着"平等、团结、互助、和谐"的宗旨，按照"精心管理、耐心教育、细心照顾、热心关注"的思路，作为校长的曹新，按照《酒泉市人民政府办公室会议纪要》的通知，认真落实利用敦煌优质教育资源来帮助带动少数民族地区的教育发展——"异地办高中"这一教育新思路，开拓创新地完成了"异地办高中"的办学模式，为民族教育的出路和教育资源的整合做出了积极的努力和贡献。

　　曹新领导全校教职工认真研究民族工作政策和异地办学的相关方案，整合各方力量，积极构建全新的民族教育工作格局。首先是在全校教职工中广泛宣传上级部门关于异地办高中的政策，让这一惠民政策深入人心，形成人人关注民族教育的良好氛围。其次是成立了专门机构，协调管理。校长曹新为了做好民族学生培养这项工作，专门成立了民族地区学生管理联络办公室，委派专人全面负责此项工作。并加强与肃北、阿克塞两县的生活管理老师的协作，积极配合、较好地完成了民族学生教育工作。再次是加强了融入式管理。在高一分班、分宿舍时把民族县的学生平均地分到各班，让他们一入校就融入敦煌中学这个大家庭，并且学校在空档时间安排老师对薄弱学科无偿进行辅导，不让一个孩子因学习跟不上而辍学。同时还形成了家校联系长效机制，出台了一系列相关联系的制度，有效地促进了学生的管理工作。最后，为了解决少数民族学生的就餐问题，学校筹措资金专门修建了一个"清真餐厅"，为了方便学生的生活，还修建了浴室和洗衣房。

悉心关爱提素质

　　在学校教育中，曹新通过多次会议安排教师紧扣学生实际，全力提升少数民族学生的综合素质。为了解决民族县学生学习困难问题，他提出"一帮一"结对子的模式，有力促进了民族学生的素质提升。由于两县民族学生，初中毕业后全部升入高中，学生的水平参差不齐，为了解决这一问题，学校实施因材施教，分层次教学，专门安排一个老师和一个学生对民族县学生进行帮教。同时，为了更好地抓好民族教育工作，曹新同志号召全校教师积极进行民族教育课题研究，申请涉及民族教育的省级课题两项，两项都已结题。通过这项工作，有力地促进了学校的民族教育工作。

同时，围绕民族团结，创新活动载体，努力打造特色鲜明的和谐校园文化。作为校长，为了维护民族团结，促进民族友谊，他树立了"向上、向善"的治校理念。他引领师生——精神向上，学习向上，工作向上，生活向上；他倡导师生——与人为善，与己为善，处世为善。让他们完全融入敦煌中学这个大家庭中。在对民族学生的教育中，曹新非常注重学生的成长过程。他教育学生志存高远，苦学成才；节俭朴素，吃苦耐劳；宽厚待人，严以律己；教育学生以快乐之心感悟人生，以感恩之心回馈人生，感谢党和政府，感谢父母，感谢学校。学会做人，学会做事，学会生存，让他们德、智、体诸方面得到全面发展。为了搞好民族教育工作，曹新还组织专人对中国儒家文化教育中关于民族教育特色的内容进行发掘整理，编印了有关这方面内容的材料三本，让民族教育有章可循，更有效地开展民族教育工作。曹新还积极搭建民族、民风、民俗的展示平台，营造保护民族文化的良好氛围。学校为了丰富民族学生的课余生活，积极为他们搭建展示各民族民风、民俗特征的平台，将民族服饰、民族音乐穿插在平时的课余活动中，把民族团结教育有机地渗透到教育教学的各个环节中，为提高师生保护民族文化的意识做出积极努力。

在曹新的带领下，敦煌中学已在民族教育方面迈出了可喜的一步。作为校长，曹新经常深入民族学生班级和宿舍，了解学生生活状况，与学生倾心交谈，并不定期与肃北、阿克塞两个民族县教师、家长进行沟通交流，学校教师对民族学生一视同仁，有力地推进了民族团结进步事业的发展。

同时，在曹新的带动下，曹新一家在所居住社区也得到了各民族群众的拥护，"有事，找曹校长家"成了许多回族、哈萨克族群众常说的一句话。曹新一家也成了社区中民族团结的典范，影响着周围居民共同团结各族群众，和谐生活。

全省民族团结进步创建活动示范家庭
——敦煌中学陈肃宏老师家庭事迹

民族教育是敦煌中学特色教育之一。根据《酒泉市人民政府办公室会议纪要》的通知精神，2007 年 8 月，肃北蒙古族自治县和阿克塞哈萨克族自治县的高中办到了敦煌中学，为了便于协调管理，敦煌中学成立了民族教育管理联络办公室，陈肃宏老师担任主任。十四年来，敦煌中学共接纳肃北和阿克塞学生 1931 人，其中少数民族学生 392 人，包括蒙古族、哈萨克族、藏族、回族、土族、维吾尔族、裕固族、东乡族、满族等。由于学生众多，民族成分多样，各种风俗习惯不同，学生基础差异较大，管理起来困难较大。陈老师花费了大量的时间和精力，投入到这项神圣而艰巨的工作中去。

一、他是少数民族学生的贴心人

民族县学生初来敦煌中学学习生活，特别是少数民族学生很不习惯，陌生的环境氛围、陌生的师生、饮食习惯等，困难重重。面对学生的忧虑，陈肃宏老师和生活老师，找少数民族学生谈话，把他们的问题反映到校领导和相关部门，及时予以解决。有一次几个哈萨克族姑娘找到陈老师，说清真食堂的饭菜里调料味重，特别是辣子味，她们受不了，其中一个学生还几天不怎么吃饭。陈老师赶快把问题反映给总务主任，和总务主任一起去清真餐厅说明情况，解决了问题。到了冬天，住在靠边宿舍的肃北女学生反映，说晚上睡觉冷。晚自习后陈老师到宿舍里查看，确实觉得冷，嘱咐学生增加被褥，又与宿管老师沟通，照顾这些学生，第二天，宿管老师就调整了宿舍。一次月末学生回家，几个肃北女学生说晕车，陈老师赶到学校附近的药店，帮她们买了晕车药，看着她们服下、上车，目送班车驶离了学校，才放心地回家。

二、他是民族学生的知心朋友

无私的投入爱心，换回的是真挚的友情和信任。陈老师与民族学生打成一片，形成融洽的师生关系，课余他经常与民族学生畅谈人生、理想，了解在校生活学习的情况，正因为如此，每当民族学生遇到困难时总喜欢向他寻求帮助，每当民族学生遇到困惑时总喜欢向他倾诉。一个周末的晚上，校园里只有肃北和阿克塞学生上晚自习，陈老师检查学生到位情况，发现阿克塞学生巴亚亨不在教室，问了其他学生都不知道，陈老师就在校园里寻找，最后在阶梯教室的台阶上找到了，问询他怎么不上自习，巴亚亨说心里有些迷茫。陈老师带他到了办公室，详细询问。巴亚亨说自己是家里的长房长孙，爷爷对他寄予了很大希望，可他现在学习成绩不理想，怕考不上大学，感到迷茫苦闷。陈老师就耐心开导他，以身边的人和事鼓励他，对他的学习方法给予指导，并约定每周和巴亚亨谈一次话，监督他。一直坚持了2年，巴亚亨最后考上了南昌工学院，实现了自己的理想。每到教师节，巴亚亨都要抽时间给陈老师打电话，表达感恩之情。古丽博斯达是陈老师授课班级的一名阿克塞维吾尔族姑娘，陈老师格外关注。有一次，陈老师找她聊天，得知她家境困难，是在她哥哥家生活，其余亲戚姊妹都在新疆哈密，只有放假才回新疆和家人团聚。陈老师借助每天上完课的闲暇，找她谈心，鼓励她树立远大的目标，帮她解决生活中的困难，帮她处理和同学们的关系，帮她疏解心中的郁闷和烦恼。他们成了无话不说的朋友，现在，古丽已在哈密市做警察，时不时打电话问候陈老师。

三、他是民族学生信任尊敬的老师

陈老师善教乐教，关心爱护少数民族学生，善于与少数民族学生沟通也是他的秘诀。他对民族学生有一颗真诚的心，深受民族学生欢迎。他谈笑风生，和蔼可亲，平易近人，深受民族学生喜欢。正是由于陈老师时刻牢记民族团结的重要性才使他与民族学生形成了这种彼此关爱、彼此信赖的师生关系。

由于肃北、阿克塞远离敦煌，又加上肃北、阿克塞学生的学习基础薄弱，为了帮助民族县学生加强基础知识学习，学校规定一个月给他们放一次假，其余时间都在学校学习。周末学校里只有民族县的学生在学习。陈老师的工作主要是组织他们上自习，安排各任课老师辅导他们的作业和查漏补缺。每周六晚自习，陈老师给他们开班会，搞座谈，引导他们树立远大的人生目标，正确处理学习生活的问题，搞好民族团结，融洽师生关系。一次，陈老师在处理民族学生之间的矛盾时，给他们讲解民族团结对于国家的重大意义。中国的民族团结与国家统一有着内在的联系。民族团结的原则要求各族人民热爱祖国、维护统一，反对一切破坏团结、分裂祖国的活动。陈老师通过理论教育和社会事例讲解，使民族学生们树立了民族团结的思想，认识到民族团结的重要性。

四、他是爱心传播的使者

为了让民族县学生尽快适应新环境，敦煌中学采用"一对一"帮扶的办法。陈老师和 5 名学生结成对子，每周和其中的一名学生谈话，或了解情况，或悉心指导，或鼓励督促，一直没有间断，直到他们考上大学。遇到特殊情况，更是急他人之急。开学不久，晚上突然接到某班主任电话，说她班的 3 名肃北学生生病住院。陈老师赶到医院，了解情况，垫付药费，通知家长，一直守护，直到半夜家长赶来，才松了一口气。每个学期，陈老师都要专门召开肃北、阿克塞学生家长会，通报学生在敦煌中学的学习生活情况；分年级召开肃北、阿克塞学生大会，分析成绩，找出存在的问题，提出解决办法。每年，陈老师都要到肃北中学或阿克塞中学去宣讲一次，和学校老师交流沟通。

陈老师就是这样一个为民族团结事业、为教育事业、为学生全心全意服务的普通教师，他把心中所有的温情都化作无私的爱心奉献给了各族学生，把全部的心血都浇灌在了民族教育事业的沃土上，使民族团结之花更加绚丽多彩。

春蚕到死丝方尽，蜡炬成灰泪始干
——敦煌中学优秀班主任张克忠

张克忠，敦煌市敦煌中学副校长，主管教学二部的全面工作，并担任高中物理教学任务，分管学校的德育教育、师生安全、法制教育、国防教育，阿克塞县生活老师的管理培训等工作。多年来，他工作勤奋踏实，多次受到上级部门的表彰奖励，2016 年被评为敦煌市优秀德育工作者；2017 年 2 月被评为酒泉市"最美国防教育（2016 年度）年度人物"；2018 年 4 月被评为酒泉市"五一劳动奖章"；2018 年 12 月被评为酒泉市综治安全先进工作者；2019 年 6 月被敦煌市教育工委评为"优秀党务工作者"；2019 年 9 月被评为敦煌市优秀德育工作者。他始终坚持把民族学生的教育工作放在头等重要的地位，尤其把民族学生的德育教育当作推进学生素质教育的一项重要内容来抓，在民族教育方面成绩显著。

全力抓好教学二部的全面工作。教学二部的德育工作、教学工作、班主任队伍建设、民族教育工作等都在他的领导下有序展开，成效显著。教学二部教风浓，学风正，学生品行端正勤学好问，教师踏实敬业，连续多年高考成绩喜人。

创建了一支德才兼备、高效的班主任队伍。班主任是学生精神成长的引路人。在选拔、培训时朝着"敬业奉献、热爱学生，善于做学生的思想工作，具有较强的教育教学组织能力，班主任学科专业和教育专业基础扎实，具有团结协作精神和较强的人际沟通能力"的方向，在每周班主任例会上，将理论学习、经验交流、工作布置作为会议的主要内容，让班主任在交流中分享经验，获得启示，促进班主任工作效率的整体提高和规范化运行。

德育教育主题活动多样化、具体化。尤其在"民族团结进步宣传月"活动时，通过"手拉手，结对子，互助活动"，让不同民族学生开展学唱一首歌，学跳一支舞，画一幅画、家访等丰富多彩的民族团结教育活动，让全校学生懂得民族团结和祖国统一是促进各民族共同繁荣、关系国家前途命运的重大问题。

异地办学有硕果。自从敦煌市和肃北、阿克塞县进行异地办学以来，教学二部每年都会有几十个甚至上百个来自肃北、阿克塞县的学生。这些学生离家远，家长的监护和管理往往跟不上，他既是老师又是家长，既要关心他们的学习，又要关心他们的生活和安全，有时如果有学生生病，他都会组织老师先送孩子去医院就医，再设法通知生活老师或者家长。这些孩子还有一个共同点就是学习基础薄弱，很难跟上其他同学的节奏，张校长和老师们会经常利用课余时间和他们谈心，为他们辅导。功夫不负有心人，多年来已有多名学生考出优异的成绩，考入理想的大学。

张校长就是这样一个勤教学、苦钻研，不图名利，脚踏实地默默地奉献者，就如沙漠中的一种无名花，无须肥沃的土地，也无须充足的水分，做到吸收得比别人少，开出花儿比别人美，更可贵的是奉献出的比别人多。

不求桃李有报　但望芳香如春
——敦煌中学优秀教师杨卫国

杨卫国，男，敦煌中学化学教师，负责督查室工作，热爱教育，忠诚党的教育事业，热爱学生。任教期间，所带班级多次被评为"酒泉市文明班集体"。他曾获得敦煌市委市政府颁发的"社会主义精神文明建设标兵"的荣誉称号，获得酒泉市"师德模范"荣誉称号。常年从事教学一线工作，连续多年带高三年级化学科目，注重课堂教学研究，尤其注重课堂教学方法，并有多篇论文在省级刊物发表。在教学工作中，深受学生喜爱，教学成绩名列前茅。

教学上，为积极响应学校和教育部门推进的教育改革，主动融入教学实践的改革之中。这两年在教学改革中，积极领会改革精神，冲锋在前，积极探索，积累经验，把自己在校外学习和日常教学中得来的经验与化学教学结合起来，注重培养学生独立思考的能力，积极推进互动式教学，要求学生在学习过程中主动参与，将理论知识化为实践能力，突出学生的主体地位。

多年来教育教学双管齐下，对学生无私关爱，静水流深，润物无声！特别对来自肃北、阿克塞的学生，他们远离父母，又加之不同的民族生活习惯，更需要老师的关心和鼓励。杨老师总是把他们像自己的孩子一样对待。耐心细致地谈心谈话，无微不至的关心关怀。与他们交心交朋友，经常了解掌握他们的心理动向。真诚热情地解决一些实际困难。杨老师曾经成功地劝说高玉彪和王占贵两位肃北籍的学生放弃辍学的念头并最后考入了大学。每当收到学生和家长发来的短信，感谢感恩的心情无以言表，此时此刻，那种温暖和成功的喜悦就会充满内心。杨老师还经常带领肃北、阿克塞的学生们踢足球、打篮球，传递给学生积极向上、健康乐观的正能量。

杨老师总是用一颗善良真诚的心去培养感化每一位学生。不求桃李有报，但望芳香如春！尤其与民族学生之间结下的真挚情谊犹如广阔的草原，犹如巍峨的雪山，点点滴滴，春风化雨。

俯首甘为孺子牛　甘洒热血写春秋
——敦煌中学优秀教师黄建军

黄建军，敦煌中学高级教师。1971 年 9 月出生于甘肃敦煌。1994 年毕业于西北师范大学化学系，分配到敦煌中学工作。从此与三尺讲台结下了不解之缘。他满怀对教育事业的无限热爱，二十多年如一日，默默耕耘，播撒希望，把满腔的热忱献给了他挚爱的学生，把勤劳和智慧融入这小小的三尺讲台，使这块沃土上的幼苗苗壮成长，竞相绽放。用一颗真诚的爱心赢得了学生的爱戴、家长的尊重和社会的认可。

黄老师爱岗位、爱学生。对教育事业的爱归根到底要体现在对学生的爱，体现在教书育人、立德树人的责任，并把这种爱和责任融入平凡、普通、细微的教学管理之中。从教 26 年来，他无论是当班主任还是作为化学课教师，对学生都倾注了满腔爱心。不管学生来自哪里，黄老师都一视同仁。对于自己所带班级学生的生活和学习情况，黄老师都尽力去了解。尤其对民族县来敦煌中学学习的同学，黄老师更加格外关注。他们远离父母亲友，平时生活上有什么困难、学习上有什么困惑，只能找老师。对于少数民族学生，尊重他们的信仰和生活习俗，从生活上、学习上给予更多的关怀和关注。世界上没有两片完全相同的树叶，对于自己所带班级学生的生活和学习情况，黄老师都尽力去了解。面对一个个性格爱好、脾气秉性、兴趣特长、家庭情况各不相同的学生，他都精心加以引导和培育，从不因为有的学生不讨自己喜欢、不对自己胃口就冷淡、排斥，更不会把学生分为三六九等，对所谓的"差生"甚至问题学生，黄老师给他们更多的理解和帮助。他平等对待每一个学生，尊重他们的个性，理解他们的情感，包容他们的缺点和不足，善于发现学生的长处和闪光点。他认为尊重、理解、宽容本身就是一种伟大的教育力量。

2020年他担任高三（2）班高考化学教学，兼任总务处部分工作。教学上他严谨认真，上课注重激发学生学习热情，课后及时批改作业，及时对症辅导。今年高考中，他所带的班取得了优异的成绩。他对学生的教育和引导总是充满爱心和耐心，严爱相济、晓之以理、动之以情。他的学生们都说他的眼神慈爱、友善、温情，透着智慧、透着真情。他用真情、真心、真诚拉近与学生的距离，滋润学生的心田，他用欣赏增强学生的信心，用信任树立学生的自尊，使自己成为学生的好朋友和贴心人，让每一个学生都健康成长，让每一个学生都享受成功的喜悦，让所有学生都成长为有用之才。他和学生们的感情笃深，无论是在校的还是已离校多年的学生，逢年过节，他的手机里装满了学生的问候和祝福。

黄老师多次被评为学校优秀教师，2010年获得高中学生化学竞赛甘肃赛区决赛优秀指导教师二等奖。2010年在酒泉市高中化学教学评选观摩活动中获一等奖。2014年、2019年被评为敦煌市优秀教师。

服务广大师生，奉献青春年华
——敦煌中学财务主任班世福

班世福，现为高级教师。从教三十五年，始终牢记人民教师的神圣职责，忠诚于党的教育事业，以教书育人为己任，以服务学生健康成长为最大的快乐。多次获得校级先进教师奖励，获得校级优秀党员以及教育系统优秀党员奖励。有多篇论文在《中学生数理化》《优秀教育论文选编》等杂志发表。积极参加继续教育，不断学习新的教学理念。同时，通过网络教育大学学习取得大学本科学历。担任财务、后勤工作后，牢记服务宗旨。一切工作以服务教学、服务学生、服务教师为中心，尤其是对在敦煌中学就读的肃北、阿克塞籍民族学生给予更细致、更周到的服务。

在今年疫情防控期间，配合学校相关人员做好防疫期间各项物资采购工作，想方设法，及时办理防疫物资采购相关手续，并组织采购，规范、有序、及时保障各项防疫物资准备，为开学做好有力保障。

严格遵守教师职业道德规范，爱岗敬业，育人为先。不忘当一名人民教师的初心和使命，以一个共产党员的标准严格要求自己，不谋私利，不徇私情。工作中关爱每一位学生的健康成长。注重情感教育，以情动人、以理服人。杜绝体罚学生，讽刺挖苦等变相体罚学生。尤其是对于问题学生，更不能采取简单粗暴的办法，要带着真情了解他们的困难和问题，真心实意帮助他们解决问题，克服困难，提高学习成绩，不断进步。从而获得学生的真心欢迎和拥戴。

担任财务、后勤工作以来，工作中严于律己，勤奋努力，一丝不苟。严格执行财务纪律，当好领导的参谋，为学校教育教学全面发展提供有力保障。工作踏实认真，不计得失。因为工作性质，时常加班加点，或节假日到校上班自己也毫无怨言。

财务、后勤工作就是服务工作。在工作中牢固树立服务意识。首先服务于教育教学工作。当好校长参谋助手，一切工作都围绕保障教育教学为中心，急教育教学之所急，为教育教学提供良好设施，为不断改善办学条件而努力；其次服务于学生，为学生提供各方面的服务保障。及时准确把各种助学金及困难补助发放到位，让助学金及时发挥作用，使困难学生及时享受国家补助政策。每年新生报到时，对于肃北、阿克塞两县路途较远的民族学生及早合理安排时间，使他们及时报到注册，即便来迟，也等着他们报到。尤其是从去年秋季学期开始，实行通过甘肃政务服务网由学生或家长自主交学费、住宿费，许多家长不会操作，他们通过电话或微信视频耐心给予帮助。阿克塞高一新生报名时，许多学生还未缴费很着急，他们组织专人当场办理代缴费，受到家长好评。另外每年肃北、阿克塞有许多学生丢失学费发票、无法报销费用，他及时安排查存根出具证明，解决学生及家长的燃眉之急；服务于老师，做好与老师个人利益相关的各种调资、公积金缴存、养老金缴存以及工资发放等工作。帮助解决教师关心的其他各种个人利益相关事宜，并做到公开透明，使老师能安心工作，踏实工作。

总之，他在工作中牢记服务宗旨，以服务他人、帮助他人为快乐。牢记"辛苦并快乐的工作，简单并幸福的生活"。秉持敦中人："向上、向善、包容、厚德"的校训和"感恩、沟通、敬畏、创新"的校园文化精神，在今后工作中有更大担当有更大作为，为敦煌中学建甘肃名校做出自己的贡献。

矢志不渝育桃李　俯首甘为孺子牛
——敦煌中学优秀教师夏惠

从乡村到城市，从翩翩少年到华发渐生，从初登杏坛到学科带头人，二十余年来，夏惠同志始终践行着自己的教育初心。

1998年，夏惠同志参加工作后，先后在敦煌市孟家桥中学、敦煌二中、敦煌中学工作，任教期间一直担任班主任及语文教学工作，多年来，他重视民族团结工作，关爱民族学生，所任教班级成绩优秀，教研成果丰硕，曾先后获得多项荣誉。他个人也多次被评为优秀教师、优秀班主任等。

2011年7月，他被评为敦煌市优秀共产党员，2013年，他被评为敦煌市学科带头人，2019年7月，他被敦煌市教工委授予优秀党务工作者称号。

一、廿载俯首勤耕耘，坚守杏坛志不悔

二十多年前，从师范院校毕业的他刚刚踏上教学岗位就开始担任班主任工作，尽管家就住在六七公里以外，但他把学校当成了自己的家，几乎将所有的时间用在了学习和学生身上。他虚心向老教师求教，不断提高自身教学水平；在课堂教学中，他深入研究学生实际，不断探索创新，努力培养学生创新精神和实践能力，积极探索推进语文微格教学法等教学方法；在班主任工作中，他以教会学生自省为抓手，培养学生良好的学习和生活习惯，和任课教师多方配合，引导学生学会做人、学会生活、学会学习。他所任教班级先后被评为酒泉市小公民思想道德建设先进单位、酒泉市文明班集体。

二、民族教育系心头，促进融合一家亲

随着敦煌民族学生不断增多，各个学校都融入了不少民族学生。夏惠同志任教的学校和班级也不例外，他始终将民族团结放在工作中的重要地位，在班级中通过晨谈、主题班会等形式宣讲国家民族政策，宣传民族团结知识。2017年，他所任班主任的班级插入了多名肃北、阿克塞两个民族县的学生，为了使民族县学生尽快融入班级大家庭，他和任课教师一起对民族县学生进行"一对一"引导教育，并在班级中建立了互助结对子机制，引导民族学生从心理上适应敦煌中学的生活。一名民族县男生由于长期以来形成的不良习惯，多次和同班学生发生冲突，他多次和该男生促膝谈心，并进入宿舍，亲身示范，和学生一起到餐厅就餐，引导该男生逐渐形成了良好的生活习惯，一年之后，任课老师和同学都说：该男生脱胎换骨了。

三、矢志奉献终不渝，执着奉献为学子

站在讲台上每一分钟，都要让学生有所收获。作为教师，夏惠不仅用扎实的教学功底不断影响着学生，还以自己身正品端的言行去引导学生。从教多年来，他在从事教育教学工作的同时，还潜心教学研究、地方市志编纂和文学艺术创作工作，先后参与了多项省地级教育课题研究，并顺利通过鉴定，他还撰写发表了多篇教研论文，发表在专业刊物上。在地方史志研究方面，他先后参与编纂《敦煌教育志》《敦煌市志》等史志类书籍，他还利用业余时间进行文学创作，所发表作品先后收入《阿克塞文学作品选》《酒泉当代文学作品选》等作品集，编纂完成了校园文化建设丛书《我们的家训》《我家在敦煌》等。

夏惠同志始终坚信：心中有阳光，才能照亮孩子们的心，教育的事业是伟大的事业，是绿叶的事业，只要心中常怀"向上、向善、沟通、感恩、敬畏"，就会对学生产生巨大的影响，进而促使他们学会做人，学会学习，学会生活。他将怀着感恩之心，不忘初心，继续前行。

老骥伏枥育桃李　志在千里民族花

——敦煌中学优秀教师贾春

　　贾春，敦煌中学高级教师。1966 年 11 月出生于甘肃古浪。1987 年毕业于张掖师范专科学校，分配到古浪一中工作。2002 年毕业于甘肃省教育学院物理系，2002 年 8 月调入敦煌三中工作，2012 年 8 月高中合并到敦煌中学至今。他满怀对教育事业的无限热爱，三十多年如一日，默默耕耘，播撒希望，把满腔的热忱献给了他挚爱的学生，把勤劳和智慧融入这小小的三尺讲台，使这块沃土上的幼苗茁壮成长，竞相绽放。用一颗真诚的爱心赢得了学生的爱戴、家长的尊重和社会的认可。

　　自 2007 年肃北、阿克塞高中学生到敦煌中学和敦煌三中异地办学以来，他认真学习民族政策及了解蒙古族、哈萨克族的风俗习惯，所带班级努力营造"平等、团结、互助、和谐"的班级氛围。让全班同学认识到我国是一个多民族的国家，每个民族的历史、文化、宗教、风俗习惯都犹如一颗颗璀璨的明珠向世界折射出耀眼的光芒，要让学生了解蒙古、哈萨克民族的历史文化，让历史文化的夺目光彩唤醒学生的民族自豪感。引导学生牢固树立正确的国家观，民族观，牢固树立中华民族大家庭的思想，培养德智体美全面发展的中国特色社会主义合格建设者和可靠接班人。我校针对学生的年龄特点，积极开展民族团结主题系列活动，让学生在了解学习中增强民族的自豪感，提高民族团结意识。所带班级先后有几十名肃北、阿克塞籍的蒙古族、哈萨克族、回族、汉族学生考入新疆大学、西南民族大学、青海大学等民族院校。他因为异地办学教学工作成绩突出于 2017 年获得阿克塞县异地办学先进个人奖励！

　　老骥伏枥，志在千里。他虽然年龄较大，还会在敦煌中学的异地办学的民族教育工作中继续努力，为肃北、阿克塞的教育事业尽心尽力。

附录一　肃北、阿克塞两县派驻敦煌中学生活老师分布情况

表1　肃北、阿克塞派驻敦煌中学生活老师

时间	敦煌中学		敦煌三中	
	肃北县	阿克塞县	肃北县	阿克塞县
2007—2008 学年	武生花	杨春梅	俞卫军	叶尔肯
2008—2009 学年	董淑花	白玉红	吴丽萍	叶尔肯
	李毓甫	阿哈甫	丁庆玲	陈健
	卓玛		沈文华	
2009—2010 学年	余晓萍	白玉红	广布才登	叶尔肯
	庞春	哈年	丁庆玲	张祥
	张雄	加克斯	王立新	
2010—2011 学年	孔凡叶	白玉红	广布才登	张彩霞
	相文	哈年	丁庆玲	孟玲
	尤金霞			
2011—2012 学年	孔凡叶	茹作斌	广布才登	杰恩斯
	尤金霞	阿依古丽	娜仁	孟玲
	韩艳云	库来夏		
2012 年 8 月敦煌三中高中部并入敦煌中学后				
	肃北县		阿克塞县	
2012—2013 学年	张瑞玲	广布才登	那孜古丽	杨金娜
	于朝霞	哈斯巴特尔	孟玲	茹作斌
	孔凡叶			
	肃北县		阿克塞县	
2013—2014 学年	广布才登	于朝霞	张彩霞	阿哈甫
	娜仁图雅	张艳	陶红英	孟玲
	朝晖			

	肃北县		阿克塞县	
2014—2015 学年	广布才登	张艳	袁作金	库丽孜帕
	红星	张艳	杨金娜	哈尼拉
	庞春	姚旭晴		
2015—2016 学年	肃北县		阿克塞县	
	广布才登	李芳	张社生	库丽孜帕
2015—2016 学年	乌琳	王小丽	陶红英	拖依剑
	庞春	武生花		
2016—2017 学年	肃北县		阿克塞县	
	广布才登	赵兴娟	马合力木	陆艳萍
	乌琳	王小丽	高文磊	陈建
	哈斯巴特尔	王向晖		徐永海
2017—2018 学年	肃北县		阿克塞县	
	广布才登	刘玉霞	王国文	娜孜古丽
	乌琳	刘国梅	徐永海	王力
	哈斯巴特尔	旭霞		
2018—2019 学年	肃北县		阿克塞县	
	广布才登	赵花庆	贾丽娟	娜孜古丽
	乌琳	李淑芬	彭朝霞	加克斯
	哈斯巴特尔	旭霞		
2019—2020 学年	肃北县		阿克塞县	
	广布才登	旭霞	叶尔肯	李志强
	乌琳	乔力蒙夫	阿依古丽	努尔孜帕
	赵海霞	叶祥福		
2020—2021 学年	肃北县		阿克塞县	
	广布才登	乔力蒙夫	叶尔肯	王力
	乌琳	王小丽	阿依古丽	努尔孜帕
	张瑞玲	相春梅		

附录二

肃北、阿克塞两县派驻敦煌中学生活老师分布情况

附录二　敦煌中学民族教育大事记

2007 年

1.2007 年 6 月 17 日，酒泉市副市长塞力克在敦煌市副市长杨晓、教育局局长张新生陪同下，在敦煌中学调研。

2.2007 年 6 月 29 日，阿克塞县教育局局长雪莲、书记张志江在敦煌市教育局局长张新生陪同下考察敦煌中学。

3.2007 年 8 月 15 日，酒泉市教育局副局长闫廷吉、肃北县教育局局长陈肃勇、阿克塞县教育局长雪莲，在敦煌市教育局局长张新生陪同下，来敦煌中学检查肃北县、阿克塞县高一新生报到、食宿、选派生活老师、经费等情况。

4.2007 年 8 月 28 日，酒泉市副市长塞力克在敦煌市教育局局长张新生陪同下到敦煌中学检查民族县高一新生的入学情况，进入到教室、学生公寓楼、正在修建的清真餐厅工地视察，要求学校要抓好学生的住宿、吃饭、安全管理等问题。

5.2007 年 8 月 30 日，阿克塞县教育局张志江书记、阿克塞县中学肖吉忠校长等一行，来敦煌中学看望阿克塞籍学生，并与学生进行了座谈。

6.2007 年 9 月 5 日，阿克塞县委宣传部谢忠斌部长、人大杨主任、教育局雪莲局长、县中学肖吉忠校长等一行来敦煌中学了解阿克塞籍学生情况，并座谈。

7.2007 年 9 月 12 日，酒泉市电视台派记者来敦煌中学采访民族县高一新生。

8.2007 年 10 月 15 日，敦煌中学关工委朱铭老师、王兆琪老师与肃北籍、阿克塞籍学生座谈。

9.2007 年 12 月 5 日，阿克塞县副县长鲍尔剑、教育局局长雪莲、教育局书记张志江、阿克塞县中学校长肖吉忠等一行，来敦煌中学看望全体阿克塞籍学生并座谈。

10.2007 年 12 月 7 日，肃北县副县长冬梅、教育局局长陈肃勇、肃北县各学校校长到敦煌中学调研，了解肃北籍学生的学习生活状况。

2008 年

1.2008 年 4 月 11 日，肃北县教育局局长陈肃勇一行到敦煌中学召开肃北籍学生座谈会，了解学生的情况。

2. 2008年5月15日，酒泉市副市长塞力克、酒泉市教育局局长郝德生一行在敦煌市副市长张晓军、教育局局长张新生陪同下，检查敦煌中学民族教育情况。

3. 2008年6月18日，甘肃省政协参事室代表20余人，在酒泉市教育局长郝德生、敦煌市副市长张晓军、教育局局长张新生的陪同下，到敦煌中学调研考察民族教育的情况。

4. 2008年6月20日，敦煌中学曹新校长、孙玉副校长、朱万国主任、卢明主任、邹志新主任、张彦斌老师、李恒光老师、陈肃宏老师等赴肃北中学，进行了一场教育教学研讨，增进互信，加强合作。

5. 2008年8月26日，肃北县教育局副局长于志忠、阿克塞县教育局书籍张志江一行，到敦煌中学看望肃北县籍、阿克塞县籍学生，并进行了座谈。

6. 2008年10月4日，酒泉市副市长塞力克、酒泉市教育局局长郝德生一行在敦煌市副市长张晓军、教育局局长张新生陪同下，助力敦煌中学省级示范校验收工作。

7. 2008年10月8日，阿克塞县教育局长张志江、阿克塞县中学肖吉忠校长来敦煌中学调研并召开全体阿克塞籍学生座谈会。

8. 2008年10月10日，肃北县教育局陈肃勇局长、达布希力特书记到敦煌中学调研，并召开肃北籍学生座谈会，了解学生情况。

9. 2008年10月13日，酒泉市副市长塞力克、酒泉市教育局局长郝德生在敦煌市副市长张晓军、教育局局长张新生陪同下来到敦煌中学调研考察，并和肃北籍、阿克塞籍的同学们进行了座谈。

10. 2008年10月22日，敦煌市委书记孙玉龙带领四大班子以及部分人大代表、政协委到敦煌中学调研民族教育情况。

11. 2008年11月3日，省级示范性高中复验在敦煌中学举行，专家组召集民族县教育局长雪莲、于志忠以及民族县生活老师和学生举行座谈会，详细了解了民族县异地办学的情况和发展情况，给予了充分肯定。

12. 2008年11月4日，阿克塞县副县长鲍尔剑、教育局书记张志江来敦煌中学调研考察，并看望了全体阿克塞籍学生。

13. 2008年11月9日，酒泉市副市长塞力克、酒泉市教育局局长郝德生在敦煌市副市长张晓军、教育局局长张新生陪同下，来到敦煌中学，听取了曹新校长关于省级示范校验收的汇报和民族县学生学习生活汇报，并视察了学校新建综合楼的施工情况。

14. 2008年11月11日，酒泉市副市长塞力克、酒泉市民宗主任胡晓华、酒泉市教育局局长郝德生、副局长闫廷吉、肃北县副县长冬梅、阿克塞县副县长鲍尔剑、敦煌市副市长张晓军，以及肃北县、阿克塞县教育局领导，在敦煌市召开酒泉市民族教育工作座谈会之际，到敦煌中学调研考察。

2009 年

1.2009 年 2 月 27 日，敦煌市市长马世林在副市长张晓军等人陪同下来到敦煌中学调研民族教育的情况。

2.2009 年 3 月 10 日，阿克塞县副县长鲍尔剑、教育局副局长王兴荣、张督学、阿克塞县中学校长肖吉忠、督导室主任岳延杰一行到敦煌中学调研，并与全体阿克塞籍学生进行了座谈。

3.2009 年 3 月 13 日，肃北县教育局局长陈肃勇一行来敦煌中学调研，并召开肃北县籍学生座谈会。

4.2009 年 4 月 24 日，阿克塞县宣传部谢忠斌部长、教育局书记张志江、副局长王兴荣、县中学校长肖吉忠一行来到敦煌中学调研考察，并召开学生座谈会，听取了学生的意见。

5.2009 年 7 月 4 日，肃北县教育局局长戚玲、书记达布希力特、副局长于志忠来敦煌中学调研，并看望了肃北县生活老师。

6.2009 年 7 月 6 日，甘肃省教育厅厅长白继忠在酒泉市教育局书记曹德新、敦煌市副市长张晓军、敦煌市教育局局长张新生陪同下调研敦煌中学民族教育的情况。

7.2009 年 7 月 7 日，酒泉市副市长塞力克到敦煌中学调研，深入清真餐厅检查工作。

8.2009 年 8 月 25 日，肃北县副县长杨平、教育局局长戚玲、副局长于志忠代表肃北县人民政府来敦煌中学看望肃北籍学生。

9.2009 年 11 月 25 日，敦煌市副市长张晓军陪同酒泉市人大代表来敦煌中学调研民族教育的情况。

2010 年

1.2010 年 8 月 12 日，甘肃省教育厅白继忠厅长、酒泉市教育局局长郝德生，在敦煌市副市长刘永革的陪同下来敦煌中学调研民族教育工作，并商定 9 月底到 10 月初，全省的民族教育座谈会要在敦煌召开。

2.2010 年 9 月 9 日，阿克塞县副县长鲍尔剑带领阿克塞县教育局书记张志江一行，来敦煌中学调研考察，并与阿克塞籍学生举行了座谈。

3.2010 年 11 月 22 日，肃北县人大教育工委主任陈肃勇、教育局书记达布希力特来敦煌中学看望肃北籍学生。

2011 年

1.2011 年 4 月 21 日，甘肃省教育厅副厅长旦智塔在甘肃省教育厅民教处处长哈登、酒泉市教育局书记曹德新陪同下，到敦煌中学调研民族教育情况。

2.2011 年 5 月 21 日，甘肃省民族教育工作会议在敦煌市召开。甘肃省教育厅厅长白继忠、副厅长旦智塔等参加会议的全体代表 200 余人来敦煌中学参观交流。

3.2011 年 9 月 1 日，阿克塞县人大副主任塞田、县人大教育委员会副主任田永虎到敦煌中学调研看望阿克塞籍学生。

2012 年

1.2012 年 3 月 9 日，阿克塞县教育局局长李生先、阿克塞县中学校长冯晓梅一行到敦煌中学调研考察。

2.2012 年 4 月 13 日，阿克塞县中学校长冯晓梅带领阿克塞县中学部分老师和优秀学生到敦煌中学交流考察。

3.2012 年 5 月 21 日，甘南州合作市王副市长带领合作市教育局领导及各学校的校长来敦煌中学调研考察民族教育的情况。

4.2012 年 9 月 3 日，酒泉市王副市长在敦煌市王晓玲副市长、教育局张新生局长的陪同下检查我校民族教育工作。

5.2012 年 9 月 17 日，阿克塞县教育局局长李生先、阿克塞县中学校长冯晓梅一行到敦煌中学调研，并看望了阿克塞籍学生。

6.2012 年 10 月 15 日，酒泉市教育局局长江学录率领全市各县教育局局长以及各中学校长来敦煌中学考察民族教育情况。

2013 年

1.2013 年 3 月 12 日，酒泉市委统战部部长塞力克、酒泉市民宗委主任鲍尔剑来敦煌中学调研民族教育情况。

2.2013 年 3 月 15 日，酒泉市教育局局长江学录、书记曹德新来敦煌中学调研考察民族教育情况。

3.2013 年 3 月 31 日，酒泉市人大常委会主任王喜成在敦煌市教育局局长张新生的陪同下来敦煌中学调研民族教育情况。

4.2013 年 4 月 22 日，酒泉市人大常委会主任詹吉友，在敦煌市人大常委会主任翟福林陪同下到敦煌中学调研民族教育情况。

5.2013 年 4 月 26 日，阿克塞县教育局局长李生先、张督学、肃北县中学校长董元贵、书记汤玉刚、肃北县城小学校长董元儒一行到敦煌中学调研考察。

6.2013 年 5 月 13 日，阿克塞县人民政府县长银雁带领县委、县政府、人大、政协四大班子及部分人大代表、政协委员来敦煌中学参观调研。

7.2013 年 9 月 2 日，肃北县委书记席忠平、肃北县县长胡晓华、县人大主任巴依尔、县政协副主席刘万祥等四大班子领导，在敦煌市市长贾泰斌等人陪同下，参观了我校，并对我校民族教育取得优异成绩奖励 100 万元。

2014 年

1.2014 年 3 月 26 日，敦煌市教育局局长张新生、书记藏军到敦煌中学调研民族教育情况。

2.2014 年 7 月 7 日，酒泉市统战部部长塞力克、酒泉市民宗委主任鲍尔剑、阿克塞县宣传部部长雪莲、肃北县副县长姚举、敦煌市副市长王晓玲以及肃北县、阿克塞县、敦煌市教育局局长等到敦煌中学召开关于"异地办学"的座谈会，部分民族县生活教师和学生参加。

3.2014 年 8 月 26 日，酒泉市人大常委会副主任浩升一行到敦煌中学调研民族教育情况。

4.2014 年 9 月 3 日，甘肃省政法委书记泽巴足一行到敦煌中学调研考察民族教育情况。

2015 年

1.2015 年 1 月 11 日，曹新校长获得国务院表彰的"全国民族团结进步模范个人"称号，既是曹校长的个人荣誉，更是敦煌中学的骄傲，是对敦煌中学异地办高中以来成绩的肯定。

2.2015 年 4 月 10 日，阿克塞县副县长于锐华、县教育局长李生先、县中学校长冯晓梅来我校调研。于县长一行参观了学校并和阿克塞籍学生进行了座谈。

3.2015 年 4 月 15 日，应阿克塞县中学冯晓梅校长的邀请，陈肃宏老师去阿克塞县中学做一个初中生毕业分流、高中如何规划的讲座。

4.2015 年 7 月 6 日至 9 日，根据酒泉市统战部在民族团结进步宣传月活动的安排，获得全国民族团结模范个人称号的曹新校长到肃北县、阿克塞县进行巡回演讲，得到了参会者的一致好评。

2016 年

1.2016 年 5 月 9 日，全国政协常委德哇仓（藏族）一行等在酒泉市政协副主席秀荣（蒙古族）、敦煌市政协主席曹理、敦煌市副市长吴光林等人陪同下，调研敦煌中学民族教育情况，并举行了座谈会。

2.2016 年 6 月 13 日，陈肃宏老师和郑晓玲老师应阿克塞县中学的邀请，给阿克塞县中学初三学生去做报告。陈肃宏老师主讲学生的人生规划，郑晓玲老师给学生做心理辅导。

3.2016 年 6 月 24 日，肃北县教育局局长董全斌、副局长孙忠元、办公室主任赵尔斌、县中学校长董元贵等来敦煌中学调研。

2017 年

1.2017 年 1 月 24 日，阿克塞县委书记张金荣、县长哈力别克、政协主席李春林、副主席马向文、教育局副局长王兴荣一行来到敦煌中学进行新春慰问，敦煌教育局书记藏军陪同。张金荣书记说，他到阿克塞的感受很深，阿克塞人民常跟他谈起，这些年阿克塞教育发展的情况，高考升学率的大幅度提升，教育质量不断提高，人民比较满意。

2.2017 年 6 月 22 日，国家民委研究室调研员刘宝明、甘肃省民委副主任秦耀，在敦煌市统战部副部长吴涛的陪同下，来我校检查全国民族团结进步创建活动示范校工作。

3.2017 年 9 月 7 日，阿克塞县庆祝教师节大会，授予敦煌中学支持"异地办学"先进集体，授予陈肃宏、祁海赟、王永新、贾春、张鼎峰、彭永宁 6 名老师支持"异地办学"优秀教师光荣称号。

4.2017 年 11 月 24 日，教育部、省教育厅组织华夏园丁大联欢活动在敦煌中学举行，充分展示敦煌中学民族教育特色，收到广泛好评。

2018 年

1.2018 年 1 月 28 日，阿克塞县委书记张金荣、县长哈力别克、人大常委会副主任赛田、教育局局长张志江等一行来到敦煌中学进行新春慰问。

2.2018 年 5 月 16 日，酒泉市民委主任王金生、敦煌市民宗局局长梁建新一行莅临敦煌中学调研我校民族教育工作，为即将在我校召开的全省民族团结进步创建工作培训班做准备。

3.2018 年 5 月 21 日，第三期全省民族团结进步创建工作培训班在敦煌开班。省委统战部副部长、省民委主任马虎成，中共酒泉市委常委、统战部部长胡晓华，酒泉市副市长席忠平、敦煌市市长贾泰斌等领导出席开班仪式。本期培训班从即日开始至 5 月 23 日结束，为期三天。期间，省委统战部副部长、省民委主任等主讲人围绕民族团结进步创建工作进行讲座。全省各市、州民宗部门负责人，2018 年创建全国、全省民族团结进步示范区、示范单位、教育基地负责人及酒泉各县市区负责人 200 多人参加培训。

4.2018 年 9 月 7 日，阿克塞县举行第 34 个教师节庆祝大会。县委副书记、县长哈力别克及四大班子领导、全县各部门负责人，以及全县教育系统的教育工作者代表 300 余人参加了大会。敦煌中学被授予"高中异地办学贡献奖"，奖金 10 万元；李洁、刘安军、杨贵贤、侯金玲、班世福、黄建军被评为优秀教师。

5.2018 年 9 月 10 日，肃北县庆祝教师节大会在天骄五楼隆重举行。县委书记张立东出席会议并讲话，县四大班子主要领导及县委常委出席会议。敦煌中学有三名老师李正基、殷彩霞、王晓荷被表彰。

2019 年

1.2019 年 1 月 31 日，阿克塞县长哈力别克、副县长李进忠、副县长毛学文、教育局副局长王兴荣一行到敦煌中学进行慰问。对阿克塞县高三学生近几年连续达到 100％、"985""211" 院校录取人数不断增多表示满意，感谢敦煌中学为阿克塞县的教育事业贡献了力量。

2.2019 年 2 月 1 日，肃北县县长图门吉尔格勒、肃北县县委常委、宣传部长阿力腾花、人大常委会副主任马自平、副县长索伦格、政协副主席陈元勇、教育局长娜尔斯等来敦煌中学慰问，谈及异地办高中 12 年的办学历程，投入有限但收获巨大，为民族县的教育事业发展，做出了巨大的贡献，深表感谢。

3.2019 年 3 月 17 日，酒泉市民宗委主任刘晓阳、副主任巴成等一行，在敦煌市统战部部长张海荣、民宗局局长梁建新等人的陪同下，来我校检查创建全国民族团结进步示范学校工作。

4.2019 年 4 月 11 日，敦煌市统战部副部长吴涛、民宗局局长梁建新陪同酒泉市民委副主任巴成来敦煌中学检查创建全国民族团结进步示范学校准备工作。

5.2019 年 4 月 17 日，国家民委办公厅副主任董武带领检查组一行 9 人，在酒泉市委统战部部长胡晓华、市民宗委主任刘晓阳及敦煌市委统战部部长张海荣等陪同下，来敦煌中学进行检查验收。敦煌中学校长曹新等相关人员，向检查验收组介绍敦煌中学创建全国民族团结进步示范学校工作的情况。验收组对敦煌中学的民族团结进步创建工作很满意。

6.2019 年 7 月 3 日，甘肃省民委主任马虎成在酒泉市民委主任刘晓阳、王金生，敦煌市统战部部长张海荣、副市长牛艳红的陪同下，到敦煌中学进行调研民族团结进步开展的情况。马虎成主任对敦煌中学民族团结进步活动开展的情况很满意，充分肯定了学校的工作，希望再接再厉，继续努力争创全国民族团结进步示范校。

7.2019 年 9 月 2 日，酒泉市人大常委会党组书记、主任塞力克带领市人大及相关部门领导在敦煌中学就异地办学情况进行调研。敦煌市人大常委会党组书记、主任梁建明、敦煌市政府副市长牛艳红、敦煌市人大常委会党组成员任斌等敦煌市领导陪同调研。塞力克对敦煌中学异地办民族教育的成果给予高度肯定，特别指出 12 年来敦煌中学异地办民族教育领导好、工作好、经验好、制度好、效果好。同时，塞力克还对敦煌中学异地办民族教育、促进民族团结工作提出了意见建议。座谈会上，酒泉市政府教育督导团正县级督学唐珉年、阿克塞县政府副县长朱晓伟、肃北县教育局局长娜尔斯等领导作了表态发言。

8.2019 年 9 月 9 日，阿克塞县县委县政府举行第 35 个教师节庆祝及表彰大会，县委书记张金荣出席会议并讲话，会议由县长哈里别克主持。敦煌中学被阿克塞县委、县政府授予"支持高中异地办学贡献奖"荣誉称号，奖励 16 万元；向路文柱、马永峰、石慧敏、张自娟、夏惠、陈肃宏等六名老师颁发"支持高中异地办学优秀老师"荣誉证书。

9. 2019 年 9 月 22 日，敦煌市统战部组织一场"同心经典回声——我们都是追梦人"诗歌朗诵暨文艺晚会，敦煌中学民族学生代表敦煌市教育局参加了演出，受到了观众们的热烈欢迎。

10. 2019 年 9 月 24 日，酒泉市教育局副局长张学谓一行到敦煌中学调研民族教育的情况。在敦煌市教育局靳正江主任的陪同下，敦煌中学副校长孙玉、民族教育办公室陈肃宏老师向张学谓副局长介绍了在敦煌中学就读的民族县学生的生活、学习的情况，并参观了学生公寓和餐厅。张副局长详细了解了民族县的民族学生的数量，民族学生的思想动态，及这些学生在校的表现等等。

2020 年

1. 2020 年 1 月 16 日，肃北县县长图门吉尔格勒、副县长索伦格、副县长韩积罡、教育局长娜尔斯等来敦煌中学慰问，敦煌市副市长牛艳红、教育局长孔爱、敦煌中学校长曹新以及全体行政人员参加了会议。图门县长代表肃北县委县政府及四大班子对敦煌中学全体教师表达感谢和慰问。

2. 2020 年 1 月 22 日，阿克塞副县长李进忠、教育局哈再孜局长一行到敦煌中学进行春节慰问。敦煌市教育局局长孔爱、敦煌中学校长曹新以及敦煌中学行政人员参加了会议。李进忠副县长谈到敦煌中学这些年异地办学，成绩喜人，表示感谢。

后　记

　　伟大孕育于平凡。本次调研已经结束，但敦煌中学的民族教育工作仍然平稳进行，学校铸牢中华民族共同体意识依旧在润物细无声地开展，没有众多的鲜花与掌声，没有高调的宣传与夸赞，有的只是三百名教师无论对敦煌当地学生，还是来自阿克塞、肃北两个民族县的少数民族学生一视同仁的对待，甚至对少数民族学生更多的关爱。

　　两个民族县最近若干年来，基础教育抓得紧，投入得多，效果明显，其中也有很突出的学生。但不可否认的是，相比敦煌来说，两个民族县的基础教育整体相对薄弱一些；受到家庭环境、生活习惯等多种因素的影响，肃北、阿克塞两个民族县的学生学习基础整体上也相比敦煌当地学生要薄弱一些（而相对于这两个县以前情况，发展还是非常大的，这从校长曹新对两县的基础教育的评价和肯定中可以看到）；但在敦煌中学，每一名教师的眼里，都只有学生——敦煌中学的一名学生。没有有色眼镜，没有厚此薄彼，没有民族差异，有的只是披星戴月为夯实每一个学生成长基础的默默奉献，他们用平凡的付出奠定了民族团结繁荣大厦的基石，以实际行动践行铸牢中华民族共同体意识的工作。

　　三年多的调研，多数是利用暑假进行，但好在普通高中和义务教育阶段毕竟有很大不同。在调研过程中，先后与数百名师生调研座谈交流，与民族教育工作专干共同生活，查阅了大量第一手资料，并形成了自己对异地办民族高中工作的理论认知。在调研过程中，笔者见证或聆听了许多民族教育和民族团结工作的鲜活事例和真实故事，无时不为基层一线高中教师默默奉献的精神感动着，惊叹着……也正因如此，笔者在撰写和汇编调研报告的过程中，尽量避免着感性认知对理性分析的影响，力求提出更加具有建设性的意见和建议来。

　　笔者和敦煌中学民族教育办公室陈肃宏老师在完成这本调研报告的过程中，敦煌中学校领导及从事民族教育相关工作的教师给予了无私的帮助。尤其是综合办公室夏惠先生、沙媛真（回族）女士等老师无私地将自己多年的课题研究资料、撰写的手记随笔等倾囊提供，使这本调研报告更加充实。在此，谨致以最深挚的谢意。

　　肃北县教育科技局、阿克塞县教育科技局在收集和核实资料时也给予大力支持，在此希望这本调研报告能够对从事民族教育工作研究的专业人员有所帮助，能够给地方政府制定相关民族工作政策提供借鉴，能够为从事民族教育工作的管理者和教育工作者带来一些启迪。鉴于调研的深入程度还很不够，下一步如何铸牢中华民族共同体意识，讲好身边的民族团结故事，我们正在计划、整理中。本调研报告中还可能存在的问题，敬请批评指正。

作者

参考文献

[1] 马克思恩格斯选集（第 1 卷）[M]. 北京：人民出版社，1972.

[2] 毛泽东选集（第 3 卷）[M]. 北京：人民出版社，1991.

[3] 习近平谈治国理政（第 2 卷）[M]. 北京：外文出版社，2017.

[4] 本书编写组. 习近平总书记教育重要论述讲义 [M]. 北京：高等教育出版社，2020.

[5] 蒙藏委员会调查室. 马鬃山调查报告 [M]. 出版社不详，1938.

[6] 王钟翰. 中国民族史 [M]. 北京：中国社会科学出版社，1994.

[7] 金炳镐. 中国共产党民族政策发展史 [M]. 北京：中央民族大学出版社，2006.

[8] 王鉴. 民族教育学 [M]. 兰州：甘肃教育出版社，2002.

[9] 吴德刚. 中国民族教育研究 [M]. 北京：教育科学出版社，2011

[10] 陈达云. 中国特色民族教育理论体系研究 [M]. 北京：科学出版社，2017.

[11] 孟立军. 新中国民族教育政策研究 [M]. 北京：科学出版社，2010.

[12] 王铁志. 论民族教育的概念 [J]. 民族教育研究，1996（2）.

[13] 杨敏. 习近平人的全面发展思想探析 [J]. 科学社会主义，2018（2）.

[14] 袁同凯，朱筱煦. 发展民族地区教育事业 铸牢中华民族共同体意识 [J]. 西北师大学报（社会科学版），2020（1）.

[15] 徐黎丽，杨亚雄. 论西北边境口岸的特点及发展路径 [J]. 西北师大学报（社会科学版），2017（3）.

[16] 许可峰，曲晓晓. 西藏异地办学与教育生态要素的重组、分离与优化 [J]. 西藏民族大学学报（哲学社会科学版），2020（6）.

[17] 赵伦娜. 铸牢中华民族共同体意识与新时代民族教育的使命 [J]. 学术探索，2021（1）.

[18] 陈达云，赵九霞. 民族教育塑造中华民族共同体意识的四重逻辑——学习习近平总书记关于民族教育重要论述研究 [J]. 新疆大学学报（哲学·人文社会科学版），2021（2）.

[19] 陈浩，袁同凯. 从文献资料看中国民族教育研究的几次理论转向和发展趋势 [J]. 西北民族研究，2015（2）.

[20] 徐黎丽，杨亚雄. 论内陆边境路口岸在边疆发展中的作用 [J]. 西南民族大学学报（人文社科版），2017（9）.

参考文献